W0030408

DU MÊME AUTEUR

Biographies

MONSIEUR DASSAULT, Balland, 1983

GASTON GALLIMARD, Balland, 1984 (et « Points-Seuil »)

UNE ÉMINENCE GRISE : JEAN JARDIN, Balland, 1986 (et « Folio »)

L'HOMME DE L'ART, D. H. KAHNWEILER, Balland, 1987 (et « Folio »)

ALBERT LONDRES, VIE ET MORT D'UN GRAND REPORTER, Balland, 1989 (et « Folio »)

SIMENON, Julliard, 1992 (et « Folio »)

HERGÉ, Plon, 1996 (et « Folio »)

LE DERNIER DES CAMONDO, Gallimard, 1997 (et « Folio »)

CARTIER-BRESSON, L'ŒIL DU SIÈCLE, Plon, 1999 (et « Folio »)

GRÂCES LUI SOIENT RENDUES. PAUL DURAND-RUEL, LE MARCHAND DES IMPRESSIONNISTES, Plon, 2002 (et « Folio »)

Récit

LE FLEUVE COMBELLE, Calmann-Lévy, 1997 (et « Folio »)

Entretiens

LE FLÂNEUR DE LA RIVE GAUCHE, AVEC ANTOINE BLONDIN, François Bourin, 1998 (réédité par La Table Ronde en 2004)

SINGULIÈREMENT LIBRE, AVEC RAOUL GIRARDET, Perrin, 1990

Enquêtes

DE NOS ENVOYÉS SPÉCIAUX (avec Philippe Dampenon), J. C. Simoën, 1977

LOURDES, HISTOIRES D'EAU, Alain Moreau, 1980

LES NOUVEAUX CONVERTIS, Albin Michel, 1982 (et « Folio »)

L'ÉPURATION DES INTELLECTUELS, Complexe, 1985, réédition augmentée, 1990

GERMINAL, L'AVENTURE D'UN FILM, Fayard, 1993

Romans

LA CLIENTE, Gallimard, 1998 (et « Folio »)

DOUBLE VIE, Gallimard, 2001 (et « Folio »)

ÉTAT LIMITE, Gallimard, 2003 (et « Folio »)

LUTETIA

PIERRE ASSOULINE

LUTETIA

roman

GALLIMARD

À mon père, Marcel Assouline,
qui eut vingt ans à Monte Cassino.

Si je partais sans me retourner,
je me perdrais bientôt de vue.

JEAN TARDIEU,
Obscurité du jour, *1974*

Prologue. Paris, printemps 1945

Depuis peu, on me regardait de travers. Cette impression-là ne s'explique pas. Une secrétaire qui change de chemin à l'idée de me croiser, un cuistot qui détourne les yeux, des rumeurs dans mon dos à la moindre incursion au restaurant, des chuchotements entre femmes de chambre dans les offices. Curieusement, une ou deux fois, j'avais été réveillé par une employée du *room service* qui s'était trompée d'étage.

Le directeur me convoqua, chose inhabituelle depuis que, les circonstances aidant, il n'hésitait pas à me donner ses consignes dans les couloirs. J'étais d'autant plus surpris qu'il m'avait fixé rendez-vous non pas dans son bureau mais dans la salle à manger. Quand j'y pénétrai, tout était silencieux, sombre et abandonné, comme souvent entre deux services. Les chaises étaient retournées sur les tables. Des nappes formaient un gros tas blanc dans un coin. Un employé achevait de balayer.

À travers les immenses baies vitrées, je voyais le peuple anonyme des familles et des proches guettant le retour des déportés, juste devant l'entrée de l'Hôtel, sur le boulevard

Raspail. Ils se parlaient, s'échangeaient probablement des informations, mais nul écho ne m'en parvenait. Je les observai fixement. Ils attendaient, certains d'entre eux depuis plus de quinze jours.

Le directeur entra enfin, escorté de deux types que je ne connaissais pas mais qui avaient tout de flics. Des inspecteurs dont l'ardeur épuratrice voulait certainement dissiper le zèle répressif des années de guerre. Ça se lisait sur leur visage, dans leurs attitudes, en chacun de leurs gestes.

Au regard gêné du directeur, à son embarras manifeste jusque dans sa manière de rester debout tout en me demandant de m'asseoir, je sentis les nuages s'amonceler au-dessus de ma tête :

« Édouard, commença-t-il, et à cet usage intempestif de mon prénom je devinai ce qui allait suivre, il y a des gens qui ne vous aiment pas.

— Tous les dégoûts sont dans la nature. Vous-même, monsieur le directeur, avez-vous quelque chose à me reprocher ?

— Au contraire, et vous le savez bien. Seulement voilà, il fait sale temps pour les honnêtes gens. Et puis vous avez beaucoup donné de vous-même ces dernières semaines, je vous ai mis à contribution abusivement, votre état de santé pourrait s'en ressentir, peut-être devriez-vous songer à respirer l'air de la campagne pendant quelque temps, je ne sais pas, deux ou trois mois…

— Je me sens parfaitement bien, monsieur le directeur, et je me sentirais mieux encore si vous me disiez ce qui ne va pas car, vous vous en doutez, il faudra employer la force pour me faire abandonner mon poste et quitter l'Hôtel contre mon gré.

Il s'assit en face de moi. Puis il me jeta une chemise de carton jaune, d'où tombèrent une enveloppe de format commercial, adressée à l'« hôtel Lutetia », sans timbre ni cachet, dénuée de mention d'expéditeur au dos, ainsi que deux photographies. Deux grands tirages noir et blanc que je ramassai aussitôt. On distinguait nettement la terrasse de l'établissement. Sur le premier, un civil français côtoyait un officier allemand devant un mât au sommet duquel flottait un drapeau français ; mais l'angle de prise de vue ne permettait pas de savoir précisément qui des deux descendait les couleurs. Sur le second tirage, un cliché un peu pâteux, au grain épais, pris de nuit sans le moindre éclairage, des officiers allemands apparaissaient en grand uniforme attablés autour d'un dîner aux chandelles ; sur le côté, un homme en tenue de vénerie soufflant dans sa trompe de chasse.

« C'est bien vous, n'est-ce pas ? C'est vous, non ?

— Qui vous a envoyé ça ?

— Vous devriez le savoir mieux que moi. Vous êtes l'intéressé, et vous êtes flic. Deux jours que ça circule dans le bloc médical. »

Ces images me laissaient interdit. Le voisin d'en face ? Ça ne pouvait être que lui, cet inconnu qui avait la haine de ma musique au point de me désigner comme collabo, fausses preuves à l'appui, en un temps où cela pouvait mener au mieux en taule pour des années, au pis...

« Pour ma part, je sais parfaitement dans quel contexte ces photographies ont été prises, reprit-il, soucieux de m'aider. Mais tout le monde n'a pas l'esprit à la nuance ces temps-ci. Je crains que cela n'aille plus loin.

— Je vous remercie, monsieur le directeur, mais je ne bougerai pas.

— Comment cela ? s'inquiéta-t-il.

— J'ai ma conscience pour moi, je n'ai rien à me reprocher. Rien. En ce moment, partir c'est s'enfuir. Je n'ai aucune raison de m'enfuir. »

Le directeur rejoignit les deux flics. Durant l'entretien, ils étaient restés à l'écart, parfaitement silencieux, dans la pénombre.

Il m'avait laissé seul avec elle. Ma conscience. Ou ce qu'il en restait. Suffisamment en tout cas pour distinguer le bien du mal, diriger ma conduite en fonction d'une raison pratique et me juger moi-même au nom d'un certain sens moral. En quatre ans, j'aurais pu maintes fois glisser de la concession au compromis, et du compromis à la compromission. Pourquoi ? Comme les autres : l'attrait du pouvoir, l'illusion de la puissance, le goût de l'argent. Tout ce qui m'avait toujours laissé indifférent. Avec la formation que j'avais reçue, le métier qui avait été le mien et celui qui l'était encore, j'avais eu mille fois l'occasion de glisser du renseignement à l'espionnage, et du mouchardage à la délation. Pourquoi ne l'avais-je pas fait ? Parce que ça ne se fait pas.

Mieux que les grands principes énoncés en public avec emphase et piétinés en secret avec cynisme, ces mots simples me suffisaient pour tenir et me tenir. Ma manière à moi de résister. La réquisition de Lutetia par les Allemands n'avait épargné personne. Les serveurs servaient, les gouvernantes gouvernaient, les réceptionnaires réceptionnaient. Comme toute la France, ou presque. Dans l'ensemble, nous n'avions rien fait qui nous déshonorât, même si l'honneur fut sauvé par ceux qui vivaient dans la zone trouble de ce « presque ». Je crois savoir désormais jusqu'où un homme peut aller sans perdre sa dignité.

Dans ces moments d'intense remue-ménage intérieur, la voix de mon père revenait me hanter, charriant généralement une maxime bien sentie selon laquelle on peut accomplir les plus belles actions à condition de n'en jamais réclamer le crédit. Exciper des « services » que j'avais pu rendre à la Résistance m'eût déshonoré à mes propres yeux. Le silence n'est-il pas le rempart de la sagesse ?

Alors silence.

Chaque fin d'après-midi, je ne pouvais m'empêcher de voir arriver la voiture cellulaire sans appréhension. Elle ramassait les collabos démasqués, mais je me demandais toujours si ces flics ne venaient pas me chercher, moi qui m'étais « compromis ». Cela n'a l'air de rien, mais un tel mot dans un tel contexte pouvait mener à la mort ; il ne contenait pas d'accusations précises mais un poison insidieux. Des insinuations qui poussaient généralement sur le terreau puant de la rumeur.

Je me levai pour regarder à nouveau à travers les baies vitrées tandis que les flics murmuraient dans mon dos. Une adolescente et une petite fille s'étaient jointes à la foule des guetteurs derrière les barrières. Deux sœurs. Chacune portait bien en évidence entre les mains un morceau de carton sur lequel il était écrit EPSTEIN. Elles avaient fabriqué leurs pancartes pour être reconnues, sans se douter un instant qu'elles auraient encore plus de mal, elles, à reconnaître leur mère, si toutefois elle rentrait. Elles attendaient sans un mot. Un autobus arriva de la gare.

Quand des spectres en pyjama en descendirent, la foule se mit en mouvement. Mes hommes eurent du mal à la contenir. Ça s'agitait de partout. Sauf les deux petites, hiératiques. Je les avais déjà entendues dire que leur maman ne pouvait pas être dans « ce troupeau ». Pas quelqu'un comme elle.

« Vous les connaissez, m'sieur Édouard ? »

Un garçon, qui revenait prendre son service, s'était glissé près de moi, le nez collé à la vitre, tandis que les silhouettes du directeur et des deux flics s'estompaient déjà dans la galerie.

« Les petites ? Je leur ai parlé une fois ou deux. Elles viennent consulter les listes tous les jours. Elles disent que leur mère est une romancière célèbre. Persuadées que si elle ne rentre pas, c'est qu'elle est amnésique dans un hôpital, quelque part en Russie ou ailleurs... Des trucs de gamins. Aucune chance de la revoir. Aucune.

— Pourquoi vous dites ça, m'sieur Édouard ?

— Déportée en 1942 ? Et asthmatique, en plus ? Faut pas rêver. L'aînée commence à comprendre que si les revenants sont dans un tel état... Quand ça leur sera évident que leur mère ne reviendra pas, elles non plus ne reviendront plus. »

De ce jour, on ne revit plus les deux filles de l'écrivain.

La Libération, c'était hier ou presque. Ce serait bien que cela dure. Non pas son atmosphère, n'exagérons rien, mais son esprit. Tant de choses se sont concentrées ces dix dernières années de manière si rapide et si intense qu'on ne peut y penser sans avoir le vertige.

Celui qui n'a pas connu la France d'avant ne sait pas ce

qu'est la douceur de vivre. Quelqu'un a écrit un jour quelque chose comme ça à propos d'une autre époque. Ça peut étonner mais, rétrospectivement, c'est bien ainsi que je le ressens, malgré tout. Une certaine douceur de vivre...

I

LE MONDE D'AVANT

On me fit appeler en urgence du restaurant, et ce n'était pas pour goûter les plats. Mon regard panoramique cherchait le directeur de l'Hôtel, qui restait introuvable. L'atmosphère semblait trop pesante pour un vendredi soir.

À une table pour deux, une femme très élégante mais à bout de nerfs ne cessait de morigéner son fils de quatorze ans, obèse et soufflé, affalé plutôt qu'assis, qui persistait à appuyer du doigt sur le dos de sa fourchette, et à transporter sa bouche vers l'assiette au lieu d'élever les mets jusqu'à lui. Les reproches n'étaient que prétextes : il avait surtout le grand tort d'exister. Quand les paroles n'y suffisaient plus, elle le frappait au visage à coups de serviette, assaut dont il se défendait en s'enfonçant plus encore dans sa graisse comme pour y mieux disparaître, et dans sa balourdise par l'émission de petits cris pareils à ceux d'un animal blessé. Dire que la veille encore elle avait demandé au concierge de lui procurer par tous les moyens deux places pour la première des *Parents terribles* de Jean Cocteau au Théâtre des Ambassadeurs...

Le contraste était saisissant avec cette autre table réservée à une famille polonaise : les trois enfants, au maintien et à la tenue exemplaires, s'exprimaient indistinctement en plusieurs langues, du moins quand leurs parents les autorisaient à parler, d'un geste ou d'un regard à peine perceptibles.

À une autre table, une dame chapeautée par Paul Poiret afin que nul n'en ignore, racontait sa vie à haute voix. Elle monopolisait la parole face à deux messieurs muets de politesse et d'ennui, d'autant qu'elle était toujours la première à rire très fort de son humour, cette prise en charge de sa propre hilarité les dispensant au moins d'y participer. Elle était du genre à faire déplacer une table de quinze personnes si un des pieds la gênait plutôt que de changer elle-même de place. D'ailleurs, elle l'avait déjà fait. Les conflits en public ne l'effrayaient pas, au contraire. Ainsi s'était-elle fait remarquer un soir quand, voyant arriver un fameux propriétaire du Médoc, elle avait lancé tout haut : « Tiens, c'est bien la première fois qu'un fournisseur entre ici par la porte principale… » Ou cette autre fois, lorsque l'actrice Madeleine Sologne fit son entrée au bras du producteur Léopold Schlosberg, dont cette femme prétendait qu'il n'avait jamais produit qu'un mauvais effet, elle s'exclama : « Ça alors, c'est la cerise sur le ghetto ! » La dernière pique de son modiste préféré à l'endroit de Mlle Chanel, « Du misérabilisme de luxe ! », l'enchantait. Mais dans le contexte étouffant qui était désormais celui de la salle à manger, de vulgaire son rire devenait obscène. Dans ces moments-là, tout me paraissait déplacé, même la treille peinte sur la voûte aux sujets empruntés à la vie des champs.

Plus loin, un homme dînait seul. Il ne perdait rien de la situation, qu'il observait discrètement. Sauf quand la dame au chapeau Poiret lâcha tout haut : « On ne s'entend plus, ici ! » et qu'il renvoya en écho sur le même ton : « On s'entend trop ! » Son Excellence Tison Desbouchers de Moulins, ambassadeur de France à la retraite, passait pour un original, et pas seulement parce qu'il avait intégré le vrai secret de l'élégance anglaise avec beaucoup de naturel (chic fatigué et triomphe du patiné sur le neuf). Chaque soir, il passait vingt bonnes minutes à étudier la carte, à analyser les entrées et à disputer avec le sommelier *butler* des mérites de différents millésimes en fonction de critères climatiques de plus en plus obscurs, avant de commander systématiquement une truite saumonée au muscadet, une salade Galliera et une bouteille de Vichy. Puis il se réfugiait dans la lecture exclusive des journaux anglais en expliquant chaque soir au maître d'hôtel qu'au moins il était sûr de ne pas y trouver ces fautes de français qui l'horripilaient tant dans les quotidiens parisiens. Toutes choses qui lui laissaient encore le loisir de maugréer contre cette nouvelle manie de gouverner par décrets-lois, la semaine de quarante heures, ou la naïveté de Chamberlain dans l'affaire des Sudètes, pour ne rien dire de la signature des accords de Munich, qui excitait sa verve au plus haut point, l'encre n'en étant pas encore sèche. Mais, le cas échéant, il ferait un témoin digne de foi. Une poignée de main ne ment pas. La sienne était d'un homme droit et rare.

Notre directeur apparut enfin dans l'encadrement de la porte. Il m'attira à ses côtés :

« Les esprits s'échauffent aux tables 8 et 9. Ne vous éloignez pas. Écoutez ce qui se dira. On ne sait jamais, cela pourra être utile. Mais restez réservé. »

Debout contre la fenêtre, en partie dissimulé par le voilage du rideau et un guéridon, je ne perdais rien de la situation ni des conversations. À la 8, un couple de Français face à face. Le capitaine de Vérigny et sa femme, des Lillois en voyage de noces, la trentaine racée, beaucoup de classe. À la 9, une table ronde prévue pour huit personnes, Lothar Jundt, un homme d'affaires allemand à peine plus âgé, y traitait royalement ses invités en forçant sur le champagne. Les deux hommes, qui se tournaient le dos, n'en semblaient pas moins poursuivre indirectement un dialogue des plus vifs. Le Français s'exprimait suffisamment clairement, en martelant ses mots, pour n'avoir pas à élever la voix, tandis que l'Allemand, passablement éméché, assis sur sa chaise comme sur un canapé, les jambes croisées et un bras posé sur le dossier, un verre à la main, semblait au contraire s'adresser à tous les clients comme à ses propres commensaux, dans un français impeccable, à peine marqué par un léger accent mais truffé parfois de germanismes si délibérés qu'ils sonnaient comme des rappels à l'ordre.

Après une courte pause due au ballet des serveurs qui leur faisait écran, le Français reprit les sourdes hostilités, d'un ton suffisamment ferme pour que plusieurs tables au moins en fussent témoins, et pour que l'orchestre dans la mezzanine se tût.

« Quand vous songez, Aude, que l'Allemagne prétend vouloir la paix de l'Europe alors que depuis cinq ans on y enferme les opposants dans des camps…

— Propagande ! Pure propagande, mes amis ! Mais comment un officier de l'armée française peut-il se faire ainsi le porte-parole des bobards communistes ?

— … des camps de concentration indignes d'un pays civilisé.

— Comment, je vous le demande ! Ça doit être l'air du boulevard. N'est-ce pas en face, au Cherche-Midi, qu'un tribunal militaire a jugé le traître Dreyfus ? C'est cela, la trahison. Ça doit être une tradition dans cette armée et… »

Le capitaine de Vérigny bondit de sa chaise, se retint de prendre l'Allemand au collet et, faute de trouver un verre d'eau sur sa table, lui lança un verre de vin à la figure. Non seulement le vin mais le verre. Toute la salle était debout, retenant son souffle. Une théorie de serveurs s'abattit sur Herr Jundt pour le nettoyer à grand renfort de serviettes, et tamponner son arcade sourcilière légèrement coupée, sous les excuses bafouillées d'un maître d'hôtel. Je m'avançai vers eux afin de m'interposer, mais sans la moindre idée de la suite des événements. Il ne me restait qu'à improviser, à les inviter à s'apaiser sans que cela parût être une injonction :

« Messieurs, messieurs, je vous en prie. Si vous le voulez bien, passons au petit salon afin d'épargner des moments désagréables à la clientèle. »

Ils me suivirent, raides et tendus, côte à côte mais si méfiants l'un vis-à-vis de l'autre qu'au moment de passer le seuil aucun des deux n'accepta de sortir le premier. Comme cela risquait de ranimer la querelle dans l'instant, je levai d'autorité le taquet afin d'ouvrir le second battant de la grande porte du restaurant pour leur permettre de quitter les lieux en même temps.

Une fois à l'abri des regards, ils refusèrent de s'asseoir. J'esquissai un mouvement de bras pour héler un garçon dans le fol espoir qu'un alcool fort calmerait les esprits quand le capitaine de Vérigny m'en dissuada :

« Pas question de boire avec lui, me dit-il avant de se tourner vers Jundt. Monsieur, êtes-vous officier ?

— Parfaitement.

— Vous savez ce que cela signifie…

— Sur la question de l'honneur, je n'ai aucune leçon à recevoir d'un Français. Confirmez-moi d'abord que vous n'êtes pas juif.

— J'appartiens à une vieille famille catholique de la noblesse française mais je n'aurais eu aucune honte à…

— Car chez nous, en Allemagne, nous avons toujours considéré les juifs comme *nicht satisfaktionsfähig*, indignes d'être des partenaires de combat. Bien. Cette question réglée, puisque je suis l'offensé, je demande, que dis-je, je réclame le combat et j'ai le choix des armes. Ce sera donc l'épée. Demain matin ?

— Demain matin. Que suggérez-vous, monsieur Kiefer ?

— Messieurs, vous n'allez pas vous battre, balbutiai-je. De nos jours, les duels ont quelque chose de, comment dire, dérisoire et…

— Monsieur Kiefer, nous ne vous demandons pas de vous exprimer sur la décadence des duels, trancha sèchement le capitaine de Vérigny, mais d'organiser cette rencontre dans la plus grande discrétion afin que nul n'en sache rien, et surtout pas la police. Alors, où ?

— Mais enfin, messieurs, nous n'allons tout de même pas nous rendre sur le pré…

— Mais qui vous parle de pré ! s'exaspéra le capitaine en levant avec insistance les yeux vers le plafond.

— Dans ce cas… »

Le lendemain à 7 heures, je retrouvai les deux hommes accompagnés chacun de deux témoins sur le toit de l'Hôtel.

Le ciel était chargé. De lourds nuages menaçaient d'éclater. Un petit vent frais nous piquait les yeux. La veille, j'avais passé plusieurs heures à repérer la terrasse idéale, suffisamment abritée des regards alentour, et surtout sans danger, en cas de recul inopiné d'un bretteur — en dernière extrémité, je saurais justifier une blessure, pas une chute mortelle, qui plus est depuis un lieu interdit à toute personne étrangère au service. Même s'il arrivait que l'on y servît des dîners pendant les fortes chaleurs, l'endroit était peu pratiqué.

Le chef concierge m'avait aidé à emprunter deux épées à un maître d'armes de ses relations qui exerçait son art rue Séguier.

Tous deux en chemise, ils se faisaient face, pressés d'en découdre. La haine s'inscrivait en lettres de cendres dans leurs regards. Pas l'esprit de vengeance, non plus que la fierté ou le ressentiment, mais la haine pure. À mille lieues de l'ambiguë fraternité qui liait le capitaine de Boïeldieu et le commandant von Rauffenstein dans *La grande illusion*, du moins telle que Jean Renoir l'évoquait lors des interviews qu'il accordait dans le grand salon. J'ai cru un instant qu'ils allaient réclamer des sabres, l'arme qui peut trancher des membres, plutôt que des épées, susceptibles de seulement les transpercer.

« Messieurs ! Arrêt des assauts au premier sang, ainsi que l'a souhaité le capitaine de Vérigny, puisque l'offensé ne peut choisir à la fois l'arme et les conditions du combat... En garde !... Êtes-vous prêts ?... Allez ! »

Dès que le fer fut engagé, ils multiplièrent attaques et parades sans s'accorder de répit. Le duel dura six longues minutes en trois reprises de deux minutes chacune environ. Le Français, gaucher, se tenait en garde en quarte ; l'Allemand, droitier, en sixte. Les deux officiers, pour appartenir si ce n'est à la même armée du moins à la même arme, la cavalerie, s'entendaient mieux dans la guerre que dans la paix. Leur affrontement semblait obéir aux lois secrètes d'une chorégraphie perceptible par les seuls habitués des salles d'armes de la vieille Europe des militaires.

La pluie se mit à tomber, de plus en plus dru. Elle dégoulinait sur les deux hommes mais ils n'en avaient cure. Bien que tout dans cette affaire heurtât ma morale, je devais me rendre à l'évidence : la scène que nous vivions n'avait rien de grotesque, ni même d'anachronique. Je m'en voulais de discerner une dignité exemplaire et un certain panache dans la beauté du geste ; il faut dire que leur duel était magnifiquement rehaussé par la présence, au second plan, du drapeau français au faîte de son mât, détail qui à lui seul inscrivait l'Hôtel dans la catégorie des grandes institutions républicaines, au même titre que les palais de la République ; j'en ressentais le moindre claquement comme une gifle. Quand Herr Jundt feinta en fixant son adversaire dans les yeux et en visant son cou avant de foncer pour l'attaquer au pied, le capitaine de Vérigny esquiva de justesse. La vitesse de sa réaction et sa présence d'esprit lui permirent de conclure en enfonçant sa pointe dans l'avant-bras de l'Allemand. Un filet de sang en surgit. Je m'interposai aussitôt :

« Messieurs, l'affront est lavé ! »

La tension retomba en quelques secondes. Chacun se sentait délivré d'un poids. Nous étions tous trempés. En quittant la terrasse, au moment de refermer la porte, j'osai demander au capitaine de Vérigny les raisons de son acharnement à se battre.

« Je ne pouvais rester sans réaction face à de tels propos.

Et puis tout s'est enchaîné naturellement. Dans ces moments-là, on agit d'abord, on réfléchit ensuite. Je n'ai pas fermé l'œil de la nuit. Et j'ai compris pourquoi : quand j'étais petit, et que nous allions au cimetière sur la tombe de mes aïeux, papa me proposait toujours une halte en chemin sur celle du capitaine Armand Mayer, ce polytechnicien israélite mort par l'épée du marquis de Morès en 92 à l'issue d'un duel acharné. C'était l'époque où la presse antisémite dénonçait dans la présence d'officiers juifs au sein de l'armée française celle de traîtres en puissance... Mon père me racontait les obsèques auxquelles il avait participé au sein d'un détachement spécial en tant qu'ancien élève de l'X, un cortège gros de dizaines de milliers de personnes, un immense courant de sympathie et de compassion dans l'opinion, les honneurs militaires, l'intensité du recueillement, l'émotion... Je me demande si ces instants devant cette tombe à écouter parler papa, ma main dans la sienne, n'ont pas décidé de ma vocation. Et de ce qui s'est passé ce matin. Aussi vous me pardonnerez de hausser les épaules quand j'entends parler de la tyrannie du point d'honneur. Il y a des circonstances où il faut non pas réfléchir mais se laisser emporter par son instinct. L'honneur commande des réflexes, la conscience des échappatoires. »

Puis il baissa les yeux, plus bouleversé par l'évocation de la haute figure de son père que par le réel danger auquel il venait d'échapper, et descendit l'escalier de service à la suite des autres. Lui qui avait fait preuve d'un sang-froid et d'une maîtrise admirables depuis l'aube devenait soudainement blême et moite. Tel le cavalier du lac de Constance prenant conscience du danger qu'il venait d'encourir en traversant l'étendue gelée, il allait défaillir. Une dernière fois, j'inspectai du regard la terrasse afin qu'aucune trace de notre passage n'y fût laissée. L'issue de ce duel m'apparaissait telle une prémonition au lendemain des accords de Munich. Un symbole plus fort que toutes les analyses. Si les fameux Cassandre de nos journaux, ceux-là mêmes qui noircissent l'avenir de la France à longueur d'éditoriaux, avaient vécu ce que nous avions vécu ce matin-là, ils auraient senti eux aussi que nous étions non pas dans une avant-guerre ni dans un entre-deux-guerres, mais dans une paix armée et vigilante. En respirant un grand bol d'air sous la pluie fine, le visage tourné vers ce coin de ciel où le vent faisait claquer nos couleurs, j'eus l'impression de humer l'odeur secrète née de ce combat entre un Français et un Allemand. Quelque chose comme le parfum de notre invincibilité.

Il ne me restait plus qu'à envoyer chercher le médecin de l'Hôtel, le docteur Stern. Nous nous retrouvâmes dans sa chambre de repos. Tandis qu'il soignait mon estropié sans rien savoir des vraies causes de sa blessure, je rédigeai un procès-verbal, au cas où les autorités auraient vent du duel.

Depuis la guerre, depuis cette folie à l'œuvre « là-haut », ainsi que l'on désignait entre nous les tranchées, ce déluge infernal de boue, de sang et d'acier, cette interminable mêlée barbare, cette horreur sans nom, je n'avais rien vécu d'aussi absurde et d'aussi respectable. Étrange comme ce qu'on croit avoir refoulé pour longtemps peut nous envahir à la faveur d'un événement sans rapport direct. Je laissai mon regard se perdre à travers les rideaux de la fenêtre près de laquelle je me tenais. Dans le square, des enfants se livraient à leurs jeux. Et tandis que le docteur peaufinait son travail, une giclée de guerre remonta en moi avant de s'emparer de tout mon être en une coulée visqueuse. Je la reçus en pleine figure dans la plus grande confusion... La pourriture des corps sans sépulture... Les vallées d'anéantissement pleines d'hommes abandonnés de Dieu... La terre qui vomit les ossements des ancêtres quand les cimetières sont retournés par les bombes... Mon aversion pour l'esprit ancien-combattant avec tout ce qu'il charrie de religion du cadavre et de don des larmes... Avoir vingt ans dans une tranchée de la Somme en juin 1916... C'est là que je suis né... Là que, blessé à l'abdomen par des billes de shrapnell en plomb durci, j'ai senti mon âme quitter mon corps... Là que j'ai entendu pour la première fois ce drôle de mot de « laparotomie »... Là que j'ai reçu sur la tête les viscères d'un camarade hurlant comme un damné dans une tranchée qui se faisait linceul de boue pour mes meilleurs amis — depuis je n'en ai pas aimé d'autres, pas comme ça... Là qu'est née sans que je le sache ma vocation de flic, quand le commandant a chargé ma compagnie d'identifier les morceaux de corps avec nos besaces pour tout reliquaire... Un jour, au cours d'une cérémonie, on a décoré un drapeau, tout ce qui restait d'un régiment... Sept villages ont été déclarés « morts pour la France » car rayés de la carte par la folie des hommes... La guerre, ne me parlez pas de la guerre, je ne lui trouve aucune noblesse, ça n'est jamais propre ni honorable, la boucherie patriotique, sauf dans les bureaux et les rédactions, peut-être... Rien à sauver de la guerre, la vraie... Il n'y a pas de belle façon de se faire tuer à la guerre... Parti en soldat, j'en suis revenu troglodyte... La guerre a plombé nos vies à jamais.

« J'ai fini », me murmura le médecin à l'oreille, comme

pour ne pas me tirer trop brutalement de mon rêve éveillé.

Alors je ne sais ce qui m'a pris. Je l'ai présenté à son patient, le bras en écharpe, comme on se lance, tête baissée, dans la provocation :

« Herr Jundt… Docteur Stern ! fis-je en faisant sonner son nom d'étoile avec un sens de la provocation dont je m'étonnai.

— Stern ? Stern ? » répéta l'Allemand incrédule, avant d'exiger nerveusement, d'un mouvement de menton, qu'on l'aidât à prendre son veston. Le médecin allait esquisser le geste, ne fût-ce que pour achever ce qu'il avait commencé ; le blessé eut alors un léger mouvement de recul accompagné d'une moue de mépris. Aussitôt, le valet s'empara du vêtement pour le poser sur les épaules de Lothar Jundt, pressé de quitter la pièce, les lèvres pincées, secouant la tête comme s'il avait été piégé. C'était à se demander ce qui l'humiliait le plus, d'avoir été vaincu par un Français ou soigné par un juif.

Ce duel d'un autre temps m'avait replongé dans une horreur immémoriale. Celle de la guerre. Désormais, chaque fois que je croisais Herr Jundt, la vue de sa blessure me ramenait à la mienne. À toutes mes lésions recousues à la hâte sans qu'on ait trop regardé ce qu'il y avait à l'intérieur. D'autres avaient subi le même sort, mais ils avaient muré leur délabrement et leur souffrance dans le silence. Car si les blessés de la guerre avaient tous réussi à se regrouper entre semblables à l'instar des « gueules cassées » — on trouvait même une Association des blessés à l'arme blanche ! —, il n'y avait jamais eu d'Association de mutilés au ventre. La seule à laquelle j'aurais consenti à m'inscrire.

Hormis les protagonistes et le concierge, tous liés par le

secret, nul ne sut rien de ce duel. À moins que nul ne voulût rien en connaître. Car, bizarrement, la Direction ne m'interrogea pas sur les suites de l'incident du restaurant, malgré le bras bandé de Herr Jundt.

Un client n'arpente pas innocemment les couloirs d'un grand hôtel à l'aube. La moindre présence s'y remarque même si l'indécision du point du jour ne s'y manifeste pas comme ailleurs dans la ville. Quelle que soit sa qualité, toute personne surprise en ce lieu à cette heure aura tendance à se justifier. Ce qui est une erreur. Qui cherche à expliquer l'insolite le rend plus étrange encore, tandis que le silence l'enveloppe d'un mystère si puissant qu'il dissipe les curiosités déplacées.

J'en étais là de mes méditations quand une dame en robe du soir, les épaules nues négligemment recouvertes d'une étole en renard platine, m'apparut entre deux rais de lumière échappés de sous deux portes, de l'autre côté du couloir, à l'instant précis où elle faisait délicatement jouer sa clef dans la serrure de la chambre 212. Non seulement je ne pouvais l'éviter, puisque nos chemins se croisaient, mais je ne pouvais éviter de relever qu'elle portait un soulier à chaque main. Son excès de discrétion la faisait remarquer. Elle semblait flotter délicieusement, mais on aurait eu du mal à dire laquelle, de sa silhouette ou de sa morale, était alors le plus chancelante. La dame baissa les yeux, puis releva le menton et accompagna son large sourire muet d'un haussement d'épaules avant de disparaître derrière la porte.

Je n'avais pas envie d'en savoir plus tant une autre énigme, à l'enjeu autrement considérable, me préoccupait depuis quelques jours. À vrai dire, je ne doutais guère de l'identité du coupable. Encore devais-je m'en assurer, le surprendre en flagrant délit et régler l'affaire sans esclandre inutile. Je poursuivis donc ma course lente dans les étages, jusqu'au quatrième, où je déambulai longuement, entre des paires de bottines épuisées promises au lustrage et des quotidiens dégageant un fort parfum d'encre d'imprimerie. Un simple survol des manchettes renseignait sur la fréquentation de l'Hôtel. Ici *Le Temps*, *Le Journal de Genève*, là *L'Écho de Paris*, plus loin le *Daily Telegraph* et *L'Action française*. Auraient-ils accroché leurs bulletins de vote à la poignée qu'ils ne se seraient pas mieux dévoilés.

La porte de la chambre 425 m'intrigua ; à dire vrai, mes pas m'avaient porté spontanément vers elle. C'est là que dormait le jeune d'Estaces avec sa gouvernante tandis que ses parents occupaient une suite au troisième étage, distinction dont je déduisais que cette famille-là voyageait en excluant ses héritiers des premières classes, non sans s'abriter naturellement derrière le prétexte de l'éducation et des vraies valeurs. Les mœurs des riches m'étonneraient toujours. Toujours est-il qu'une pantoufle à motifs écossais bloquait à dessein l'embrasure de la porte. L'ayant retirée, je me dissimulai aussitôt derrière la porte du *room service*. Quelques minutes à peine et mon délinquant revint en claudiquant légèrement, chaussé d'une seule pantoufle. Quand il trouva porte close, il parut effondré. D'ailleurs, il s'effondra vraiment, sans bruit, et je n'eus qu'à le ramasser.

« Vous avez perdu quelque chose ? » lui demandai-je en agitant le chausson manquant.

Il me l'arracha des mains et retrouva aussitôt son aplomb.

« Vous m'ouvrez ? Vous avez un passe-passe, vous. Vous m'ouvrez, dites ?

— Nous allons d'abord faire un petit tour ensemble dans les étages, n'est-ce pas ?

— Non, non… Moi, je veux juste aller dormir ! insista-t-il en collant son nez à la porte.

— Dans ce cas, le réveil sera rude. Pour vos parents surtout. »

Quelques instants après, je l'escortais dans les étages de l'Hôtel afin de vérifier qu'il remettait bien à leur place originelle les paires de souliers qu'il déplaçait méthodiquement d'un palier à l'autre depuis plusieurs jours, causant une belle pagaille dans les services, une sourde colère du côté de la clientèle et de gros problèmes diplomatiques à la conciergerie. Il se souvenait parfaitement des légitimes propriétaires et manifestait dans la réparation de son préjudice l'assurance d'un expert en attribution de dessins vénitiens du XVIe siècle. Ce qu'il marmonnait m'était difficilement audible, mais je le soupçonnai de prononcer le nom des clients, preuve qu'il n'agissait pas à la légère. Sa détermination n'avait d'égale que son discernement, toutes choses remarquables chez un garçon d'une dizaine d'années. En vingt minutes, l'affaire fut réglée. Promesse fut échangée qu'on en resterait là à condition qu'il n'y eût pas de récidive.

« Vous me faites confiance ?

— À vous, oui, fit-il. Vous êtes le seul adulte qui me dise “vous”. Les autres ne me respectent pas comme je le voudrais. »

Nous nous serrâmes la main de manière exagérément virile, mais avant de le quitter je ne pus m'empêcher de lui poser *la* question, celle qui brûle les lèvres de tout policier au moment de passer les menottes au criminel :

« Mais pourquoi ?

— Pourquoi les souliers ? répondit-il sans se démonter.

— Oui, qu'est-ce qui vous pousse à faire ça ?

— Je sais pas. Juste pour que quelqu'un s'intéresse à moi. »

L'espace d'un instant, je me demandai si ce n'était pas lui qui intervertissait aussi régulièrement les écriteaux suspendus aux portes FAITES MA CHAMBRE en lieu et place de NE PAS DÉRANGER. En tout cas ce soir-là, ce petit bonhomme esseulé aurait pu se vanter de m'avoir fait découvrir une réalité qui m'avait échappé jusqu'ici : l'humanité, et singulièrement la clientèle d'un grand hôtel, peut s'envisager dans la perspective exclusive de ses chaussures. Les modes, les époques, les révolutions se reflètent pour l'essentiel au ras du sol.

Le jour venait de se lever sur le carrefour Sèvres-Babylone. Un jour comme un autre, un jour de 1938. L'Hôtel respirait à son rythme normal — il paraît que lorsque je prononce le mot « Hôtel », on entend si fort la majuscule qu'on croirait l'avoir lue. Il n'était occupé qu'à la moitié environ de sa capacité mais le personnel n'aurait pas songé à s'en plaindre après des mois très éprouvants qui avaient vu se succéder l'inauguration de l'Exposition universelle, le XVe Congrès international du Pen Club et l'application des quarante heures aux hôtels sur décision du gouvernement.

Le square du Bon Marché s'appelait désormais square Boucicaut, ce qui revenait au même puisque à travers « Mme Boucicaut, philanthrope française (1816-1887) », on honorait encore le grand magasin. Cette famille tenait le carrefour. Propriétaire du Bon Marché, situé juste en face, c'est elle qui avait inventé Lutetia, ouvert en 1910 après trois ans de travaux selon les plans de Tauzin et Boileau, afin que ses importants clients de province fussent logés dans un établissement tout proche et correspondant à leur train de vie, quand ils venaient faire leurs courses à Paris. L'esprit paternaliste de l'entreprise est passé du magasin à l'Hôtel. C'était le temps où la réclame publiée dans *L'Illustration* évoquait la proximité du Sénat, de la Chambre des députés, des grandes facultés et du Palais de Justice, vantait la présence de l'eau chaude et de l'eau froide dans toutes les chambres, ainsi que les salles de billard et le *five o'clock concert.*

Un doux fumet de pain grillé et de café s'insinuait dans le hall et se faisait un peu plus entêtant au fur et à mesure que l'on se rapprochait du restaurant. C'est là, dans la grande galerie, qu'un groom haletant me rattrapa :

« M'sieur Édouard ! M'sieur Édouard ! Enfin... Un moment qu'on vous cherche. La 523. C'est grave y paraît !

— Il y a mort d'homme ?

— Non, mais ils vous attendent maintenant tout de suite ! »

La 523, c'était la chambre du comte et de la comtesse Clary. Des fidèles, quoique le mot... Disons des habitués de l'Hôtel ; ils le tenaient pour leur pied-à-terre parisien, et s'y sentaient chez eux, car ils y étaient toujours accueillis par le même personnel. Lutetia conservait une discrétion de bon aloi dans un luxe confortable. À leurs yeux, il en était des grands hôtels comme du reste : la plupart ne valaient d'être cités que pour dire qu'on n'y allait surtout pas. Cette dilection pour le seul palace de la rive gauche n'était-elle pas la forme la plus achevée du snobisme ?

Il y avait foule à leur étage. « On va venir vous chercher,

monsieur Édouard », m'annonça un valet. J'en profitai pour fumer une cigarette dans le couloir. À droite, dans un renfoncement, une gouvernante déployait des trésors de tact pour faire comprendre à une femme de chambre sur le départ qu'elle sentait mauvais. À quelques mètres de là, un petit groupe de garçons d'étage marquait une pause. Leur hostilité vis-à-vis de moi était manifeste ; de toute façon, on m'avait toujours et partout considéré comme un flic. Pourtant, j'évitais de fliquer le personnel ; ceux qui travaillaient à cultiver leur paresse savaient que je le savais, mais cela s'arrêtait là. Il est vrai que, contrairement à eux, je n'avais pas grimpé un à un les échelons de la profession hôtelière. Les premiers temps, on m'avait assez fait sentir que je n'étais pas de la famille, et que l'on m'y tenait pour un étranger. Quand ils me traitaient de flic, ils croyaient avoir tout dit, les malheureux ! Le mot présente l'avantage de désigner aussi bien une situation antérieure qu'un état présent. Ce qui est parfaitement exact en ce qui me concerne, à cette réserve près que j'en ai toujours éprouvé une certaine fierté. Flic, je l'ai été par vocation, dès mes études de droit ; j'ai gravi les échelons et c'est en qualité d'inspecteur principal que j'ai démissionné de toutes mes fonctions. Dès mes débuts dans la police, j'ai été familier du monde des hôtels, comme s'il était écrit que je n'y échapperais pas. Mes chefs à la brigade des garnis, service clef de la PJ, m'avaient affecté à la collecte des fiches de voyageurs ; je faisais fonction de « viseur », ainsi qu'on nommait l'inspecteur chargé de relever les noms sur les registres de clientèle des grands hôtels. Nous étions l'infanterie. Rien de tel pour apprendre le métier que d'écumer quotidiennement les hôtels borgnes. De futurs grands de la profession ont commencé par gâcher du plâtre dans ces locaux. Un vrai travail de fourmi. Mais, curieusement, même dans la police on me considérait comme un étranger alors que j'étais de la maison. Il faut dire que j'ai toujours été insensible à sa mystique. Je dois avoir le chic pour me marginaliser. Pour rester hors champ. Ce que c'est que de n'avoir pas commencé comme sergent de ville dans la circonscription de Saint-Denis nord ! « Trop individualiste et singulier, cela t'isole », me disait souvent N***, non sans ajouter : « Et puis tu es trop boutonné, trop coincé. » J'aurais gravi tous les échelons dans le respect de la hiérarchie, et puis quoi ? Divisionnaire, principal... J'y ai cru, jusqu'au jour où j'ai cessé d'y croire. En passant de la PJ à l'Hôtel, je n'ai pas changé de vocation : je l'ai accomplie. Qu'importe ce que l'on fait, pourvu qu'on le fasse au mieux, à l'excellence, au point de perfection. Au fond, j'aurais fait un médiocre commissaire.

Flic, je le suis resté dans l'âme lorsque Lutetia m'a engagé comme détective, jusqu'à me confier toute la sécurité de l'Hôtel en élargissant sans cesse le champ de mes responsabilités. Mais ce léger glissement dans la fonction n'a pas pour autant fait entrer le policier dans la peau d'un privé. Vidocq ne serait jamais mon saint patron. Je ne sers peut-être plus directement l'État mais je reste au service de l'ordre dans l'intérêt général de la société.

Oui, flic, et alors ? J'aurais dû m'approcher et les interpeller, mais à quoi bon chercher à convaincre ? Je n'ai plus rien à prouver. La seule estime qui m'importe est celle des gens que j'estime. Ceux qui ont l'honnêteté de mettre chacun de leurs gestes, la moindre de leurs pensées, tous leurs actes en accord avec une morale qui leur est propre.

Le mot n'est pas trop fort. Sans morale, pas de déontologie. Sans déontologie, il n'est pas envisageable d'exercer un métier en conscience. De toute façon, quels que soient les milieux, une fois acquise l'admiration que l'on peut éprouver pour la valeur d'une personne, la ligne de partage se fait *in fine* autour de ses qualités humaines. L'esprit français aura beau sophistiquer les raisonnements, et nuancer les analyses, on en revient toujours à la question du bien et du mal, qui n'est pas celle du bon et du mauvais. Je ne parlerai jamais la même langue qu'un compatriote dépourvu de tout sens moral. Avec de telles idées, je sais que j'ai acquis auprès de certains une réputation de rigidité. Elle s'accorderait, dit-on, avec l'austérité de ma mise. Ma physionomie annoncerait mon âme. Rien que des principes, pourtant. Juste une question de principes. À tout prendre, j'aime mieux me ridiculiser par excès de morale que me faire remarquer par défaut de sens moral. J'entends encore l'un de nos vieux clients me répéter : « Vous êtes trop porté à l'introspection, Édouard. Rien n'est inquiétant comme de s'observer. Comparez-vous, cela vous rassurera. » J'aime la France, mais d'une telle manière que je me surprends parfois à la défendre ainsi que le ferait un étranger. Au fond, jamais je n'ai cessé de tourner autour d'une question qui m'obsède, la seule qui vaille d'être posée et méditée toute une vie, la seule pour laquelle il ne serait pas blâmable de tout risquer et de tout perdre : jusqu'où un homme peut-il aller pour conserver son intégrité ? Sans dignité on n'est plus rien. Les Grands, les vrais, je les remarque tout de suite au restaurant, à la salle à manger, au bar ou même dans les étages, dans leur aptitude naturelle à pardonner à un inférieur pris en faute. Qu'un employé renverse un verre en éclaboussant le bout de leurs chaussures et ils seront les premiers à s'en accuser, à s'en excuser même, pour ne pas l'abandonner publiquement dans la honte. Les autres, ceux qui jouent aux Grands mais n'en sont qu'un ersatz, toujours prêts à accabler de leur mépris collaborateurs et domestiques à la moindre maladresse comme un seigneur n'eût pas osé le faire avec ses serfs et ses vilains, ceux-là je les giflerais volontiers.

« Bonjour, monsieur Édouard !

— Bonjour, mademoiselle.... »

Mais comment s'appelle-t-elle, déjà ? Ce serait le comble que j'ignore son nom, moi qui suis censé tout savoir de chacun, personnel et clientèle. Elle était jeune, elle était nouvelle. Un je-ne-sais-quoi dans son expression reflétait une émouvante fraîcheur. Rien dans son attitude ne trahissait l'empressement ancillaire si manifeste chez d'autres. Pas la moindre trace de servilité. Quand je la vis, ma vie me parut démodée. Mais ne l'avais-je pas déjà saluée deux fois ce matin ? Qu'importe, après tout. En ces lieux, donner le bonjour est un réflexe relevant d'un savoir-vivre élémentaire. La chorégraphie du personnel, réglée par un maître de ballet d'autant plus efficace qu'il demeure invisible, est l'un des grands mystères de cette organisation souterraine, indéchiffrable à un esprit étranger aux traditions de l'hôtellerie.

On percevait une certaine agitation à l'entrée de la 523, la chambre du comte Clary. Beaucoup de va-et-vient. Le petit d'Estaces se serait-il trompé ? L'affaire des souliers nomades allait-elle rebondir ? Aux éclats de voix qui parvenaient jusque dans le couloir, on devinait qu'il s'agissait d'un cambriolage. Le comte se livrait à une froide colère devant le directeur et le concierge. Pour autant, il ne renonçait pas à sa parfaite maîtrise des usages du monde. Avant de les convoquer, il avait manifestement pris soin de faire sa toilette et d'ajuster une pochette de couleur sur sa robe de chambre. Même ses phrases semblaient tirées à quatre épingles, et sa diction ton sur ton.

« Ah ! monsieur Kiefer, vous tombez bien ! Nous allons avoir besoin de votre expertise !

— Bonjour, monsieur le comte. Quand avez-vous découvert...

— Au réveil, bien sûr, dit-il aussitôt. Je suis rentré tard hier soir après le spectacle, j'étais trop épuisé pour faire attention à quoi que ce soit, d'autant que mon épouse est actuellement chez nous dans le Bourbonnais, elle doit me rejoindre ce matin en principe... Bref, je n'ai rien vu, rien senti, rien entendu.

— Mais que vous manque-t-il au juste ? tenta timidement le directeur, tandis que je sortais mon calepin.

— Une mallette qui se trouvait là, dit-il en désignant d'une main lasse le porte-bagages à lanières écrues.

— Pourriez-vous être plus précis ? risquai-je.

— Une mallette à courroies et à coins rapportés cousus, renforcés de clous de fond. Vache grain porc et satinette. Hermès 1928. Un excellent cru. Le contenu m'est, comment dire, très cher. Ça vous va ?

— Parf...

— J'oubliais ! Un nécessaire de voyage contenant un couteau à cran d'arrêt, un tire-botte, une brosse à dents en argent, des ciseaux gravés, le tout dans un coffret en bois d'acajou fileté et incrusté de laiton doré...

— Ah...

— Avec ses accessoires en cristal, argent et écaille naturellement.

— Naturellement. Serait-ce déplacé, monsieur le comte, tenta le directeur fort embarrassé, de vous demander si vous en savez approximativement le prix, au cas où les enquêteurs et les assureurs…

— Je n'en sais pas le prix mais j'en connais la valeur. Un tel objet n'est pas dans un musée parce qu'il est dans ma famille. Il a appartenu à Cambacérès. Le J C en son centre, accompagné de deux aigles, d'un bonnet phrygien et du collier de la Légion d'honneur, c'est lui. Voilà. Il manque également une babiole à laquelle je suis attaché, une canne en jonc de Malacca avec mon chiffre gravé sur la virole. Merci, messieurs, j'attends de vos nouvelles. »

Alors qu'il nous raccompagnait vers la porte, la comtesse entra escortée par deux bagagistes surchargés. Un coup d'œil circulaire lui suffit à prendre la mesure de la situation :

« Quel chantier ! J'ai l'impression que ces indélicats étaient des hommes de goût, fit-elle en effleurant du nez la joue de son mari pour y déposer l'ébauche d'un baiser. Manifestement, ils n'ont pas eu la bonne idée de vous voler votre eau de toilette… »

Tout en elle, dans ses paroles comme dans ses gestes ou ses attitudes, paraissait si naturel que tant de facilité à exister en devenait désarmant. Elle avait autant d'esprit que d'allure : elle se parait, fût-ce avec simplicité, quand tant d'autres se contentaient de se couvrir. Elle me fixa à la dérobée, esquissant un léger sourire, et rangea son sac dans le coffre à la porte ballante, au grand étonnement du comte.

« Vivons dangereusement ! lança-t-elle. Enfin quoi, vous

n'imaginez pas qu'ils vont nous faire deux fois le coup dans la même semaine, non ? Mes bijoux sont plus en sécurité ici qu'en face, à la banque. »

Puis, devant le miroir, elle retira son chapeau avec une grâce aérienne tandis que le comte me retenait dans la chambre par le bras :

« Un détail encore : sur la tranche intérieure du coffret, en cursives, on peut lire, à l'emplacement de la signature, "ébénistre" avec un *r*... N'oubliez pas... »

Je me trouvais dans l'ascenseur et, comme à son habitude, Émile, le jeune liftier, « le petit Émile » ainsi qu'on l'appelait avec, dans le ton, l'assurance que sa fonction n'évoluerait jamais non plus que sa taille, me parlait encore de l'Alsace, « not' pays, m'sieur Douarre », disait-il. C'était chaque fois pareil. À peine foulais-je le tapis sacré de son territoire qu'il se lançait sur l'unique thème de bavardage que nous pouvions avoir, selon lui, dans notre lente ascension de Lutetia par son tube digestif. Il allait de soi que nous partagions nécessairement le même imaginaire puisque nos racines étaient sensiblement identiques. J'étais l'Alsacien, son compatriote, son ami. Pour la vie.

« Émile, ton camembert ! dis-je en ajustant le bob sur sa tête. Combien de fois faudra-t-il te le répéter ? Pas en arrière, c'est ridicule. En avant et sur le côté.

— Pardon, m'sieur Douarre.

— Je te dis ça pour ton bien. Et puis les boutons de ton spencer, n'oublie pas. J'en vois un, le deuxième en partant du haut, qui n'a pas été correctement nettoyé. Tu as vu les grooms et les chasseurs ? Impeccables. Alors le liftier, pareil ! »

Si toutes les régions de France étaient représentées dans les coulisses de l'Hôtel, certaines l'étaient plus que d'autres. Cela tenait à la nature même du recrutement. M. Chappaz, qui portait alors le beau titre de directeur des banquets, avait fait venir de jeunes Savoyards à la restauration — lui-même n'avait-il pas fait ses débuts comme commis de bar grâce à la préférence régionale ? Le chef du personnel avait agi de même avec des Bretons pour la domesticité d'étage. Chacun servait ses pays en priorité.

Ainsi apprend-on ce que l'on représente aux yeux des autres. Nous portons tous une étiquette au front. Celle qu'ils nous collent. Mais elle varie selon les regards. Samuel, notre bien-aimé chef pâtissier, ne voyait que le protestant en moi. Quand nous nous trouvions ensemble dans le monte-charge du personnel, je n'y coupais pas. Pour un certain nombre, je demeurais un ancien inspecteur de la police judiciaire et, au ton de leurs questions, je devinais la dose de mépris ou de fascination qu'ils y mettaient secrètement. Quelques clients parmi les plus fidèles me considéraient naturellement comme l'homme capable de leur débrouiller les problèmes les plus délicats dans la discrétion la plus absolue. Mais pour N***, celle dont le jugement m'importe plus que tout autre, mon amie de cœur et mon seul amour, le jardin secret suspendu telle une passerelle entre toutes mes vies passées et à venir, je demeurerai toujours le fils du régisseur. Le fait est que l'ascenseur demeurait le seul dénominateur commun de toutes ces vignettes accumulées sur un même front. Comme si ce huis clos représentait ce que la société peut offrir de plus symbolique dans l'ordre de l'élévation et de la descente.

Malgré l'incident de la 523, l'activité était assez réduite

en cette fin d'après-midi. Juste une étrange alerte, vite réglée. Un drôle de visiteur, un psychotique ou quelque chose comme cela, qui s'était déjà signalé dans d'autres grands hôtels. Le genre à planquer un miroir au fond de son chapeau pour observer les gens derrière lui. Chaque fois, le même scénario : vêtu d'un long imperméable quel que soit le temps, le bras prolongé d'un sac pesant, il entre d'un pas décidé, arpente le salon et le bar, jette son dévolu sur une personne, pose son sac à ses pieds et lui murmure une menace à l'oreille avant de se retirer aussi prestement qu'il est entré, semant aussitôt une panique indescriptible dans son sillage. Manque de chance : ce jour-là, c'est entre mes jambes qu'il a abandonné sa chose. J'étais assis dans le salon, occupé à rédiger une fiche, quand je l'aperçus. Son gros sac m'avait intrigué car le personnel de l'entrée est trop rodé pour laisser un client porter un bagage apparemment lourd. Sa hâte acheva de le trahir. Je ne le quittai pas des yeux durant tout son manège. Ses circonvolutions se faisaient plus nerveuses. Il n'arrêtait pas de faire sonner son argent dans la poche de son pantalon. Aussi est-ce tout naturellement qu'il se dirigea vers moi pour poser son sac, non sans se pencher à mon oreille :

« Je suis de la Cagoule. Ce sac contient une bombe. Elle explosera dans quelques minutes…

— *Was ? Entschuldigen Sie aber…*

— Terroristes ! Extrême droite ! La Cagoule, quoi ! »

Aussitôt je l'attrapai par l'avant-bras et, sans me lever de mon fauteuil, je glissai à son oreille :

« La semaine dernière, au Claridge, vous étiez un anarchiste. Faudrait savoir… »

Il émit un cri de douleur qui attira les regards puis tenta

de se dégager. Mais par une simple torsion de bras, je l'obligeai à s'asseoir à côté de moi, à ouvrir le sac et à en renverser le contenu sur le tapis. De la ferraille. Quelques instants après, deux gardiens de la paix venaient le chercher dans mon bureau, cette petite pièce que l'on m'avait octroyée lors de ma prise de fonctions, juste derrière le chef du personnel. L'endroit était irrespirable, mais sa situation stratégiquement indispensable : situé dans la mezzanine au bout de la galerie principale, c'était un remarquable poste d'observation juste à deux pas de l'entrée principale. Aussi, à force de me pencher sous la demi-lune de la balustrade, j'obtins d'installer un fauteuil et une petite table sur ce palier intermédiaire qui devint, au fil des ans, mon vrai bureau, face à la grille d'imposte d'une baie du grand escalier.

Soudain, je fus pris d'un remords. Avais-je eu raison d'appeler les flics ? Au fond, c'était un pauvre type, pas si dangereux, sûrement moins qu'un rat d'étage. Son drame ne venait peut-être pas de sa souffrance, mais de ce qu'il ne savait pas quoi en faire. Un petit interrogatoire n'aurait pas été de trop. Dans ma précipitation à me débarrasser de cette affaire anodine, je n'avais même pas relevé la marque de sa gabardine.

Pas de messages, les affaires courantes expédiées, un petit tour au standard téléphonique pour y relever les appels considérés comme suspects, il ne me restait qu'à pousser délicatement vers la sortie, et surtout sans esclandre inutile, une dame qui prenait un peu trop ses habitudes dans la maison. Une courtisane argentée d'un point de vue purement mondain, qui n'était jamais qu'une pute de luxe d'un point de vue purement hôtelier. J'avais passé une bonne partie de la journée à interroger des membres du personnel de nuit, surtout ceux du cinquième. Rien de vraiment notable n'en était sorti, sinon un homme au comportement incertain remarqué à l'étage par une gouvernante et au bar par un garçon ; leurs témoignages concordaient : une silhouette haute, mince, revêtue d'une gabardine de modèle Mackintosh, mais qui ne correspondait pas à mon psychotique. Victorine avait relevé l'odeur de caoutchouc que le vêtement laissait dans son sillage, accentuée par l'eau de pluie dans laquelle il trempait encore : « Non seulement c'est affreux, mais en plus c'est pas hygiénique, ça garde la transpiration à l'intérieur, alors pensez si on s'en souvient ! » Mais pas de trace de la mallette et du parapluie du comte Clary. D'autant plus gênant qu'il est toujours désagréable d'avoir à soupçonner le personnel. Le réveil des susceptibilités mal enfouies attise parfois des conflits que l'on croyait éteints. Il ne me restait plus qu'à me livrer à mon occupation favorite, laquelle évoquait de loin un scandaleux désœuvrement. Elle était pourtant au cœur de mon travail. Un rituel auquel je sacrifiais deux fois par jour en moyenne.

Juste en face de la porte à tambour encadrée de grooms, à l'épicentre du hall d'entrée, les pieds sur le fameux bateau qui orne le sol mosaïqué (*Fluctuat nec mergitur*), le regard fixé au-delà des carreaux de la porte vers ce morceau de boulevard Raspail qui réunit la succursale de la Banque de France à la prison militaire du Cherche-Midi, une oreille tendue vers la conciergerie à gauche, une autre vers la droite au cas où le directeur viendrait à sortir de son bureau, c'est là que je me tenais quand il s'agissait d'accueillir un hôte de marque. Jamais à l'extérieur, cela aurait fait mauvais genre, mais pas totalement à l'intérieur. À la fois dehors et dedans : ma singularité dans la géographie de l'Hôtel. Certains crurent pouvoir en déduire mon caractère, mon tempérament, voire les traits de ma personnalité alors que les choses sont toujours bien plus complexes.

Nul autre que moi parmi les employés n'avait le droit de s'asseoir dans les salons, les galeries ou au bar. À l'égal de n'importe quel client. Cela n'a l'air de rien, un tel privilège ; c'est pourtant essentiel dans une société plus volontiers assise que debout. Jamais les employés d'un établissement d'un tel prestige ne s'aventureraient loin de leur propre territoire. On ne verra pas une femme de chambre hors des étages, ni un cuisinier hors des cuisines, à l'exception du chef, tenu d'apparaître parfois en salle. Le concierge ignore les frontières, c'est une exception. J'étais le seul à me rendre dans tous les territoires de l'Hôtel sans exclusive : oui, l'Hôtel est mon territoire.

Des escaliers, des couloirs, des escaliers, des couloirs. Dédales à n'en plus finir et labyrinthes interminables. Des centaines de portes à ouvrir et à refermer, autant d'individus à saluer chaque jour, souvent les mêmes plusieurs fois par jour. Vu au pas de charge, un grand hôtel fait penser à un paquebot. Mais dès qu'on s'installe dans son grand salon, il évoque un théâtre dans lequel se serait déposé un précipité de la comédie humaine. Chacun revêt un habit et tient un rôle. À une nuance près : les comédiens ignorent qu'ils jouent une pièce, et laquelle.

Je m'asseyais donc dans différents coins du hall après en

avoir fait autant dans la galerie de l'entrée, tout disposé à regarder et écouter. Mieux encore : en état d'imprégnation aiguë. La formule que proposait alors le George-V me faisait sourire car elle oubliait l'âme des conversations : sous le nom de « repas-disque », elle avait inventé de faire déjeuner ou dîner deux personnes autour d'une table sous le plateau de laquelle était fixé un enregistreur qui conservait leurs discussions d'affaires... Par un étrange processus que je ne cherchais plus à m'expliquer, je préférais quant à moi laisser les paroles, les faits et les gestes en suspension dans l'atmosphère feutrée de Lutetia se déposer en moi, puis décanter avant d'en tirer le jus. *De* Lutetia et non *du* Lutetia. Comme s'il s'agissait d'une ville. Seuls les fidèles et les habitués parlaient ainsi. Les Boucicaut, eux aussi, disaient : « Aller à Lutetia » comme s'ils se rendaient dans leur villégiature du Midi alors qu'ils n'avaient que le square à traverser.

À la longue, le quadrillage méticuleux du hall me faisait éviter certains angles. À gauche, par exemple, car les fauteuils se situaient à pic sous un conditionneur diffusant un courant d'air artificiel les mois de grandes chaleurs, idéal pour s'enrhumer. À droite également, car dès que l'orchestre perché sur la mezzanine attaquait les premières mesures, toute causerie devenait inaudible. Or rien ne m'enchantait comme de me laisser envahir par le délicieux brouhaha de ce théâtre intime, mélange de cendriers qui s'entrechoquent et de glaçons dégringolant dans des verres, d'un long murmure assourdi et d'éclats de conversations, la vraie musique intérieure de Lutetia, la rumeur de l'Hôtel.

Un écrivain a très bien rendu ce sentiment, Thomas

Mann. Non que je me tienne au courant des dernières parutions, mais j'ai pour habitude de lire les livres abandonnés par les clients. Ce rite, très personnel, qui ménage bien des surprises, m'a ouvert de larges horizons. En fait, au-delà de mes humanités et de mon droit, ma culture dépend en partie de la nébuleuse Lutetia, de ce brassage inouï dans le sillage duquel j'ai récupéré aussi bien des livres que des journaux du monde entier, des bribes de conversations, ou des choses vues, tout un matériau témoignant de ce qu'une société sans mélange est une société sans éclat. Nul maître n'aurait pu me transmettre un savoir d'une si vaste étendue. C'est ainsi qu'un jour j'avais gardé le *Der Tod in Venedig* d'un client munichois, M. Aschenbach. Quand je lus cette nouvelle sur le spectre de la mort rôdant à Venise, à la fois dans la vieille ville infestée par le choléra et sur le Lido, où le héros est gagné par le mal tandis que l'envahit la splendeur d'un jeune Polonais, je compris l'intérêt premier que lui portait notre client, homonyme du personnage principal. Mais ce que je retins de cette lecture est d'un autre ordre. Moins le mystère de cette agonie que l'évocation des bruits de l'Hôtel des Bains : dans mon souvenir, il était question d'un solennel silence qui serait l'ambition de tout grand hôtel, et aussi de garçons qui marchaient à pas feutrés, et puis de ce qu'on percevait à peine, comme un cliquetis de services à thé, un mot ici ou là, juste un murmure... Cet écrivain avait dû beaucoup voyager un crayon à la main, tous les sens en éveil, car dans l'auscultation du mouvement intime de la vie, il n'avait pas son pareil pour rendre la qualité du silence hôtelier.

On se serait cru à Lutetia. Un fil invisible reliait-il ces grandes maisons ? Mes personnages étaient tous là. À croire qu'ils n'attendaient que moi pour se mettre en mouvement. Le personnel à son poste, les clients à leur place, les grandes fleurs dans leur grand vase, on pouvait se demander quel événement considérable eût été de nature à bouleverser cet intangible ordre des choses. Un groom traversa le hall en faisant tinter la sonnette de son panneau en bois sur lequel on pouvait lire MR CHARLIE CHAPLIN ; il poussait le jeu jusqu'à scander son nom dans les différents salons, comme si le cinéaste était vraiment demandé au téléphone. Cela aurait pu aussi bien être M. JEAN GABIN ou M. PABLO PICASSO selon son humeur du jour, puisqu'il obéissait à une consigne de la Direction destinée à accréditer l'idée selon laquelle l'Hôtel était fréquenté en permanence par des célébrités du milieu artistique.

Il me fallait me fondre parmi les clients, me faire oublier. Non pas en bourgeois mais en civil, même si la plus civile des tenues relève encore de l'uniforme. Costume gris, cravate sombre, chemise blanche unie, pochette assortie. Toute note de fantaisie aurait été déplacée car on n'aurait pas compris que je veuille me faire remarquer. Je connaissais tout le monde, mais peu me connaissaient. Je les voyais tous mais eux ne me voyaient guère. Les nouveaux clients et les hôtes de passage ignoraient ma qualité. Pour les autres, j'étais une silhouette familière, que sa neutralité rend imprécise, une ombre insaisissable sur laquelle on peut compter en toutes circonstances. Parfois juste un nom qui arrange tout, voire un prénom, c'est selon. En tout cas, l'inaperçu fait homme. Si le personnel était une trace fugitive et légère dans le paysage intérieur de l'Hôtel, je n'étais que l'ombre portée de cette trace.

Le journal du jour nonchalamment déplié sur mes

genoux à la page diplomatique, un petit bristol blanc uni posé discrètement contre ma cuisse ainsi qu'un crayon, j'étais paré. Chaque jour, je faisais mes gammes : observer les individus puis les réduire en fiches. À la fin, je ne les voyais plus comme les clients d'un grand hôtel mais comme les tableaux d'une exposition.

Du plus loin qu'il m'en souvienne, j'ai toujours tenu des fiches sur les gens. Bien avant mon entrée dans la police, je prenais des notes sur les paroles et les attitudes de mes camarades d'école sans autre but que de les conserver par-devers moi, comme une sorte de journal intime d'un type un peu particulier ; je vivais à travers eux tout en m'excluant de leur société. Les listes de patronymes, de toponymes, de dates, de numéros me fascinaient. Inouï ce que l'on peut accumuler comme rêves dans un tel refuge ! Quand j'étais petit, la lecture en continu de l'indicateur des chemins de fer suffisait à faire mon bonheur, ce qui m'attira la seule réflexion condescendante que ma mère prononçât jamais à mon endroit en s'adressant à mon père : « Ce gosse, un rien l'amuse ! » La seule, de toute mon enfance. Mais si cette remarque n'avait pas eu ce caractère exceptionnel, m'en souviendrais-je encore ?

Le moment de se poser n'était pas choisi de manière anodine : l'un de ces instants incertains où la fin de l'après-midi opère une jonction souterraine avec le début de la soirée, ce moment vaporeux qui n'est plus le jour mais pas encore la nuit. Dans le grand salon, cela se traduisait par un intense chassé-croisé entre différentes catégories de personnages qui pouvaient ainsi s'effleurer pendant des années sans jamais se connaître, ni se parler, ni même se voir. Seul un lieu aussi improbable pouvait éventuellement favoriser la rencontre entre des gens qui dépensent ce qu'ils ont gagné et des gens qui dépensent ce qu'ils vont gagner. Encore que j'aie été souvent piégé par mes propres préjugés, puisqu'il était hors de question d'identifier précisément tous ceux qui passaient et repassaient dans cet agrégat de microcosmes. Un monde fou en vérité. Ainsi cet homme anodin, que j'ai souvent vu traîner sans but apparent ; j'ai longtemps cru qu'il cherchait simplement à profiter des toilettes, il est vrai mieux tenues que n'importe quelle vespasienne et plus confortables que les bistros du quartier. Vérification faite, il s'agissait de M. Saubot, de la maison Richard, quai de Paludate à Bordeaux, un représentant qui profitait de ses déplacements professionnels pour s'enivrer du grand air des palaces. Combien de fois me suis-je amusé à permuter les rôles, rien que pour habiller du frac de la servilité un client à la réputation de suffisance, ou pour conférer enfin une aisance naturelle à un domestique coincé à vie dans les usages de la fonction ? Par habitude autant que par facilité, je commençais toujours par repérer les réguliers, ceux que j'étais à peu près sûr de retrouver chaque jour ou chaque semaine, à la même heure, dans le même fauteuil.

M. Arnold, par exemple, une sorte de dandy si naturellement européen qu'il avait l'air international ; sa maîtrise des langues latines et slaves brouillait l'état civil que son passeport lui attribuait. On le disait triestin parce que cela lui allait bien. Ce personnage d'un temps où les hommes étaient des royaumes insoumis semblait avoir laissé toute sa vitalité se réfugier désormais dans son paraître. Faute de mieux, dirait-on, puisque les grands combats dignes de susciter son engagement avaient disparu à ses yeux avec l'Empire austro-hongrois, son Atlantide intérieure, un monde englouti de savoir-vivre. Il n'en maîtrisait pas moins ses anachronismes car nul ne savait comme lui se mouvoir dans la forêt du temps. Dans les parties principales de l'Hôtel, où il évoluait à des instants précis de la journée, comme s'il avait un rendez-vous fixe avec chacune d'entre elles, il ne marchait pas comme tout un chacun, mais se déplaçait avec une gestuelle qui fascinait le personnel par sa manière d'occuper l'espace. Il devait se dire que ces gens-là étaient absolument dépourvus de caractère, car s'ils en avaient, ils le mépriseraient. Ils étaient pourtant tout prêts à le faire baron Brummell de la Mitteleuropa. Sur son passage, nous demeurions unanimement éblouis par le goût qui avait présidé au choix de ses souliers du jour, à l'accord des tons qui se dégageait tant de ses gants en chevreau que des boutons de son gilet ; nous étions ébahis par le risque insensé qu'il prenait *in fine* en arborant une pochette dont l'agressivité risquait fort d'anéantir tous ses efforts. Sauf qu'au moment de lui décerner le brevet d'ambassadeur du grand goût, on imaginait soudain le temps que cet arbitre des élégances avait dû passer devant son miroir à régler chaque détail, et ce bel édifice s'écroulait tandis que s'éloignait à jamais toute idée de naturel. Rien n'est impardonnable comme de voir le travail sous le trait de génie. Il lui manquerait toujours l'art de dissimuler l'art.

Il commençait par s'isoler près de la pergola du salon de correspondance. Dissimulé derrière l'écran qui séparait les vis-à-vis sur chacun des bureaux, la table recouverte de papier à lettres à en-tête de l'Hôtel et d'enveloppes frappées du monogramme L gravé en leur rabat, tirage spécial réservé aux clients de toujours, M. Arnold se consacrait rituellement à ce qu'il appelait son « épistolat », un courrier dans lequel le privé ne se distinguait pas du professionnel. Mais vaille que vaille, cinq ou six lettres partaient chaque jour de cette table pour se déposer d'abord sur le plateau d'argent d'un groom, qui se présentait à 19 heures, avant d'être affranchies à la conciergerie puis expédiées aussitôt. À quoi occupait-il le reste de ses journées ? Nous l'ignorions tous. Il le savait et en jouissait. Ce qui ne l'empêchait pas d'être un animal social des plus ironiques. Rares étaient les habitués de l'Hôtel qui n'avaient pas droit à un sobriquet, un bon mot, une formule. Ainsi, chaque fois que le peintre Albert Birn traversait la galerie ou le salon pour se rendre au balcon de la 611 où la Direction le laissait planter son chevalet (toutes les 11 font l'angle, mais celle-ci offre le meilleur surplomb), il avait droit, après les salutations d'usage, à un bref échange qui commençait toujours par un sonore « Alors, cher mister Beurne, toujours des gouacheries pour vivre et des dessins pour revivre ? » suivi, sur le ton de la confidence, d'un inévitable « Le génie est une longue patience »... L'artiste hochait la tête, souriait de ce snobisme qui lui faisait d'instinct angliciser son nom, refusait poliment de parler de son travail puisque peindre c'est déjà parler, et poursuivait sa route. Son esprit flottait déjà dans les hauteurs, très exactement à la plongée du carrefour Sèvres-Babylone, de manière à saisir le Bon Marché et le square d'un point de vue unique, là où nul autre regard que le sien ne pouvait voir qu'une maladrerie s'élevait sur ces lieux quelques siècles avant. Quoi qu'il en soit, quand il lui arrivait d'apercevoir le résultat de son travail, M. Arnold le jugeait « épatant » ou « sensationnel », les deux qualificatifs dont il usait et abusait. Quand il me vit en se rendant aux toilettes, il m'interpella :

« Monsieur Kiefer ! Est-ce bien le jour du cor de chasse ?

— Non, monsieur. De toute façon, si je puis me permettre, il ne s'agit pas d'un cor mais d'une trompe. L'un se porte sous le bras et envoie le son par-devant ; l'autre, enroulée à trois tours et demi, se porte sur l'épaule ou en écharpe, et envoie le son par-derrière. Le cor a disparu au profit de la trompe dite d'Orléans.

— Et depuis quand, s'il vous plaît ?

— Depuis Louis XIV, monsieur.

— Ah bon, fit-il. Mais c'est toujours accordé en *do*, n'est-ce pas ?

— En *ré*, monsieur. Depuis 1705.

— C'est incroyable, on me cache tout ! » lança-t-il, les bras au ciel, tout en s'éloignant.

De quoi vivait M. Arnold ? La rumeur lui prêtait d'autant plus qu'il ne se mettait jamais en situation d'avoir à démentir ou confirmer. On le disait plus ou moins rentier, issu d'une puissante famille aux ramifications multiples en Argentine et au Tonkin, propriétaire ou principal actionnaire, selon les jours et les humeurs, de la Compagnie du chemin de fer de Rosario à Puerto Belgrano, et des charbonnages du Dong-Trieu. Cela collait si parfaitement à sa légende que nul ne cherchait à en savoir plus, pas même moi, tant le charme opérait, alors que je pouvais consacrer mes heures perdues à rechercher la signification du « W. » entre Theodor et Adorno. J'imaginais que son snobisme d'un autre âge pouvait également dissimuler un financier par défaut et par nécessité, revenu de tout mais moins désinvolte qu'il n'y paraissait. Aussi ne fus-je pas surpris ce jour-là quand un visiteur vint le déranger pour le prévenir de la prise de contrôle imminente de la Société anonyme de la Grande Comore par la société Comores Bambao, spécialisée, si j'avais bien saisi, dans la culture de plantes exotiques et de plantes à parfum. Le moment semblait propice pour une opération car, après la dévaluation du franc de 12 %, les capitaux revenaient en France.

Dans ces occasions-là, il se faisait toujours assister par une jeune femme tout en jambes, d'une allure folle, qui consignait les minutes des entretiens en sténographie. Toujours la même, une certaine Madeleine Poupinel. Quand les petites mains de la réception la regardaient passer, elles disaient qu'elle était trop distinguée et qu'elle avait trop de classe pour n'être que sa secrétaire, ce qui donnait déjà une certaine idée de leur vision du travail au bureau. Rien à voir avec les intérimaires que nous envoyait parfois l'agence de dactylographie Le Secrétariat volant. Les plus envieuses la jugeaient si coincée qu'elles ne l'imaginaient pas mourir d'une hémorragie interne provoquée par un éclat de rire. Mais ses défauts n'avaient pas que des inconvénients, sa discrétion notamment. De deux trois conversations que nous eûmes, elle et moi, dans la lumière tamisée du bar, seul lieu de l'Hôtel qui exhalât une forte odeur de complot permanent, je compris qu'elle tenait son remarquable maintien et son port de tête d'un récent passé de danseuse classique, une vocation anéantie à la suite d'une rupture du tendon d'Achille. Encore me fallut-il lui arracher la confidence. Si maîtrisée qu'elle en eût paru frigide. Peur de s'abandonner par peur d'être abandonnée ? On le dit de tant de femmes… Quoique celle-ci donnât vraiment l'impression de n'être capable de s'oublier que sous l'action combinée de l'hypnose et de l'anesthésie.

M. Arnold paraissait aussi à l'aise à jongler avec les rapports d'exploitation des domaines de l'île d'Anjouan qu'avec la récurrence des latinismes chez Hölderlin. Peu après le départ de son visiteur, un autre lui succéda, nettement moins comorien. Il portait la suspicion sur son visage, sa poignée de main devait être une poignée d'eau. Un type des plus louches, lequel s'installa dans le fauteuil mais n'y resta pas longtemps. Au bout de quelques minutes, M. Arnold se leva, le congédia tel un laquais et comme c'était encore trop élégant pour le personnage, il lui enjoignit de prendre la porte à tambour pour ne plus réapparaître. La scène était humiliante pour le visiteur, mais comment en vouloir au bourreau quand la victime est si lâche ? Le petit esclandre ayant capté l'attention générale, M. Arnold se justifia aussitôt en me hélant depuis sa place, de manière que tout le monde entende :

« Vous avez vu ça, Kiefer ? Savez-vous ce qu'il venait me vendre ? Des livres rares. À moi ! Des livres rares qui m'ont été volés chez moi il y a deux mois ! Le cynisme de ces gens, c'est quelque chose… »

Il n'était pas le seul personnage insolite de ce petit théâtre.

Au fond à gauche, chaque mercredi à l'heure du thé, Mme Vivier-Deslandes tenait salon. Elle recevait, c'était son jour. Le succès de ce colloque littéraire et mondain ne s'était pas démenti depuis deux ou trois ans. Son animatrice, qui n'habitait pas l'Hôtel mais ne s'en montrait pas moins généreuse avec le personnel, avait pris au mot la réclame de Lutetia assurant que tout y était fait pour que l'on s'y sentît *at home* aussitôt le seuil franchi. Une dizaine de dames se retrouvaient là régulièrement autour d'elle, entre les pilastres cannelés du salon de thé, auxquelles se joignaient des éminences grisonnantes. Les échanges passaient souvent pour étincelants tant elle avait le chic pour convier des gens en parfaite intelligence avec le mouvement des idées, qu'il s'agisse de la politique ou des arts. Mme Vivier-Deslandes imposait le sujet de conversation avec l'air de ne pas y toucher. Quand le propos déviait, elle agitait une petite clochette posée devant elle à l'égal d'un attribut de la fonction, et en usait avec la ferme désinvolture d'un commissaire-priseur jouant du marteau. Nul n'a jamais su pourquoi elle avait porté son choix sur notre hôtel précisément, à l'exception d'un client qui avait avancé une hypothèse des plus séduisantes : de sa place, Mme Vivier-Deslandes pouvait voir à travers les grandes vitres, de l'autre côté de la rue de Sèvres, à une dizaine de mètres, la fameuse abbaye aux Bois où Mme Récamier, ruinée et vieillie, n'en recevait pas moins l'élite intellectuelle de son temps. D'un salon l'autre, bien que la dame de Lutetia eût toujours la coquetterie d'appeler le sien « un bureau d'esprit ».

Ce client perspicace, un curieux bonhomme au centre du hall, tout seul mais heureux de sa solitude si l'on en jugeait par son irrépressible sourire, le regard dissimulé derrière d'épais verres de myope qui lui mangeaient la moitié du visage, était un Anglais. Une touche d'excentricité dans la mise annonçait son état civil. Une manière bien à lui de nouer sa cravate club pour que le nœud atteigne l'épaisseur du poing. M. Kaufman était un grand avocat, à la retraite depuis une dizaine d'années ; lorsqu'il ne prodiguait pas quelques conseils royalement rétribués sur la manière de divorcer sans trop de dommages, il se consacrait à sa passion de l'histoire de l'art. On disait que ses conférences étaient très demandées dans les universités américaines et italiennes ; il y déployait une éloquence admirable. J'avoue que sa spécialité me laissait songeur, du moins celle à laquelle il vouait désormais toutes ses recherches avec un enthousiasme que le grand âge n'émoussait en rien. Si j'avais bien compris, son érudition était entièrement focalisée sur les plus belles portes de maisons et d'immeubles. Il photographiait les décors sculptés avec son Leica, puis étudiait centimètre par centimètre volutes et rosaces, rinceaux et cariatides, guirlandes et acanthes en se délectant déjà de la sonorité de ce lexique reflétant l'influence néoclassique. Un univers dont, pour être franc, je ne savais rien et dont il m'apprit tout. Je me demande si la nuit il ne se transportait pas sur les lieux pour faire déposer les portes clandestinement par des artisans afin de les examiner vraiment sous toutes les coutures ; il en aurait été certainement capable. Le travail d'ornementation sur les vantaux, panneaux et œil-de-bœuf le passionnait au-delà du raisonnable. La capitale, qui comptait tout de même quelque 5 000 kilomètres de façades, lui apparaissait non pas sous la forme d'une ville mais d'un musée à ciel ouvert (« Vous me voyez à New York, cette ville sans balcons ? » était l'une de ses apostrophes préférées). Son érudition ne se limitait pas au vieux Paris ; on pouvait l'entreprendre sur des raretés de province, et aussitôt il s'envolait sur le portail maniériste de l'hôtel d'Assezat avec la force de conviction d'un Toulousain de vieille roche. On le sentait prêt à consacrer tout un livre à chaque porte exceptionnelle à condition que sa naissance n'excédât pas la fin du XVIIIe siècle car, après, la voie était ouverte à la décadence. Il tenait l'Art nouveau et l'Art déco, Guimard et Sauvage pour les fossoyeurs de la civilisation, la fonte de fer et les grès pour des horreurs sans nom. Ces portes-là, il refusait de les ouvrir. D'ailleurs...

« Bonjour, professeur Kaufman !

— Je vous en prie, restez assise, dit-il avec une pointe d'accent dans les fautes de français, travers que l'on pourrait identifier comme une manifestation de snobisme de Français anglomane si l'on ignorait d'où il vient et qui il est.

— Vos repérages ont-ils été fructueux aujourd'hui ?

— Demain, j'écume, c'est bien ainsi que l'on dit, n'est-ce pas ?, j'adore ce mot, j'écuuuume la rue Vieille-du-Temple ; sur la porte du 47, un de mes indics m'a signalé de beaux grotesques qui tirent la langue. Une *piure marvel* ! Si vous saviez, j'ai tant à faire dans ma deuxième vie. Vous avez remarqué la nuance, monsieur Kiefer, je n'ai pas dit "seconde" mais "deuxième", il ne faut pas insulter l'avenir, n'est-ce pas ? Croyez-moi, j'ai bien l'intention de mourir comme Job.

— Vieux ?

— Mieux que cela : comblé de jours... »

Rien ne l'excitait comme de cristalliser sa supériorité d'Anglais sur un quelconque Français dans le raffinement de sa langue ; c'était l'un des spectacles les plus comiques du salon. Ainsi, au lieu de dire comme tout un chacun : « Ça m'est égal », il réussissait à placer un : « Cela m'est tout à fait équilatéral » du meilleur effet. Il me répétait alors, comme chaque fois qu'il m'entretenait sur le sujet, généralement juste avant de clore la conversation, ce que j'interprétais comme le signal du départ : « Une telle recherche n'a jamais été entreprise ! par personne ! rendez-vous compte ce que c'est d'être un pionnier en terre vierge ! » Immanquablement, il revenait sur ses pas pour m'adjurer de « juste traverser le boulevard » afin d'admirer avec lui la simplicité des vantaux de la porte cochère de l'hôtel de Marsily au 18, rue du Cherche-Midi ou le heurtoir du portail de l'hôtel de Brancas au 1, rue du Regard ; puis il s'en allait à petits pas vers l'escalier menant aux étages, tel un clochard céleste coiffé d'un galurin métaphysique, les poches pleines de morceaux de papier qu'il semait dans son sillage, la tête remplie de figures hurlantes, de mascarons grotesques et de mufles de lions. Depuis quelque temps son faciès à lui m'inquiétait tant il évoquait une gargouille démoniaque échappée des gouttières de Notre-Dame. Cela faisait une bonne année que M. Kaufman effectuait des séjours chez nous à intervalles réguliers pour son étude, et je n'ignorais plus les portes comme avant, quand, la nuit, je m'aventurais hors de l'Hôtel pour porter les fiches de voyageurs au commissariat. Il pourrait se vanter d'avoir changé mon regard, au moins sur ce plan-là, avant même d'avoir publié son grand œuvre. Tout le monde se sert des portes, mais qui les regarde ? Il faut les yeux d'un étranger pour les voir. Un jour que je le lui avais fait remarquer, il m'avait répondu : « Vous savez, dans ma bonne ville de Londres, je ne vois rien. J'ai le pif dans mes bouquins. Il n'y a qu'à Paris que je lève le pif en l'air. C'est bien ainsi que vous dites ? le pif ! j'aime bien ça… » Lui seul avait remarqué que les architectes de l'Hôtel avaient arrondi les angles à la rencontre des murs avec les plafonds comme avec le sol, afin d'y éviter l'accumulation de poussière.

Un couple en tenue de soirée, qui déambulait depuis cinq minutes dans la grande galerie, fut bientôt rejoint par les Clary. Strass, superbe et snobisme. Tout ce que le professeur Kaufman exécrait, lui qui aurait tout pardonné aux cyniques mais rien aux hypocrites. La comtesse portait une robe de mousseline si vaporeuse qu'elle semblait soulevée par une vague. La grâce sans affectation qui se dégageait de tant de légèreté, cette beauté qui défiait les lois classiques des proportions et de l'harmonie, cette désinvolture distinguée, ce je-ne-sais-quoi, pour tout dire, le professeur Kaufman assurait qu'il n'y avait que les Italiens pour les qualifier d'un mot, le beau mot de *sprezzatura* ; mais il recouvrait un état si exceptionnel qu'il était tombé en désuétude. Moi qui ne parlais pas un traître mot de cette langue, j'en savais donc un que nul Italien ne pouvait plus déchiffrer. Et pourtant... Jamais il ne m'était apparu aussi évident qu'une silhouette frêle pouvait également abriter une âme active.

De leurs embrassades et des tickets qu'Eugénie, la responsable de la petite agence de location de spectacles juste en face du kiosque à journaux à l'entrée, leur apporta, je déduisis qu'ils se rendaient au théâtre. Une curiosité machinale me poussa à demander au concierge quelle était leur destination exacte mais il était trop affairé à remettre la main sur les malles d'un client de Boston qui avaient probablement été déposées par erreur à l'autre Lutetia, un minuscule hôtel de basse catégorie de la rue Jules-Chaplain, à Montparnasse. Aussi je fis le tour du comptoir et feuilletai le grand livre parfaitement tenu à jour, de sa belle écriture à la sergent-major, par le main-courantier : mardi… chambre 523… quatre places pour *Asmodée,* de François Mauriac, à la Comédie-Française… Le renseignement ne m'était d'aucune utilité mais il fallait que je sache. Moins pour savoir que pour ne pas demeurer dans l'ignorance. Je me surpris même à consigner l'information sur une fiche. À ce niveau de réflexe, la curiosité est si parfaitement intégrée à nos faits et gestes qu'elle n'est pas une seconde nature mais notre vraie nature.

Soudain, juste avant de sortir, les Clary et leurs amis parurent tout excités par la présence à leurs côtés d'un client qui attendait qu'on vînt le chercher, un homme tout en rondeurs mais assez embarrassé de sa personne, assis sur une fesse dans l'un des fauteuils en osier de la galerie. Cet intérêt soudain pour Roger Martin du Gard tenait moins à sa qualité d'écrivain — avaient-ils lu ne serait-ce qu'un seul tome des *Thibault* ? — qu'à sa toute récente auréole de prix Nobel de littérature. Depuis qu'en décembre l'académie suédoise l'avait couronné, il avait effectué un épuisant marathon des capitales d'Europe centrale, qu'il achevait en liquidant ses affaires nées de cette gloire encombrante en s'échouant discrètement pendant deux mois à Lutetia, avant de retourner à ses chères écritures, sous les grands arbres de sa maison de l'Orne. En attendant, quand il n'était pas cloué au lit par une grippe tenace, abruti de Néo-Codion qu'il envoyait chercher à la pharmacie du boulevard, il n'arrêtait pas de recevoir des gens, des journalistes et surtout des éditeurs. En vivant à l'Hôtel, il se croyait protégé de la tyrannie des mondanités, en tout cas mieux que dans son petit appartement de la rue du Dragon, à cinq minutes de là. La Direction avait mis à sa disposition deux belles chambres, pour lui et pour sa femme, ainsi qu'un cabinet de travail pour son secrétaire, chargé d'éponger une correspondance chaque jour plus lourde. La nobélisation en avait fait le personnage le plus invité de Paris, situation qu'il croyait avoir conjurée en camphrant son smoking de Stockholm. Ses lettres personnelles, qu'il confiait pour expédition à la conciergerie, étaient surtout adressées à Jules Romains et Stefan Zweig. De ses conversations avec différents visiteurs, telles que j'avais pu les capter depuis plusieurs jours en laissant traîner une oreille distraite, il ressortait que l'homme de lettres allait consacrer une partie du montant de son prix, considérable il est vrai, à financer des bibliothèques de sanatoriums ; le sort des intellectuels malades et des étudiants tuberculeux le préoccupait à hauteur de 20 000 francs — une autre partie de la somme serait allouée à une caisse de secours pour les écrivains.

Le salon commençait à s'animer. Les premiers à passer et repasser étaient des Parisiens pour qui l'hôtel restait le meilleur refuge contre la vie au foyer. Incroyable ce qu'on peut trouver dans le lobby d'un grand hôtel comme gens à la recherche d'autres gens. Au bout de plusieurs années de pratique, je ne me lassais pas de cette comédie des masques, moi qui prétendais n'en porter aucun.

L'esprit de vaudeville m'a toujours exaspéré. Ou plutôt son fonds de commerce, ces portes qui claquent, le mot même de « cocu », si ridicule dans son seul énoncé alors qu'il peut mener à l'humiliation et à la mort, cette manière si française de la dérision conjugale en toute légèreté quand de vrais drames peuvent se nouer derrière toutes ces cavalcades. Mon attitude avait toujours paru paradoxale à mes collègues de la PJ, du fait de ma double qualité de célibataire et de détective, mais on ne se refait pas. Dans nos conversations de bistro, ils ne s'étaient jamais privés de me mettre le nez sur mes contradictions ; il est vrai qu'il m'arrivait de prendre la femme d'un autre, mais c'était oublier que je n'y parvenais jamais sans qu'elle se donnât à moi ; il est également vrai que j'avais choisi d'exercer ma profession dans un grand hôtel, mais je m'abritais derrière la règle intangible de discrétion de notre maison pour éloigner les conjoints humiliés, confits en procédures. Que tout cela relevât d'un esprit sophiste, d'une morale élastique, voire d'une déontologie à géométrie variable, je n'en disconvenais pas. Mais j'attendais avec intérêt celui qui me jetterait la première pierre, puis une autre et une autre encore, qui me permettraient de construire une maison où les inviter au grand banquet des hypocrites. Car rien n'est suspect comme les donneurs de leçons.

Si l'adultère ne me choquait pas, les doubles vies me paraissaient méprisables. Je respectais l'accident, le coup de foudre, la circonstance. Pas le système. J'aimais la naïveté de ces couples d'un jour qui usaient de stratagèmes éprouvés pour dissimuler leur identité, ou pour éviter d'être vus ensemble en entrant ou en sortant. Quand je les croisais en fin de journée dans l'ascenseur ou le couloir au moment où ils quittaient l'Hôtel, je me retenais de leur souffler à l'oreille que l'arôme de savon diffusé par leur sillage était suspect, du moins à pareille heure. Quelque chose d'émouvant se dégageait de leur secret. Mais je détestais, chez certains d'entre eux, l'arrogance née de l'habitude. N'être qu'un n'est pas une prison, ni même une limite mais un accomplissement. Fallait-il avoir l'esprit tordu pour se complaire dans ce fumeux paradoxe selon lequel tout homme est deux hommes, et le véritable est l'autre. On dit qu'il faut avoir deux visages, se dédoubler en permanence, car vient toujours le moment de tuer le pantin en soi en arrachant son masque : si on n'en portait pas, c'est l'enveloppe du visage qu'on arracherait.

Nul n'était mieux placé que moi, à l'épicentre invisible de l'Hôtel, lieu géométrique des existences parallèles, pour observer la vanité de ces fuites en avant. De quoi fournir de la matière au boulevard pour deux saisons au moins, puisque ces personnages avaient de l'esprit, à défaut d'avoir du caractère. Des sujets à la pelle, à commencer par le chassé-croisé entre un mari et une femme accompagnés chacun de leur illégitime, mais ignorant mutuellement la présence de leur conjoint ; tout concierge de grande maison a connu cela une fois au moins, et tout détective éprouvé. Il y en aura toujours que cela fera rire, quand cela ne m'arrachera jamais le moindre sourire. Lorsque j'eus à régler de tels cas, l'affaire fut expédiée, mais malgré mes efforts, Lutetia perdit deux habitués. Par souci du bien-être de ses clients, tout grand hôtel bien né peut devenir à l'occasion une maison d'infinie tolérance. Y penser toujours, n'en parler jamais. Peut-être, au fond, n'avais-je choisi ce métier que pour creuser sans fin sous la peau des apparences ?

Cet homme là-bas, par exemple. Tout dans sa physionomie annonçait son importance. Ancien ministre dans un gouvernement Chautemps, aspirant à le devenir à nouveau dans un prochain gouvernement Daladier — qu'importent le maroquin et l'étiquette, pourvu qu'il ait le titre et les avantages de la fonction : on aurait pu lire sur son front l'inscription gravée à l'entrée de certains établissements de villes thermales SERT TOUS LES RÉGIMES — toujours sénateur d'un bas morceau de l'Hexagone — eu égard à la proximité du Sénat, nombre de ses pairs tenaient Lutetia pour leur pied-à-terre parisien —, la mise aussi enrobée que sévère, il trônait entouré de sa femme et de ses trois enfants. Il leur en imposait tant par son autorité naturelle que ceux-ci semblaient toujours guetter son autorisation avant de parler. Or, de cet homme que son pouvoir rendait inaccessible à la critique du commun, de ce puissant constamment en réserve de la République quand il n'était pas en action pour en défendre les valeurs morales — tant de gens se désignent par ce qu'ils dénoncent —, qui eût osé imaginer ce que je savais pour avoir été maintes fois le discret témoin de son manège : son penchant pour les grooms en uniforme, notamment pour celui qui lui apportait des messages dans sa chambre même quand il n'en recevait pas, le mieux fait, il est vrai, et pas le plus sot, mais qui louait la générosité de son protecteur avec tant de sincérité que plus d'une fois je lui conseillai un peu de prudence dans l'expression de sa gratitude. Quand les siens se levaient pour prendre congé et rejoindre leur douce capitale régionale, on sentait le ministre revivre plus sûrement qu'après un remaniement gouvernemental : en les raccompagnant jusqu'à la porte à tambour, il cherchait la jeune silhouette amie, déjà.

Au fond à droite, près de la fontaine pompéienne, se tenait comme à l'accoutumée Verga de Godöy, un grand collectionneur sicilien. Une certaine allure, mais un esprit détestable. Au moins on savait à quoi s'en tenir avec lui. Il prétendait ne rien devoir à personne dans quelque domaine que ce fût. En toutes choses on pouvait être assuré de son ingratitude. Quand l'orgueil atteint cette dimension cosmique, c'est de la grandeur. Les réceptionnaires lui réservaient automatiquement sa suite dès l'annonce d'une importante vente aux enchères ou d'une exposition à grand retentissement. Nous ne l'avions pas revu depuis le vernissage du raout surréaliste à la Galerie des Beaux-Arts, faubourg Saint-Honoré. Certains marchands profitaient de son passage à Paris pour lui présenter des tableaux, ce qu'il acceptait volontiers à condition que ce fût dans le hall même de l'Hôtel, en raison de son éclairage zénithal. Le rituel était parfois dégradant, surtout quand il émettait des jugements aussi définitifs que retentissants sur les œuvres, en s'aidant de grimaces, en termes peu amènes, « médiocre », « nul », « ni fait ni à faire » et même un « c'est à vomir ! » qui m'aurait fait bondir n'eût été mon obligation de réserve. Une fois même, la colère l'emporta sur le mépris ; il est vrai qu'un charlatan, croyant avoir affaire à un pigeon, tentait de lui céder au prix fort une potion interdite censée ralentir le vieillissement, des injections d'hormones à base de sécrétions de glandes de singe que même le plus habile épigone de Marcel Duchamp aurait eu du mal à faire passer pour de l'art. M'ayant aperçu dans les parages, il me demanda de sortir illico l'importun, ce que je me serais empressé de faire si Verga de Godöy ne m'avait appelé à travers le hall d'un claquement de doigts qui se voulait l'expression de la domination même dans ce qu'elle a de plus vulgaire.

Quand il devait essuyer des remarques désobligeantes sur les tableaux qu'il présentait, le galeriste, le plus souvent un simple courtier, baissait les yeux en silence avec un air de résignation qui valait acquiescement. Lorsque l'artiste avait le front ou l'inconscience de venir en personne montrer ses œuvres, c'était pire encore : sans même lui laisser le temps de les sortir des cartons, le collectionneur le renvoyait d'un geste méprisant de la main et lui tournait le dos. Édouard Vuillard, que l'on venait de célébrer au pavillon de Marsan, n'aurait peut-être pas été mieux traité en pareille circonstance. Ainsi le hall pouvait-il être le théâtre de toutes les indécences. Assis non loin d'eux, j'écoutais Verga de Godöy répondre aux questions d'un échotier. Plus je l'écoutais, plus je me demandais ce que cela pouvait bien signifier que de s'y connaître en art moderne. S'y connaître ! Comment un homme aussi fin et instruit de la fragilité des jugements en art pouvait-il être si péremptoire ? Le marché le passionnait plus que l'art. Il était incapable d'émettre plus de quelques phrases sur la peinture sans aussitôt parler d'argent. L'annonce du suicide de Kirchner, après la confiscation de plus de six cents de ses œuvres par les nazis, ne lui inspirait de commentaire que sur la valeur de sa cote à venir. De toute façon, il ne jurait plus que par Duchamp et ses amis ; on l'avait même vu acheter des Dalí sur la simple description d'un marchand. Ce qui s'appelle juger à l'éloquence. Inimaginable ce que les riches peuvent s'ennuyer, et les très riches plus encore. Celui-là ne laissait jamais le moindre pourboire au personnel. De toute façon, il se faisait servir par son propre valet, prenant même soin de lui faire porter ses journaux à sa table dans le grand hall afin que nul n'ignore qu'il voyageait avec sa domesticité.

Plus loin, le jeune Maximilien attendait. Jamais au même endroit mais toujours à l'intérieur de l'Hôtel. C'était son occupation principale. Au début, je m'en étais inquiété.

Après une rapide enquête, il apparut qu'il n'y avait pas de quoi. Il attendait son père, un entrepreneur lyonnais du nom de Hubert Roch, un homme qui avait probablement la république chevillée au corps, suffisamment jacobin en tout cas pour honorer la mémoire de Robespierre à l'instant de baptiser son fils. Un père si absent que seule son ombre me revenait en mémoire. Le plus remarquable est que l'adolescent, à la mise toujours impeccable, ne manifestait jamais d'impatience. Comme si l'attente faisait naturellement partie de sa vie. Qu'il lût *Le Journal de Spirou*, dont le premier numéro venait de paraître, qu'il jouât aux osselets ou qu'il ne fît absolument rien d'autre que d'observer le va-et-vient, il attendait son père avec un calme impressionnant, jusqu'à ce qu'ils se retrouvent le soir à dîner.

J'eus à peine le temps de me plonger dans les faits divers de *L'Intransigeant* que, dans la salle du fond, plusieurs tables s'agitèrent. Elles n'en formaient plus qu'une tant la conversation était partagée. Il ne m'en fallait pas davantage pour que, d'un mouvement de sourcils, l'un des serveurs du bar me disposât discrètement un fauteuil non loin d'eux.

C'était l'heure des Allemands.

Si certaines de leurs allusions politiques m'échappaient parfois, rien de leur langage ne m'était étranger. On ne naît pas alsacien impunément, surtout quand on a eu comme moi la chance d'avoir une mère professeur d'allemand. La musique de leurs mots, j'ai l'impression de l'avoir toujours entendue siffler à mes oreilles. Il est probable qu'elle me chantait des berceuses bien à eux, ce qui faisait enrager mon père. C'est à elle que je dois le bonheur d'avoir découvert très jeune la Bavière ; j'y fus envoyé pour de longues vacances, à Grünwald précisément, dans une famille recommandée par notre pasteur. Il me fallut un certain temps pour comprendre que mes aïeux maternels avaient eu des liens tant avec cette famille qu'avec cette ville.

Le français, c'était mon père ; l'allemand, ma mère.

Cet écartèlement ne fut pas toujours facile à vivre. Longtemps je ne sus pas très bien où j'en étais, ni dans quelle langue on me parlait dans mes rêves. Si nous étions restés en Alsace, dans mon jus, les choses auraient été probablement différentes. Je devais avoir quatre ou cinq ans quand mon père fut nommé régisseur du château de Cheverny, où vivait le marquis de Vibraye et les siens. C'est là, dans le val de Loire, que tout a basculé. Le dilemme ne se posait plus en ces termes. Comme si notre installation en terre blésoise avait eu valeur d'enracinement et que les Hurault de Vibraye, famille anoblie par Philippe de Valois, avaient étendu leurs branches jusqu'à leurs gens, dont nous étions le rameau tardif et reconnaissant. À grandir dans leur ombre, j'eus parfois le sentiment que mon propre aïeul avait été reçu aux honneurs de la cour. Par la grâce de cette cohabitation, la part française en nous reprit le dessus. Ce fut durable et profond. Puis l'éloignement de ma mère, la distance qu'elle mit entre nous achevèrent de me séparer de l'autre moitié de moi. Après, ce fut Paris, la faculté, la police. Nul ne songea à faire usage de mon bilinguisme, ce dont je ne me plaignis pas. Mes années Lutetia me ramenèrent à la langue de ma mère avec une intensité et par des détours que je n'aurais jamais soupçonnés.

Qui n'a jamais connu l'exil ignore ce qu'est le son d'une voix amie. Au-delà du combat politique et de leur Allemagne intérieure, les exilés se retrouvaient entre semblables pour partager avant tout le rare bonheur de s'abandonner dans la même langue, à savourer sa résonance et ses contrastes. On avait réussi à les expulser de leur terre, pas de leur langue. Elle était la seule vraie patrie de la grande famille de l'émigration. L'Europe paraissait trop petite pour l'accueillir tout entière. Même la France s'avouait saturée pour avoir fait du droit d'asile une vertu. Les étrangers ne bénéficiaient pas d'un siège à la Société des nations, non plus que les apatrides, avec lesquels on les confondait souvent, alors qu'ils se distinguaient non par leur absence de patrie mais par leur excès de patries. Les exilés étaient déplacés partout où ils cherchaient à se placer. Tout les ramenait à leurs racines, ce poison de la nostalgie, alors qu'ils avaient réussi à s'en arracher. La question n'était même pas de savoir si le pays leur manquait. Ils ne se demandaient plus ce qu'ils allaient devenir sans lui, mais ce qu'il allait devenir sans eux.

Il arrivait que tel habitué du bar ou du salon se mêlât à eux. L'intrusion les gênait d'autant moins qu'ils avaient plutôt tendance à l'encourager, surtout quand l'intrus enrichissait leur conversation. Fascistes, gigolos et hommes d'affaires en étaient bannis. Malgré le souverain mépris qu'il affichait pour la politique moderne, M. Arnold s'invitait souvent dans leur cercle. L'égotiste aux bottines immaculées faisait tache dans cette assemblée de penseurs aux habits chiffonnés, mais il y était le bienvenu pour sa singularité même. On le jugeait si délicieusement désuet dans ses manières très « *k.u.k.* », comme ils disaient entre initiés

(« *königliche und kaiserliche* », autrement dit royales et impériales), que la question de ses opinions en devenait secondaire. Soit il écoutait en manifestant un intérêt poli, soit il se lançait dans des polémiques sans fin sur la poésie de leur pays, qu'il connaissait mieux que la plupart de ces intellectuels. Lui qui, l'instant d'avant, entretenait encore à leurs yeux sa réputation d'original déroutait alors par ses références au vers allemand à quatre pieds, ou à la coïncidence troublante entre le nom de Rilke et sa quasi-anagramme *lyrik*. Une fois même, il les laissa tous pantois en leur rappelant que le grand Heine avait intitulé son recueil d'articles sur la France des années 1840 *Lutezia*...

Soudain, on eut le sentiment qu'il y avait de plus en plus d'étrangers dans le monde.

Cette fois, il n'était question que des préparatifs à leur grande réunion du 20 septembre. Les mondanités ordinaires du salon et l'agitation intellectuelle du bar servaient de cadre à leur activisme depuis plusieurs années. L'accession de Hitler au pouvoir en avait drainé un certain nombre vers l'Hôtel. On pouvait juger de leur statut social selon qu'ils y séjournaient durablement, s'y restauraient uniquement, ou y consommaient à l'occasion. Beaucoup préféraient vivre à l'hôtel, selon leur goût et leurs moyens, plutôt que dans un appartement de location, car il n'était pas de meilleure manière de s'installer dans le provisoire. En se fixant, ils auraient eu le sentiment de trahir une terre qu'ils avaient hâte de rejoindre.

Les premiers réfugiés étaient arrivés à Paris dès mars 1933. On venait juste d'ouvrir un camp de concentration SS à Dachau, une jolie petite ville de Bavière, sur l'Amper. Ils échappaient à l'exclusion de la peinture décadente des musées, aux autodafés de livres, aux premières mesures antisémites. Mais nombre d'écrivains ne purent éviter la déchéance de la nationalité allemande, qui les rattrapa dans leur nouvel exil. Depuis, ils tentaient de s'organiser. Lutetia était devenu leur point de ralliement. Si son rez-de-chaussée se prêtait aux conciliabules enfumés à quatre ou cinq, ses salles de réception, au premier étage, favorisaient les plus vastes réunions. C'est ainsi que le 26 septembre 1935 des exilés antifascistes s'y étaient retrouvés dans le fol espoir d'y fonder un Front populaire allemand. Après, tout s'emballa. Le grand romancier Thomas Mann prit publiquement fait et cause en faveur de l'émigration et se rangea résolument dans l'opposition au nazisme ; une première conférence internationale des émigrés allemands se tint à Paris, jusqu'à ce que, en avril 1937, deux jours durant, l'aîné de la fratrie, Heinrich Mann, y présidât une conférence pour l'organisation de ce fameux Front.

Il arrivait que les exilés se réunissent ailleurs, au Méphisto, sur le boulevard Saint-Germain, puisque, c'est bien connu, un exilé est quelqu'un qui passe sa vie au café. Mais Lutetia était désormais marqué par l'Allemagne. Il votait massivement, à son corps défendant, faut-il le préciser, car un établissement de cette envergure est nécessairement neutre. Il accueillait pourtant tout le monde et se contentait de louer ses salons d'apparat. Noces et banquets, réunions et meetings, dès lors que rien de tout cela ne troublait l'ordre public. Il n'empêche. Contre Hitler et sa bande : vu de Berlin, cela ne faisait pas l'ombre d'un doute. D'ailleurs, quand la presse ou le ministère de la Propagande y évoquaient le travail de sape des émigrés parisiens, ils les nommaient les « comités Lutetia », par commodité. Ainsi un nom de palace pouvait-il être associé à son insu à une société secrète ou à une organisation subversive. Un observateur aurait pu croire qu'une guerre hôtelière se livrait sur les rives de la Seine en découvrant que le George-V abritait, quant à lui, les réunions du très officiel comité France-Allemagne, lequel recevait von Ribbentrop à déjeuner lorsqu'il était en visite à Paris.

Plus le danger de guerre se précisait, plus les chances de réussite d'un Front populaire allemand diminuaient. Après l'annexion de l'Autriche par l'Allemagne et l'afflux de nouveaux émigrés, le projet semblait de plus en plus utopique. Cela n'empêchait pas des négociations fiévreuses de se poursuivre dans le hall enfumé de l'Hôtel.

À 19 heures, quand les musiciens de l'orchestre jouèrent les premières mesures de *Cavalerie légère* de Suppe, je ne saisis plus que des bribes de leurs échanges.

« Nous ne sommes pas une nation de conspirateurs ! » disaient-ils parfois, comme pour mieux se convaincre que l'objet de leurs réunions n'était pas de comploter à court terme pour renverser Hitler mais de s'unir autour d'un plus vaste projet.

Leur chef incontesté, Heinrich Mann, était là au milieu de ses partisans. Il disposait d'une suite dans les étages élevés de l'Hôtel, mais devait bien être le seul. Du haut de ses soixante-sept ans, il leur en imposait à tous. Tout en lui exprimait l'autorité d'un chef de gouvernement en exil, sauf qu'il n'en était pas un. Il paraissait inébranlable en toutes choses, sa stature épaisse étant en parfaite harmonie avec son caractère trempé et cette foi que rien ne pouvait entamer. Rien sinon la nostalgie de son Lübeck natal, qu'il désespérait de ne jamais revoir. Alors il en devenait émouvant. Ce fut le cas ce jour-là, je m'en souviens, quand on lui présenta une nouvelle recrue, natif de la même ville. Un garçon de vingt-cinq ans dont les pérégrinations en Allemagne, en Norvège et en Espagne me poussèrent à inaugurer aussitôt une fiche à son nom. Ce jeune socialiste, qui ne cessait de reprocher aux sociaux-démocrates leur opportunisme, avait rompu avec les réformistes pour se rapprocher du marxisme révolutionnaire. Le SAP, le Parti socialiste ouvrier, dont il avait dirigé la section Jeunesse, ayant été décimé par la Gestapo, il avait dû plonger dans la clandestinité. La liaison entre l'Allemagne de l'intérieur et l'Allemagne hors les murs était devenue sa spécialité par la force des choses. Il mettait un point d'honneur à toujours parler d'« exilés » plutôt que d'« émigrés », une distinction que j'aurais eu à cœur de lui faire approfondir si ma position ne me l'avait interdit. Je ne tardai pas à comprendre que ce faux étudiant censé passer ses journées en bibliothèque voyageait sous un faux nom avec un faux passeport norvégien. Il s'appelait Herbert Frahm mais signait les appels Willy Brandt. Dans leur bonne ville de Lübeck, Heinrich Mann et lui passaient certainement pour des rouges. Ni l'un ni l'autre n'étaient communistes mais l'un croyait à la vérité des procès de Moscou quand l'autre voulait encore aider les forces saines de l'Union soviétique.

Depuis des mois que je les observais tous discuter autant que se disputer et s'emporter parfois au mépris des convenances feutrées qui sont de règle dans ce genre d'endroit, je leur trouvais quelque chose d'attachant. Rien à voir avec leurs opinions, car ces idées-là m'étaient totalement étrangères. Plutôt le sentiment de l'exil. La langue aussi car, s'ils s'étaient exprimés en russe, je me serais non seulement senti exclu mais détaché. Alors que la sonorité même de la langue allemande parlait à mon âme ; elle s'adressait directement à elle sans passer par les filtres de la culture ou de l'intelligence. Une complicité si souterraine aurait pu annihiler tout sens critique en moi. Il n'en fut rien. Un détail acheva de m'en convaincre : observant ce groupe en action, je ne pouvais m'empêcher de chercher lequel d'entre eux était un traître, un indicateur, un espion au service du IIIe Reich. Un individu de ce type, deux peut-être, s'était infiltré dans leurs rangs. Inévitable et obligatoire. Mais lequel ? Tous étaient suspects à mes yeux. Une telle méfiance devait me préserver des pires déceptions, en principe. Ils avaient peut-être tort de ne pas toujours prendre M. Arnold au sérieux. Ses excès de pose et de langage en faisaient parfois un vieux fou très civilisé qu'on entendait à défaut de l'écouter. Il est vrai qu'il commentait les événements en artiste, d'un point de vue plus esthétique que politique. Pourtant ces militants auraient gagné à méditer ses paroles quand il les exhortait à mettre plus de poésie dans leur vie sous peine de la recevoir un jour en pleine figure sous forme de haine.

Quand tous les Allemands furent partis, il ne resta plus qu'une paire d'exilés d'une autre nature. Deux échappés des Balkans, chez qui la bohème n'est jamais loin de la Moravie. Leur nationalité exacte importait peu, ils en venaient, ils en étaient. De toute façon, entre le bar et le salon, à partir d'une certaine heure, il n'y avait plus guère que les garçons pour s'exprimer encore en français.

Pour avoir déjà écouté le plus corpulent des deux parler

d'« oseille » au téléphone, la chaleur l'ayant imprudemment poussé à entrebâiller la porte de la cabine, j'étais fixé sur ses intentions. Manifestement, il ne s'était pas rendu à Paris pour assister à une réunion de famille, ou alors au sens large. Ces deux-là menaient de toute évidence des existences à double issue. Ils valaient d'être surveillés, du moins dans les limites de mes prérogatives.

L'un, assez enveloppé, dissimulait en permanence son visage derrière sa main ; mais il appuyait son front si maladroitement sur les doigts, même quand il parlait et qu'il devait lever le coude pour suivre les mouvements de sa tête, que cela en devenait comique ; il transpirait tout le temps et s'épongeait le front avec un mouchoir blanc qu'il conservait plié dans la paume, à la manière de ces fumeurs si rivés à leur vice qu'ils conservent le paquet dans la main qui tient la cigarette. L'autre, au masque si douloureux, semblait être tout le temps entre deux accès d'hypocondrie ; il ne tenait pas en place et l'on pouvait déduire sans risque son émaciation d'une pratique permanente des cent pas. Si maigre qu'il semblait vivre en compagnie de son cadavre. Il s'en voulait ; peut-être n'y avait-il pas de quoi tant c'était ancré dans sa nature profonde. On est tous en guerre contre soi-même, mais celui-là ne négociait jamais de cessez-le-feu.

La teinte de leurs pardessus témoignait d'une ancienne familiarité avec le vagabondage européen. Leur complet en mauvais drap évoquait les cours grouillantes et les cages d'escaliers aux odeurs rances. Des feuilles nationalistes les auraient certainement qualifiés de métèques. Pas moi, même si je n'en pensais pas moins. « Métèques », « vermine », « parasites » et d'autres encore, ce lexique de la haine me dégoûtait au point de me les rendre sympathiques, voire pathétiques, c'est dire. À quoi reconnaît-on un émigré d'Europe centrale dans un grand hôtel ? C'est celui qui entre par la porte à tambour derrière vous et en ressort devant vous ! Voilà ce que nous nous amusions à raconter, mais ça n'était pas bien méchant, et même un rien admiratif.

Si je ne les avais pas déjà interrogés à la PJ au cours de ma première vie, je les avais certainement croisés dans *Pietr-le-Letton* ou tout autre roman de la veine cosmopolite de Simenon. Et si ce n'étaient eux, c'étaient donc leurs frères ou leurs cousins. De ces faussaires aux identités à géométrie variable, qui ignorent les frontières et voyagent avec autant de naturel sur le marchepied des wagons de marchandises que dans les couchettes de luxe des trains de nuit. Des manières peu convenables, pour tout dire peu françaises. Un étranger n'est jamais tout à fait en règle. Pourtant, instruit par l'affaire Stavisky, je savais d'expérience que ces trafiquants-là, trahis d'emblée par leur dégaine approximative, une certaine maladresse en toutes choses, cette détestable habitude de s'excuser tout le temps, pour ne rien dire de leurs inflexions — un émigré est quelqu'un qui a tout perdu sauf l'accent —, n'étaient au fond pas les plus dangereux. Ils l'étaient moins que les gentlemen emparticulés, aux ongles entretenus par une manucure, qui obtenaient la confiance des banquiers sur leur apparence, leur nom et la réputation qui en découlait ; sur leur surface, en somme. Pourtant combien de fondsecrétiers dans ce milieu ! À la messe, ils devaient recevoir l'hostie comme un jeton de présence. Eux non plus ne dédaignaient pas les enveloppes mais ils les acceptaient avec une certaine classe. Car avec le standard de vie qui est le leur, on ne touche pas, on émarge.

À la fin de la soirée, je fis un dernier tour dans l'Hôtel en commençant par la terrasse, la fraîcheur de la nuit se laissant savourer le temps d'une cigarette, et en terminant par l'entresol, après avoir vérifié dans les sept étages les principaux emplacements de nos cent quatre extincteurs d'incendie. Deux Knock-out, puisque nous les appelions par leur marque, me parurent dignes de faire l'objet d'un rapport à la Direction ; l'un semblait défectueux au premier sous-sol en face du bureau de la multigraphe, tandis que l'autre, situé au deuxième, à côté de l'office de la femme de chambre, n'était pas poinçonné. Ici ou là, des joints de caoutchouc et des collerettes laissaient à désirer. Dans le hall, à proximité du standard téléphonique, il y avait encore du matériel à pompe à tétrachlorure de carbone alors qu'on nous en avait formellement déconseillé l'usage en vase clos.

Par habitude autant que par précaution, je repassai une dernière fois par l'entrée. Deux couples assez gais et légèrement chancelants rentraient du spectacle. Après leur avoir remis leurs clefs, le portier de nuit me glissa à mi-voix :

« Ceux-là ne réclameront pas leur petit déjeuner avant midi. En attendant, je te fiche mon billet que dans moins de cinq minutes ils commanderont du champagne... »

À ce client qui refusait obstinément la chambre qu'on venait de lui attribuer au motif que son numéro portait malheur, et qui réclamait que l'on déménageât dans l'instant ses affaires, il fut calmement opposé une devise volée pour l'occasion au concierge : « C'est comme si c'était fait ! »

La force de l'habitude, surtout quand elle était mâtinée

de superstition, empruntait des détours insoupçonnés. Certains n'acceptaient pas de coucher dans une autre chambre que celle où avait vécu tel ténor qui avait eu autrefois son heure de gloire. D'autres ne pouvaient envisager de dormir ailleurs qu'au dernier étage, car ils ne supportaient pas d'entendre quelqu'un marcher au-dessus d'eux. Telle cliente ne prenait jamais possession de sa chambre sans en avoir elle-même désinfecté chaque objet et remplacé les serviettes et les draps par les siens, apportés tout exprès dans ses malles. En refusant obstinément que le 6, chiffre du péché dans l'Apocalypse, figurât dans le numéro de leur chambre, laquelle ne pouvait pas non plus se situer au sixième étage, des Québécois enrichirent notre culture de la superstition.

Les habitués n'étaient pas les moins maniaques. À croire qu'ils ne revenaient que pour retrouver la même chambre. Cette attitude de copropriétaires les rendait attachants. Ils ne désiraient pas une chambre à l'identique mais leur chambre à eux, leur seul repère fixe. Comme la vue qu'elle offrait. La façade de l'Hôtel pouvait bien être ravalée, les couloirs au sol en mosaïque rehaussés de lambris en lincrusta, les salles à manger rafraîchies, le salon de coiffure réaménagé, le kiosque à journaux mieux fourni, les équipements modernisés, ils savaient que seule la perspective depuis leur balcon ne changerait jamais, et pour cause. Les étrangers les plus fidèles à Lutetia choisissaient généralement des chambres à partir des numéros 04 aux cinquième et sixième étages ; ainsi, ils étaient sûrs de saluer la tour Eiffel au réveil ; en hiver, ils condescendaient à vivre au quatrième car les arbres nus laissaient apparaître Sa Majesté de ferraille. Hors de question de changer d'aile.

Même si on leur prouvait que les vibrations du métro se faisaient davantage ressentir d'un côté que de l'autre. Même si on leur révélait que la hauteur des chambres allait en s'amenuisant au fur et à mesure que l'on s'élevait.

Mon prédécesseur m'avait raconté qu'au début de 1928, en revenant d'un de ses voyages au Brésil, un certain Frédéric Sauser connu en littérature sous le pseudonyme de Blaise Cendrars avait demandé la chambre n° 13, laquelle n'existait pas, non plus que la 113, la 213, ou la 313 et ainsi de suite jusqu'à l'avant-dernier étage (car le septième, réservé aux employés, comptait bien une 713, cette population étant vraisemblablement tenue pour être insensible à la superstition populaire). Tout cela parce que durant sa traversée il avait occupé la cabine n° 13 d'un paquebot que la Compagnie Sud-Atlantique avait baptisé *Lutetia*...

Mais avant de regagner la mienne, non au cinquième étage, où étaient logés les directeurs de l'Hôtel, mais au septième, où des chambres étaient réservées aux courriers, chauffeurs et valets des clients, je ne pus m'empêcher de vérifier le registre. J'ignore si ce client avait raison de débusquer dans la 665 officielle un 666 masqué, et dans ce redouté 666 clandestin les spectres conjugués de la Bête de l'Apocalypse, de l'Antéchrist et du Führer ; ces savants calculs me laissaient de marbre, d'autant que la numérologie me demeurait incompréhensible. Mais j'étais l'un des rares à savoir que quelques jours avant un vieux client hollandais était mort dans cette chambre même, où il s'était fait servir son déjeuner, après s'être étranglé avec les arêtes d'un saumon rancunier, et que, afin de ne pas effrayer la clientèle, la Direction avait attendu la nuit pour faire évacuer le corps par l'entrée des fournisseurs.

Un groupe de personnes, de retour de souper après le spectacle, attendait l'ascenseur. Quand j'aperçus Madeleine et son patron, M. Arnold, je me faufilai en pinçant discrètement le liftier pour qu'il me fît une place. Durant tout le temps que dura l'élévation, elle chercha à éviter mon regard malgré notre proximité. Jusqu'à ce que nous nous surprîmes à bâiller exactement en même temps, à nous sourire enfin, et à nous fixer, une fois nos mâchoires raccrochées. Il avait suffi de ce détail pour sceller une complicité que quelques rares conversations avaient à peine ébauchée. On a chaque jour une poignée d'heures de coïncidence avec les autres, guère plus. Parfois, quelques secondes suffisent. Le reste du temps, on est tout seul.

La 726, qui m'avait été attribuée dès mon arrivée dans la Maison, était exiguë mais pleine de charme. Une mansarde chic et propre, rehaussée d'une petite terrasse envahie par les plantes. Une chambre avec vue sur les toits de Paris. Une sorte de grand balcon sur cour, donnant sur une façade Art déco finement mosaïquée arborant les armes de Lutèce, et sur un belvédère orné d'une cheminée d'aération et d'un banc public assez exotique à cette altitude.

Tôt le matin et tard le soir, quand un bruit de pas foulant le gravier me parvenait, je me repérais dans le temps plus précisément qu'avec une montre ; c'était l'heure à laquelle Don José, comme nous l'appelions entre nous, autorisait son teckel à s'abandonner. Ce client privilégié aurait très bien pu descendre jusque dans la rue, ou même confier la corvée de déjection à un groom, qui s'en serait volontiers acquitté en échange de quelques pièces, bons mots et potins vipérins, denrées dont ce monsieur n'était jamais économe. Pas méchant mais cruel, il livrait non pas des opinions mais des sentences assassines contre la chiennerie moderne, lesquelles, aussitôt rapportées en bas, faisaient le tour de la maison, se propageaient au rez-de-chaussée, puis s'insinuaient dans les cuisines et les caves avant de remonter là d'où elles étaient parties. Mais on ne saurait jamais rien de ses opinions sur la guerre civile qui déchirait son pays. Des milliers de républicains espagnols, civils et militaires, qui avaient fui l'avance des troupes nationalistes en se réfugiant en France, venaient d'être refoulés vers Hendaye et Port-Bou, non sans avoir été désarmés, et il ne disait rien. Ni pour ni contre.

Don José avait ceci de particulier qu'il sortait peu de l'Hôtel. Quand il lui arrivait de traverser le grand hall en fin de journée, il se bouchait ostensiblement les oreilles en passant devant l'orchestre, prenant soin d'enfoncer un annulaire dans chaque pavillon afin que nul n'en ignore. On le voyait quelquefois dans le salon de lecture feuilleter du bout des doigts la toute nouvelle formule de *Match* ou un ancien numéro du *Jardin des modes*, déguster un porto da Sylva Vintage Character au bar, ou souper frugalement au restaurant, mais toujours seul. Dans quelque domaine que ce fût, les célébrités l'exaspéraient, et il n'avait que mépris pour celles qui croyaient exercer une influence quand elles n'affirmaient que leur éphémère et dérisoire petit pouvoir. De toute évidence, il se suffisait et ne prenait aucun plaisir à se laisser coudoyer. Les disques ne manquaient pas dans ses appartements, non plus que les gravures, les dessins et les livres. Quand un employé s'extasiait devant leur nombre sur le ton du vous-avez-lu-tout-ça ?, il le rassurait : « Ce qui compte, ce n'est pas de les avoir lus mais de vivre en leur compagnie : ils m'accompagnent, je les accompagne. » Le professeur Kaufman, qui s'y connaissait en excentriques, m'avait expliqué que Don José était véritablement un homme de catégorie ; non pas un collectionneur, un esthète ou un dandy à rebours de son temps, mais un homme de goût, quelqu'un de rare, doté d'une sensibilité exquise appuyée sur une solide érudition et, quoi qu'il en parût, sur un travail soutenu. Ses *Mémoires*, s'il devait jamais les écrire, ressembleraient plutôt à un lâcher de souvenirs consenti sous l'autorité des circonstances. La plupart du temps, il ne quittait pas sa résidence à l'étage. Ses visiteurs y étaient annoncés, reçus et raccompagnés par son valet dans le respect du savoir-vivre. On n'imaginait pas qu'un tel personnage dictât son courrier du matin ailleurs que dans son bain. On le croyait dilettante parce qu'il était désinvolte, toutes choses qui ne trahissent pas un goût forcené du travail, du moins en apparence. Trop désœuvré pour laisser une œuvre, c'est ce qui se murmurait. Sa fiche indiquait que José Arnáldez, un homme sans âge à vrai dire, se consacrait à la composition musicale après avoir dirigé des opéras en Espagne et en Amérique du Sud. On le consultait de partout ; sa correspondance, que je humais avec une discrétion variable comme tout courrier transitant par l'Hôtel, témoignait d'une notoriété et d'une importance que la distance n'avait pas diminuées, tout au contraire ; à croire que le mystère de ce retrait si peu monacal au cœur du luxe parisien en augmentait l'attrait.

Nul autre que lui, parmi la clientèle pourtant originale de l'Hôtel, n'avait été abonné à *Tailor and Cutter*, la bible de Savile Row. Juste pour le plaisir des yeux. Car Don José, dont la mise était des plus discrètes lorsqu'il se produisait en société, déployait un grand raffinement vestimentaire lorsqu'on le rencontrait dans ses appartements. Aussi terne en public qu'il se voulait flamboyant en privé. On le soupçonnait de préférer ce mode de vie assez particulier pour l'ineffable bonheur d'évoluer jour et nuit dans sa parure d'intérieur, cette intimité chic qui le distinguait à coup sûr de la masse des clients : robe de chambre en soie à impressions cachemire aux couleurs vives, *pae jamah* (ainsi qu'il prononçait avec une certaine affectation afin de bien rappeler l'origine indienne des siens) en coton à fines rayures parfaitement coupé à ses mesures, petits mocassins en velours lie-de-vin surbrodés d'or que lui expédiait régulièrement la maison Tricker's de Londres, sans oublier bien sûr un foulard de soie blanche délicatement noué autour du cou et une pochette obligatoirement désassortie. Dans cette tenue, même au pied des arbres du boulevard Raspail, on aurait crié au fou, bien que le quartier en ait vu d'autres. Pour n'avoir pas à renoncer à ce confort-là, ni à rompre avec l'image qu'il voulait s'offrir de lui-même, Don José avait donc obtenu qu'on lui aménageât une suite, face à la porte d'entrée de cette petite terrasse au gravier si propice au soulagement canin.

L'Hôtel ne refusait évidemment pas les clients à l'année. Ceux que nous appelions entre nous les « sédentaires », et que le personnel avait tendance à protéger. On en comptait régulièrement dans nos murs, une vingtaine certaines années, mais la Direction n'encourageait pas cette tendance, d'autant que, loin d'être tous flamboyants, ces pensionnaires étaient le plus souvent des veuves de militaires de haut rang que leurs familles ne voulaient pas garder. Car ceux qui prenaient leurs habitudes au-delà d'une décennie admettaient difficilement qu'un prix d'ami ne puisse rester éternellement insensible à l'augmentation du coût de la vie, alors que leurs exigences, elles, augmentaient avec l'âge. Comment envisager de se séparer de clients de la qualité de Don José pour une vulgaire question d'argent, surtout quand ils avaient, comme lui, pris prétexte de ce que le Ritz venait d'autoriser Coco Chanel à décorer elle-même à sa convenance l'appartement qu'elle y occupait pour obtenir de la direction de Lutetia qu'elle en fît autant avec lui.

Les motivations de nos sédentaires étaient certes variées, mais assurément certains avaient choisi de vivre à l'Hôtel par peur de la mort. Il n'y a rien comme un lieu de transit pour vous éviter de vous attacher ou de vous laisser piéger par le sentiment de propriété.

Plus fourbu qu'à l'accoutumée, je m'étais allongé un instant sur mon lit en songeant à Verdi, frappé d'une attaque au Grand Hôtel de Milan, où il vivait ; la Direction et la Ville avaient fait dérouter la circulation tout autour de l'établissement, les conducteurs de tramway étaient priés de ne pas actionner leurs vibrionnantes sonnettes, les nouveaux clients étaient refusés, des bulletins de santé affichés matin et soir à la conciergerie, et ce pendant toute la semaine de son agonie... De faibles coups à la porte me tirèrent de ma rêverie. En principe, ma disponibilité était totale à toute heure ; c'était même la condition pour vivre sur place — et vivre à l'Hôtel était un privilège rare. Je n'en fus pourtant pas moins intrigué par cette intrusion dans mon domaine privé à une telle heure :

« *Room service !* »

La comtesse Clary fit une entrée magistrale et débarrassa aussitôt sur une petite table le contenu du plateau qu'elle portait sur la paume de la main, le bras replié, à la façon ordinaire des garçons de café : deux assiettes garnies d'œufs de vanneau, une bouteille de château-yquem et deux verres. Son péché mignon.

Dès qu'elle franchissait le seuil de ma chambre, ce qui lui était arrivé quelques fois, elle n'était plus la comtesse Clary mais N***, mon jardin secret. De son prénom, j'avais fait une chose rare et sacrée ; compléter la lettre majuscule revenait à galvauder la personne.

« Alors, *Asmodée* ?

— Mauriacissime ! dit-elle. Un rien démodé. Ça se traîne sur cinq actes. Impossible d'oublier ses livres. Son théâtre, c'est du roman en mouvement. Mais comment sais-tu... ? C'est vrai que toi, tu sais toujours tout. Je les ai laissés finir la soirée au Bœuf. Les prolongations, très peu pour moi. »

Elle ne supportait pas ce gratin dont l'assurance est inversement proportionnelle à son inculture. N*** semblait tout avoir pour elle : la véritable élégance, celle qui se fait oublier, la noblesse du cœur, et puis ce charme qui est un au-delà de la beauté lorsqu'il révèle une hauteur d'âme pour les choses les plus anodines. Qu'il est doux et rare de se sentir en parfaite communion avec quelqu'un. Juste pour n'avoir pas à expliquer, tant l'explication tue l'effet. Un seul mot peut créer la magie là où un mot de trop la dissipe. Quand on leur parle de l'ascendant d'un individu sur un autre, tant de gens croient encore qu'il habite l'étage au-dessus ; et, à la réflexion, il serait cruel de détromper toute personne convaincue que l'édit de Nantes est une Anglaise. Outre la finesse, N*** incarnait un mélange de grâce et de malice qui la rendait irrésistible. Elle se pencha vers une photo encadrée, dans la bibliothèque :

« Elle était belle, ta maman...

— Pourquoi en parlez-vous au passé ? »

Elle balaya du regard mon univers comme si elle le découvrait pour la première fois. Elle s'arrêta sur une petite valise blanche, tout ce qui me restait de ma mère, la perle de mon reliquaire. Ses doigts longs et fins s'attardèrent juste au-dessous de la poignée, caressant les initiales M.K., comme si un monde englouti allait ressusciter par la seule magie de cet effleurement.

« As-tu jamais su pourquoi elle était partie ? murmura-t-elle avec sa manie d'insister sans avoir l'air d'y toucher.

— Je n'aime pas parler de cela. Un abandon est toujours un mystère intolérable. Ne pas savoir, la torture absolue. Il faut oser savoir. Longtemps, je n'ai pas osé alors que rien ne m'a jamais autant importé que de savoir pourquoi elle a fait cela. Ma curiosité n'avait pas d'autres limites que cette énigme-là, vous le savez bien.

— Je t'en prie, Édouard, cesse de me voussoyer dans l'intimité ! Ça va finir par être vexant, cette manière de prendre tes distances. Ce n'est pas parce qu'on se dira "tu" comme avant qu'on va baiser !

— Pardon, tu as raison », fis-je en lui prenant la main.

Ma mère s'en était allée à temps pour que nul n'ait jamais à me décrasser de son odeur.

N*** et moi, nous étions pour ainsi dire partis du même milieu sensiblement au même âge. Tant de choses nous réunissaient secrètement qu'il eût été vain d'en dresser l'inventaire. Châtelains et aristocrates, nous l'avions été en quelque sorte par procuration et par osmose. Sauf qu'elle était allée jusqu'au bout de cette logique naïve en se laissant épouser par le comte Clary, nettement plus âgé qu'elle ; il n'avait eu aucun mal à la ravir au maître de manège qu'elle menait alors par le bout de sa badine. Moi, j'étais à part. Seule son ambition avait creusé l'éloignement. Il fallait l'entendre moins comme l'ardent désir de réussir socialement, sinon de parvenir, que comme la volonté farouche de quitter à jamais le monde d'où elle était issue. Le décalage était tel qu'il eût fallu un puissant esprit de litote pour juger qu'elle s'était mariée au-dessus de son rang.

Son père avait la responsabilité des chasses du marquis. L'organisation et l'intendance, les chiens plus encore que les chevaux, puisque tout repose sur eux, ce sont eux les vrais et seuls chasseurs des laisser-courre. Cavalière éprouvée, N*** donnait l'impression d'avoir appris à monter avant d'avoir su marcher. Je ne me sentais pas à même de juger la finesse de son équitation, mais elle avait bien son cheval au bout des doigts. En fait, elle devait son ascension dans la société aux chevaux autant qu'aux hommes. À cheval, même le fils de personne est un prince. Le milieu Cheverny assidu des grandes chasses ne tarda pas à remarquer que l'enfant avait grandi. Un regard échangé lors d'une promenade au trot enlevé dans un sous-bois avait suffi à abolir la distance séparant les dépendances du château. Une distance qui ne se mesurait pas en mètres mais en siècles.

Nous n'avions pas vingt ans quand je compris qu'elle m'échappait déjà. Mon indifférence à la culture équestre n'y était pour rien.

Curieusement, à mon contact, elle perdait dans l'instant cet ineffable accent dental qui lui était devenu aussi naturel que s'il avait été héréditaire et congénital ; il distinguait son monde aussi sûrement que l'usage exclusif de la fourchette et l'aisance à s'exprimer sur tout sans être jamais sûr de rien. Comme si, en me retrouvant, elle renouait provisoirement avec ses vraies racines, dont l'esprit tenait en une poignée de mots : être tout par soi-même et rien par ses aïeux. Jamais elle ne serait de ces personnes pour qui ce qui n'est pas noble est ignoble. Mais au moment de me quitter, aussitôt franchi le seuil de ma porte, la châtelaine du Bourbonnais reprenait le dessus sur l'enfant des communs de Cheverny.

Désormais, à côté d'elle, je me sentais terriblement inactuel. N*** avait trop de tact pour me traiter de conformiste, mais le mot était bien là, en réserve du palais où l'éducation, les bonnes manières et l'hypocrisie logent tant de non-dits qui ne demandent qu'à bondir. L'ironie légèrement assassine réservée à son mari contrastait avec la délicatesse qu'elle m'avait toujours témoignée. Plutôt que de me juger simplement raide, comme d'autres le faisaient de prime abord, elle nuançait en décrétant ma raideur perpendiculaire, manière de suggérer que j'étais apprécié par ceux de mon clan et craint par ceux qui n'en étaient pas. Je n'ai jamais su si son attitude était gouvernée par une certaine culpabilité envers sa jeunesse et son milieu d'origine auxquels elle m'associait forcément. Cela se traduisait par un usage immodéré de métaphores et de litotes dont elle avait le secret. Ainsi, quand je lui paraissais coincé, elle retenait in extremis le mot « parpaillot » à la commissure des lèvres pour décréter que je portais des manchettes décidément trop amidonnées à son goût, et que tout cela pourrait gagner en souplesse. En légèreté, surtout. Comment pouvais-je à ce point en être dépourvu quand elle en était l'incarnation ? Rarement un corps de femme aura comme le sien fait oublier les vêtements qui l'enrobaient. Quand tant d'autres s'habillaient dans l'effort de la recherche et la quête de l'effet, on eût dit qu'elle s'enveloppait simplement d'un peu de civilisation. Un fourreau noir lui faisait naturellement écrin. Si elle se fournissait couramment chez Mlle Chanel, il fallait d'abord comprendre que son N° 5 lui était devenu une seconde peau. Ce jus l'habillait. Je l'imaginais chez elle, parmi les siens, dans leur domaine, debout alanguie à la fenêtre, entre deux lourdes tentures de velours rouge, caressée par un voilage de mousseline brodé au chiffre des comtes Clary à peine gonflé par la brise, comme on en trouvait, selon M. Arnold, dans les appartements de François-Joseph et Élisabeth, au palais de la Hofburg.

Je la regardais déambuler dans ma chambre, effleurant du bout des doigts les photos de famille dans des cadres au garde-à-vous, mes objets familiers qui traînaient sur un guéridon, un briquet Dupont offert par un client par gratitude pour un service discrètement rendu, un stylo en bakélite donné par mon père, un peigne. Par la grâce de son seul toucher, elle reconstituait le puzzle de ma vie en donnant une unité à ce bric-à-brac. Et tout en l'observant je m'émerveillais d'une complicité si ancienne, si forte et si pure, comme si nous nous étions efforcés de démentir une idée reçue selon laquelle un homme et une femme ne peuvent faire qu'un que s'ils se sont chevauchés dans un lit et réveillés dans des draps froissés. Nous avions à peine flirté autrefois, mais pas davantage par crainte de gâcher quelque chose de rare. Du moins je le perçus ainsi car tout cela était demeuré fort heureusement implicite. Tout pour ne jamais verser dans le vaudeville ni la médiocrité. Je n'arrivais même pas à ressentir le plus infime soupçon de jalousie envers son mari, probablement parce que je me savais secrètement détenteur d'un morceau de la vraie croix, la zone d'ombre de notre amitié amoureuse, où il demeurerait à jamais interdit de séjour. De toute façon, parfaitement instruit de l'état de leurs relations, je n'avais rien à lui envier. Ils étaient divorcés, mais ne le savaient pas. Tant de gens croient faire l'amour quand ils ne font que de la présence.

Un volume des *Illusions perdues* reposait sur ma table de chevet, recouvert d'un papier d'emballage bistre car je ne tenais pas à ce que l'on sût ce que je lisais, pur principe de discrétion qui me semblait naturel. Avant que j'aie pu esquisser le moindre geste, elle s'en empara, l'ouvrit à la page retenue par un signet et entreprit la lecture à haute voix d'un passage souligné, en dépit de mes gestes pour l'en dissuader :

« Tu as honte de ce que tu lis ?

— Ce ne sont que des histoires.

— On les lit, on les regarde, on les écoute quand on recherche des traces de son enfance, non ?

— Bien sûr, mais je n'aime pas que...

— Allons !... "Deux personnes se jettent dans la tactique du sentiment, parlent au lieu d'agir et se battent en plein champ au lieu de faire un siège. Elles se blasent ainsi d'elles-mêmes en fatiguant leurs désirs dans le vide..." Il avait tout compris, Balzac. C'est nous, ça, non ? »

Comme je ne lui opposais qu'un silence complice, elle simula l'effort de mémoire tout en arpentant la pièce les yeux fermés :

« Et ça, d'un autre : "Ils savaient si bien ce qu'ils avaient à se dire qu'ils se taisaient de peur de l'entendre..." Ça aussi, c'est nous ! Décidément, Honoré de Balzac ou Benjamin Constant, c'est fou ce qu'ils nous doivent ! »

Sa main s'attarda sur la trompe de chasse accrochée au mur. En la caressant tendrement, elle esquissa un sourire. Elle savait mieux que personne que l'objet n'avait rien de décoratif.

« Fidèle à tes premières amours... »

Nos parents disaient que nous devions certainement notre amitié à notre commune passion de la vénerie, mais je crois qu'en vérité son théâtre en était à l'origine. La forêt avait scellé quelque chose de secret entre nous. Elle seule nous mettait en règle avec nos rêves. Rien n'est aussi fort que notre part archaïque, ce qu'il y a en nous de géologique, cette étrange énergie qui vient de loin une fois que l'on a réussi à s'abolir soi-même pour ressentir la douleur de la terre. Ce sentiment unique, puisé dans les plis et les failles de notre être, nous arrachait au doux duvet du confort, ainsi que l'on nomme les habitudes petites-bourgeoises quand on en a honte. Nos marches dans les bois et nos promenades à cheval nous ramenaient à notre intime vérité plus sûrement que les livres d'Histoire ou la tradition orale.

J'étais fasciné par le marquis de Vibraye, le maître de Cheverny, qui avait relevé un équipage fondé par son grand-père sur ses terres mêmes vers 1850. Sans y avoir directement été associé en en ayant reçu le bouton, je n'en étais pas moins intégré aux hommes de vénerie. Je n'ai jamais cherché à comprendre pourquoi je participais à cette chasse, noble par excellence, sans fusil et sans piège, où la meute était le seul chasseur. Les mœurs des cervidés ne me fascinaient pas à ce point ; la passion des chiens courants n'y suffisait pas davantage ; et le fait que la vénerie passât aux yeux de certains puristes pour l'ultime refuge d'une équitation rigoureuse et élégante me laissait indifférent. Si j'osais, j'évoquerais un art de vivre. Quelle autre raison profonde m'aurait poussé à accompagner en musique le déploiement des équipages tout en sachant que, pour une partie de la troupe, cette agitation n'était jamais qu'un prétexte sportif à la mondanité ? Après tout, la Société de vénerie tenait ses assemblées au Jockey-Club. Ce monde n'était pas le mien, mais je ne m'y étais jamais senti étranger, et jamais on ne m'en avait écarté. Il faut dire que j'ai toujours su rester à ma place. J'avais vécu dans les dépendances du château pendant mon adolescence et une partie de ma jeunesse.

Quitte à passer pour un mystique de la trompe, je ne faisais jamais mes gammes, sauf quand j'étais seul, à califourchon sur une chaise, non sans avoir auparavant enfilé ma tenue complète. Bleu de roi, parements et gilet de velours rouge. Nous ne pouvions décemment en faire moins pour conserver à l'instrument son caractère cynégétique. La direction de l'Hôtel m'avait accordé une insigne faveur qui m'évitait de rejoindre mes semblables à la nuit tombée parmi les clochards avinés, sous les ponts de Paris, où la municipalité tolérait notre fanfare. Le deuxième mercredi de chaque mois, entre chien et loup, avec deux camarades de l'équipage de Cheverny, nous sonnions tout notre saoul sur la terrasse en ciment volcanique de Lutetia. Nous n'y retrouvions pas l'écho de la forêt de Bruadan, ni l'acoustique des voûtes du pont d'Iéna, mais le cadre exceptionnel donnait une belle couleur à notre fanfare. Il ne manquait que les récris de la meute. Qui dira jamais ce sentiment de plénitude alors que nous dominions la ville, cernés au loin mais de toutes parts par ses plus ardents symboles ?

N*** décrocha délicatement la trompe du mur et s'épuisa à y souffler sans parvenir à en sortir le moindre son :

« Franchise de l'attaque, rapidité de la cadence et modération dans le prolongement du final… C'est cela ?

— À condition de ne pas se tromper sur la sonorité ! dis-je en remettant l'instrument à sa place. La vibration vient des lèvres, non de la gorge…

— Édouard, pourquoi tu ne m'appelles jamais ?

— Le téléphone, ce serait une imprudence inutile et…

— Tu ne m'appelles jamais par mon prénom, insista-t-elle en ouvrant le tiroir ventral de mon petit bureau puis en fouillant dans un meuble où je classais des fiches, qu'elle s'empressa de tripoter. Tiens, tiens, les fameux services secrets de Lutetia… Gide André, un bon client pour la brigade des mœurs, Münzenberg Willi, le tsar de la presse bolchevique, Kaufman Somerset alias professeur Nimbus, Saint-Exupéry Antoine de, le-pilote-qui-écrivait-ou-l'écrivain-qui-pilotait, on ne saura jamais, tiens, les Clary. C'est moi, N*** ? Alors, mon cœur, non seulement tu ne le dis pas, mais tu ne peux pas l'écrire ? Dis mon prénom, dis-le, dis-le…

— Nathalie. »

Un long silence nous enveloppa. Elle en parut toute remuée. Tout en posant sa main sur la mienne, elle murmura d'une voix douce, de son timbre au velours parfait :

« Merci. Je voudrais ne jamais te perdre, quoi qu'il advienne, jamais… »

Puis elle posa un baiser sur mon front avant de fouiller dans le fatras de mes disques entassés près du phono. De mon fauteuil, je n'avais qu'à tendre le bras pour allumer la TSF ; car de même que je m'en remettais aux goûts littéraires de la clientèle pour améliorer le mien, je faisais volontiers confiance à des programmes tels que le « Micro de La Redoute » de Radio-Cité et le « Bar des vedettes » de Radio-37 pour me faire découvrir non de la musique mais des chansons. La musique nous émeut, la chanson parle pour nous. Elle seule avait le pouvoir de me rendre heureux ou de m'aider à être un peu mieux malheureux. Le bouton du Grammont à peine tourné, je n'eus même pas à chercher sur la bande de fréquences, que la voix de Jean Sablon envahit la pièce. Je me retrouvai à danser tendrement enlacé avec N*** :

… les souvenirs sont là pour m'étouffer,
De larmes, de fleurs, de baisers,
Oui je revois les beaux matins d'avril,
Nous vivions sous les toits, tout en haut de la ville !
Vous qui passez sans me voir…
Sans même me dire bonsoir,
Donnez-moi un peu d'espoir ce soir…
J'ai tant de peine !…

Sans attendre la fin de la chanson, elle se dégagea doucement, ouvrit la porte et affronta le corridor, pour une fois au mépris de toute précaution, comme si dans l'instant elle se sentait protégée par une force invisible. Soudain, je fus envahi d'une étrange impression : sans nous en apercevoir, à notre manière, nous nous étions beaucoup aimés. Je ne crois pas avoir connu le bonheur, mais des bonheurs certainement. Plusieurs d'entre eux étaient associés à jamais au sourire radieux de N***. Savait-elle qu'il m'arrivait de recevoir d'autres femmes ? Oui, certainement, mais elle n'en avait cure car mes sentiments pour elle étaient exclusifs et, de cela, elle était intimement convaincue. Aucun risque de me laisser enfermer par une autre. Contrairement à nombre de mes coreligionnaires, on ne m'avait pas inoculé la rage du mariage. Ma situation ne me complexait en rien. Les occasions n'avaient pourtant pas manqué, très tôt. En 1919, quand je revins à la vie, la France comptait six cent trente mille veuves de guerre. Pour s'ancrer dans le célibat, l'homme devait y mettre du sien.

Dans un livre laissé dans sa chambre par un aliéniste argentin, j'avais lu que la sexualité n'était jamais que la manifestation hystérique de l'amour. Pas grand-chose au fond. Cette définition me va parfaitement bien. Ma pratique de ces choses ne m'obsède pas. Elles se passent régulièrement, sans problèmes de conscience ni états d'âme superflus, qu'il s'agisse d'employées ou parfois, mais plus rarement, de clientes de l'Hôtel, libres ou pas. Une chose est sûre : je ne dors jamais auprès des femmes avec lesquelles je couche. Jamais l'une d'elles ne se réveille à mes côtés. Aucune ne partage mon lit toute une nuit. Cela me paraîtrait aussi peu hygiénique que, comment dire, indécent.

Fidèle à une manie qui remonte à mon enfance, et plus particulièrement à mon angoisse d'arriver en retard à l'école, je préparai soigneusement mes affaires du lendemain. Seule une invasion surprise de la France par l'Allemagne en pleine nuit aurait pu me faire déroger au dépliage de mes vêtements sur le valet muet. En déboutonnant une chemise griffée à mes initiales juste au-dessous du cœur, je ne pus m'empêcher de penser que, demain peut-être, je me retrouverais nez à nez avec le comte Clary pendant quelques minutes dans l'ascenseur ; il me demanderait d'abord l'heure, comme d'habitude, puisqu'il considérait que la montre, à l'égal du parapluie, relevait d'une panoplie exclusivement bourgeoise ; puis il s'inquiéterait de ses biens disparus, sans imaginer un seul instant que cette chemise admirablement coupée à mes mesures par son propre fournisseur londonien, Turnbull and Asser, s'étalant sous ses yeux comme une ardente provocation, m'avait été offerte par sa femme.

En bas, le hall, le salon de correspondance et le salon de lecture, le bar, la galerie étaient déserts, la porte à tambour fermée. La sécurité de quelques centaines de personnes, et de plusieurs dizaines de coffres-forts, se trouvait répartie entre les mains d'un concierge de nuit chargé, à l'entrée, d'ouvrir aux plus noctambules des clients, d'un gardien qui faisait une ronde régulière et de moi-même à l'étage. J'étais le seul à posséder une arme. Il aurait suffi d'une petite équipe rapide, efficace et un brin organisée pour braquer l'Hôtel sans souci. Mais qui s'en serait douté ? Rendu à son silence, Lutetia s'enfonçait dans la nuit.

Ma journée s'achevait, une journée presque comme une autre de l'an de grâce 1938, dans l'ordinaire de la vie, chez moi, à l'Hôtel.

Le professeur Kaufman, M. Arnold et sa secrétaire, Albert Birn, les Clary, le jeune Maximilien et son père, certains exilés allemands... Avec les plus anciens membres du personnel, ils constituaient la famille de Lutetia. Ma famille. Fallait-il être un peu bizarre pour se demander s'ils auraient une mort conforme à leur vie ?

S'il est vrai que l'hôtellerie est une grande famille, sur la rive gauche elle possède ce petit supplément d'âme qui fait la différence. Clients ou employés, je ne faisais pas de différence entre eux, si ce n'est pour les répertorier. Des bristols blancs unis pour les uns, des bristols à petits carreaux pour les autres. Rien d'autre ne les distinguait. Il n'est pas de société plus égalitaire qu'un monde en fiches. J'en conservais certaines, les plus sensibles, dans un coffre de ma chambre. Les autres restaient sur mon bureau. Tout engagement et tout licenciement passait nécessairement par moi. Non que mon approbation fût nécessaire, mais une petite enquête préalable, superficielle ou approfondie, m'était demandée. Le plus souvent, cela n'allait pas très loin.

Quand je me levais assez tôt, il m'arrivait de me laisser chatouiller les narines par le pain cuit au feu de bois de nos fournisseurs habituels Pierre et Charlotte Poilâne, les boulangers de la rue du Cherche-Midi. Avec le bruit des chariots à roulettes véhiculant les plateaux du petit déjeuner dans les couloirs, les cloches de l'église Saint-Ignace à deux pas, les fleurs de la boutique à l'enseigne de Massot et l'arrivée du journal, cette livraison faisait partie de ces rituels qui donnent l'heure plus sûrement qu'une montre.

Le petit Fernand était mon premier contact du jour, la première personne à qui j'adressais la parole, le premier de quelques centaines de « Bonjour ! ». Il passait pour le plus stylé des liftiers. Quand il s'arrêtait à chaque étage en fonction du bouton d'appel, il tendait le bras aux dames, mais avec le naturel d'un homme du monde. Les clients s'impatientaient toujours, toute la journée, ne soupçonnant pas que l'ascenseur puisse freiner sa course pour d'autres qu'eux, mais lui restait impassible.

« Savez-vous, monsieur Édouard, c'est tout un art d'accoster correctement au palier », me confiait-il d'un ton pénétré quand nous étions seuls, jugement que je m'empressais d'approuver.

M. Georges, le chef concierge, était le vrai maître de l'Hôtel. Peut-être plus encore que le directeur, ce dont celui-ci convenait en privé, car il exerçait un pouvoir dont sa corporation détenait le monopole exclusif. D'ailleurs, quand un membre de la famille Boucicaut entrait dans l'hôtel, il saluait le chef concierge avant le directeur, c'est dire. D'abord groom au Montalembert puis chasseur au Pavillon Henri-IV, Roger Harrault était entré à Lutetia pour y rester. Premier concierge, en passe de devenir concierge de nuit, il se savait promis dans un avenir proche aux plus hautes destinées étant donné son âge et celui de son supérieur. Une sourde rivalité l'opposait à M. Walther, un Zurichois dont on pouvait vraiment dire sans méprise qu'il était suisse allemand plutôt qu'alémanique, tant la tournure des événements outre-Rhin le réjouissait. Il ne disait pas « nazis » mais « nationaux-socialistes », et il était bien le seul. Les émigrés qui siégeaient au bar en séance plénière savaient à quoi s'en tenir avec lui, et réciproquement. Le contraire de M. Harrault, que tout le monde appelait Roger, sauf ses collaborateurs, qui lui donnaient naturellement du « chef » et le voussoyaient. Celui-là était autant respecté qu'aimé. Son credo tenait en quelques mots : pour aider les clients, il faut leur simplifier la vie. Ayant appris le métier de son maître, il en transmettait volontiers à son tour les principes aux « élèves ». Des principes élevés au rang de valeurs telles que rigueur, discrétion, service. Il ne suffisait pas d'hériter de la charge, il fallait en accepter les droits comme les devoirs. Il ne marchandait pas son temps quand il s'agissait de révéler à son assistant l'art et la manière de ficeler des paquets : « Regarde, petit, cinq ans de ma vie ! »

De même s'armait-il de patience pour rappeler aux débutants qu'il convenait d'appeler les clients par leur nom, et pas seulement les habitués, sans jamais négliger les éventuelles questions de bienséance dans le traitement des personnalités : « Votre Excellence » pour un archevêque, un évêque ou un ambassadeur, et « Monsieur le... » suivi du titre pour les personnalités politiques et administratives. Mais eu égard au nombre d'empereurs, de reines et de princes souverains qu'il serait susceptible de croiser en ces lieux, il leur en épargna l'apprentissage, à l'exception toutefois de « Votre Altesse éminentissime » au cas où le Grand Maître de l'Ordre souverain de Malte viendrait à faire escale à Lutetia.

Grand et corpulent, Roger réunissait les qualités des meilleurs, lesquelles se résument à des aptitudes que l'on croirait innées, pour la diplomatie, la débrouillardise, la confiance, le sang-froid et surtout la discrétion. La distance de la discrétion au secret sépare un chef concierge d'un détective. La tenue aussi, car un concierge porte redingote — Roger Harrault a toujours dit qu'il se ferait enterrer avec la sienne. Très important, la tenue, ne serait-ce que pour rappeler que la fonction est plus ancienne que l'hôtellerie même. Celle-ci ne remonte qu'à 1830 alors qu'on trouvait bien avant des concierges dans les maisons bourgeoises, lesquelles recevaient des voyageurs moyennant rétribution. Ils étaient chargés de l'accueil (d'où la nécessité de porter en permanence ce petit manteau pour affronter les intempéries dans la rue) et de l'éclairage (d'où leur nom originel de « compte-cierges », comme disaient les plus anciens avec toutefois un soupçon d'hésitation dans la voix).

L'homme aux clefs d'or est un État dans l'État. Les mauvaises langues présentent sa corporation comme une mafia sans truands, constituée de commerçants sans patente ; elles assurent même que sa charge se revend, comme celle d'un notaire. Ses revenus (variables) sont souvent supérieurs à celui (fixe) du directeur. Mais c'est aussi un aristocrate de l'hôtellerie, dont l'insigne figure les quartiers de noblesse. Il lui arrive d'avancer de l'argent à des clients momentanément gênés, lesquels tissent parfois avec lui des liens si ténus au fil des ans qu'ils lui font traverser l'Atlantique pour l'inviter au mariage de leur fils. Il rend service à tous à condition qu'on ne cherche pas à savoir comment. Les gens l'intéressent. Tout voir, tout entendre, tout savoir et ne rien dire. L'inattendu le guette chaque jour. À la réception, on sait d'avance qu'on vous demandera une chambre. À la conciergerie, on ne sait jamais ce qu'on vous demandera. Sous les ordres directs du chef concierge, on trouvait une théorie d'employés aux responsabilités aussi précises que la hiérarchie dans laquelle ils s'inscrivaient : le concierge de nuit, le concierge, l'assistant concierge (à condition qu'il connût des langues étrangères), l'aide-concierge, le voiturier, le bagagiste, le chasseur (chargé des courses à l'extérieur) et le groom (chargé des courses à l'intérieur). On commençait à quatorze ans, au lendemain du certificat d'études et, à moins de commettre un meurtre sur la personne du chef concierge ou de traiter publiquement un fidèle client d'enfant de salaud, on pouvait rester jusqu'à sa retraite dans l'hôtellerie sinon dans l'hôtel même. La conciergerie était le service qui tournait le moins. Les directeurs passaient, les clients aussi, le concierge restait.

C'est peu dire que la charge était une franc-maçonnerie. Ils en étaient tous ou presque, au propre comme au figuré. À croire que l'efficacité des innombrables et parfois incroyables services rendus à la clientèle dépendait de la qualité de leur réseau. Dès mon arrivée, je n'eus pas besoin de pousser très loin l'enquête pour m'apercevoir que leur sens inné de la solidarité entre confrères, aussi bien français qu'étrangers, reposait sur une tradition qui puisait dans l'esprit des loges. D'ailleurs leur comptoir ne s'appelait pas autrement.

Rien ne me réjouissait comme le spectacle des concierges se pliant avec une exquise urbanité aux exigences de certains clients, et grommelant dans leur dos : « Ils ne savent plus quoi inventer pour se rendre intéressants ! "*Do you know* rue Mouffetard ?"... "Montrez-moi sur un plan le meilleur chemin pour aller à pied au château de Versailles"... "J'aimerais offrir à une dame un bouquet de douze fleurs différentes dont chacune évoquerait une lettre de son prénom"... J'te jure... Remarque, ce n'est rien. Mon collègue du Grand Hôtel de Cabourg m'a appelé pour me dire que l'autre nuit, comme l'un de ses clients voulait absolument monter sur la plage au clair de lune, il a dû lui trouver un cheval de toute urgence à 2 heures du mat'... non mais !... »

Des clients témoignaient parfois une reconnaissance éternelle pour de signalés services qui pouvaient être rendus sans difficulté. Cette grande dame venue de Prague n'en revint pas le jour où elle crut nous demander l'impossible : se confesser au plus tôt, mais en tchèque, bien qu'elle s'exprimât en plusieurs langues. Cinq minutes après, elle était dans le confessionnal. Il faut dire qu'à Saint-Ignace, dont les Jésuites ont fait l'église des étrangers, le père de Verdière veillait à ce que des messes et des sermons fussent dits chaque dimanche en hongrois, en italien, en allemand… On pouvait se confesser dans toutes les langues à toute heure en semaine *ad majorem Dei gloriam*. Or l'église Saint-Ignace se trouve au 33 rue de Sèvres, à cinquante mètres de chez nous…

Le restaurant et les cuisines n'étaient pas en reste, mais c'était un monde à part. J'appris vite. Un maître d'hôtel stylé ne devait pas mesurer moins de 1,80 mètre. Un employé du restaurant qui avait le tort de se plaindre se faisait menacer non pas d'être mis au chômage, c'était inefficace, mais de travailler pour la compagnie des wagons-lits ou pour celle des paquebots transatlantiques, car il n'y avait pas pire. Léon Robineau, chef rôtisseur, était quelqu'un. Le trancheur François Vallier assurait la découpe et rien d'autre. Quant au communard Émilien Denis, son rôle consistait à préparer exclusivement les repas des employés, gens du commun, d'où son titre, que certains jugeaient plus noble d'associer aux événements de 1871. De même, il était inimaginable de confondre commis de voiture, commis de buffet et commis de rang. Pour les marmitons, plongeurs, cavistes, garçons d'étage et chefs de rang, c'était plus facile, leur tenue les identifiait. J'appris à distinguer les fruitières des buffetières, et les argentiers des vaisseliers.

Les cuisines étaient le seul endroit immaculé dans des coulisses grisâtres et lépreuses, ce qui leur conférait un aspect clinique. C'était le poumon de l'Hôtel. C'est dans cette chambre d'écho de toutes les rumeurs que tout se savait et se disait. On y apprenait des quantités de choses sur les uns et les autres, à condition de ne pas appartenir à la race maudite, les pestiférés de tout temps, les grands honnis : ceux du restaurant. Cette méfiance réciproque, qui tournait parfois à la haine ordinaire, devait être féconde puisqu'elle régissait les rapports entre ces deux mondes dans la plupart des grands hôtels. J'ai toujours eu du mal à m'expliquer ce phénomène archaïque, et à le réduire à une simple question de jalousie sur la question des pourboires dont seuls les uns bénéficiaient. Ce que les autres trouvaient d'autant plus injuste que, de leur point de vue, si n'importe qui pouvait servir, n'importe qui ne savait pas faire la cuisine. Il faut dire que les uns vivaient dans l'ombre, l'obscur, le caché si propices au mépris, tandis que les autres évoluaient au propre et en pleine lumière dans un monde brillant auquel ils avaient parfois tendance à s'identifier.

Ce matin-là, l'heure n'était pas à la petite guerre. Deux cent cinquante couverts à assurer pour le seul salon Président, en plus du reste, dans quelques heures autant dire dans un instant. On s'agitait de toutes parts mais on ne paniquait pas. Il paraît que dans un établissement de cette ampleur, on casse en moyenne trente mille verres par an, c'est dire l'activité qui y règne. Les amicales régionales et régimentaires forment de longue date le fonds de la clientèle de ses salons de réception. Nulle part mieux qu'ici on ne trouverait un reflet saisissant de la France des banquets. Auvergnats et poilus, sans oublier les premiers communiants et les anniversaires en tout genre.

Chacun son territoire et son uniforme. Sauf moi.

Mon statut était aussi enviable que funeste, selon les circonstances. Pour ne jamais paraître déplacé, je me rendais invisible. L'Hôtel était une ville. Son cadastre n'avait plus de mystère pour moi. Mais je m'étais fixé de reconnaître, à défaut de connaître, chacun de ses habitants dans ses habitudes, ses mœurs, ses antécédents, ses manies, ses carences, ses goûts, ses dégoûts. Ses secrets, surtout, puisque l'employé, comme le client, n'est que ce qu'il cache. Les deux mondes évoluaient parallèlement, mais ce n'est que dans une telle zone d'ombre que se rejoignaient les plus improbables parallèles.

Sans mes fiches, j'aurais été perdu.

La nuit, toute cette population se mélangeait dans ma tête pour peupler aussi bien mes rêves que mes cauchemars. Le plongeur Garaped Agopian y tapait le carton avec Son Excellence François-Robert Duplessis, la vestiaire restaurant Augustine Coste tutoyait M. de Varenne, le main-courantier Victor Faore y bavardait en toute liberté avec le professeur Kaufman, tandis que le chef de salle René Garzon se laissait enfin entreprendre par l'épouse de Me Revers.

La nuit, le sénateur et le groom n'avaient plus à se cacher mais n'en demeuraient pas moins discrets. On peut obéir à ses passions sans chercher à en faire parade. Au réveil, chaque fiche regagnait sa case. Les blanches unies entre elles, les bristols à petits carreaux entre eux. L'ordre et l'harmonie du monde réduits à quelques boîtes en carton bouilli. Le retour aux contingences, les deux pieds s'enfonçant soudainement dans l'épaisseur du réel, était parfois des plus rudes.

À peine foulé le sol de mon corridor, il pouvait se présenter sous le masque implacable de Mme Adeline, notre maîtresse lingère, me saisissant par le bras pour m'emmener jusque dans la buanderie afin de me prendre à témoin du procès en gaspillage qu'elle intentait à une jeune aide-blanchisseuse. Après avoir assommé la malheureuse avec un exposé qui se voulait sec et propre sur la saponification des torchons, elle lui administra une leçon sur l'art et la manière tout particuliers de lessiver les draps des grands hôtels :

« Pas au cuvier, ma petite ! Pas nécessaire ! Un simple coup de barbotte de quinze minutes dans l'eau bouillante ! Un excès de produits lessiviels ou de durée de traitement n'augmente en rien la propreté des draps, sachez-le, ma petite, mais par contre diminue leur résistance et leur durée. Une paire de draps doit pouvoir supporter normalement cent vingt à cent trente opérations et c'est tout au plus si, blanchie industriellement, elle en atteint soixante-dix ! »

Plus elle donnait des coups de menton rythmant sa démonstration, plus sa destinataire baissait les yeux en enfonçant le cou dans les épaules. Rarement auparavant un incident domestique n'avait à ce point illustré la relation entre le maître et l'esclave. Quant à moi, largué depuis l'épisode énigmatique de la saponification, épuisé par cette intraitable logorrhée, je n'avais alors d'autre envie que de me recoucher.

Impensable, cela va de soi. La curiosité d'un bon détective d'hôtel, soucieux de la sécurité des biens et des personnes, ne connaît pas de répit. Mon errance dans les couloirs relevait d'un réflexe naturel. Un objet oublié, une odeur étrange, des bruits bizarres. Il n'en fallait pas davantage. Parfois, ce n'était rien. Comme la porte de la 223 était à peine entrouverte, j'entrai après avoir légèrement frappé. Une femme de chambre agenouillée jouait aux cartes avec un charmant fantôme, la petite Teresa, couverte de talc, que la varicelle contraignait à garder la chambre tandis que sa mère, une artiste d'Alexandrie, exposait ses sculptures dans une galerie du quartier Latin.

En voyant le docteur traverser la grande galerie d'un pas décidé, je lui fis aussitôt escorte. En fait, il ne s'appelait pas Stern comme tout le monde, mais s'intitulait Charles-Henri Stern comme personne. Il habitait sans mal son patronyme, lequel annonçait déjà un roman. On aurait eu envie d'interroger ses parents sur les motivations profondes qui avaient présidé à un tel nom de baptême. Je le taquinais parfois à ce sujet, d'autant qu'il ne s'en offusquait guère.

« Tiens, tiens, bonjour, docteur ! Quand je vous vois par ici, je regarde toujours derrière vous s'il n'y a pas le prêtre et le médecin légiste !

— Allons, allons, Kiefer ! Ne soyez pas si noir. Vous n'êtes plus à la brigade, que diable ! Et puis quoi, on n'a pas tous les jours la chance de trouver de belles arêtes de poisson bien plantées dans un larynx déjà défaillant...

— Alors quoi ?

— Rien... La vieille du 423... toujours pareil... Quand on m'envoie chercher, elle est à l'agonie et, quand j'arrive, un coup de marteau réflexe et elle repart comme en 14 ! La dernière fois qu'elle est morte, il y a trois mois, tout s'est passé comme je vous le dis. Ça vous étonne encore ?

— Ça dépend : le coup, vous lui donnez où ?

— Imbécile… »

Le docteur Stern avait toute ma sympathie, mon amitié et même, si j'osais, mon affection. Il savait que je voyais en lui le grand-oncle que je n'avais jamais eu, celui à qui on se confie par gros temps. Quand il n'était pas sous pression, nous faisions une halte au bar. D'ordinaire, la conversation roulait d'abord sur les juifs. Il comprit que j'avais du chemin à parcourir quand je lui avouai que, adolescent, j'étais persuadé qu'ils habitaient tous à Villejuif. Il répondait du tac au tac à ma fascination sceptique, pulvérisait les clichés et se gardait bien, par exemple, d'utiliser l'expression « peuple élu » à laquelle il préférait celle de « peuple choisi ». Après deux ou trois verres d'un liquide qui n'était pas du Picon-grenadine, il rêvait à voix haute de se retirer, mais à sa manière. Non pour cesser de soigner mais pour soigner autrement en s'établissant généraliste expert. Il n'aurait plus délivré d'ordonnances mais des avis. Toute la saleté de la pratique médicale aurait alors disparu de son quotidien au profit de sa pureté. Car cet instinctif avait un sens profond du diagnostic. Pas besoin de stéthoscope, ni de radiologie. Rien dans les mains, rien dans les poches, tout dans le nez. Il sentait les malades, humait les maladies, reniflait le mal à l'œuvre dans les carcasses. Unique dans son genre à Paris, il aurait rapidement bénéficié d'un bouche-à-oreille flatteur pour sa réputation, au point de finir par être surtout consulté par des confrères. Il rêvait. Ses lunettes finement cerclées de travers, la bouche à moitié mangée par une moustache négligente, l'épaule gauche en asymétrie constante sous le poids d'un gros cartable qui ne quittait jamais sa main. Et surtout la cigarette aux lèvres, tout le temps en tout lieu à toute heure ; à croire qu'il n'en allumait qu'une seule, à l'aube, avec une allumette, et que les quelques dizaines qui suivaient jusqu'à la nuit se passaient le témoin lumineux. En fait, quelques épais nuages signalaient constamment son passage ou sa présence.

Il m'arrivait encore de me livrer à de sournois travaux d'approche avec Bernard Bogouslasky dit Bernard-Bernard selon son propre vœu, violoniste et maestro de la petite formation qui officiait chaque jour dès le milieu de l'après-midi depuis la mezzanine du salon de thé. J'avais entrepris de lui faire jouer en transcription des fanfares pour trompes de chasse écrites par le marquis de Dampierre au XVIIIe siècle, en lieu et place d'airs de Mayol et Fragson, ses indéracinables *Je connais une blonde* et *There's a Girl in Havana,* qu'il troquait parfois contre de grands succès de Vincent Scotto. On doit à la vérité historique de préciser que Bernard-Bernard savait aussi s'adapter à son public et le flatter dans ses goûts les mieux établis. Parfois, une écoute attentive de son répertoire renseignait sur la fréquentation de l'Hôtel plus sûrement que l'observation des drapeaux sur le toit. Alors les transcriptions pour salon des grands classiques russes tels que Borodine, Scriabine ou Glazounov venaient bousculer la sérénade madrilène de Carlos de Mesquita, avant que ne résonne l'ouverture de *Tannhaüser* arrangée par l'inévitable Francis Salabert. En vain, car il ne voulait rien entendre, au propre comme au figuré, de ma « musique », et l'on sentait tout le poids de mépris qu'il mettait aux guillemets dans sa prononciation. Mais quand le chef d'orchestre demeurait inflexible dans son programme du soir, le romantique en lui pliait aux moindres justifications sentimentales. L'intraitable défenseur d'obscures traditions se métamorphosait alors en midinette.

« Savez-vous, Bernard-Bernard, que certaines femmes ont des yeux immenses, qui vous engloutissent et vous recrachent, lui murmurai-je à l'oreille en m'accoudant au piano. Vous voyez la dame assise là-bas ?

— La comtesse Clary ?

— Ses yeux ne sont rien, son regard est tout. Être celui sur lequel elle le poserait, le déposerait, le reposerait...

— J'ai compris. »

Il renonçait alors exceptionnellement à Tino Rossi au profit exclusif de Jean Sablon, dont le répertoire offrait toute la palette des messages amoureux, et il avait le don de toujours tomber juste.

... Vous, dont je guette un regard,
Pour quelle raison ce soir
Passez-vous sans me voir...

L'attitude de N*** en fut apparemment à peine modifiée. Elle esquissa un sourire, se déprit de la conversation dans laquelle elle était engagée ; sans quitter son petit groupe, elle détourna le regard vers l'orchestre puis me chercha dans les alentours. Quand elle me trouva enfin, après s'être assurée que son mari lui tournait le dos, elle joignit le geste à la pensée et, dissimulée derrière des pilastres de marbre rose, m'envoya un discret baiser à travers le grand hall. Quelques instants après, le mouvement général précédant l'ouverture des portes au restaurant nous fit nous frôler. Nul besoin de se toucher quand on se tient déjà par les yeux.

Après tant d'années d'intimité secrète, N*** réussissait encore à m'étonner comme au premier jour. Tant de femmes semblent si préoccupées par leur image, alors que seule la trace compte vraiment. J'en connaissais une, exclusivement habillée par Chanel au point d'incarner sa mode à mes yeux ; elle avait elle aussi les moyens de vivre toute l'année au Ritz, mais lui avait préféré Lutetia parce que ici, au moins, Chanel c'était elle. Une telle lutte avec le monde des apparences m'avait toujours paru vaine. Tant d'efforts pour un résultat si fugace. Au vrai, je n'entendais pas grand-chose à toutes ces questions. Mais je me targuais intérieurement d'en savoir davantage sur certaines clientes que ce que leur parure annonçait car, si j'ignorais où elles s'habillaient, je savais où elles se déshabillaient, et ce n'était pas toujours dans leur chambre.

N*** avait le don de laisser une trace sur son passage.

Bernard-Bernard aurait pu manger quelques mots, voire quelques notes, du morceau qu'il interprétait, comme cela lui arrivait parfois, nous ne lui en aurions pas voulu. Dans ces moments-là, Mme Poinsot-Delahaye était la seule personne à réagir. Il lui suffisait de frapper quelques coups vigoureux de sa canne contre l'accoudoir du fauteuil qui lui faisait face pour manifester son mécontentement. Elle s'était instituée gardienne de la musique. À quatre-vingt-dix ans révolus, elle avait encore l'oreille absolue. Le seul de ses sens qui fonctionnât si admirablement. Pas un murmure ne lui échappait. Pas un potin non plus, tant et si bien que les serveurs avaient surnommé cette vraie Parisienne le « boulevard à ragots ». Elle n'était pas du genre à galvauder ses éloges. Mme Poinsot-Delahaye, qui avait la splendeur éteinte, venait là se retremper dans un bain de bruits et de fragrances ; il lui rappelait le vieil Occident des palaces que sa santé lui interdisait de fréquenter depuis la publication de l'encyclique *Vehementer nos*, de Pie X, moment phare de l'année 1905 dans sa mémoire. On ne l'imaginait pas vieillir mais on la voyait se fossiliser tous les jours à la même place au salon devant une fraisette régulièrement renouvelée. Son chauffeur et son valet la déposaient à 18 heures précises dans « son » fauteuil dont ils revenaient l'extraire une heure et trente minutes plus tard. Un rituel immuable depuis des années. Il eût fallu une catastrophe majeure pour qu'elle y renonçât. Parfois, des clients venaient s'asseoir à ses côtés en croyant devoir lui faire la conversation mais ils se tenaient vite cois tant la sienne les éblouissait. Sinon elle préférait rester seule la plupart du temps, perdue dans l'exaltation rêveuse d'un passé entiché de noblesse, un passé qu'on imaginait brillant sans que cela tournât jamais à la rumination ou au ressassement nostalgiques. On disait d'elle qu'elle avait fait l'ouverture de l'Hôtel.

Une sentinelle aveugle veillait sur Lutetia.

1938 venait de s'achever.

Roger Martin du Gard, « notre » Nobel de littérature, avait repris ses quartiers d'hiver à l'Hôtel. Trois semaines durant, il ne cessa de faire la navette entre Lutetia et la Comédie-Française. Moins le théâtre lui-même que ses coulisses, où l'on s'affairait autour de sa pièce *Le testament du père Leleu* ; l'écrivain fuyait la société comme jamais, nous demandant parfois des alibis pour échapper aux mondanités afin de mieux se consacrer aux répétitions de sa pièce, travail qui le mettait à bout de nerfs. Quand il s'attardait dans le salon ou au bar, on l'entendait pester contre Paris, cette ville de forcenés qui s'entre-déchirent à belles dents, cette cité infernale. Révélait-il ainsi sa nature profonde ? Toujours est-il que sa conversation était des plus pessimistes. Tout n'y était que désarroi moral, angoisse pour l'avenir et catastrophe annoncée.

Ce que les journaux commençaient à appeler non sans lyrisme la « montée des périls » risquait fort de compromettre la reprise dans l'hôtellerie. À Lutetia, 1933 avait été la plus grande année depuis le début de la décennie. Après, la courbe s'était affaissée avant de relever la tête à partir de 1936. Les événements allaient-ils compromettre ce redressement ? Il faut dire qu'ils n'avaient pas besoin d'être noircis pour inquiéter. La signature des accords de Munich, qui venaient de permettre le rattachement immédiat au Reich de territoires appartenant à la Tchécoslovaquie, avait provoqué un lâche soulagement dans la majorité de l'opinion française. Tout plutôt que la guerre. Même un médiocre arrangement. Même une mauvaise paix. Même la servitude. « Munichois » ! Un néologisme était né qui condamnerait certainement cette ville à connaître pendant longtemps diverses fortunes selon que le vent de l'Histoire soufflerait dans telle ou telle direction. Naturellement, nul ne saurait rien de mes opinions, pas même moi d'ailleurs. J'ignorais ce qu'était devenue au juste l'Allemagne dans les mains de ce chancelier Hitler dont tout m'éloignait, à commencer par son côté parvenu. Mais j'étais convaincu que la langue, la culture, la civilisation de ce vieux pays recelaient suffisamment de contre-feux pour endiguer ses excès. Ce type ne m'inspirait aucune confiance pour l'avenir, mais je pensais que son peuple l'avait sincèrement plébiscité, et ce peuple n'était pas du genre à dilapider ses valeurs éternelles pour les promesses d'ordre et de sécurité d'un aventurier doublé d'un démagogue. Ces choses-là me semblaient trop sacrées pour se galvauder sur un coup de tête. J'étais sûr que le plus grand nombre ne serait pas assez lâche et stupide pour consentir à la folie du plus petit nombre.

La propagande s'insinuait là où on ne l'attendait pas dans les colonnes des journaux des deux bords. Il devenait difficile de se faire une idée juste de la situation. Si le capitaine de Vérigny ne m'avait pas paru aussi troublé à l'issue de son duel, je lui aurais demandé ce qu'il en était *exactement* de ces camps de concentration qu'il évoquait à table. Notre époque était tellement infatuée d'elle-même qu'on ne savait trop si elle disait vrai. Ne s'effrayait-elle pas des bruits de bottes à moindres frais ?

Les réunions d'émigrés dans l'arrière-salle semblaient de plus en plus tendues. L'échec du Front populaire en France avait compromis leur situation. Tout ce que ce gouvernement avait obtenu pour leur faciliter la vie et leur permettre de s'exprimer leur était peu à peu retiré. On me demandait d'exercer une surveillance étroite sur eux, leurs déclarations et leurs rencontres. Par le foyer d'agitation politique et intellectuelle qu'ils entretenaient, ils représentaient désormais un obstacle sur le chemin de la paix. D'autant que c'est à Paris que Herschel Grynspan, un jeune juif polonais, avait choisi d'assassiner le conseiller von Rath de l'ambassade d'Allemagne. Les conséquences se firent sentir dès le surlendemain, lors d'une « nuit de cristal » qui fit près d'une centaine de morts chez les juifs d'Allemagne, des arrestations nombreuses et des dégâts considérables. En France, un nouveau décret-loi prévoyait désormais que les étrangers susceptibles d'activités dangereuses pour la sécurité nationale seraient internés dans des centres. Mais où commence et où finit la dangerosité d'une action ? Certains émigrés allemands, eux, devaient penser que la France à son tour leur devenait inamicale, en attendant pire. « Tout cela est mauvais pour nous, me disait l'un d'eux, un journaliste berlinois, vous allez voir que cela va mal finir pour nous. » Les mots me venaient naturellement pour éclaircir un peu ses perspectives, des expressions telles que « tradition républicaine », « droit d'asile » ou « patrie des droits de l'homme », mais y croyais-je vraiment ? Un moment, j'ai pensé que je ne les employais que pour me rassurer. Même le fond de l'air leur semblait hostile.

À l'heure de la coupure, les cuistots se rendaient en groupe au spectacle. Juste en face, à la prison du Cherche-Midi. L'accès aux séances du tribunal militaire était libre et gratuit, et on ne s'y ennuyait jamais. La comédie humaine, mais sous l'uniforme. Il y a des moyens plus sots de faire la pause. Pendant ce temps, le chef rédigeait le menu du dîner : « Consommé aux Paillettes, potage Longchamps, truite de rivière corrézienne, cœur de Charollais périgourdine, salade Lorette, endives meunière, fromages, bombe brésilienne, friandises, fruits. Graves-fronsac, zwicker, beaune 1re ».

Un ancien collègue de la PJ m'appela pour me prévenir que la fameuse mallette de voyage de Cambacérès avait été retrouvée à l'abandon dans les toilettes d'un café de Belleville. Le mari de N*** allait pouvoir être rassuré. D'autant que je ne tardai pas à remettre la main sur sa précieuse canne en jonc de Malacca, mais de la manière la plus inattendue. Non par les vertus de l'enquête mais par le plus grand des hasards. Un soir, en inspectant les étages avant de me coucher, je remarquai la porte entrouverte d'un office. La lumière n'avait pas été éteinte, un balai s'était échappé du placard. C'est en y mettant un peu d'ordre que je tombai sur l'objet dérobé au comte, simplement posé contre le mur. Par pur réflexe, je palpai rapidement le sol. Un clou, beaucoup de poussière, une allumette. Et un bout de papier plié en quatre. Une main pressée y avait écrit : « Ancien Hôtel des Princes de Condé, 4, rue Monsieur-le-Prince. » Vérification faite par téléphone, le lieu n'était remarquable que par la splendeur de ses portes. Il y a des moments dans la vie d'un détective d'hôtel où il est préférable de ne pas chercher à comprendre.

Quand je fumais une cigarette devant la porte à tambour de l'Hôtel, je voyais un retraité qui était tenu d'emprunter ce chemin pour rentrer chez lui, probablement vers la rue Saint-Placide, mais changeait de trottoir et détournait le regard exprès pour n'avoir pas à passer juste devant Lutetia, où il avait accompli toute sa carrière, de commis à concierge. La simple vue de la façade remuait trop de choses en lui. L'apercevant de l'autre côté du boulevard, chasseurs et bagagistes jouaient du coude et du menton : « T'as vu, l'chef ! » avec une pointe d'admiration teintée d'émotion.

Le directeur m'interpella dans le hall d'un « Occupez-vous de ça, Kiefer ! » qui ne souffrait pas la contestation. Généralement, une telle apostrophe m'enjoignait d'éviter un incident diplomatique considérable : « La 522 ronfle, la 422 hurle, arrangez tout au plus vite ! » Ou encore de calmer un furieux de l'immeuble en vis-à-vis, un de ces voisins choqué par l'exhibitionnisme de quelque client ; il est vrai que certains trouvaient un réel plaisir à faire leur toilette intime au balcon quand ils ne copulaient pas sauvagement rideaux ouverts et toutes lumières allumées, agression dont ils se défendaient en la présentant comme un geste d'une grande générosité hélas inapprécié à sa juste valeur. Pas cette fois. « Ça », en l'occurrence, relevait de mes corvées ordinaires.

Dans une petite pièce attenante à l'entrée, deux jeunes Anglais, dont la coupe de cheveux, la tenue et les manières fleuraient bon les meilleurs collèges, attendaient sagement qu'un responsable s'occupât d'eux. Tony et David Cornwell étaient venus récupérer les clubs de golf de leur père à sa demande. Mais celui-ci ne leur avait pas précisé qu'il nous les avait laissés en caution de sa note impayée. Ses fils tombèrent des nues. Malgré mes précautions de langage, mes révélations les atteignirent de plein fouet : tout en demeurant en apparence un parfait gentleman, leur père n'en était pas moins un escroc notoire, maintes fois condamné pour grivèlerie et banqueroute frauduleuse, bien connu de quelques palaces parisiens, et désormais de Lutetia. Il eût fallu beaucoup d'indulgence, et d'inépuisables réserves d'amour filial, pour ne voir encore en lui autre chose qu'un mystificateur. Sans les connaître, j'imaginai que ce moment risquait fort de demeurer à jamais dans leur mémoire comme celui d'une grande rupture affective qui compterait pour toujours dans leur vie d'adulte. Ils repartirent les épaules, la tête et le regard bas. Les mains vides.

Avec l'annonce de l'été, des bagagistes lâcheraient : « Tiens, r'voilà les coloniaux ! » dès l'arrivée des premiers fonctionnaires du Tonkin et d'Afrique noire pour leurs deux mois de vacances rituels.

Rue du Cherche-Midi, après dîner, on verrait des habitants descendre de chez eux une chaise à la main pour prendre le frais devant leur immeuble.

Un groom passait du salon au bar, et du bar au restaurant, en faisant tinter la sonnette de son panneau de bois sur lequel il avait inscrit à la craie : MR M'INTOSH sans que nul ne se manifestât.

La vraie vie, au fond.

On doit convenir en toute bonne foi que c'était mieux avant. Nous sommes plus ou moins travaillés par la nostalgie, cette fièvre des feuilles mortes, sa faculté d'embellissement et d'agrandissement, l'illusion obsédante d'un âge d'or et le souvenir entêtant du paradis perdu ; je n'ignore pas que c'était partout et toujours mieux avant. Autant d'images remémorées, autant d'instants regrettés. Il n'en demeure pas moins qu'avant, les clients étaient bien élevés ; ils n'agressaient pas comme maintenant. Les Français surtout, qui constituaient tout de même traditionnellement un tiers de la clientèle de l'Hôtel. Ceux de province, qui venaient plusieurs fois dans l'année pour de courts séjours, vous rendaient la politesse quand vous leur disiez bonjour, alors qu'aujourd'hui ils ne vous répondent même pas. Le personnel était mieux qualifié. Les garçons portaient une veste blanche à galons dorés. On découpait le gigot et on préparait la sole devant le client. On servait à la russe, en disposant les mets sur un guéridon devant le client avant de les offrir, et non à la française, en laissant le client se servir dans le plat qui lui était présenté, et moins encore à l'anglaise, en servant le client lors de la présentation du plat avec des couverts tenus en pince. Les gens mangeaient davantage et plus longtemps. Il y avait un maître d'hôtel en queue-de-pie et un chef de rang par étage, un couple par suite constitué d'un valet et d'une femme de chambre. Chacun leur office. On trouvait toujours du monde dans les étages. Un huissier à l'entrée de l'Hôtel annonçait les visiteurs en aboyant leur nom ; il portait une chaîne autour du cou et une queue-de-pie, comme ses collègues de la Chambre des députés, parmi lesquels il avait généralement fait ses classes. Avant, les clients passaient davantage de moments dans leur chambre. Ils étaient plus nombreux à habiter l'Hôtel à l'année. À Noël, ils offraient des étrennes au personnel. Quand ils avaient le bon goût de mourir parmi nous, il n'y avait guère que le personnel à leurs funérailles, preuve que nous étions leur seule famille et l'Hôtel leur unique maison.

Avant, les gens prenaient leur temps.

« Un m'sieur pas tout jeune, qui prétend s'appeler pareil qu'vous, m'sieur Douarre. » C'est tout ce que le petit Émile avait été capable d'articuler ce matin-là pour m'annoncer son arrivée. C'était bien mon père : s'adresser au liftier pour ne pas déranger des personnages aussi considérables qu'un concierge et un réceptionnaire ! En d'autres temps, il n'en aurait pas été embarrassé. Mais en avançant en âge, et privé du prestige attaché à son ancienne fonction au château, il se sentait de plus en plus démuni devant les petites choses du quotidien.

En écoutant parler cet homme las, légèrement voûté, je revoyais celui qu'il avait été du temps de sa splendeur, le régisseur aux hautes jambières de cuir, qui régnait sur une propriété forte de centaines d'hectares et de quinze métairies. Nul ne savait ce qu'il pensait. Tout pour le service du maître, même si, pour d'autres, le maître c'était lui et non le marquis, qu'ils ne voyaient guère. Il m'avait appris le sens du devoir et tant d'autres choses sans le savoir. Une certaine manière d'agir en conscience en toutes circonstances. Pas besoin de formuler sa devise pour la deviner : « Fais ce que dois, advienne que pourra. » Il disait des choses telles que : « On peut accomplir les plus belles actions à condition de n'en jamais réclamer le crédit. » En le regardant et en l'écoutant, désormais si vulnérable et si pathétique tant il semblait abandonné par son ancienne puissance, je fus pris d'un doute : lui avais-je jamais dit que je l'avais beaucoup aimé et que je ne pouvais plus l'aimer après ce qu'il avait fait ? J'aurais tant voulu être le fils nombreux d'une famille unique. Ce sera pour une autre vie dans un autre monde, peut-être.

Je dus l'interrompre quand Eugène, le nouveau groom, vint me prévenir que l'on me demandait dans la chambre 523. Le comte Clary faisait sa toilette mais il n'avait pas l'air gêné le moins du monde, d'autant qu'il y avait déjà foule. Un serveur m'avait devancé, une simple bouteille de champagne sur son plateau, mais ni coupe ni flûte. Une fois que le comte eut terminé de se brosser les dents et de se gargariser au Perrier-Jouët 1937, il s'abandonna aux mains expertes du barbier. Aussi, je pris naturellement mon tour face à la porte ouverte, derrière un tailleur de la rue de Rivoli, quand un envoyé des joailliers Mellerio en sortit tout penaud, sa facture à la main, après que le comte l'eut renvoyé à sa gemmologie par un cinglant : « Nous, on ne paie pas au comptant. On paie quand on veut. » Il avait eu alors dans le ton de son « nous » ce je-ne-sais-quoi de l'homme qui n'imagine pas qu'un particulier puisse posséder des tableaux dignes d'intérêt autres que ceux dont il avait hérité.

En un instant, un repose-tête fut calé sur un fauteuil, son semainier en acajou aux sept lames gravées à l'acide grand ouvert sur un petit guéridon, le blaireau, le bol à savon et les serviettes chaudes disposés sur un autre. Le comte prit place tandis que le barbier de la rue Dupin, après s'être enfilé une blouse blanche dans une solennité chirurgicale, se saisissait du coupe-chou en ivoire de son client et affilait la lame du mardi sur un cuir. Ainsi, tout en faisant sa toilette intime au milieu de ses fournisseurs, le comte vaquait-il à ses occupations et réglait-il ses affaires de la manière la plus naturelle qui fût. Quand il sentit le froid de la pierre d'Alun sur ses joues en feu, il m'aperçut et m'enjoignit de m'asseoir sur le rebord du lit. Près de la fenêtre, N***, déjà habillée pour sortir, me guettait du coin de l'œil tout en feignant d'écrire dans son agenda. Je m'attendais au pire, d'autant qu'il ne disait rien. Jusqu'à ce qu'il se décide enfin. Sans se retourner, afin de ne pas compromettre la netteté du tour d'oreille par lequel la séance s'achevait chaque matin, il m'entreprit dans son dos :

« J'ai récupéré mon bien. Grâce à vous, je le sais. L'ingratitude n'est pas mon fort, vous ne l'ignorez pas. Sur la commode, il y a une enveloppe à votre nom. Ne l'oubliez pas en partant.

— Merci beaucoup, monsieur le comte, mais c'est impossible, fis-je en me levant, démangé par une envie pressante de m'enfuir.

— Ne refusez pas, vous m'offenseriez.

— Je ne peux pas, c'est contraire à...

— Nathalie, je vous en prie, épargnez-moi le tracas de me lever avec toutes ces serviettes, remettez cette enveloppe à M. Kiefer, nous le retenons inutilement, allons... »

D'elle ou de moi, je ne sais lequel de nous deux fut le plus gêné quand elle s'exécuta. Mais je sais qu'en me retirant, la poche gonflée de ces quelques billets, je ressentis une humiliation dont je garderais longtemps l'empreinte. L'air de rien, il m'avait annexé à sa domesticité. S'il l'avait fait exprès, en pleine connaissance de cause, il comptait parmi les plus grands pervers.

Je pris congé, suivi de près par N***. Mais l'incident m'avait suffisamment troublé pour que j'évite de prendre l'ascenseur avec elle. Lorsque j'atteignis le bas de l'escalier, des appels lointains me firent aussitôt remonter les marches quatre à quatre. L'appareil était coincé entre le quatrième et le troisième.

« J'comprends pas, m'sieur Douarre ! » s'excusait le liftier, rouge de confusion. Il avait beau actionner énergiquement son levier, rien n'y faisait. L'élévateur demeurait immobile. Outre Émile, quatre clients se tenaient dans la cabine : un couple de retraités bordelais qui s'offraient chaque année un tour du monde au départ de Paris, Lothar Jundt, mon duelliste allemand désormais libéré de son bandage, et N***. Tels que je pouvais les voir et les entendre à travers les arabesques de la grille en fer forgé, les deux vieux sentaient la panique les gagner, et le liftier la honte le submerger. Pas les autres. Au vrai, Herr Jundt et la comtesse Clary semblaient ravis de faire plus ample connaissance. Jusqu'à cet incident, ils n'avaient fait que se croiser, du moins le croyais-je. Tandis qu'un réparateur s'acharnait sur la porte pour évacuer tout ce monde entre deux étages, ils rivalisaient d'esprit et d'humour dans une conversation qui me porta tant sur les nerfs que j'en oubliai jusqu'à la teneur. Les éclats de rire de N***, d'ordinaire si gracieux, m'étaient insupportables, car j'en savais l'origine. Dix bonnes minutes plus tard, quand le moment vint de les désincarcérer enfin, Herr Jundt sortit le premier afin de nous aider à les transporter tous à terre. Quand il se saisit de N***, elle se laissa choir dans ses bras et resta contre lui plus que nécessaire. À croire qu'ils se connaissaient mieux que je ne le supposais. Après quoi chacun vaqua aux occupations d'une liberté retrouvée. Plus préoccupé de rassurer le liftier sur son sort, et de lui promettre l'absence de sanction, je perdis de vue N***, dont la silhouette se fondit dans le tourbillon de la porte à tambour.

Je me hâtai de retrouver mon père. Disparu de mon bureau. Introuvable au bar, dans les salons, le long de la galerie. La conciergerie ne l'avait pas vu passer. Il avait dû s'échapper par le service. J'avais encore tant à lui dire. Bien sûr il aurait fallu tout lui arracher. Qu'aurait-il puisé dans sa besace à devises pour répondre à la question qui m'obsédait : « Jusqu'où un homme peut-il aller pour conserver son intégrité ? » Pour une fois, je le sentais prêt à aller assez loin. À se délivrer de quelque chose. J'aurais tant voulu le faire parler de ma mère. De sa fuite, de son absence. Plus j'avançais en âge, plus cet abandon inexpliqué m'apparaissait intolérable. Je ne m'y étais jamais fait, je ne m'y ferais jamais. Un mot d'elle aurait suffi à dissiper ce doute qui ronge plus sûrement qu'une maladie. Sauf que ce mot n'était jamais venu.

Nos conversations étaient trop rares pour que je me résolve à attendre encore des mois, un an peut-être, avant d'en renouer le fil avec lui. Pourtant, s'il ne venait pas à moi, ce n'est pas moi qui irais à lui. Non parce que c'était lui mais parce que c'était moi. Je me sentais de moins en moins capable de quitter l'Hôtel, où j'étais aussi à l'aise qu'un oiseau dans son nid. Le docteur Stern me disait parfois en plaisantant que cela ferait un cas intéressant du côté de Sainte-Anne. Il me lançait : « Vous nidifiez, mon cher ! » et m'apprit même un mot en me traitant une fois de « nidicole ».

Je m'étais abandonné à mes ruminations, assis dans la mezzanine en demi-lune devant mon bureau, quand je fus hélé à grands renforts de gestes et de cris étouffés par le concierge, ce qui n'était pas dans ses habitudes. Je dévalai les escaliers jusqu'à lui :

« Le toubib !

— Quoi, le toubib ?

— Il a pris feu...

— Stern ? Mais qu'est-ce que vous racontez ? »

Deux minutes plus tard, j'entrais dans la chambre qui lui servait d'ordinaire de salle de repos et de consultation. Elle était recouverte de neige carbonique. Une odeur âcre me prit immédiatement à la gorge. Un valet d'étage venait de vider l'extincteur sur Stern, qui s'en tirait plutôt bien. À demi scalpé par les flammes, les vêtements en lambeaux, un gros hématome au front, une méchante brûlure à l'avant-bras. Ses cris avaient donné l'alerte à temps. Le directeur, se frayant un passage à travers le personnel agglutiné à l'entrée, s'employa aussitôt à calmer les esprits. Non pour rassurer les inquiets mais pour éviter que la panique ne s'empare de la clientèle. L'incident, comme l'incendie, serait circonscrit aux limites de la chambre.

« Tout bruit, rumeur ou ragot sera considéré comme une faute professionnelle », martelait-il sans y croire.

Encore plus désolé que d'ordinaire, Stern tentait de donner le change en se tenant à peu près sur ses pieds et en mettant quelques phrases bout à bout, mais cela ne trompait pas. L'affaire l'avait secoué. Comme je m'approchai de lui, il s'écroula en larmes dans mes bras. La tension avait été trop forte.

« C'est bien... bien la première fois, balbutia-t-il, la première que je m'endors en fumant... Je ne comprends pas comment cela a pu arriver... Je suis vraiment confus... »

Nous étions tous émus par son embarras, et également convaincus que, sitôt repris ses esprits, il visserait à nouveau une cigarette entre ses lèvres. Stern... J'aimais beaucoup cet homme, vraiment.

« Où est-il ?

— Où voulez-vous qu'il soit, un journaliste ? Cherchez le verre, vous le trouverez derrière... »

Le réceptionnaire connaissait bien son monde. Yves Mongibal m'attendait au bar. Un névrosé de l'information. Il n'en avait jamais assez et ne mesurait pas le temps qu'il passait à vérifier. Une vedette dans son genre et dans son petit milieu. Une des meilleures plumes du *Matin,* au service de ces chiens écrasés auxquels sa signature conférait une certaine noblesse. Son champ d'investigation était en réalité beaucoup plus large que l'intitulé de sa rubrique ne le laissait supposer. Il est vrai que, par décret directorial, lui seul pouvait toucher à tout en tout domaine à condition que l'indiscrétion ne suscitât ni droits de réponse ni procès. En principe, je refusais de rencontrer les reporters, devoir de réserve oblige. Mongibal était l'exception qui confirme la règle. L'affaire Stavisky avait soudé notre complicité, du temps que j'œuvrais encore dans la police. Il le savait et en jouait d'emblée pour dissiper en moi toute velléité de m'en tenir trop strictement à l'obligation de secret.

« Et puis, un bon policier a forcément de mauvaises relations, un préfet a dit cela un jour.

— Je prends acte de ce que tu te considères toujours comme un flic. Tu t'en souviens, Édouard ? C'était ici même… »

Très exactement, à un fauteuil près. Ma hiérarchie m'avait chargé d'enquêter sur une histoire connexe au scandale Stavisky. La mort du conseiller Prince, marié, père de famille, catholique pratiquant, conservateur, violoncelliste à ses heures perdues et grand solitaire à tout instant, déchiqueté par une locomotive après s'être assis au beau milieu de la voie de chemin de fer à la hauteur de La Combe-aux-Fées, près de Dijon. Meurtre ou suicide ? Les journaux avaient beaucoup déliré là-dessus. Je faisais partie de ces gens que la lecture des romans policiers laissait indifférents (tous pareils : un honnête homme à la recherche d'une vérité cachée). Dans *Paris-Soir*, ce pauvre Simenon avait fabulé en se laissant manipuler par le Milieu. Il avait commis l'erreur de se prendre pour Maigret, sauf que son commissaire avait toujours été nettement plus futé que lui.

Albert Prince habitait juste en face, rue de Babylone.

Chaque jour, en rentrant du palais, ce magistrat de la section financière qui avait eu à instruire des plaintes dénonçant les escroqueries de Stavisky, ce fonctionnaire probe, raide et droit, prenait un verre au bar de l'Hôtel avant de rentrer chez lui. Drôle de bonhomme. Il avait mis à profit sa captivité en 1916 pour apprendre l'allemand et le droit germanique. Le personnel le connaissait bien alors qu'il n'avait jamais dormi là. On lui procurait souvent des places de spectacle à prix réduit.

J'avais été affecté à la brigade spéciale. Mon enquête sur les circonstances de sa mort m'avait naturellement mené au bar de ce Lutetia que je ne connaissais alors que de réputation. Eugène Danguy, un barman, m'avait révélé que le jour fatidique, Prince avait passé plusieurs coups de fil étranges de la cabine. Son témoignage, recoupé par d'autres, s'avéra décisif. Le magistrat, qui avait certainement commis des erreurs et fait preuve de légèreté dans les années précédant l'affaire Stavisky, s'était suicidé pour sauver son honneur. Mon rapport, long de dix-huit pages sans interligne, démontait le mythe du meurtre politique en décrivant par le menu les magouilles, fausses rumeurs et fantasmes qui avaient jusque-là tenté de l'accréditer. Avec des dates, des faits et surtout des noms. Il ne tarda pas à se retrouver sur le bureau de mes supérieurs. Mais aussi, au même moment, en morceaux dans les colonnes du *Matin*, puis condensé dans celles de *L'Œuvre*, enfin intégralement dans *Paris-Soir*, qui avait bien besoin de se racheter. C'était d'autant plus gênant que certains de mes chefs étaient d'avis de ranger mon rapport dans un tiroir fermé à clef et de jeter ladite clef à la Seine. Les journaux ! La police ferait mieux son métier si ses chefs n'étaient pas à tel point obsédés par l'opinion publique. Qu'en diraient les journaux ? Si ce n'est le ministre, c'est les journaux. Ce qui revient au même, l'un ne pensant qu'à anticiper la réaction des autres pour mieux la désamorcer. Ridicule d'autant que, chacun le sait, l'opinion étant aussi stable qu'une traînée de poudre, ses convictions sont aussi assurées que celles d'une catin. Elle se donne au premier démagogue venu, puis le jette au profit d'un autre quand il devient trop encombrant. La capacité d'oubli de la société française, c'est quelque chose.

Malgré mes dénégations, on me mit ces fuites sur le dos. Et comme je persistais, j'écopais de trois jours de mise à pied. Au lieu de me couvrir, ma hiérarchie me désigna comme coupable alors que j'apportais de quoi faire éclater la vérité et classer l'affaire. Dans les couloirs du quai des Orfèvres, j'entendais des « Petit con » ou des « Naïf » et même un « Quichotte de mes deux » murmurés dans mon dos. On me demandait de me taire pour sauver l'honneur alors que je voulais justement parler pour la même raison. Ma déception fut si profonde qu'elle anéantit toute révolte et toute résignation. En une nuit, je pris la décision irrévocable de quitter la police à jamais alors que je voulais lui vouer ma vie. Une nuit de solitude absolue, une nuit semblable à nulle autre, au cours de laquelle je me rassemblai puis me récapitulai. Mais tout cela est loin désormais. Quatre ans déjà, presque cinq...

« On n'est pas là pour remuer tout ça, n'est-ce pas ? Alors, Yves, quel bon vent t'amène ?

— Rien de spécial. Juste...

— N'empêche, l'interrompis-je, tu ne m'as jamais dit auprès de qui tu t'étais procuré mon rapport...

— Je crois que j'ai oublié, que ma mère me déshérite si je mens ! Oh, certainement quelqu'un de la Maison, mais qui ? Et puis, tu l'as dit, on n'est pas là pour remuer tout ça, n'est-ce pas ? En fait, j'aimerais vérifier quelques... comment dire... présences dans l'Hôtel...

— Tu perds ton temps. Tu sais très bien que je n'ai pas le droit.

— Dans ce cas, fit-il, je te propose une procédure inédite entre nous. Je te donne des noms. Si je tombe juste, tu hoches la tête et tu réponds à mes questions. Si je tombe faux, tu secoues la tête. Comme ça, pas de crise de conscience. »

Aussitôt, il sortit une liste de noms de sa poche et s'arma d'un crayon pour les barrer au fur et à mesure. Un instant de réflexion, prêt à livrer à mon ami des indiscrétions calculées pour être sans danger, et je hochai la tête.

« Von Ribbentrop... Non... André Malraux avec une femme qui n'est pas la sienne... Maurice Thorez... Michèle Morgan sortie des brumes... Sigmund Freud et Marie Bonaparte...Toujours non... André Gide... Gide, oui ? Ah...

— Ce n'est pas un grand secret. Il a ses habitudes ici depuis décembre 1921, enfin d'après mes fiches. Il habite pas loin, rue Vaneau. Et Gallimard, son éditeur, a ses bureaux à côté. Quand il veut s'évader, avoir la paix, fuir les solliciteurs et importuns de tout poil, il vient ici écrire pendant quelques jours, rencontrer des écrivains en exil, ou tout simplement recevoir ses amis pour le thé. Loin des fâcheux qui l'assiègent. Les journalistes, par exemple...

— Mais quand il a une chambre, qui monte avec lui ?... Non ?... Bon, bon. Poursuivons... On a vu Picasso, non...

Le général Gamelin avec... Marcel Carné... Matisse... Le peintre ? Oui ? Mais encore...

— C'est un homme d'hôtels, surtout quand il se trouve sur la Riviera, du côté de Nice, à l'Excelsior Regina. Il se fait faire ses costumes chez Charvet, place Vendôme. Quand la cendre de ses cigarillos troue les draps, il demande à la gouvernante de faire non pas une simple reprise mais une pâquerette brodée. Il est avec nous pour l'été.

— Pourquoi ?

— Je l'ai écouté parler au salon pendant une interwiew. Il disait : “Il y a tout à craindre de la femme qui vous bassine en vous représentant les dangers ou les manques à gagner. Il est indispensable aussi que l'artiste réduise son existence au minimum. L'artiste doit simplifier sa vie, n'y admettre rien d'inutile.” Je me souviens qu'il citait Marthe Bonnard et Mme Maillol...

— Ah... Et alors ?

— Comment et alors ? Mais tu es bouché ! Il a quitté sa femme pour sa maîtresse, pardon, sa secrétaire et assistante, aussi belle que dévouée, Lydia Delectorskaya, comme ça se prononce. Bref, il y a de la procédure de divorce dans l'air mais ne me fais pas dire ce que je n'ai pas dit. Il écrit souvent à son fils en Amérique. Et comme il peint dans un atelier qu'on lui a prêté villa d'Alésia...

— On sait ce qu'il peint ?

— Il doit réviser ses décors pour le ballet d'un certain Massine, et préparer un panneau pour un dessus de cheminée de l'appartement de Nelson Rockefeller à New York.

— Et... Saint-Ex ?

— Quoi, Saint-Ex ? Ah, je vois, j'ai compris... C'est pour en arriver à lui que tu as fait tout ce chemin ?

— Pas uniquement, quoique... Ils sont là ?

— Tu ne changeras pas, mon vieux. Bon, Saint-Ex. Mais après, on arrête, ça va devenir dangereux, tout cela.

— Deux autres whiskies, barman ! Non, pas Mount Vernon, où va-t-on si on se met à faire des mélanges hasardeux ! La décadence de l'Empire romain a dû commencer comme ça. C'était un Old Angus...Voilà ce que je sais, dit-il en feuilletant à la hâte son carnet de notes : de Saint-Exupéry, Antoine, vit de temps en temps au Lutetia avec sa femme Consuelo chaque fois qu'il a des problèmes de loyer avec ses propriétaires. Ils s'engueulent beaucoup, elle et lui, il écrit, elle peint, bohème argentée et grand capharnaüm, voilà ce qu'on dit... Euh, ils font lit à part ?

— Deux chambres. Pas au même étage. Là qu'ils campent ensemble mais séparément. Disons qu'ils font monde à part. Lui doit être endetté comme une mule. Il a toujours l'air à court, financièrement s'entend. Le succès de cet homme, c'est incroyable. Je ne sais pas si c'est le pilote ou l'écrivain qui plaît tant, mais je dois régulièrement éconduire des admiratrices qui cherchent à l'approcher. Drôle de couple. Ils se trompent, se déchirent, se réconcilient et tout cela parfois en public, devant nous. Rarement vu mariage aussi bancal et chaotique, mais ils ne se quittent pas.

— Parle-moi un peu d'elle, insista-t-il en noircissant les pages de son carnet.

— Une Argentine un peu zinzin. Le personnel doit impérativement lui donner du madame la comtesse en toutes circonstances, alors que lui, qui porte vraiment le titre, s'en fiche complètement. Elle a une amie un peu comme elle, dans le genre excentrique, une Espagnole du nom de Candida del Castillo qui se fait appeler Isabelle ; elle descend régulièrement à l'Hôtel parce qu'elle est sûre d'y retrouver sa copine, et parce que ses beaux-parents, les Janicot, habitent l'immeuble juste en face sur le boulevard Raspail.

— On dit que depuis son dernier accident d'avion, quand son Simoun a décroché au décollage de Guatemala City, Saint-Ex est encore plus dépressif...

— Il se plaint régulièrement de bourdonnements dans les oreilles, et il a toujours cet air de chien battu. C'est peut-être ça qui attire tant les femmes, en plus de la légende. Un jour, un gars du nettoyage m'a appelé pour que je relève une inscription au rouge à lèvres sur un miroir, dans les toilettes des dames près du bar : VIOL DE NUIT : TERRE DES HOMMES. Pas mal, non ? »

Jamais les étrangers n'avaient paru aussi suspects aux autorités françaises qu'en cette curieuse année 1939. Tous sous surveillance. Tous considérés a priori comme sujets ennemis. Le droit d'asile avait vécu. Le mythe de la cinquième colonne triomphait. L'avenir de ces gens souvent brillants, diplômés, célébrés tenait à deux misérables bouts de papier : un visa et un affidavit. Quand on ne les internait pas dans des camps en Lozère, en Ariège et ailleurs, on les refoulait ou on les expulsait. Des Espagnols, des Allemands, des Autrichiens, des Tchèques. C'était légal, les décrets servaient à ça. À Paris et dans la région parisienne, la Sûreté générale les parquait dans des stades. Des habitués de Lutetia tel Willi Münzenberg, à qui l'on devait le fameux *Livre brun* sur la terreur dans l'Allemagne hitlérienne, ou Lion Feuchtwanger, Hermann Rauschning et même Hermann Kesten, le propre traducteur de... Giraudoux ! furent internés au stade Yves-du-Manoir à Colombes, et le journaliste Arthur Koestler à Roland-Garros. Quand on leur permettait de rester en France, ceux qui y bénéficiaient de l'asile politique étaient désormais astreints aux obligations militaires. Encore un décret. Le choix qui s'offrait à eux ? Le camp ou la Légion étrangère. Leurs réunions à Lutetia s'espacèrent. On les vit de moins en moins. Jusqu'au jour où on ne les vit plus du tout.

Un soir, au moment où je m'y attendais le moins, l'un d'eux me fit appeler au bar. Ce journaliste berlinois qui m'avait paru si pessimiste à peine quelques mois auparavant. Il semblait se cacher. Le service qu'il me demandait témoignait de sa confiance. De ces faveurs qui ne se refusent pas. Trois fois rien : réceptionner du courrier à son nom et le réexpédier à une adresse donnée. Tout en lui exprimait l'effroi du chevreuil traqué par la meute au moment de l'hallali. Il me serrait les mains si fort, et ne me les lâchait pas, que je ne savais plus que faire de tant de doigts. J'en étais gêné.

« Allons, allons. Vous allez voir que cela va s'arranger.

— Vous verrez qu'un jour ils nous livreront aux nazis. La seule inconnue, c'est : ici ou là-bas ?

— Mais vous n'y pensez pas ! Vous oubliez nos traditions d'accueil, nos valeurs intangibles, nos principes républicains, nos lois qui vous protègent. Les mesures actuelles sont purement conservatoires. Croyez-moi, pas la France...

— Ne me parlez plus de la France ! dit-il en se levant. Elle nous trahira comme elle nous trahit déjà. C'est fini, je n'ai plus foi en elle. Trop déçu, trop déçu. Adieu, Kiefer. »

L'atmosphère était chaque jour plus tendue. On sentait que ça montait, ça montait. La presse d'extrême droite avait perdu tout sens de la mesure. Une sorte de haine joyeuse et sans complexe s'y exprimait sans aucune limite. Un décret-loi pris par le ministre de la Justice Paul Marchandeau vint à temps y mettre bon ordre : il visait à protéger de ces excès toute personne que sa race ou sa religion supposées pourraient désigner à la vindicte. L'hebdomadaire *Je suis partout* inventa alors de remplacer « juif » par « singe », c'est dire le niveau — mais c'était légal. En revanche, quand son antibellicisme devint intolérable au gouvernement, les autorités firent fermer le journal et arrêter ses dirigeants.

Au cœur de l'été, lorsque les gazettes reproduisirent la photo de nos trois couleurs place de l'Hôtel-de-Ville entre le président de la République et le président du Conseil à l'occasion des cent cinquante ans du drapeau français, je ne regardais plus d'un même œil celui qui flottait au-dessus de Lutetia. Moi qui avais vu tant de mes amis mourir pour maintenir à peu près droit ce bout de tissu sous un déluge d'acier, je le considérais désormais à l'égal d'une vénérable institution muséale, sans être totalement convaincu qu'il exigeât et méritât l'offrande de nos vies en sacrifice.

Au cours de ces semaines estivales, tout laissait accroire que nous vivions dans un « entre-deux-guerres ». Quand était née l'expression et sous quelle plume ? L'un de nos sauciers, Grégoire Farguette, lecteur assidu de *Je suis par-*

tout, nous avait affirmé au cours d'un récent repas en cuisines que Robert Brasillach en était l'auteur. Pour dissiper nos doutes, il nous avait même rapporté le lendemain une coupure de l'année dont il nous fit la lecture triomphale au dessert. Dans cet article consacré à la mort du comédien Georges Pitoëff, le journaliste écrivait notamment : « ... Avec cet homme incomparable disparaît toute une part de notre jeunesse, et il aura rempli ainsi exactement cette époque que nous avons longtemps appelée l'après-guerre, et qui doit prendre le nom d'entre-deux-guerres... »

Nous avions à peine eu le temps de nous y faire que l'expression était bousculée par une autre, laquelle venait d'entrer dans le vocabulaire quotidien des Français : « drôle de guerre ». Roland Dorgelès l'avait lancée en en faisant le titre de son reportage aux avant-postes pour *Gringoire*. Les plus pessimistes, ceux qui anticipaient toujours pour n'être jamais pris de court, commençaient à parler d'« avant-guerre ».

En tout cas nous y étions bien.

La guerre occupait tous les esprits, toutes les conversations. Les rafles contre les autonomistes alsaciens, suspects de germanophilie prononcée, et leur internement ne m'émurent pas plus que la condamnation de l'un d'entre eux pour espionnage, le dénommé Karl Roos. Je me sentais aussi alsacien qu'eux, et ma culture allemande n'avait rien à leur envier, mais au lieu de me rapprocher des nouveaux maîtres de Berlin, cela m'en éloignait plutôt.

À Paris, ça sentait la censure et la réquisition. L'hôtel Continental en fit les frais le premier : il abrita le commissariat général à l'Information, que le gouvernement avait eu la drôle d'idée de confier à Jean Giraudoux. La propagande à un exquis écrivain du Quai d'Orsay alors qu'en face ils avaient Goebbels... Une flûte face à un trombone ! résumait un chroniqueur. Après le Continental, ce fut au tour du Majestic d'accueillir des fonctionnaires sans asile, en l'occurrence ceux du ministère de l'Armement. Quand on installe des bureaux officiels dans de grands hôtels, c'est signe que l'on s'apprête à vivre des événements vraiment exceptionnels.

Le 1er septembre 1939, je me souviens qu'il était 10 h 30 quand la TSF annonça la mobilisation générale et l'état de siège. À l'aube de ce même jour, les troupes de la Wehrmacht avaient envahi la Pologne. Le surlendemain, à 17 heures, la France se déclara en guerre avec l'Allemagne. Curieux comme on ne se souvient pas toujours des dates, mais plus souvent des heures. Les dates sont bonnes pour les historiens, elles s'adressent à la mémoire et à l'intelligence, quand les heures font appel à notre sensibilité et à notre émotion. Seuls les instants demeurent inoubliables.

Les détails visuels aussi. Vingt-huit stations de métro (Place-des-Fêtes, Maison-Blanche...) furent choisies pour servir de refuge en cas d'alerte aérienne, certaines étant spécialement aménagées contre les gaz de combat — les Allemands n'avaient-ils pas utilisé l'ypérite dans les tranchées ? Dans la rue, on vit des gens apparaître avec des brassards de couleur. Jaune pour la défense passive, bleu et rouge pour les fonctionnaires de la préfecture de police de la Seine. Les employés étaient tout excités de se promener avec le masque à gaz qu'on venait de leur distribuer, mais ça leur passa vite. Tout signe donnait matière à interprétation. Le démontage des vitraux de la cathédrale de

Chartres ? Un signe. L'annulation des vacances des étudiants de l'École du Louvre et leur réquisition pour emballer les tableaux ? Un signe encore. Pour ne rien dire des sons et des bruits inscrits à jamais dans notre mémoire. Le glas et le tocsin, par exemple. Mon jeune cousin Pierre m'avait écrit de Stosswihr, dans la vallée de Munster, au pied du Hohneck, chez nous en Alsace, pour me faire part de son émotion. Il y avait entendu le tocsin le 1er septembre et m'avait assuré que jamais il n'oublierait cet appel bouleversant.

Bref, c'était parti.

Il devenait légal de placer des écoutes téléphoniques et d'ouvrir le courrier privé dans les grands hôtels, de même que dans les ambassades, légations et chancelleries. À condition que cela restât discret. Des journalistes bien informés dans Paris tels que Geneviève Tabouis et Pertinax, de même que l'agence de presse soviétique Tass ou des associations d'émigrés politiques, faisaient l'objet d'une surveillance resserrée. Même si je n'en abusais pas, il ne se passait guère de journée sans que j'eusse à ouvrir plusieurs lettres adressées à certains clients, à l'aide d'une aiguille à seringue reliée à un diffuseur de vapeur. Ni vu ni connu.

Deux inspecteurs des Renseignements généraux, spécialisés dans les recherches sur les étrangers établis en France, m'avaient rendu visite pour deux cas bien précis. En ce qui concerne le premier, j'avais eu recours aux dossiers de Raphaël Régnier, mon prédécesseur, méthodiquement classés dans les archives qu'il m'avait solennellement remises le jour de notre passation de pouvoirs. Un certain

Cohen, Albert, de nationalité suisse depuis le 7 octobre 1919 après avoir été de nationalité ottomane, fonctionnaire international à Genève et écrivain un peu partout. À Lutetia notamment. D'après les notes, il y avait écrit sans relâche un roman intitulé *Belle du seigneur* entre fin 35 et début 36. Un vieil habitué de l'Hôtel puisque, dix ans auparavant, quand il avait lancé sa *Revue juive* avec le docteur Freud et le professeur Einstein, il y vivait et accordait des interwiews dans le grand salon. D'après mon prédécesseur, ou plus exactement d'après les témoignages qu'il avait recueillis auprès du personnel d'étage, Cohen n'arrêtait pas de faire les cent pas dans sa chambre, de jouer ses personnages, de lire à haute voix, jusqu'à susciter des plaintes de chambres alentour. Il dictait beaucoup à sa secrétaire, une certaine Boissonnas, Anne-Marie. Son manuscrit, qu'il appelait « ma carcasse de roman », paraissait délirant et incohérent. Il y était question de femmes et d'amour, et il semblait truffé de mots qu'on ne comprenait pas. Peu après, il dicta à nouveau des pages, mais d'un autre livre, *Mangeclous*, à une autre personne, sa femme, Goss, Marianne, Genevoise divorcée quand il l'avait rencontrée. En disponibilité depuis des années vis-à-vis du Bureau international du travail, il paraît avoir vécu des rentes de son éditeur, Gaston Gallimard. Voilà tout ce que contenait son dossier.

En fait, les gars des RG cherchaient à se renseigner sur son passé et ses activités car sa présence à Paris leur paraissait désormais de moins en moins littéraire. Chaïm Weizmann, le président de l'Organisation sioniste mondiale, qu'il venait d'y rencontrer, l'avait chargé d'une mission délicate : organiser une Légion juive en France, sur le modèle de la Légion tchèque qui s'était illustrée en 14-18. Il s'agissait de regrouper des volontaires juifs et étrangers vivant en France, susceptibles de se battre aux côtés des Alliés en cas de guerre. M. Daladier, président du Conseil et ministre de la Guerre, voulait en savoir plus sur cet Albert Cohen avant de donner son accord. Il faut dire qu'il subissait les pressions conjuguées de responsables militaires et de politiciens, eux-mêmes sensibles à l'activisme déployé par l'infatigable Cohen. D'où cette enquête. Doté d'une énergie sans faille et d'une impatience parfois immaîtrisée, il avait entrepris Mandel, Blum, Mendès France, et d'autres encore pour faire aboutir son projet. D'ailleurs, depuis qu'il avait été nommé conseiller au département politique de l'Agence juive, il avait même abandonné ses chères écritures pour se consacrer à son grand projet. Rien qui fût de nature à menacer la sécurité publique et à miner la Défense nationale. M. Daladier allait être rassuré.

Les enquêteurs étaient repartis satisfaits, avec quelques biscuits. Quand je les revis peu après pour l'autre cas qui se présenta dans nos murs, l'affaire était autrement plus complexe.

Le client était un sujet britannique. Il aurait pu jouir d'un passeport irlandais mais s'y refusait par gratitude pour l'Angleterre, qui l'avait protégé pendant la guerre. D'après sa fiche de police, il se disait écrivain et rien d'autre. Ses portraits aux différents âges de la maturité ne trahissaient aucune évolution. Pas même son alcoolisme.

Ce qu'il pouvait boire !

Surtout quand son jeune secrétaire, un compatriote du nom de Beckett, l'accompagnait. Deux bouteilles de vin blanc à chaque repas (chablis, fendant suisse, riesling, vin âcre de Moselle ou vin blanc de Villeneuve, selon les humeurs et les stocks), du champagne Pommery pour continuer et des whiskies jusqu'à la nuit. Pourtant on ne le voyait jamais ivre. De la tenue en toutes circonstances. Toujours impeccablement mis. « Des mains d'une finesse exceptionnelle pour un homme », m'avait fait remarquer N***. Austère au premier abord tant il s'enveloppait de silence, mais d'un silence d'une qualité qui faisait sa force, il apparaissait chaleureux et charmant dès lors qu'on réussissait à briser le moule, ce qui prenait du temps. Une moustache bien taillée juste sous les narines, le menton en galoche, un front assez bombé, le cheveu poivre et sel parfaitement lustré, des lunettes cerclées dont les verres, fort épais, dissimulaient le regard. Parfois, ses yeux n'étaient plus des yeux mais des plaies. Il détestait qu'on le questionnât sur l'état de sa vue. Le docteur Stern, qui avait eu l'occasion de l'examiner, évoquait des affections rétiniennes telles que glaucome, iritis et synéchie, des mots dont je m'étais empressé de chercher le sens dans un dictionnaire.

Jouait-il à l'aveugle pour mieux berner son monde ? En tout cas, il ne quittait jamais sa canne irlandaise taillée dans une branche de frêne, manière de conserver son cher pays à portée de la main, prêt à être caressé, qu'il déambulât dans la galerie ou dans le salon, à l'affût d'un coin tranquille pour lire, le nez sur la page, en s'aidant de la loupe qu'il portait accrochée entre ses doigts bagués — les deux du milieu sur la main gauche. Le plus souvent, une âme compatissante lui faisait la lecture, de même qu'au restaurant le maître d'hôtel avait pris l'habitude de lui lire le menu, et le sommelier la carte des vins. Pendant ce temps-là, il semblait épier le monde alentour tous sens en éveil, avec l'air de ne pas y toucher, protégé par cette allure de dandy à laquelle les gens prêtent à tort un dilettantisme de bon aloi et une indifférence aux choses de ce monde, à commencer par la politique. Il semblait vivre l'Histoire en marche comme un cauchemar dont il tentait en vain de s'éveiller. Sa puissance de conviction était absolue, et son refus des compromissions total. Si discret que cela ressemblait à du mépris. Taciturne, timide, réservé jusqu'à l'effacement, ultrasensible, il faisait preuve d'une courtoisie d'un autre âge. Même pour décliner les demandes d'entretien, car il avait en horreur toute forme de publicité. Sa devise, telle qu'on me la rapporta, épaississait son mystère : « Silence, exil et ruse. »

Tout dans son comportement trahissait une certaine étrangeté. Avant d'échouer à Lutetia, il avait été un déménageur compulsif. Il s'était réfugié chez nous avec sa femme parce que, la plupart des appartements de son immeuble étant inoccupés, le sien n'était pas chauffé non plus. Cantine préférée : Les Deux Trianons, un restaurant situé juste en face de la gare Montparnasse. Il disait volontiers que Paris était, à son image, « une ruine altière ». Il ne cherchait pas le mot juste, qui est souvent le mot d'à côté, mais la perfection dans l'ordre des mots. Les longs blancs dans la conversation ne l'effrayaient pas car le silence n'est pas le vide. Un type inquiétant au premier abord. Aussi, je ne fus pas vraiment surpris quand les Renseignements généraux me transmirent un rapport de police faisant état d'une dénonciation le concernant.

Une dénonciation pour espionnage.

Cas de force majeure, j'eus donc à lui rendre visite en son absence. Une belle robe de chambre écossaise suspendue à un cintre, ainsi qu'une veste d'appartement en velours bordeaux au col satiné, de fines pantoufles sagement rangées, une canne de bois noir à gros nœuds, plusieurs paires de lunettes disposées sur le bureau, un manuscrit hirsute recouvert de signes microscopiques, du courrier en attente, des journaux de partout étalés sur le lit, des livres entrouverts, une bouteille de whisky presque vide. C'était son univers.

Par habitude, j'examinai rapidement ses lettres adressées à des écrivains, des éditeurs, des critiques, des libraires. La guerre qui se précisait à l'horizon, il la jugeait inutile et sans raison. L'année 1940, qui s'annonçait sous les pires auspices, allait voir selon lui la création d'une nouvelle langue européenne : le desesperanto. Mais encore ? Des symboles indéchiffrables à un non-initié recouvraient ses carnets de notes. Fallait-il y voir un code ? Une correspondance régulière avec Alfred Vogt, un ophtalmologue de Zurich, reflétait bien les soucis que ses yeux lui causaient. Une autre, échangée avec une maison d'aliénés, me révéla l'aspect le plus tragique de sa part d'ombre. Lucia, sa fille adorée, glissait dans la démence. Mettait le feu à ses draps. Écrivait des lettres à ses amis morts.

Quand il recevait des visiteurs dans le grand salon ou au bar, je m'installais à proximité dans le fol espoir de capter quelques bribes du grand taiseux. Ses jeunes admirateurs le tenaient pour « le plus grand poète de l'anglo-saxonnie ». Les réactions assez hostiles des critiques anglais et américains à la parution de *Finnegans Wake*, son nouveau « monstre », comme il l'appelait, l'avaient profondément déçu. Une fois, à un jeune écrivain venu lui présenter l'un de ses textes, il dit simplement : « Pouvez-vous justifier chaque mot ? Car, moi, je peux justifier chaque syllabe. »

C'est tout. Rien de plus. L'autre est reparti avec ça. Une autre fois, dans le salon de correspondance, à un serveur qui lui posait son scotch sur une table débordant d'épreuves d'imprimerie surchargées de corrections, et qui se risqua à lui demander ce qu'il faisait au juste, il répondit : « Moi ? Je m'emploie à donner du travail aux universitaires pour les trois siècles à venir, au moins. J'y ai mis tellement de devinettes et d'énigmes que cela va bien les occuper. Il n'y a pas de meilleur moyen de gagner l'immortalité que de susciter la discussion des érudits sur ce qu'on a voulu dire. »

C'est drôle, la vie, mais à quelques mois près, il aurait pu bavarder dans le grand salon avec M. Matisse. De quoi auraient-ils parlé ? De son roman *Ulysse*, probablement, que le peintre avait illustré quelques années auparavant sans l'avoir jamais lu, paraît-il.

Il s'appelait James Joyce. Jim pour sa femme.

Avant de lire son nom sur la main-courante de l'Hôtel, je n'avais jamais entendu parler de lui. Mais depuis notre rencontre j'étais sûr de ne jamais l'oublier. Son œillet à la boutonnière n'y était pour rien. Non plus que son extrême générosité en pourboires, plus d'un employé pouvant témoigner que sa prodigalité en devenait parfois gênante. Pour me remercier d'avoir dissipé la curiosité de la police des étrangers à son égard, il ne mit heureusement pas la main à la poche, mais m'offrit un exemplaire de son *Ulysse* dans l'édition originale. *À la recherche du temps perdu*, lu comme il avait été abandonné par la clientèle (par morceaux et dans le désordre), avait déjà requis plusieurs années de mon existence ; *Ulysse* en promettait davantage encore. Même sa dédicace me demeurait incompréhensible, quoi qu'en pensât M. Arnold, pour qui l'absence d'un tel volume déshonorait toute bibliothèque bien née. Je ne parviendrais probablement jamais à lire ne serait-ce qu'un chapitre entier de l'un de ses livres, mais peu importait. C'est l'homme que je n'oublierai pas. Sa présence, son humanité, sa souffrance. Quelques petits détails avaient suffi à me le rendre attachant — ne dit-on pas qu'on arrive à l'essentiel après des détours par l'accessoire ?

Il y eut d'abord sa présence discrète dans la pièce de repos du docteur Stern le jour de son accident. Sa silhouette dans l'encadrement de la porte, son visage effrayé. Quand j'y songe, un inconnu se tenait juste derrière lui : un homme revêtu d'une gabardine Mackintosh, qui correspondait au signalement donné par le personnel d'étage après le cambriolage chez le comte Clary. Une illusion d'optique probablement. M. Joyce n'eut pas un geste, pas un mot. Mais il était là. J'appris plus tard ce qui le clouait ainsi. Le souvenir de sa fille Lucia, internée loin de lui, incarcérée dans sa folie, retenue par une camisole de s'enflammer à mort.

Il y eut ensuite au restaurant la vision de cet homme, M. Joyce, si digne et si impressionnant, gêné d'échouer à nettoyer correctement sa sole meunière, s'y prenant mal ou de travers, en faisant déborder une partie sur la nappe blanche comme un enfant un peu gauche, essayant à plusieurs reprises avec et sans ses lunettes, honteux d'avoir à se recroqueviller jusqu'à toucher du nez le plat, avant de se résoudre à tendre ses couverts au maître d'hôtel en implorant son aide.

Il y eut aussi cette indiscrétion que je glanai en écoutant d'une oreille distraite des remarques sur son passage entre des émigrés autrichiens. Ils le désignèrent du menton dans un murmure. L'un d'eux se décida à se lever pour s'adresser à lui directement en allemand, une langue que M. Joyce utilisait peu :

« Monsieur Joyce ? Monsieur James Joyce ?

— Éventuellement.

— Je voulais juste vous remercier.

— Ah… Pour mon œuvre ?

— Non, je ne l'ai pas lue… Pour avoir sauvé notre ami Hermann Broch. Il est à New York grâce au visa que lui ont procuré Thomas Mann et le professeur Einstein. Mais on sait qu'il doit à vos démarches son premier visa, celui pour l'Angleterre. Sinon, ce n'est pas cinq semaines de prison qu'il aurait fait, mais beaucoup plus et dans des conditions bien pires. Un jour, s'il nous est donné de lire la version définitive de *La mort de Virgile*, on se souviendra que… Mes amis et moi, on vous remercie. »

Il se retira pour rejoindre son petit groupe, laissant M. Joyce sans voix, plongé dans un profond embarras. Mais on sentait bien que, s'il avait pu baiser les mains de l'inconnu, il l'aurait fait.

Et puis il y eut l'épisode musical. Une nuit, alors que je faisais mon tour dans l'Hôtel désert, un pur moment de grâce me tomba dessus au moment où je m'y attendais le moins. Quelques notes de musique s'insinuaient doucement à travers les couloirs. Je me laissai guider jusqu'au grand salon, que je croyais vidé de ses occupants, d'autant qu'il était plongé dans une semi-obscurité. Je m'assis dans la pénombre et j'assistai alors à l'un des plus émouvants spectacles que cet endroit ait pu m'offrir. M. Joyce était assis derrière le piano, une cigarette fumant dans le cendrier, un verre et une bouteille de whisky devant lui. En faisant violence à sa belle voix de basse profonde, épaisse et lourde, il chantait des ballades irlandaises ou des comptines anglaises tandis que ses mains couraient sur le clavier avec une maîtrise stupéfiante.

As I was going to Saint Ives
I met a man with seven wives
Every wife had seven cats
Every cat had seven kittens.
How many were going to Saint Ives ?...

Dix bonnes minutes s'écoulèrent avant que je m'aperçoive qu'il avait un public malgré l'heure avancée. La petite Teresa et le jeune Maximilien, les deux enfants que l'on eût dits abandonnés tant la mère de l'une et le père de l'autre semblaient accaparés par leur travail à l'extérieur, l'écoutaient religieusement, la bouche ouverte. Assis côte à côte sur le grand tapis persan à ses pieds, les deux esseulés portaient chemise de nuit, pyjama et gros chaussons. Le chat s'était sagement joint à eux. Après chaque morceau, ils applaudissaient à tout rompre tandis que M. Joyce se levait en s'inclinant respectueusement dans leur direction. Après quoi il poursuivait son concert très privé. Fort de ce succès inattendu, il nous offrit en *bis* une chanson dont il avait composé l'air et les paroles. Si j'avais à peu près compris le sens de la précédente, je dois avouer que celui de la seconde chanson m'échappa car tout dans le choix et l'agencement des mots me plongea dans un abîme de perplexité :

Bid adieu, adieu, adieu,
Bid adieu to girlish days.
Happy love is come to woo
Thee, and woo thy girlish ways.
The zone that doth become thee fair,
The snood upon thy yellow hair,
Bid adieu, adieu, adieu,
Adieu to girlish days....

À la fin de chaque morceau, la tête penchée sur le côté dans une attitude songeuse, il caressait l'instrument comme un enfant dont les parents aux abois se seraient résolus à vendre le piano pour payer les créanciers à leurs trousses. Quand il renversa brusquement la tête en arrière pour l'y maintenir pendant de longues minutes, l'inquiétude me précipita vers lui :

« Ça va, monsieur Joyce ?

— J'écoute mes cheveux blanchir... »

Un espion, lui ? La dénonciation venait de sa belle-fille Helen Kastor Fleischmann. Belle, riche, juive, américaine, divorcée, névrosée. Dans cet ordre. Remarquable par son élégance. Onze ans de plus que Giorgio Joyce. Il justifiait son attitude déconcertante (elle se promenait avec des chats, faisait des avances à tous les hommes qu'elle rencontrait, prétendait devoir des sommes folles aux grands couturiers) par la dépression chronique dont souffraient sa mère et son frère. M. James Joyce, lui, était d'avis qu'elle souffrait de manie de la persécution. Sa vie parisienne était un inventaire de frasques. Pas malade, juste un peu hystérique. Jusqu'à ce qu'elle se rende au commissariat pour dénoncer un « espion » en la personne de son beau-père (et par la même occasion une « espionne » en la personne de la couturière Elsa Schiaparelli, dont elle avait pourtant adopté le fameux *rose shocking*). Avant de prendre le tuyau en considération, mes ex-collègues auraient été bien inspirés de commencer par vérifier son passé à elle. Séjours répétés dans une clinique spécialisée de Montreux et dans une maison de santé à Suresnes. C'est elle qu'il aurait fallu mettre sous surveillance. Elle dont la violence rendait désormais son excentricité dangereuse, surtout depuis que son mari avait succédé à Samuel Beckett chambre 428, dans le lit d'une richissime Américaine piquée d'arts et de lettres, Peggy Guggenheim.

Une fille à l'asile, une belle-fille au seuil de l'asile... Sa joie, c'était son petit-fils. Avec sa femme, il s'occupait beaucoup de Stephen, huit ans, peut-être pour hâter le divorce de ses parents. On le voyait parfois, l'enfant à ses côtés, assis dans le grand salon. Il lui racontait les aventures d'Ulysse.

Le 23 décembre, la famille Joyce quitta Lutetia au terme d'un séjour d'un peu plus de deux mois. Direction : l'hôtel de la Paix, à Saint-Gérand-le-Puy, dans l'Allier.

Parfois, dans les moments de grande solitude, j'ouvrais son roman et j'en parcourais quelques paragraphes. Cette lecture m'apportait un réconfort moral indéfinissable. Peut-être parce que de tous les livres de ma bibliothèque celui-ci était le seul que je n'avais pas récupéré à l'issue d'un oubli, d'un dédain ou d'un abandon d'un client. Le seul qui m'ait été dédicacé. Le seul qui m'ait été offert par son auteur. Le seul qui laissât échapper à chaque page une douce ballade irlandaise et des accords de piano joués pour le plaisir de deux enfants qui passaient leurs journées à attendre.

Ce soir-là, Madeleine Poupinel me rejoignit tôt dans ma chambre. Elle la quitta trois heures après sur la pointe des pieds, aussi ébouriffée que moi. Un peu plus tard, elle me racontait avoir alors croisé la comtesse Clary dans le couloir du septième étage, une bouteille de blanc et deux verres à la main. En se mettant du rouge à lèvres face au grand miroir près de l'ascenseur, elle aperçut la comtesse qui l'observait, puis hésitait à frapper à ma porte, avant de poursuivre son chemin, déçue et résignée.

Déçue de ne pas me raconter la générale d'*Ondine* et le sacre de Giraudoux ? J'en doute. N*** n'aurait pas été jalouse. Pas elle, pas avec moi. Ce qui nous liait était trop fort et trop ancien pour laisser ce genre de passion s'insinuer entre nous. Mais jamais elle ne saurait qu'il m'arrivait d'user de mon passe pour m'introduire dans sa chambre en son absence. Juste pour toucher du doigt le reflet de son intimité. Regarder ses objets familiers, caresser ses vêtements et humer son odeur plus encore que son parfum. Ce qu'on fait pour ressentir une présence quand elle nous manque. Elle et moi, nous n'avions même pas besoin de nous marier pour être ensemble comme personne. De toute façon, je ne lui aurais jamais fait d'enfants.

Nathalie, Lutetia. Un proverbe me vient à l'esprit : « Qui a deux femmes perd son âme, mais qui a deux maisons perd la raison. » Moi, au fond, je n'avais jamais eu qu'une seule femme, mais ce n'était pas la mienne. Et je n'avais jamais eu qu'une seule maison, mais ce n'était pas non plus la mienne. On peut tenir toute une vie avec ça ?

Quand elle me vit traverser le salon de thé pour me rendre à la brasserie, N*** n'eut pas besoin que je lui fisse signe pour me rejoindre aux toilettes. Une fois la porte refermée sur nous, elle me tourna le dos, sortit son poudrier et me regarda dans le miroir :

« Qu'y a-t-il ?

— Rien.

— Édouard, ne commence pas ! Tu as des reproches plein les yeux. Alors ?

— Je n'aime pas ton comportement. Comment peux-tu te... te... t'afficher avec ce type ! Tu sais qui c'est, Lothar Jundt ?

— Il est plutôt bel homme, ses manières sont du meilleur monde et il n'a pas la vulgarité des séducteurs.

— Un nazi, voilà ce que c'est. Son fric, il le fait avec eux. Il défend leurs idées.

— En tout cas, ça ne se voit pas, et ça ne s'entend pas davantage.

— On ne peut pas avoir d'amis parmi nos ennemis. Ne dîne pas avec le diable même...

— Oh oh, le diable, comme tu y vas ! Tu n'en ferais pas un peu trop ? Après tout, il traite des affaires, pas de politique, et ne représente personne d'autre que lui-même et sa propre compagnie. Pendant longtemps, je t'ai entendu louer les hautes vertus du peuple allemand et de sa civilisation. Alors ne me dis pas qu'en quelques années tout cela a été balayé.

— Tu m'écœures. Ta façon de te frotter à lui en sortant de l'ascenseur. Et puis l'autre jour, près de la conciergerie, je vous ai vus parler pendant que ton mari avait le dos tourné, c'est...

— Édouard, mon cœur, pas de ça entre nous... Et puis, pas toi, ce serait le comble, n'est-ce pas ? Pas mal, la secrétaire d'Arnold. Un peu coincée tout de même et très glaçon, à ce qu'il me semble. »

J'aurais voulu lui dire qu'elle se trompait, qu'elle faisait fausse route, qu'elle se perdait. Je la savais allumeuse pour le vertige du risque. Sa beauté provoquait et elle en jouait souvent au-delà de la ligne. D'un signe, d'un mot, d'une moue. Quand cela devenait dangereux, elle rappelait sa condition de femme mariée, et tout rentrait dans l'ordre par crainte de l'esclandre. Rien ne l'épanouissait comme de se savoir désirée. Encore fallait-il que cela lui fût signifié régulièrement et substantiellement. Que Herr Jundt voulût la mettre dans son lit, cela ne faisait aucun doute. Que cela se sût ne serait certainement pas pour lui déplaire. Dans son monde, la compagnie d'une jolie femme demeure l'expression la plus tangible du train de vie d'un homme arrivé, qu'elle fût sa propre femme ou celle d'un autre. Mais N***, jusqu'où irait-elle cette fois ? Sa légèreté me paraissait criminelle. Le mot n'était pas trop fort. On ne s'approche pas de ces gens-là, pas même pour jouer. Rien à faire avec eux. Son insouciance, qui était son charme en temps normal, me révoltait en temps de crise. J'avais encore tant à lui dire, moi qui lui en disais toujours si peu. Avec l'âge, j'avais laissé les non-dits et les silences éloquents dominer notre conversation, ininterrompue depuis l'enfance.

« Nous non plus, on n'est pas de bois, qu'est-ce que tu crois... De toute façon, tout ça, tu t'en contrefiches. Toi, tu es marié à Lutetia, tu n'as pas besoin de femme. »

J'allais l'attraper par le bras, lui dire à quel point ce petit jeu me troublait, et même lui raconter l'affaire du duel, quand un gargouillement de chasse d'eau m'en dissuada. Le bruit de la serrure me fit me retourner. L'instant d'après, N*** s'était éclipsée, me laissant avec l'image insupportable de son corps s'offrant aux mains et à la bouche d'un Allemand.

Depuis la première, le 4 septembre 1939 à 3 h 35 du matin, les alertes aériennes se multipliaient à Paris. Les sirènes placées sur le toit de la poste de la rue du Regard hurlaient quand les avions étaient à trente minutes, puis quand ils n'étaient qu'à quinze minutes. Il fallait s'y faire, et pas seulement le premier mercredi du mois à midi comme autrefois. « Avant guerre » ! Les clients comme les employés les subissaient dans un certain esprit de discipline. Notre tout nouveau directeur y veillait avec une douce rigueur. (M. Chappaz, notre directeur des banquets, démobilisé in extremis, arriva à l'Hôtel à l'instant même où le convoi funéraire de M. Recoussines, le directeur auquel il allait succéder, s'ébranlait pour l'église Saint-Sulpice.) Ma première tâche consistait à maîtriser la circulation afin d'éviter toute panique. Tout ce monde se retrouvant à la cave, fraîchement étayée, il fallait toutefois garantir la sécurité de l'établissement, s'assurer de la fermeture des chambres, vérifier la protection des coffres-forts, bloquer les portes. Après quoi seulement je les rejoignais en bas.

Les premiers temps, l'ambiance était assez folklorique. Le saucisson et les rillettes circulaient de main en main. La guerre à la bonne franquette. Les conversations allaient bon train à la lueur des bougies et des lampes dont j'avais fait systématiquement repeindre le faisceau lumineux d'une couche de bleu ou de rouge. Puis l'atmosphère devint un peu plus pesante. Mais les alertes à Lutetia n'en conservaient pas moins le standard de vie de l'Hôtel.

Clients et employés ne se mélangeaient pas. Chacun conservait naturellement son rang. Même si, dans la précipitation, quelques-uns arrivaient pieds nus, ou en robe de chambre, ou le col de chemise défait, mais toujours bien coiffés. D'un côté de la cave, on entendait parler de la hausse des prix, des cartes de rationnement pour le charbon et pour l'essence, ou de la fermeture des charcuteries trois jours par semaine. De l'autre, il y était question des vertus du dernier Goncourt, *Les enfants gâtés*, dans lequel Philippe Hériat poursuivait le récit de la grandeur et décadence de la famille Boussardel. D'un côté, les lingères commentaient les dernières rumeurs : « Si les Allemands nous envahissent un jour, il paraît qu'ils couperont la main de tous les jeunes Français », ou encore : « Si on reste en ville, on prendra des bombes sur la tête, mais pas à la campagne. » De l'autre, Don José, parfaitement enveloppé dans sa parure d'intérieur, expliquait à une dame de ses relations que, selon le regretté Marcel Proust, les sirènes des alertes de 1914 étaient la seule musique allemande autorisée car elles passaient pour du Wagner. Pour autant, nous n'avions pas été jusqu'à disposer des couvertures de fourrure

Revillon et des sacs de couchage Hermès, comme c'était le cas dans le très chic abri du Ritz. Chez nous, un imperturbable serveur en veste blanche, qui portait solennellement une bouteille de cognac et plusieurs verres sur son plateau, servait avec les mêmes inclinations du corps et de la tête qu'à la surface de la terre. Mais un seul côté du souterrain.

« On ne se refuse rien ! soupira le professeur Kaufman en tendant son verre à nouveau. C'est la moindre des choses puisque nous sommes au cœur du problème ici, n'est-ce pas ? Suffit de tendre le bras. On pourrait tenir un siège ! Remplissez bien le verre. Savez-vous, jeune homme, qu'il fut un temps où caviste, sommelier et échanson correspondaient à trois professions bien distinctes, alors qu'aujourd'hui, les traditions se perdent, conserver, préparer et servir le vin, c'est tout un...

— "Camus 1914" ? Excellent choix ! renchérit M. Arnold. Autre chose que votre "Rémy Martin Lutetia". Bonne date, bonne date. D'une guerre à l'autre. On aurait voulu le faire exprès... »

« Notre » prix Nobel, Roger Martin du Gard, qui était revenu prendre ses quartiers chez nous pour deux mois, s'abîmait les yeux à noircir ses petits carnets à la lueur d'une bougie. Teresa et Maximilien, les deux petits solitaires que M. Joyce avait amenés l'un à l'autre par la grâce de sa musique de nuit, n'échappaient pas à la vigilance des gouvernantes chargées de veiller sur eux. Le comte Clary et sa femme étaient sagement assis sur des chaises quand Herr Jundt, qui venait d'arriver tout essoufflé, prit place tout naturellement aux côtés de N***, visiblement ravie. Leur manière de se parler à mi-mot, côte à côte et sans se voir, trahissait une secrète complicité. Rarement elle n'avait autant évité mon regard que ce jour-là.

De toute façon, je m'étais absorbé dans l'examen du plan de la cave ; le chef sommelier me l'avait remis au cas où il aurait fallu envisager une évacuation précipitée par les souterrains. Un plan pas très orthodoxe quoique tracé au cordeau. Une allée sodas-bières-siphons, séparée d'une allée eaux minérales-bouteilles vides-lave-bouteilles-égouttoir par un monte-bouteilles à gauche et un monte-charge à droite. Plus loin, un bureau et une salle de triage. Derrière, le monte-charge de la salle des fêtes et un emplacement pour les caisses vides. Enfin, les grandes artères en majesté, sur les parois desquelles des milliers de bouteilles dormaient tête-bêche, légèrement inclinées vers le bas par une planchette disposée sous leur cul : rue de Saint-Julien, rue de Margaux, rue Lafite, rue de Mâcon, rue de Pommard, rue de Barsac et rue de Chablis.

Rarement des plaques de rue m'avaient ainsi fait rêver.

Au fond, le professeur Kaufman ne se trompait pas sur nos capacités à résister quelque temps à un bombardement continu. Nous ne possédions peut-être pas d'armes, mais bien des casernes nous auraient envié nos munitions.

Quand les stridences des sirènes se turent, le tintement familier d'une sonnette vint bousculer le silence tout neuf. Un groom circula parmi nous sans que sa présence dans ce sous-sol parût incongrue. Sur son panneau de bois, il était écrit : MR ROCH. Lorsqu'il passa devant le petit Maximilien, celui-ci le héla :

« Papa va revenir bientôt. »

Quelques fidèles clients avaient sollicité l'insigne faveur d'assister le lendemain à notre petit concert très privé sur la terrasse de l'Hôtel. Aucun ne semblait avoir jamais participé à une chasse à courre. N*** n'en était pas, non plus que Lothar Jundt, ce dont je me félicitai. Jamais nous n'avions sonné devant un parterre de spectateurs. L'idée ne m'emballait guère mais je n'étais pas en mesure de refuser eu égard au privilège que la Direction m'accordait depuis deux ans. Le personnel apporta des chaises. On fit monter des boissons et des canapés au fromage. Mme Vivier-Deslandes, qui avait pour l'occasion renoncé à son salon mais pas à son jour, s'était fait accompagner par deux amies, enchantées de cet impromptu. La conversation roula sur la création de *Médée*, l'opéra de Darius Milhaud, et sur les décors et costumes d'André Masson. La mondanité ne perdait pas le nord, malgré l'altitude.

« Rien de tel que de prendre de la hauteur pour sentir l'esprit des lieux, fit remarquer M. Arnold, jamais à court d'une formule historique.

— Je crains que dans l'époque qui s'annonce il n'y ait plus grand monde à qui parler », soupira le professeur Kaufman.

Notre autorisation de sonner sur le toit de l'Hôtel demeurait valable malgré les événements. Nous n'avions pas vraiment le cœur ni l'esprit à ça. Or nous étions le deuxième mercredi de ce mois de mai 1940. Peut-être serait-ce le dernier mercredi pour certains d'entre nous. Le temps d'une cigarette, je fis quelques pas sur ce toit que j'étais probablement le seul parmi les employés à pratiquer assidûment. Moi qui ne quittais jamais l'enceinte de l'Hôtel, moi qui me lovais en ses murs avec délectation, moi qui m'y sentais protégé de la violence et de la barbarie modernes, j'avais le sentiment de partir en voyage dès que j'en foulais la terrasse. Mon toit du monde. Des images brouillées de pluie me revinrent confusément en mémoire, les silhouettes de deux hommes croisant le fer pour l'honneur.

L'honneur… À deux consonnes près, c'est l'horreur.

De quelque côté qu'on arpentât, cette immense terrasse à plusieurs niveaux donnait sur le voisinage. Les plus éloignés, ceux du grand immeuble du boulevard Raspail, évoluaient dans leur salon ou leur salle à manger. Les plus proches n'étaient autre que Don José, assis sur le banc public du terre-plein dont il avait la jouissance, tout à la contemplation de son chien levant la patte. Un autre personnage m'intriguait derrière ses fenêtres. Petit, trapu, chauve, des lunettes cerclées. Il n'habitait pas l'Hôtel mais les deux derniers étages de l'immeuble du 17, rue de Sèvres, au rez-de-chaussée duquel se trouvait la piscine Lutetia. De la terrasse, je le voyais souvent dans son bureau, qui donnait sur l'une de nos cours. Lire ou écrire. Des livres en grande quantité, des visiteurs aux allures d'étudiants, des papiers partout. Il s'agissait probablement d'un professeur. Sa lumière restait allumée tard dans la nuit. Par curiosité, je m'étais renseigné sur son identité. Il poursuivait des recherches sur la société féodale et sur les rois thaumaturges, et publiait des ouvrages qui, m'avait-on assuré, faisaient autorité mais que je ne lirais probablement jamais. Un historien du nom de Marc Bloch.

Quelqu'un eut l'idée de nous prendre en photo. Aucun appareil pourtant n'aurait pu capturer le sentiment que nos trompes allaient sonner le glas d'une époque révolue.

Le spectacle ne devait pas manquer de panache. Soudain, la remarque des architectes de Lutetia, selon laquelle ils avaient imaginé la terrasse comme une réminiscence de l'Antiquité babylonienne, ne me parut pas si ridicule. Jacques et moi, les deux seuls qui échappaient à la mobilisation, avions revêtu comme à l'accoutumée la tenue de l'équipage de Cheverny. Charles et Aymar, qui s'apprêtaient à rejoindre leur unité, étaient quant à eux déjà sanglés dans leur uniforme d'officier.

Quand nous commençâmes à jouer, les échos intempestifs d'une symphonie nous parvinrent de l'immeuble d'en face, de l'autre côté du boulevard Raspail, à trente mètres de nous à peine, ce qui ne m'étonna guère. Un voisin qui ne nous aimait décidément pas, au point de nous avoir déjà dénoncés autrefois au commissariat pour « tapage diurne » avant de porter plainte, sans succès fort heureusement. Cette fois, mal lui en prit ; son intention de nuire était si manifeste (il avait ouvert grandes ses fenêtres et poussé le volume de sa TSF ou de son phono au maximum) que M. Arnold, scandalisé, se fit monter des œufs frais et le bombarda avec une telle précision que le voisin rendit les armes. Seul un client de cette importance pouvait se permettre un geste qui nous démangeait tous depuis longtemps.

Disposés de part et d'autre du grand mât au bout duquel flottaient les trois couleurs, nos cuivres rougeoyant sous les dernières lueurs du soleil couchant, nous sonnions une fanfare puissante et joyeuse en espérant secrètement qu'elle ne prendrait jamais les accents d'une sonnerie aux morts.

Le lendemain, l'armée allemande attaquait la France.

II

PENDANT CE TEMPS

Pour dire cet effondrement inimaginable, cet affaissement soudain et intense de toutes nos défenses, cette étrange sensation d'assister, impuissants, à un ordre qui se défait, un seul mot me vint à l'esprit et tant pis s'il relevait du vocabulaire médical : collapsus. Baisse de la tension, pouls rapide, sueurs froides : notre état à la veille de l'été 40. À quoi il fallait ajouter le désarroi, la stupéfaction et surtout l'incrédulité. Car nous n'arrivions pas à y croire.

À l'Hôtel, nous attendions. Nous nous préparions, nous organisions, nous activions. Mais dans l'attente d'une évolution de la situation suivie heure par heure à la TSF au rythme des éditions spéciales. Les clients commençaient à plier bagage. Un à un, les fidèles nous faisaient leurs adieux.

« Tenez bon ! » nous exhorta Don José tandis qu'un chauffeur de grande remise chargeait ses malles dans une voiture de place.

« Gardez le moral, cela ne peut que s'arranger », philosopha M. Arnold en nous gratifiant de solides tapes dans le dos.

Le professeur Kaufman et le peintre Albert Birn se lamentèrent de ce que les effets funestes de cette sacrée politique fissent obstacle à la poursuite de leur œuvre.

« Je rentre à Londres mais je reviendrai, assura le premier. Gardez-moi bien ma ville, j'ai l'intention de la retrouver bientôt dans l'état où je l'ai laissée. Que Dieu vous protège, vous, les vôtres et vos portes… »

« Que personne ne touche à mon paysage ! » intima le second en une douce menace.

Les autres aussi s'en allaient. Tout le monde partait. Comme si on nous abandonnait. Un jour, au ton désolé qu'il adoptait en nous laissant, j'ai bien cru qu'un client me suggérait de ne pas oublier d'éteindre la lumière en partant. Pour une fois, le docteur Stern vint sans qu'on l'eût appelé.

« Vous allez devoir vous passer de mes services, mon petit Édouard.

— Ne dites pas de bêtises !

— Je sais ce que je dis. Ce n'est pas bon pour nous, tout ça.

— Nous ?

— Nous tous », dit-il, mais comme il avait parfaitement compris ce qu'insinuait ma question, il précisa aussitôt sa pensée. « Dites-vous bien que quand c'est déjà mauvais pour "nous", c'est signe que ça va le devenir pour vous. »

Plus que jamais, la Direction attendait de moi que je prévienne toute panique. Dans une atmosphère propice aux rumeurs les plus folles, le moindre dérapage incontrôlé peut avoir des conséquences non maîtrisables. Quand les valeurs fondamentales font naufrage, l'exigence d'ordre est plus grande encore. C'est dans cette ambiance irréelle et agitée qu'un nouveau client s'installa pour quelques jours à Lutetia.

Près de deux mètres de long, qui lui faisaient naturellement prendre de haut les gens et les choses, des bras trop grands même pour lui, le nez aussi impérieux que le caractère, un maintien raide qui annonçait un tempérament inflexible. Pas du genre à transiger sur ses certitudes. Heureusement qu'il n'était pas là quand Herr Jundt dit tout haut sur un ton cynique que l'inéluctable défaite de la France lui évoquait un dépôt de bilan. Un soir, il reçut son fils et sa fille à dîner au restaurant de l'Hôtel pour leur demander de rejoindre au plus vite leur mère dans le Loiret. À table, c'était toujours bœuf bourguignon, et mimolette au dessert. Pas bavard, l'échalas. Comme s'il voulait convaincre que rien ne rehausse mieux l'autorité que le silence. Mais c'était quelqu'un. Un grand soldat dans toute sa splendeur de croisé. Fait pour commander. Un animal à sang froid. Du genre à tout sacrifier à son dessein. Colonel depuis trois ans, il avait été nommé, m'indiquèrent mes sources, général de brigade à titre temporaire le 1er juin. Quatre jours après, le président du Conseil Paul Reynaud en faisait son sous-secrétaire d'État à la Guerre. Le lendemain, il emménageait chez nous. Je ne savais pas grand-chose de plus sur ce client sauf qu'il avait choisi Lutetia parce que sa famille y avait ses habitudes, que lui-même y logeait déjà trois ans avant, du temps qu'il commandait le 507e régiment de chars à Metz, que sa femme était une habituée du Bon Marché, qu'il possédait un compte à la succursale Croix-Rouge de la Banque de France juste en face, que son ministère se situait non loin, rue Saint-Dominique, et qu'il s'appelait Charles de Gaulle.

Chaque matin, une voiture l'attendait. Un chauffeur l'emmenait à la guerre comme d'autres vont au bureau, et le ramenait à l'issue de sa visite quotidienne aux armées faiblissantes. Entre l'aube et la tombée de la nuit, on ne le voyait jamais à l'Hôtel. Heureusement pour lui. Il aurait pu y faire fortuitement une curieuse rencontre. En effet, l'une de nos voisines, la marquise de Keroüartz, qui vivait d'ordinaire dans son hôtel de la rue de la Chaise, logeait chez nous par commodité depuis son accouchement. Le parrain de l'enfant vint un après-midi lui rendre une discrète visite. Il s'appelait Philippe Pétain, vice-président du Conseil...

Le soir, le général de Gaulle dînait au restaurant de Lutetia. Un homme de garnison est de toute évidence un homme d'hôtels. On l'avait entendu dire : « Sans les femmes, nous, les hommes, nous vivrions à l'hôtel avec un seul costume et un carnet de chèques. Si l'on fabrique des commodes Louis XV, c'est pour nos compagnes. Il n'y a qu'elles qui soient vraiment attachées aux meubles. »

Dans le chassé-croisé de ces folles journées de juin, après que le bombardement de Paris par la Luftwaffe eut fait 254 morts et 652 blessés, la présence de cet homme à Lutetia resterait comme l'un de mes souvenirs les plus étranges. Il y en eut d'autres. Au petit matin du 10, mon vieux camarade du Quai des Orfèvres me passa un coup de fil halluciné :

« Tu sais ce que je vois, Édouard ? Non mais tu sais ce que je vois ! Des collègues qui font la chaîne sur les berges de la Seine pour décharger des caisses de dossiers d'un camion. Et pour les charger où ? Je te le donne en mille ! Sur deux péniches à vapeur battant pavillon de priorité.

Les archives des RG, mon vieux ! Avec une caisse de dynamite. Et, dans la poche, l'ordre de tout faire sauter plutôt que d'abandonner le paquet aux Boches s'ils les rattrapent. Alors si t'entends un grand boum, mon vieux Édouard, t'étonne pas ! »

À la fin de cette même journée, le général de Gaulle se présenta à la réception sanglé dans son uniforme militaire de chef de guerre et non dans l'uniforme civil de sous-secrétaire d'État à la Guerre. Pas pour jouir du grade mais pour marquer la hiérarchie. D'autant plus impressionnant que les immenses houseaux de cuir noir qui protégeaient ses mollets lui donnaient encore plus de hauteur. Inouïe, la présence de cet homme. Il occupait tant l'espace que, même immobile, il se l'appropriait. Il eut alors cette parole historique :

« Ma note, je vous prie. »

Il la régla puis, d'un pas royal, s'en alla rejoindre le gouvernement sur les routes de l'exode dans la voiture de Paul Reynaud. Le gouvernement quittait Paris pour la région d'Amboise. Il était minuit. Dans la précipitation, le général de Gaulle n'eut pas le temps d'emporter sa cantine. Elle fut aussitôt remisée au sous-sol, dans la pièce réservée aux effets oubliés par les clients. Nos objets trouvés. Reviendrait-il jamais la chercher ? Reviendrait-il seulement...

En l'observant qui se tenait à l'entrée de l'Hôtel, je faillis lui raconter que c'était là, très exactement là, qu'André Maginot, le ministre de la Guerre, était mort en 1932. Au sortir d'un banquet au salon Président. Mais il n'aurait peut-être pas trouvé ce rappel de très bon goût au moment où la ligne fortifiée qui portait son nom prouvait tragiquement son inefficacité dans une guerre de mouvement.

Le temps de la grande transhumance avait commencé. Pas celui des vacances, mais celui de l'exode. Le Nord se déplaçait. Après Abbeville et Arras, Lille était tombée puis Rouen et Reims… Une chute inexorable. Bientôt des millions de Français se lanceraient dans l'errance. Le ciel annonçait un bel été tandis que la tragédie faisait irruption dans la villégiature.

Tout était joué désormais. Il ne restait plus qu'à attendre et voir.

« Moi, je n'attends pas pour voir : je préviens ! Si tu veux bien me donner un coup de main. »

Robert Weber, notre chef caviste, ne m'avait jamais paru aussi déterminé. Avec l'aide de Fernand, son aide-caviste, d'un pompier parmi les plus costauds, d'Achille le plongeur de batterie que le gros œuvre n'effrayait pas, et des gens de l'économat, nous avions constitué une petite équipe de terrassiers. Car Weber avait formé le projet un peu fou de soustraire ses meilleurs millésimes à l'envahisseur. La France avait peut-être perdu une bataille et la guerre, mais ne lâcherait pas ses grands crus. Puisque la défaite était là et bien là, l'occupation ne faisait guère de doute. « Ils » seraient bientôt à Paris. Dans les meilleurs hôtels. Donc à Lutetia. Lequel ne pouvait décemment abandonner à l'ennemi cette part essentielle du patrimoine national ; tout autant que les armes de Lutèce, la vigne était son emblème, qui régnait sur toute la décoration intérieure, et surtout sculptée en majesté sur sa façade, s'agrippant à ses saillies pour mieux l'escalader jusqu'à ses pignons.

Aussi fit-il aménager sous sa cave, entre les passages et les gaines de ventilation du troisième sous-sol, un petit tunnel parallèle à la rue des chablis. Le tout dans le respect des normes de sécurité et d'une hygrométrie parfaite. On pataugeait dans la boue, et il fallait se tenir voûté pour y circuler, mais au bout de trois jours de travaux acharnés, le corridor fut correctement étayé. Combien de bouteilles y avons-nous entreposées sur les soixante-quinze mille que la cave abritait ? Et combien de fûts ? La qualité m'a davantage marqué que la quantité. À haute voix, le chef caviste faisait de mémoire l'appel des heureuses élues en arpentant les allées, tel un général à la revue de ses troupes.

« Margaux 1929, ça, c'est sûr et toutes, s'il vous plaît, lafite 1914, yquem 1913, non, pardon, 1923 ! Filhot 1916, bonnes-mares 1933, richebourg 1929, meursault-génevrières 1938, château-cheval-blanc 1929... Et puis pommery 1928, bien sûr... Attention avec les bouteilles de cognac Hine de 1893 et de porto da Sylva de 1900 et de 1847, malgré leur grand âge transportez-les dans vos bras avec la prudence réservée aux prématurés... »

Quand le grand transbordement fut achevé, on reboucha l'orifice en édifiant un mur de briques parfaitement aligné sur les autres.

« Voilà, c'est fait, dit-il avec une pointe d'émotion, comme s'il n'était pas sûr de les revoir un jour. Prions pour le salut de leur âme. »

Et il le fit vraiment, joignant les mains, baissant la tête et murmurant quelque oraison, tant et si bien que les autres l'imitèrent après avoir hésité un instant entre le fou rire et le recueillement. Bientôt l'émotion nous mit au bord des larmes. L'irréalité du décor ajoutait-elle au pathétique de la cérémonie ? En les observant confier ainsi à Dieu le destin de ce que la terre de France pouvait donner de plus noble, j'eus le sentiment que nous vivions, mieux qu'un moment historique, un état de grâce.

Juste en face, un autre transbordement était lancé. Mais celui-ci sur ordre du ministre de l'Intérieur, Georges Mandel. Les détenus de la prison du Cherche-Midi se repliaient sur le camp d'internement de Mauzac, en Dordogne.

L'exode n'épargnait ni les prisonniers ni les bouteilles... Tout un peuple tragiquement saisi par la fièvre du vagabondage.

On se battait boulevard Saint-Germain. Pas contre l'envahisseur mais entre Français. Le gouvernement siégeait en partie à l'hôtel Splendid à Bordeaux, le général Weygand avait donné l'ordre de retraite générale aux armées et au quartier Latin on se marchait dessus. Le chasseur qui m'avait rapporté les scènes hallucinantes auxquelles il venait d'assister n'en revenait pas. Livrés à eux-mêmes, les Parisiens ne s'appartenaient plus. Plus de civisme, plus d'éducation, plus rien. Qui n'est pas avec moi est contre moi. La gueule torve de la populace. Plus rien ne tient dans ces moments de pillage. Car c'est de cela qu'il s'agissait. Profiter de cet entre-deux précaire pour remplir les cabas à provisions. À Lutetia, l'ordre régnait. Un ordre fébrile, angoissé, incertain mais c'était l'ordre. Mon arme gonflait ma poche droite. J'étais prêt à tirer, le cas échéant.

Dans les offices, aux étages, chacun y allait de son commentaire :

« Tu crois que Paris va se défendre ?

— C'que j'en sais, moi !

— À la radio, j'ai entendu des responsables de l'armée

dire que chaque immeuble serait une citadelle, un bastion, une forteresse même ! Dites, vous croyez qu'on devra se battre au corps à corps ?

— Vous avez vraiment entendu ça au poste ?

— Des clients qui l'ont entendu me l'ont dit… »

Toujours cette sale rumeur.

Le 13 juin, Paris fut déclarée ville ouverte. Mais nul ne se soucia d'expliquer à la population ce que cela signifiait (« qui n'est pas défendue militairement »). La situation se traduisit immédiatement dans les faits par une image saisissante, visible depuis les hauteurs du carrefour Sèvres-Babylone. Un grand désert urbain enveloppé dans un silence oppressant.

Le lendemain, à 7 h 30, la capitale avait capitulé. À 7 h 50, les Allemands patrouillaient boulevard Saint-Michel. À 7 h 55, ils pénétraient dans l'hôtel Crillon. À 10 heures, leur état-major s'y installait. Il ne nous restait plus qu'à guetter leur arrivée.

Les premiers soldats allemands à investir Lutetia furent des chevau-légers. Quelques membres de la Feldgendarmerie. De ceux que la population n'allait pas tarder à nommer les « militaires à collier de chien » ou encore les « vaches de premier choix » en raison du sautoir à mailles d'acier qui retenait leur large plaque autour du cou.

La réquisition de l'Hôtel prit effet le 15 juin 1940.

Dans la folie des allées et venues qui agitait encore en permanence l'entrée, je reconnus un homme dont le signalement n'avait cessé de m'intriguer depuis bientôt deux ans. Un individu vêtu d'une gabardine Mackintosh, seul élément notable qui l'identifiât. Cette fois, je voulus en avoir le cœur net. Je le suivis dans sa déambulation à travers les salons jusqu'à ce que je me porte devant lui :

« Monsieur ! Vous cherchez quelque chose ? Si je puis vous aider, je suis le détective de l'Hôtel.

— Je cherche M. Joyce. James Joyce.

— M. Joyce nous a quittés il y a plusieurs mois.

— Quittés ? Vous voulez dire… mort à jamais ? balbutia-t-il.

— Non, simplement il n'habite plus l'Hôtel depuis les fêtes de Noël.

— Ce n'est pas possible, pas possible… »

Je lui proposai de faire suivre une lettre à sa nouvelle adresse dans l'Allier, mais non, il insistait pour le voir le jour même.

« Vous n'avez pas l'air de comprendre. Savez-vous quelle est la date d'aujourd'hui ?

— Le 16 juin 1940.

— Inversez les deux derniers chiffres. Le 16 juin 1904, cela ne vous dit rien ?

— Absolument rien.

— *Bloomsday.* Le jour du héros Leopold Bloom. Vous avez certainement lu *Ulysse*, n'est-ce pas, vous vous rappelez, c'est la journée qui sert entièrement de cadre temporel au livre. J'aurais tant voulu revoir M. Joyce en ce jour anniversaire si capital pour ses lecteurs. Si vous le revoyez, dites-lui que j'ai cherché à le rencontrer.

— Laissez-moi au moins votre nom ! fis-je en essayant de le retenir par le bras alors qu'un flot de personnes l'entraînait vers la porte à tambour.

— Dites simplement que c'était de la part du type au

mackintosh, celui qui aime une dame morte ! C'est moi, M'Intosh, la treizième personne à présenter ses condoléances aux obsèques... »

Il disparut, emporté par la foule des voyageurs. Un instant, je me demandai si je n'avais pas rêvé. Mais non, c'était bien lui. Un fantôme de chair et de sang qui se donnait pour un personnage de papier.

À minuit ce jour-là, à la seconde même où s'achevait ce *Bloomsday* si crucial aux yeux des sectateurs de M. Joyce, le gouvernement français demanda l'armistice.

Le lendemain, il était 12 h 30 quand nous nous retrouvâmes nombreux dans les cuisines autour du grand poste de TSF. Les marmites semblaient à l'abandon, les visages graves comme jamais. Le brouhaha s'était tu sans que le chef eût à intervenir. Nous savions par les commentaires de certains journaux que le maréchal Pétain, tout nouveau président du Conseil, était partisan d'une demande d'armistice. Pour une fois, le service du déjeuner attendrait.

« C'est le cœur serré que je vous dis aujourd'hui qu'il faut cesser le combat. Je me suis adressé cette nuit à l'adversaire pour lui demander s'il est prêt à rechercher avec moi, entre soldats, après la lutte et dans l'honneur, les moyens de mettre un terme aux hostilités... »

Chez les rares cuistots qui ne se trouvaient pas sous les drapeaux, l'abattement le disputait à la révolte. L'un resta muet, l'autre s'emporta :

« Alors, comme ça, on ne résiste pas ! Même pas un peu ? On se rend... Ah, il a bonne mine, le héros de Verdun !

— Merde, merde et merde ! On se laisse faire prisonniers alors… »

Raoul, un étudiant royaliste que nous avions engagé pour remplacer au pied levé un garçon de restaurant, murmura à côté de moi :

« Je n'ai jamais éprouvé un tel sentiment d'humiliation. »

Le chef tourna le bouton de la radio. Certains retournèrent à leurs casseroles, d'autres s'effondrèrent à même le sol en se tenant la tête entre les mains. Deux jeunes cuistots vivaient un tel déchirement qu'ils se dissimulèrent dans un coin pour pleurer. J'esquissai un geste pour les réconforter mais leurs corps étaient secoués de sanglots. Tous dans un silence de mort. Comme je posai tout de même une main fraternelle sur l'un des deux jeunes qui hoquetaient, il se retourna et se dégagea violemment en éructant :

« Casse-toi ! T'es dans leur camp, toi aussi ! T'es avec les autres ! Kiefer, c'est allemand. Ces Alsacos de merde, c'est que des Boches ! »

Par pur instinct, je l'envoyai valdinguer contre le mur. J'allais le saisir à la gorge quand le chef et un saucier m'attrapèrent les bras et me neutralisèrent :

« Allons, allons, les gars, on se calme… On va pas se cogner entre Français tout de même ! Pas le moment ! »

Je sortis fumer une cigarette devant l'entrée des fournisseurs. Juste pour laisser la tension redescendre. Les bruits de Paris s'estompaient dès la nuit tombée. Le vélo et le couvre-feu avaient comme éteint la ville. Une expression du jeune cuistot m'était restée dans le creux de l'oreille : « T'es avec les autres ! » Comme c'est étrange. Il l'ignorait certainement mais, en Alsace, quand on veut désigner les Français, on dit soit « ceux de l'intérieur », soit « les autres »...

Metz et Orléans tombèrent, puis Colmar et Caen, suivies de Nancy et Strasbourg. Il en tombait tous les jours. Ça résistait inégalement. Dans certains endroits, débandade et reddition. Dans d'autres, tel Moncontour dans les Côtes-du-Nord, un peloton de dragons s'était battu jusqu'au dernier. Pas de survivant. La campagne de France s'achevait. En six semaines, elle avait coûté la vie à cent mille de nos soldats. Je songeai alors à ce passage d'un des derniers appels du maréchal Pétain, celui où il fustigeait les Français pour avoir rechigné à l'effort : « ... l'esprit de jouissance l'a emporté sur l'esprit de sacrifice... »

Au bureau de contrôle, un pointeur avait allumé la TSF. Le personnel administratif de l'Hôtel se groupa spontanément pour écouter à nouveau le Maréchal. Nous étions si nombreux agglutinés autour du poste que je m'en trouvais assez éloigné. On avait dû laisser les fenêtres grandes ouvertes tant il faisait chaud. Aussi n'en captais-je que des bribes :

« L'armistice est conclu. Le combat a pris fin... Le gouvernement reste libre, la France ne sera administrée que par des Français... Un ordre nouveau commence... Je hais les mensonges qui vous ont fait tant de mal... »

Il était également question de cette terre de France censée ne jamais nous mentir, de l'État dont il ne fallait pas abuser, de nos relâchements qui étaient la cause de tous nos malheurs. Après qu'une main eut tourné le bouton, chacun rejoignit son poste dans un état d'abattement absolu. Nul n'avait envie de commenter. Bien malin celui qui aurait pu distinguer dans les attitudes le soulagement de la résignation. Car l'esprit d'abandon, en France, c'est quelque chose. Seul Antoine, le main-courantier, qui se tenait près de moi, leva les yeux au ciel en remâchant les derniers mots du Maréchal :

« ... C'est à un redressement intellectuel et moral que je vous convie... Eh bien, ça promet ! Quelles couleuvres vont-ils nous faire avaler avec un tel programme ? La politique, j'te jure... »

Nous étions le 25 juin. Cinq jours plus tard, les vingt-deux mille hommes constituant les dernières unités françaises qui se battaient encore contre l'envahisseur déposèrent les armes. Cela se passait en basse Alsace.

Les Allemands à Strasbourg... Je pensais aux miens, là-bas, aux anciens qui voyaient l'Histoire se répéter, à leur rage impuissante. Strasbourg ville allemande. On n'en sortirait donc jamais ? De ce moment date le début de mon exil intérieur. Je devins émigré sur ma propre terre. Avec la volonté avouée de ne jamais me perdre dans la vaine rumination du désastre.

Un matin, j'avisai le soldat qui montait la garde à la porte de l'Hôtel, en lieu et place du portier. Un soldat allemand. Une parenthèse s'ouvrait dans notre Histoire. Qui saurait la refermer ? Je me sentis en deuil de mon pays. La France qui s'annonçait n'était pas la mienne, et j'aimais trop l'Allemagne éternelle pour ne pas haïr ces Allemands-là. Enchâssé dans cette double déception, je choisis de m'accommoder de la situation. Comme tout le monde, ou presque.

Le jour où un sous-officier de la Wehrmacht fit une entrée sensationnelle dans l'Hôtel en annonçant que le gouvernement avait officiellement demandé l'armistice, le travail s'arrêta aussitôt. Il fut porté en triomphe tandis que le champagne coulait à flots de la cave à la terrasse. Tout le monde buvait sauf le personnel. Du moins c'est ce que j'ai toujours voulu croire.

On ne fête pas la défaite. Celle-là marquerait à jamais tous ceux qui l'avaient vécue. Même les petits, surtout les petits. Tous les enfants nés entre mai et juin 1940 seraient des enfants de la Défaite.

Les collègues des autres grands hôtels s'agitaient beaucoup. Nos standards téléphoniques étaient souvent saturés. Au Royal Monceau, près de la place de l'Étoile, les plénipotentiaires français désignés en délégation par le conseil des ministres pour signer un armistice prenaient leurs aises. C'est drôle car dans ce même hôtel, dix ans auparavant, André Tardieu fabriquait des ministères et distribuait ses maroquins selon un savant dosage où la compétence technique était un critère des plus secondaires. Dix ans après, la radio stigmatisait les politiciens rhéteurs et les avocats sans scrupule qui nous avaient amenés au bord du gouffre.

Chez nous, la Direction avait réuni en urgence les principaux responsables des différents services dans un salon de cérémonie. Jamais il ne nous avait paru aussi sinistre. C'est qu'on n'y avait jamais célébré d'enterrement. M. Laporte, le directeur général, et M. Chappaz, le directeur, s'exprimèrent à tour de rôle. Il s'agissait de s'organiser au mieux pour s'accommoder sans trop de dommages de l'inéluctable. Car nul n'envisageait sérieusement que seul Lutetia éviterait la réquisition :

« Nous y passerons tous et notre originalité n'y changera

rien, bien au contraire ! La puissance occupante distribue les places. D'après les informations que nous avons collectées il y a moins d'une heure par téléphone auprès de nos confrères, voici la situation. »

Il égrena alors le chapelet des mainmises allemandes. Pas de meilleur réseau de renseignements que le personnel des grands hôtels. À croire qu'une ligne directe reliait en permanence tous les concierges et réceptionnaires de Paris entre eux. Quand je croisais leurs informations de première main avec celles que me fournissaient mes anciens collègues de la PJ et des RG, j'avais l'impression d'être l'un des hommes les mieux renseignés de la capitale. Mais à quoi bon ? Quel gâchis...

Au Crillon, la logistique du commandement militaire du Grand-Paris (correspondant aux départements de la Seine, de la Seine-et-Oise et de la Seine-et-Marne) dirigée par le général Schaumburg. Au Meurice, le commandant du Grand-Paris. Au Ritz, les responsables des transports. Au Continental, le tribunal militaire du Grand-Paris. À l'Astoria, les inspecteurs de l'armement. Au George-V, l'état-major et son chef, le colonel Speidel. Au Plaza Athénée, l'état-major de la marine. Au Raphaël, l'administration militaire du docteur Schmid. Vingt mètres avant, sur le même trottoir de l'avenue Kléber, le Majestic, racheté par l'État pour être affecté au Quai d'Orsay, était pris par les gens du haut commandement militaire allemand en France, dirigé par le général Otto von Stülpnagel. C'est également au Majestic qu'étaient logés les services de la propagande et de la censure.

Quatre cents souris grises, des téléphonistes de la Luftwaffe, furent logées à l'Hôtel Moderne, place de la

République. Les sous-officiers de la Kriegsmarine se retrouvèrent au Carlton, un trois étoiles à Pigalle, tandis que les membres du Deutsche Arbeitsfront Verbindung se retrouvaient au Carlton des Champs-Élysées. On signala même l'installation d'une antenne de la Gestapo à l'hôtel Scribe. Un certain Helmut Knochen était à sa tête. Ses hommes doublaient tout le monde. Ils devaient prendre de vitesse différents services rivaux pour faire main basse sur ce qui n'avait pas été évacué à temps des archives des ennemis du Reich. Surtout celles qui concernaient les émigrés allemands et autrichiens réfugiés en France depuis plusieurs années. Les activistes du Comité Lutetia avaient bien raison de s'angoisser. Si les nouveaux maîtres de la France mettaient la main sur leurs dossiers et retrouvaient leur trace, leur arrêt de mort était signé.

Les nouveaux maîtres : *les* Allemands et *des* Français.

Une clause de l'accord d'armistice prévoyait la « livraison » de ces réfugiés aux autorités. Les mots de mon journaliste berlinois me résonnaient encore dans le creux de l'oreille : « Ne me parlez plus de la France, je n'ai plus foi en elle… Vous allez voir qu'elle nous livrera au bourreau… » Le fait est que nombre d'intellectuels allemands ou autrichiens réfugiés chez nous choisirent de se suicider au cœur de l'été plutôt que de tomber entre les mains de la Gestapo.

Le Grand Hôtel fut affecté au repos des officiers de la Wehrmacht à leur retour de campagne. Le Bristol y échappait provisoirement : des diplomates américains l'occupaient, et la comédienne Cécile Sorel s'y était réfugiée. Ce qui n'empêcha pas l'amiral Darlan d'y habiter quand il n'était pas à Vichy.

« Il y a même une rumeur selon laquelle le Maréchal s'installerait à Versailles, comme jadis le roi, mais cela demande naturellement à être vérifié », ajouta M. Laporte en regardant discrètement dans ma direction.

Car la rumeur, en l'occurrence, c'était moi. Un tuyau crevé de la préfecture de police. Tout cela parce qu'on s'activait beaucoup au Trianon Palace. Au vrai, ça réquisitionnait de partout et tous azimuts. Même le Lutèce, ce grand canot arrimé depuis toujours entre le Pont-Neuf et le pont des Arts, y était passé. La réquisition n'était pas le vol, puisqu'ils payaient. Enfin, en principe. La question fut posée ; il y fut répondu d'un ton péremptoire.

« Nous serons payés ! » clama un membre de la Direction, en martelant ses mots comme pour mieux se convaincre, mais sans préciser s'il parlait des dédommagements de l'Hôtel ou plus prosaïquement de nos fins de mois. Il avait dit : « Nous serons payés ! » mais j'aurais juré qu'un étrange écho venu des quatre coins de l'immense salle de réception lui avait renvoyé le désormais historique « L'Allemagne paiera ! » d'autrefois.

« Tu parles, Charles ! soupira à demi-mot Félix-le-caissier, assis à côté de moi. Tu verras qu'ils nous feront les poches. Jusqu'au dernier ! Ils vont nous piller. Ils l'ont dit à la radio : l'entretien des troupes boches est à notre charge, c'est écrit dans le texte de l'armistice. L'indemnité quotidienne d'occupation, qu'ils appellent ça. Autrement dit : donne-moi ta montre, je te dirai l'heure ! »

Dans les travées, les plus anciens conservaient de la dernière réquisition un souvenir de malaise, bien qu'elle ait été purement française. C'était pendant l'autre guerre. Nombre d'officiers supérieurs vivaient à l'Hôtel. Il s'en était suivi de grosses difficultés dans le règlement de ses impôts et des intérêts de ses emprunts.

Pendant ce temps à Vichy, le gouvernement s'installait lui aussi à l'hôtel. Les curistes avaient été mis à la porte pour laisser le Maréchal aménager ses appartements au troisième étage de l'hôtel du Parc, tandis que son président du Conseil, Pierre Laval, prenait l'étage du dessous. Au Thermal Palace, la Guerre. Au Carlton, les Finances. À l'Hôtel d'Angleterre, les Colonies.

Qui a dit que l'hôtellerie était le nerf de la guerre ?

Pour nous, ce fut l'Abwehr. Les services d'espionnage et de contre-espionnage de l'armée. Cela aurait pu être pire.

Le Matin du 18 juin n'avait-il pas annoncé que nous aurions la Gestapo ? La Direction me demanda d'accompagner un officier sur la terrasse. Il apporta nos couleurs et me les remit solennellement. L'instant d'après, le drapeau à croix gammée flottait au-dessus de Lutetia. S'ils m'avaient ordonné de rabaisser moi-même nos couleurs, cela aurait été l'humiliation absolue.

Malgré la distance, je croisai le regard d'un vieux monsieur à l'épaisse moustache blanche, debout à son balcon, exactement à ma hauteur, au huitième étage de l'immeuble d'en face. Il m'observa fixement puis secoua la tête de gauche à droite en la tenant entre ses mains. Une attitude toute de dignité, si pathétique qu'elle me donna la chair de poule. J'imaginai la torture quotidienne que je lui infligeais, se réveiller tous les matins face à la croix gammée flottant de toute son arrogance dans le ciel de Paris. Je n'en aurais pas juré mais, en déplaçant mon regard de quelques mètres jusqu'au balcon d'à côté, je crus apercevoir une silhouette qui nous prenait en photo avant de disparaître aussitôt. Probablement une illusion d'optique. Du moins voulus-je m'en convaincre car, d'après mes calculs, cette fenêtre-là correspondait à l'appartement de l'irréductible adversaire de la vénerie. Au vrai, je croyais que mille paires d'yeux m'épiaient en secret.

En descendant l'escalier, j'eus le sentiment de tenir la France pliée en quatre dans mon petit paquet. Dans l'ordre de l'humiliation, rien ne pouvait être pire.

L'Abwehr... Déjà une légende. J'appris vite à les connaître. Cela valait mieux eu égard à ma nouvelle qualité d'ambassadeur permanent de l'Hôtel auprès de l'Occupant. Car je ne me faisais guère d'illusions sur les limites imparties à ma fonction d'interprète. Le lieutenant-colonel Waag dirigeait le Gruppe I dévolu à la collecte et au traitement du renseignement. Les gens du Gruppe II se consacraient à la guerre psychologique, aux sabotages et aux actions de subversion en territoire ennemi sous la coupe du lieutenant-colonel Lothar von Brandenstein, alias baron Brady. Quant au Gruppe III, qui englobait les activités de contre-espionnage et de contre-sabotage, il était dirigé par le capitaine de frégate Liebenschütz. La lutte contre la Résistance, sans limites de moyens et de méthodes, était supervisée par le patron de la Geheime Feld Polizei (GFP), la police secrète de campagne.

Un matin, très tôt, le directeur me demanda d'être présent lors de son premier entretien avec le colonel Friedrich Rudolph. Au cas où le sens de certains mots leur aurait échappé dans une langue ou l'autre. Pourtant l'Allemand était un spécialiste de la France : depuis des années, il dirigeait l'une des trois antennes de l'Abwehr, celle de Münster, chargée de surveiller le Nord et Paris. Le colonel était le patron de l'Abwehr à Paris. L'homme fort de Lutetia. Tout sauf drôle. Physiquement, une parfaite réclame pour l'Aryen tel que Hitler n'aurait osé l'imaginer dans ses délires les plus fous : harmonieusement charpenté avec, en plus, ce je-ne-sais-quoi de noble dans le caractère et d'aristocratique dans l'allure, qui en faisait un idéal des plus rares. Tout pour plaire à Hitler, sauf qu'il était antinazi.

La rencontre n'en fut pas moins lourde, pesante, oppressante, et la chaleur n'y était pour rien. Elle n'avait de rencontre que le nom. Un monologue plutôt. L'un parlait, l'autre enregistrait.

« Nous exigeons le départ de tous les clients. Vous fermerez provisoirement la pâtisserie et la brasserie. Nous avons besoin de deux cent quatre-vingts chambres, pour commencer. Chaque mois, nous vous donnerons un Bon d'occupation, afin que vous vous fassiez payer par votre autorité municipale. Quant à notre nourriture, nous vous paierons... au fur et à mesure. C'est tout pour aujourd'hui. Je compte sur vous pour que notre séjour se déroule bien. Merci, monsieur. »

Leur séjour ! Ce langage de voyageur ! Curieusement, dans les premiers documents officiels que j'eus entre les mains, Lutetia était signalé comme servant de « mess et casino » à l'armée d'occupation.

Les réunions succédaient aux réunions. Il fallait expliquer et expliquer encore les nouvelles règles du jeu au personnel un peu désemparé. Officiers, sous-officiers, auxiliaires féminines, radios, chauffeurs : tous habitaient désormais l'Hôtel, tous y prenaient leurs repas. Même si le bruit courait déjà que l'hôtelier ne ferait aucun bénéfice sur les repas à prix fixe. Des prix imposés, évidemment sans rapport avec la catégorie de l'Hôtel. Première classe, trois étoiles. Mais comme la plupart des autres, le syndicat nous autorisa à être surclassés en hôtel de luxe. Ne fût-ce que pour couvrir nos frais. Mais comment osait-on encore demander à l'hôtelier de traiter les occupants comme des hôtes payants ?

Pour la première fois de son histoire, Lutetia ne comptait que deux nationalités dans ses murs, des Allemands et des Français. Maîtres absolus d'un côté et serviteurs résignés de l'autre. En inspectant les étages un matin, je fus frappé par la vision d'une forêt de bottes, au garde-à-vous deux par deux devant les portes, attendant d'être lustrées. Le petit d'Estaces, le farceur solitaire qui croyait exister en semant la confusion dans les souliers de la clientèle, se serait ennuyé avec eux. Redescendu dans le hall, je m'amusai pendant quelques instants à envisager nos nouveaux touristes du point de vue exclusif d'un toutou : que des bottes noires, brillantes, uniformes et sans états d'âme.

Une fois de plus, les employés furent convoqués pour une harangue. Nul ne s'en plaignait tant leur sort les inquiétait.

« En 1914, notre personnel fut réduit de 247 à 84 personnes, nous annonça le directeur, signe que ça ne s'annonçait pas très bien pour nombre d'entre nous. Il nous faudra cette fois encore en passer par là, sous peine de se retrouver tous dehors. Nous ne pouvons reprendre tous nos employés démobilisés ; à titre de secours temporaire, la Direction leur accordera 5 francs par jour. »

Le temps de porter un verre d'eau à sa bouche, juste pour se donner une contenance, une bonne minute qui parut interminable, et il lâcha le morceau :

« Soixante-quinze d'entre vous garderont leur place... »

Un murmure parcourut la salle. Chacun vit dans l'autre le visage du condamné. Car c'était un vrai châtiment que de se retrouver soudainement au chômage en des temps si incertains, quand parfois tous les hommes d'une même famille étaient « retenus » outre-Rhin.

« ... en majorité aux étages, chez les caissiers et les ouvriers, ceci pour les services spécifiquement hôteliers. Les cuisines sont à part. Mais les uns et les autres resteront entièrement français. Le bar et la salle à manger devront en permanence avoir à disposition des vins fins et du champagne. La gastronomie française sera à la hauteur de sa réputation. Comprenons-nous bien : j'attends de vous que vous observiez en toutes circonstances une attitude polie mais réservée. Votre orgueil professionnel vous le commande, ainsi que votre fierté de Français et, j'ajouterai pour que les choses soient claires, la conservation de votre emploi. »

Le colonel Rudolph s'était tenu en retrait pendant tout le discours comme s'il n'avait pas eu l'intention d'intervenir. Aussi, quand il s'avança, tous prêtèrent l'oreille :

« Que chacun se tienne à sa place. Les Allemands comme les Français. Gardez vos distances et tout ira bien. »

Quand chacun rejoignit son service, le directeur me pria de m'asseoir en face de lui, de l'autre côté d'une immense table, dans la salle de banquet étrangement déserte. Plusieurs jours que je guettais cet instant. Juste pour savoir ce qu'il adviendrait de moi.

« Je vous garde. J'ai besoin de vous. En accord avec nos nouveaux... comment dire... clients, vous continuerez à assurer des tâches de sécurité à l'intérieur de l'établissement. Dans cet esprit, vous aurez éventuellement à remplir des missions ponctuelles à leur demande, telles que les relations avec certains fournisseurs. D'autres encore. Rassurez-vous, ils ne vous demanderont pas de monter les poubelles au petit matin sur le trottoir.

— Et s'ils me le demandent ?

— Faites-le. Nous comptons sur vous pour être d'abord et avant tout notre interprète auprès d'eux et réciproquement.

— Interprète ? Comment l'entendez-vous au juste, monsieur ? »

Pour toute réponse, il se leva et me broya la main, comme à son habitude dans les grands moments d'émotion. Il s'éloigna puis revint sur ses pas :

« J'oubliais : ils ont l'air obsédés par le secret. Ils se méfient de tout le monde. Mais le personnel français leur est indispensable. Il va de soi que tout ce que vous serez amené à voir ou à entendre doit rester totalement confidentiel. En cas de manquement, vous risquez de sortir du registre de la faute professionnelle... N'oubliez pas, Kiefer. »

Il fit quelques pas pour se retirer, puis se ravisa à nouveau :

« Une dernière chose : vous pourrez garder votre logement, vous et quelques autres. Cela n'a pas été facile. C'est dire la confiance que l'on vous témoigne. Ne la trahissez pas. »

Cette fois, il me laissa pour de bon. Seul avec mes doutes. Quelle confiance ? J'en eus le cœur net peu après.

Un matin, tiré de mon sommeil par des coups sourds, je sortis sur le palier en pyjama. Au bout du couloir, des ouvriers achevaient l'érection d'un mur de brique. Désormais, cette aile du septième étage dont j'étais l'un des principaux occupants ne pourrait plus communiquer avec le corps central de l'Hôtel. L'époque où je jouissais du sentiment délicieux de vivre inobservé m'apparut très lointaine.

Mais le bon Canaris, dont un ardent sillon
Suit la barque hardie,
Sur les vaisseaux qu'il prend, comme son pavillon,
Arbore l'incendie !

Ce nom me rappelait la dernière strophe d'un poème de Victor Hugo tiré des *Orientales,* que j'avais appris à l'école. Un poème justement intitulé *Canaris,* du nom d'un marin célèbre pour son audace, un héros de l'indépendance de la Grèce, pays dont ses aïeux, les Canarisi, étaient d'ailleurs originaires. Un nom prédestiné pour un amiral. Mais ce n'était pas le moment. Vraiment pas.

L'amiral Canaris dirigeait l'antenne parisienne directement depuis Berlin, court-circuitant ainsi le commandement militaire dont elle dépendait en principe. Le poste de Paris était essentiel à ses yeux. La guerre contre l'Angleterre augmentait encore son importance. Aussi installa-t-il lui-même entre le 15 et le 18 juin ce que la centrale appelait désormais le *Dienststelle Lutetia* (le Service Lutetia). Une fois de plus, l'Hôtel servait à baptiser des activités allemandes. Pour ou contre la guerre de Hitler. Les pro succédaient aux anti à quelques années d'intervalle dans les mêmes salons, entre les mêmes murs, sous le regard du même personnel.

Wilhelm Canaris était le chef de l'Abwehr. Petit et frêle, déjà bien grisonnant à cinquante-trois ans, l'œil très bleu, d'allure nerveuse, voûté, il jouissait du respect et de l'admiration absolus de ses hommes. Des sentiments si inconditionnels que, au besoin, ils pouvaient se reporter sur son teckel Kasper ou le basset Seppi, qui ne le quittaient guère.

On attribua à l'amiral la chambre 109, la plus spacieuse, prévue pour trois personnes. Avec vue sur le boulevard. Pourquoi avait-il jeté son dévolu sur Lutetia ? Il fut dit que, le lieu symbolisant un foyer de résistance des émigrés contre le nazisme, il était bon que le symbole tombât. Il fut dit également que, dans l'esprit de l'amiral, la rive gauche étant par excellence fréquentée par des intellectuels et des artistes, il convenait de s'immerger parmi eux puisque leur milieu était, avant guerre, des plus actifs dans les cercles et les fronts antifascistes. Toujours est-il que l'amiral appréciait infiniment la cuisine française. Il avait foi en notre génie gastronomique. Croyant et pratiquant. Ce qui nous valait parfois des descentes impromptues dans nos cuisines, où ce polyglotte zézayant lâchait un petit commentaire de connaisseur, qui faisait aussitôt le tour de l'établissement. Nous l'avons souvent vu à Lutetia, et de manière systématique lorsqu'il se rendait en Espagne ou en revenait, le pays de son cœur.

D'après le plan qu'on me remit, ils occupaient l'essentiel des parties communes de l'Hôtel. À l'entresol, dans les salles de banquets, les Cariatides et la Pompéienne leur servaient de dépôt, et le salon des Oiseaux de standard téléphonique, le salon Chinois de lieu de réunions et de conférences, le Récamier également, tandis que de vraies salles de réunion étaient transformées en mess. Le salon de correspondance, à l'atmosphère autrefois si paisible et si recueillie, devint le dortoir et le réfectoire des hommes de garde.

La brasserie leur échappait, ainsi que le salon de thé et quelques salons de réception, offices et salles à manger. Cette zone restait française. Dans les étages, ils occupaient 333 chambres, partout à l'exception de « mon » septième étage, celui des courriers, valets et chauffeurs, qui abritait quatre des onze salles de bains communes de l'Hôtel.

Nous reçûmes la visite de Julien Heulot, architecte DPLG mandaté par M. Serres, le directeur des Affaires de réquisition et de l'Occupation chez le préfet de la Seine. Il vint ainsi chaque mois établir la superficie des locaux occupés, de façon à en calculer les indemnités. Car *in fine* il revenait au préfet de régler la note.

Un matin, je fus convoqué par le lieutenant-colonel Oskar Reile. Un homme qui n'avait pas la réputation de perdre son temps. Dès son arrivée, c'est lui qui avait préparé un plan d'action pour récupérer un train chargé d'archives de notre ministère de la Guerre, un convoi qui n'avait pas pu franchir la Loire, les ponts ayant été détruits. Un passionné de fiches et de fichiers, ce lieutenant-colonel Reile. La quête des documents confidentiels n'était pour lui qu'un moyen au service d'une fin fort peu désintéressée : la recherche des renseignements et des informations susceptibles de faire tomber dans les rets de la police secrète de l'armée ou les filets de la SS agents ennemis, résistants, juifs et émigrés allemands.

Francophone militant, il institua très tôt des cours de français dispensés par Ernst Schneider aux officiers de Lutetia ; il se prétendait également francophile, qualité qui m'a toujours paru suspecte chez des envahisseurs. On peut se piquer de bien connaître les grandes heures de l'histoire d'un pays sans éprouver l'envie impérieuse de l'occuper. Cette passion de la France, qui se traduisait par une assez bonne connaissance de sa langue, de ses mœurs et de son passé, était d'ailleurs assez répandue parmi les hauts responsables du Service Lutetia. Cet ancien chef de la police de Dantzig, qui s'était choisi comme adjoint un officier de police, le capitaine Leyerer, avait perfectionné son français après la remilitarisation de la Rhénanie en 1936 ; l'Abwehr l'avait nommé à l'antenne de Trèves, poste d'observation idéal pour surveiller les agissements de nos services de renseignement. Il n'y était pas le « lieutenant-colonel Reile » mais M. Oskar Reile, commerçant aisé disposant d'un employé et d'une secrétaire.

L'appréhension me creusait le dos. Quand j'entrai dans le bureau qui jouxtait ses deux chambres au troisième, des appartements à la mesure de son importance, au même étage que son chef, le colonel Rudolph, il faisait les cent pas, une feuille de papier à la main. Lorsqu'il me vit, il la tendit en l'air puis en fit une boulette, qu'il jeta d'un geste sec à la corbeille :

« Votre de Gaulle : un colonel de tombola ! Voilà ce que c'est ! Est-ce vrai qu'il a habité l'Hôtel juste avant notre arrivée ?

— En effet, monsieur.

— Vous me montrerez sa chambre. »

Brusquement, la conversation bascula en allemand. Cela

se fit si naturellement que je n'eus même pas à me poser la question de l'attitude à adopter en pareille situation. Tout en lui suintait la rigidité et la rigueur que l'on prête aux Prussiens. Il avait déjà la réputation d'abhorrer le système D, cette vertu bien française qu'il tenait pour un vice. Ses conversations téléphoniques étaient toujours très brèves tant il se méfiait des écoutes. Ses yeux légèrement exorbités derrière de fines lunettes lui donnaient un regard d'une dureté peu courante.

Je n'avais pas perdu ma chère habitude d'établir des fiches sur les uns et les autres. Les circonstances m'avaient juste incliné à plus de prudence dans la rédaction et la conservation de ces éclats de biographie. Mes nouveaux clients, je les mettais en fiches avec la même curiosité et la même méthode que les anciens. Mais le port de l'uniforme ayant pour effet évident de niveler leur apparence, je dus m'astreindre à relever pour chacun un trait caractéristique que je soulignai d'un trait rouge. Ainsi de la petite cicatrice au menton du capitaine de corvette Erich Pfeiffer et de la grande cicatrice à la joue droite de Jean Eggers, du pied-bot du Dr Kurt Haller, leur expert des cercles celtisants et du mouvement séparatiste breton, du pince-nez sans monture mais muni d'une chaînette de sûreté de l'adjudant Fritz Müller, de la légère claudication du lieutenant-colonel Waag, de l'éternel sourire de Heinrich Baake, du long cou constellé de stigmates de furoncles de l'agent Hasse-Heyn, ou encore du dentier de ce petit homme rieur à l'accent viennois que tout le monde appelait « Pilule » et qui était responsable de la fabrication des faux papiers.

Je ne tardai pas à comprendre que la première mission dont on me chargeait ne relèverait pas du tourisme hôtelier. L'appartement du commandant donnait sur le boulevard Raspail. Il se leva, s'approcha de la fenêtre et me fit signe de le rejoindre. En face, une femme à sa fenêtre ; juste à côté, une autre, qui regardait dans notre direction, accoudée à son balcon :

« Là-bas, qui c'est ?

— Je l'ignore, monsieur.

— Je veux son nom, et les noms de tous les habitants de cet immeuble, et de ceux des immeubles du carrefour Sèvres-Babylone qui ont la vue sur l'Hôtel. Tous ! Et là-bas à gauche, c'est qui ?

— Là-bas, impossible à dire. Les locataires changent tout le temps. C'est la prison militaire du Cherche-Midi.

— Bon. Pour tous les autres, je veux un rapport après-demain.

— Mais...

— C'est vous, la sécurité ici, non ? Alors ! Rien de plus normal que l'Abwehr sache qui la regarde. »

Mon premier réflexe fut de consulter mes supérieurs sur la marche à suivre. La consigne fut claire : nous devions nous adapter tant bien que mal à la présence de ces clients d'un genre un peu particulier. « Il faut faire avec. » Notre nouvelle devise. Combien de fois l'ai-je entendue sans que nul ne se risque à rendre la formule un peu moins ambiguë.

Ils occupaient notre Hôtel comme ils occupaient notre pays. Des clients ? Des clients. Mais comment servir sans être asservi ? Je dois à la vérité de dire que mes états d'âme de l'été 1940 ne rencontraient guère d'écho. Autour de moi, tous semblaient encore sonnés. Ils se remettaient difficilement du choc de la défaite. La réouverture du Casino de Paris ne les touchait pas vraiment. Deux choses les préoccupaient à l'exclusion de presque tout le reste : l'approvisionnement à l'heure du rationnement, et le sort de leurs pères, de leurs frères ou de leurs fils prisonniers de guerre en Allemagne.

Je me mis au travail sans tarder. Non par zèle mais pour me débarrasser au plus vite. Pas question d'enquêter. L'épluchage méthodique de l'annuaire et du Didot Bottin y suffirait. Pour les trous, j'invoquerais des départs en vacances, des mises en vente, des abandons.

Au 48 boulevard Raspail, au-dessus de la Banque de France, le général Paris. L'immeuble faisait l'angle avec le 29 rue de Sèvres où j'avais repéré, outre la succursale des chaussures Raoul, les Fabrications lyonnaises, le docteur Wolfromm, un commissaire aux comptes, le siège du journal *La Presse thermale et climatique* et le fabricant d'engrais Gardinier. Au 41 boulevard Raspail, l'ingénieur de la Brosse, Kodak Pathé, la librairie Récamier, et l'expert près les tribunaux Picquet. Au 46, dans l'immeuble du Crédit industriel, l'avocat Vinet et Au rêve des mamans. Le reste, le menu fretin des particuliers.

Ce genre de liste m'avait toujours fait rêver pour sa sonorité même. Chaque nom, une histoire, une aventure, une légende. Le VIe arrondissement comptait alors 89 506 romans tous dissemblables.

Mon rapport fut transmis le jour dit. Nul ne m'en reparla jamais.

Seuls les détails révèlent l'esprit des choses et l'âme des êtres. Un dimanche d'octobre, « ils » firent célébrer le service protestant de l'armée allemande à la cathédrale Notre-Dame de Laon, l'un des plus beaux monuments de la

France médiévale, dans l'Aisne. Cela me déplut fortement, bien que je sois luthérien ; *parce que* je le suis, justement. Toute l'arrogance du vainqueur concentrée en un geste. Dieu, « ils » l'avaient amené avec eux. Incrusté dans la boucle de leur ceinturon : GOTT MIT UNS. Rien que ça.

Si Dieu était vraiment avec eux, alors je n'étais plus des siens.

Les détails disent la vérité des gens mieux que les vastes perspectives. De même ai-je toujours accordé moins de valeur aux opinions politiques de mes contemporains, congénères et compatriotes qu'à la courbe de leur tempérament, à la pente de leur caractère, au mouvement secret de leur âme. Le spectacle de ces communistes basculant dans le fascisme, pour écœurant et dérisoire qu'il parût, ne me surprit pas ; ils étaient simplement passés d'un absolu à l'autre et, en cela, demeuraient fidèles à ce qu'ils étaient profondément, non sur le plan idéologique mais sur le plan humain. Hors de leur Église point de salut, quelle que fût leur Église du moment — mais sa nature m'importait moins que l'idée sectaire, exclusive et incontestable qu'ils se faisaient du salut.

Dans le troisième sous-sol de l'Hôtel, c'est-à-dire sous la cave, les Allemands firent murer l'entrée d'un vieux tunnel qui permettait de rejoindre les catacombes et la Seine, et en creuser un autre au premier sous-sol derrière le monte-charge, plus court mais plus prometteur, sous le boulevard Raspail dans sa largeur, afin d'accéder à la Banque de France. Détails encore ! Mais du côté français, on n'en était pas avare. Il suffisait de se pencher pour les ramasser. Se pencher, c'est le mot, car le pays versa dans le registre de la bassesse. Cette hâte à débaptiser le boulevard Pereire, dans le XVIIe arrondissement, pour le rebaptiser boulevard Drumont : le grand financier juif chassé par le populaire pamphlétaire de *La France juive.* Cette précipitation à rebaptiser « Maréchal Pétain » les rues et les avenues en lieu et place des grands hommes de la République laminée, et défunte. Nul doute que neuf mois après la poignée de main de Montoire, cette atroce photographie complaisamment reproduite dans nos journaux, le doux prénom Philippe aurait la faveur des baptêmes. Détail ! Bientôt, une ordonnance signée par les autorités allemandes prescrivit que les livres publiés en langue française seraient confisqués sur tout le territoire de l'Alsace-Lorraine. Détail ! La collaboration était dans les esprits, sinon sur toutes les lèvres. Même si la presse allemande lui préférait le mot « participation ». C'était oublier un phénomène plus insidieux, que l'on voyait déjà se propager dans les grandes institutions : l'imitation. Celle du vainqueur, naturellement. On vit des individus abdiquer tout ce qui les fondait. Certains, par goût de la servitude, lâcheté ou opportunisme. D'autres, par inconscience. Ainsi aux entractes à l'Opéra de Paris, à ce que m'en avait rapporté N***, ma chère N***, dans une lettre soustraite à la censure de l'Occupant car elle avait pris soin de me la faire déposer en mains propres par son chauffeur :

... Comme tu le sais, il est de tradition que les spectateurs s'éparpillent au foyer dans un joyeux chaos mondain. Or, depuis peu, ils y tournent tous dans le même sens, en rangs par petits groupes, ainsi qu'il est d'usage à l'Opéra en Allemagne. Mais chez nous, jamais ! jusqu'à présent...

Dans son commentaire, elle ajoutait que c'était avilissant. Ce qui me rassura en songeant à son « affaire » avec Jundt. Au fond, pour une femme de ce monde, elle résistait bien aux mirages.

M. Walther, promu chef concierge par la grâce des événements, de sa germanophilie avérée et de son parfait bilinguisme, les aidait à dénicher un bon spectacle dans l'indispensable *Deutsche Wegleiter*, leur hebdomadaire ; il ne se faisait pas prier pour réserver des places au Shéhérazade et au Moulin de la Galette, quand ce n'était au Lapin à Gill ou à la revue du Bal Tabarin. Même quand les restaurants les plus prisés étaient complets, Bagatelle ou L'Aiglon pour ne citer qu'eux, il trouvait toujours une table pour ses nouveaux clients.

Pendant ce temps, le directeur, M. Chappaz, mettait en place toute une organisation parallèle pour venir en aide aux employés de l'Hôtel en captivité en Allemagne, et à leur famille en France. Francis Hulaud et Jean Leboucher, Louis Ménager et Pierre Lhour, André Le Dily et Paul-Émile Fouss... Tant que leur situation perdura, il fit verser chaque mois 150 francs à la mère ou à la femme de chacun d'eux. De son côté, chaque prisonnier reçut régulièrement un colis confectionné dans les cuisines de l'Hôtel avec 1 kilo de pain grillé, 250 grammes de chocolat, 1 kilo de confiture d'abricots... De quoi tenir au stalag.

Les Allemands et les Français. D'un côté, on s'occupait d'eux. De l'autre, on s'occupait des nôtres. C'est probablement cela qu'il fallait entendre par « faire avec ». Mais combien de temps encore ? Même s'ils devaient rester mille ans à l'Hôtel, ils n'en demeureraient pas moins des inconnus dans la maison. « Tout à fait ça ! » avait relevé Weber, le chef caviste, qui avait remarqué, à deux cents mètres de chez nous sur le même trottoir, dans la vitrine de la librairie Gallimard, le dernier Simenon, *Les inconnus dans la maison.*

« Mille ans ! Il nous l'a promis pour mille ans, son IIIe Reich ! »

À l'heure de la pause, dans les cuisines, on ne parlait de rien d'autre. Certains songeaient à partir. Quitter l'Hôtel pour ne pas se compromettre d'une manière ou d'une autre. Un vrai sacrifice. Car en admettant qu'il retrouve une place dehors, le démissionnaire avait conscience de renoncer à un bon traitement. Une bonne à tout faire ou une domestique, employée chez des particuliers à Paris à la veille de la guerre, avait des gages de 400 francs par mois. Albertine Le Feuvre, femme de chambre à Lutetia au lendemain de l'armistice, pouvait compter sur 900 francs d'appointements mensuels, auxquels il fallait ajouter une allocation supplémentaire de 120 francs ; en retenant 61,60 francs pour les assurances sociales et 34 francs de contribution nationale, il lui restait tout de même 924,40 francs... De quoi réfléchir.

« Mille ans, tu t'rends compte... », répétait, les poings serrés, Félix-le-comptable, ainsi que nous l'appelions pour le distinguer de Félix-le-caissier.

Petit, trapu et nerveux. Jamais en repos, toujours en guerre contre tout le monde, à commencer par lui-même. Dressé sur ses ergots, prêt à vous saisir à la gorge. De quelle pâte pouvait être faite la femme qui accepterait de partager la vie d'un tel volcan ? Pauvres chiffres ! Qu'est-ce qu'ils prenaient avec lui... À la moindre erreur, douze balles dans la colonne, rouillées de préférence pour que la douleur durât plus longtemps. Je ne sais plus comment nous en arrivâmes là, mais notre conversation faillit prendre un tour violent. Peu importe à qui la faute. Le fait est qu'il m'avait poussé à exprimer le fond de ma pensée, ce qui n'est guère dans mes habitudes, du moins en public. Mais je lui en fus reconnaissant car, sans sa pression, je n'aurais peut-être pas bien su moi-même où j'en étais.

« Fais gaffe, Kiefer, répétait-il. Ils sont polis, ils sont courtois et bien éduqués, ils parlent bien ta langue préférée, mais c'est tous des envoyés de Hitler. Du genre à laisser passer les dames d'abord même pour les envoyer au fond du trou. Pas de compromis possible avec ces gens-là. Faut les rejeter en bloc. Oublie les nuances, c'est plus de saison !

— Je le sais, je le sais. Je les déteste autant que toi, et j'ai même quelques raisons familiales de les haïr plus que tu ne le feras jamais. Il ne fallait pas les laisser entrer, mais maintenant c'est trop tard. Ils sont là.

— Et alors ?

— Comment ça, et alors ? Mais ouvre les yeux ! Hitler a été élu chancelier et Pétain a obtenu les pleins pouvoirs. Tout cela dé-mo-cra-ti-que-ment et lé-ga-le-ment. Au fond, tu sais ce qui nous sépare ?

— Toi, tu es de religion juridique !

— Le respect des institutions. De l'ordre républicain. De la sécurité. Du suffrage universel. Du droit...

— Dans ce cas, vive le Tordu, grommela-t-il en serrant les dents.

— … la conscience aiguë de ce qui sépare la légalité de l'illégalité. Le respect de la loi. Oui, la loi comme énoncé de la volonté générale.

— Mais tu me fais chier avec ta loi, tu entends ? »

Ivre de rage, joignant le geste à la parole, il m'empoigna par les revers de ma veste et me cloua au mur en serrant très fort. Je n'eus pas à esquisser le moindre geste en défense, trois hommes s'étaient précipités pour lui faire relâcher son étreinte.

Lui et moi conduisions nos vies en fonction d'un absolu. Sauf que ce n'était pas le même. Un trait de caractère nous réunissait par-delà cette divergence de fond, mais je ne jurerais pas qu'il s'agissait d'une qualité : notre absence d'indulgence pour tout ce qui échappait à cet absolu. Vive chez lui, nettement plus contenue chez moi. Peu après notre empoignade, Félix mit ses actes en accord avec ses idées. Ou plutôt sa vie en harmonie avec sa conscience. En ce temps-là, dans un cas comme dans l'autre, c'était assez rare pour être remarqué. Aussi invoqua-t-il des raisons de santé lorsqu'il présenta sa démission au directeur.

Je ne tardai pas à comprendre pourquoi « ils » m'avaient chargé de recruter moi-même les fournisseurs. Pas ceux du restaurant, ceux de l'Hôtel. Leur méfiance était telle qu'ils exigeaient une enquête préalable sur chacun d'entre eux. Pas question de laisser n'importe quel ouvrier se promener dans les chambres transformées en autant de bureaux. Je devais non seulement les surveiller pendant leurs travaux mais également me porter garant de leur… comment dire… honnêteté ? loyauté ? conscience professionnelle ?

Les spécialistes de l'ouverture difficile des coffres-forts furent les tout premiers contactés, étant entendu que je n'irais pas les chercher derrière les barreaux où se trouvaient certainement les plus efficaces d'entre eux. Plusieurs coffres abandonnés dans la précipitation de la défaite devaient être forcés d'urgence, et réparés aussitôt. Je fis venir les techniciens de Fichet, la « première marque du monde », à la 402. En partant, ils emportèrent les deux coffres blindés de la 104, décidément trop réfractaires. Le lendemain, on en fit évacuer d'autres, plus importants, par Les Porteurs réunis, une entreprise spécialisée dans les « passages fenêtre ». Si chaque chambre-bureau comportait impérativement une machine à écrire, un émetteur radio et un téléphone, elle devait être également équipée d'un coffre-fort. De leur côté, les serruriers de la maison Falcoz eurent fort à faire car les Allemands voulaient non seulement déposer, nettoyer, réparer, huiler et reposer toutes les serrures de l'Hôtel, mais de plus en mettre absolument partout. Si bien que tous les militaires avaient à tout instant les poches gonflées de trousseaux. Même pour aller aux cabinets, ils avaient besoin d'une clef.

Noblesse oblige, Lutetia ne pouvait pas s'adresser à n'importe quel fournisseur malgré la difficulté des temps. Les aristocrates qui pullulaient parmi les officiers de l'Abwehr avaient bien conscience de s'installer dans une grande maison aux traditions établies, dont l'orfèvrerie était de Christofle, le cristal de Baccarat, la porcelaine de Haviland et l'ameublement du... Bon Marché, « le magasin de la famille », comme disait la réclame.

Puis j'eus à commander des bureaux « ministre » en chêne verni chez Maurice Legendre, le marchand de meubles de l'avenue Daumesnil, ou chez Roger Ardisson, le fabricant du passage de la Main-d'Or, des bureaux moins imposants au faubourg Saint-Antoine, des salamandres chez Chaboche, et même des dizaines d'oreillers au Bon Marché. Ce n'était rien à côté des gros travaux lancés pour protéger l'Hôtel des attentats. Le bouchement des baies extérieures du rez-de-chaussée, avec un revêtement sapin fixé sur ossature, ainsi que la pose d'un grillage sur la façade et la porte d'entrée, furent confiés aux charpentiers et menuisiers de la maison Rondeau. Pour autant, Lutetia ne prit jamais l'allure d'une petite forteresse comme le Meurice ou le Majestic.

Une seule fois, « ils » tiquèrent sur une facture, relative au blanchissage d'une garniture de chambre. Non en raison du montant mais du patronyme du fournisseur : Gaulle… Cela tombait d'autant plus mal que, la veille, des soldats avaient découvert une curieuse cantine en fer au deuxième sous-sol. Enroulées autour des poignées, deux étiquettes flottantes indiquaient « colonel de Gaulle ». Un officier la fit monter à la conciergerie : elle contenait ses effets personnels (uniformes de rechange kaki, linge de corps, sellerie) et son sabre de saint-cyrien, promotion Fès. Une vraie prise de guerre. Ce jour-là, quand la malle fut ouverte, le fameux coureur automobile Schorsch Meier, pilote d'usine à la Auto Union, rendait visite à l'un de ses amis de l'Abwehr. Il s'empara du sabre et s'amusa à faire des moulinets dans le hall sous les rires et les applaudissements. Mais lui, contrairement aux autres, ignorait tout de la qualité de son propriétaire.

Je le retrouvai le soir même au restaurant, à la table du colonel Rudolph, entouré d'éminences vert-de-gris. On m'avait fait appeler car ils ne comprenaient rien à la carte et que le maître d'hôtel était incapable de les aider à choisir.

« Pourquoi n'est-ce pas écrit en allemand ? m'interrogea le colonel Rudolph.

— Nous sommes en France, monsieur, bafouillai-je en évitant le ton de l'évidence qui eût paru insolent.

— Un jour, l'Europe parlera naturellement allemand. Alors pourquoi pas tout de suite ? Savez-vous comment est mort le grand Tchekhov ? Un verre de champagne à la main en murmurant : *"Ich sterbe."* Il est mort en disant qu'il mourait, mais en allemand ! Magnifique. Alors ?

— Même à Buckingham Palace, monsieur, les menus des banquets officiels sont rédigés en français, tradition oblige.

— Votre exemple est très mal choisi, conclut-il sèchement. Ceux-là sont des dégénérés. »

Après avoir traduit l'intitulé des mets, j'allais me retirer quand le colonel me retint par le bras :

« Pas si vite, Herr Kiefer. Vous avez vu la carte des vins ? »

Je me retournai vers le sommelier, qui me donna un discret coup de coude tout en s'aidant de grimaces que j'eus du mal à déchiffrer. L'un des commensaux du colonel Rudolph pouffait dans sa serviette ; il me revint plus tard, en relisant sa fiche dans ma chambre, que le Dr Schäfer, officier au Gruppe III, où il se spécialisait dans le noyautage des mouvements de résistance, avait été avant guerre marchand de vins à Bingen.

« Étrange, reprit le colonel. Cette carte propose de fameuses bouteilles de 1929, mon année de prédilection, que vous n'avez pas en réserve. Cheval-blanc ? Absent ! Richebourg ? Absent. Margaux ? Absent ! Absent ! Absent ! »

Paralysé, le sommelier me regardait d'un air désolé, écartant légèrement les bras pour mieux marquer son impuissance. Je promis au colonel de faire une enquête et me retirai pour de bon, en maudissant ces cartes de vins qui n'avaient pas été mises à jour après le déménagement clandestin de la cave. Dans la nuit même, elles furent toutes passées au broyeur.

Le lendemain, je tançai copieusement les responsables de cette bévue. La table revêtait une importance majeure, et je ne m'y attachais pas dans le seul but de maintenir la réputation de l'Hôtel. Le fait est que la qualité de la cuisine, la richesse de la cave et la modicité du prix remportèrent un tel succès auprès de nos clients qu'au bout de quelques mois ils abandonnèrent une grande partie de leur méfiance à notre égard. Ce qu'ils purent engloutir comme champagne ! Le pli fut vite pris. Dès les dernières semaines de 1940, ils ne juraient plus que par notre gastronomie. À telle enseigne qu'après deux séjours chez nous, l'amiral Canaris se fit régulièrement livrer par avion à Berlin des bouteilles choisies pour lui et des produits préparés à son intention à Lutetia.

Il nous fallait avoir l'œil à tout. La moindre bizarrerie rallumait leurs soupçons. Un soir, alors qu'il s'apprêtait à se rendre au théâtre, M. Chappaz me fit appeler d'urgence dans le bureau d'un officier de permanence, le capitaine Joseph Pins. De ces personnages qui ne se signalent guère que par leur absence d'attrait. Le zèle fait homme. Une vraie tête de premier de la classe. Les cheveux plantés très bas sur le front. Borné comme ce n'était pas permis. La pièce était plongée dans une semi-obscurité. Notre directeur, assis sur une chaise, avait l'air aussi défait que le col dur de son habit de soirée. Le faisceau d'une lampe l'aveuglait. Deux adjoints se tenaient cois, en retrait. Une vraie mise en scène destinée à intimider, pour un interrogatoire en bonne et due forme. Assis derrière le bureau, l'officier, qui était magistrat dans le civil, actionna bruyamment plusieurs tiroirs avant de trouver une feuille pliée en quatre, avec laquelle il s'éventa :

« Ploutocrates, vous allez apprendre à nous connaître ! »

Puis il nous observa en silence en tapotant la table avec le papier.

M. Chappaz et moi, nous nous regardâmes avec la même expression de stupeur. Le directeur fut alors sommé de s'expliquer sur le contenu d'une lettre de Jean Leboucher, un employé de l'Hôtel prisonnier en Allemagne. En nous remerciant du colis que nous lui avions envoyé, notre chef de rang exprimait quelques souhaits précis pour le prochain envoi. Comme sa demande relevait de l'intime, il avait cru bon de la signifier exclusivement par des abréviations à l'allure hiéroglyphique.

« Un code, n'est-ce pas ? »

Il n'en démordait pas, et nous fusillait du regard comme si nous venions de lui faire servir une bière tiède.

« Allons, parlez ! Qu'est-ce que c'est que cette manœuvre ? »

À l'approche de minuit, il nous relâcha, apparemment convaincu de la sincérité des explications de M. Chappaz, et de la fidélité de ma traduction, arrogance que ses supérieurs ne s'étaient jamais permise. Comme nous nous séparions dans le couloir, tous deux également épuisés, le directeur eut ce mot :

« Finalement, j'aurais quand même été au théâtre ce soir... »

Son humour ne manquait pas d'élégance, car il nourrissait un profond regret d'avoir été empêché. Il tenait absolument à assister à la première du *Cid*, à cette exaltation de l'héroïsme contre les envahisseurs. Moins pour la pièce elle-même que pour y être ce soir-là particulièrement. Jacques Copeau, l'administrateur de la Comédie-Française, avait tenu expressément à programmer cette première ce jour précis. L'audace lui coûta son poste.

Il est vrai que tout cela se passait au soir du 11 novembre 1940.

L'année s'acheva beaucoup plus tristement qu'elle n'avait commencé. Tristement, c'est le mot. Impossible de ne pas penser aux Français qui souffraient du froid et de la faim. Plus que jamais. Si l'Europe était bien devenue une prison, si la France était une prison à l'intérieur de cette prison, nul n'aurait cru que l'Hôtel avait pu devenir la prison des Français qui y travaillaient. Une prison dorée. Malgré mon habitude de ne jamais quitter Lutetia, j'y éprouvais depuis peu un étrange sentiment d'incarcération. Mais je me serais bien gardé de l'exprimer tout haut. Ce qui m'en empêchait ? Un sursaut de pudeur imposé par la présence obsédante du Cherche-Midi. Une prison militaire sinistre, comme toutes les prisons. Sauf qu'on y élevait des cochons dans la cour et que les détenus pouvaient entendre les bruits des rues de

Paris. À défaut d'y participer, ils pouvaient écouter la vie.

Un ancien collègue de la PJ, qui venait régulièrement boire un verre avec moi après ses « livraisons » en face, m'avait raconté à peu près comment ça se passait. Contrairement à Fresnes ou à la Santé, où elle n'occupait qu'un quartier, la Wehrmacht avait investi la totalité du Cherche-Midi :

« Les locaux sont impeccables, me raconta-t-il avec une pointe d'admiration. Tout a été désinfecté et repeint. Les chambrées de quarante personnes ont un poêle pour se chauffer. Eaux, douches, toilettes attenantes, le luxe, quoi ! Presque le Lutetia ! Ça, c'était au début. Et puis très vite le surpeuplement, le manque d'hygiène, la tristesse et les punaises. Ah, les punaises ! Ils ne parlent que de ça. L'ennui et les punaises. Ils bouffent la même chose que les soldats allemands, mais en bien moins grande quantité. Du rata et des pommes de terre. Un peu de saucisson, un peu de margarine. Parfois juste une soupe et une boule de pain. Sans explication. Mais ils n'ont pas de matons pour les surveiller sans arrêt. Un tiers de cocos, un tiers de juifs, un tiers de trafiquants. On leur fout la paix.

— Mais ils sont jugés tout de même ?

— Tu parles ! Le commandant de la prison regarde le dossier et prononce la sentence. Puis il ajoute à haute voix : "Vous avez trois jours pour faire appel" et plus bas : "Si vous faites appel, vous aurez le double..." Pas de jurisprudence. Tu sais, les juges militaires des Fritz condamnent à l'humeur. »

Un certain Jacques Bonsergent, ingénieur de vingt-huit ans, occupait la cellule 175. Une nuit, alors qu'il sortait d'un banquet de noces avec des amis près de la gare Saint-Lazare, le groupe bouscula des soldats allemands qui marchaient dans l'autre sens. Tout le monde se dispersa ; lui seul fut rattrapé. Comme il refusait de donner les noms de ses camarades, un tribunal le condamna à mort. Sa demande en grâce fut rejetée. Pas à l'humeur, mais pour l'exemple. Jacques Bonsergent fut le premier Parisien fusillé par l'Occupant. Pour rien.

À table, certains officiers évoquaient avec des accents lyriques leurs *Rauhnächte*, ces douze fameuses nuits magiques entre Noël et l'Épiphanie, au cours desquelles les morts nous rendent visite pendant notre sommeil. La tradition populaire allemande m'avait toujours été étrangère. Une nuit, pourtant, je fus hanté par le spectre d'Aymar, l'un des sonneurs de la fanfare de Cheverny, l'un des quatre fidèles des mercredis sur la terrasse de Lutetia. L'un des deux qui avaient conservé leur uniforme d'officier en lieu et place de la tenue de l'équipage. Tué à Saumur le 19 juin à la tête d'une de ces unités de cadets de l'École de cavalerie qui livrèrent une résistance héroïque au rouleau compresseur allemand. Charles, lui, avait été fait prisonnier dès le début de l'offensive sur la Somme. Depuis, il croupissait à Kreuzberg, en Silésie, à l'oflag VIII-A, installé dans un ancien asile d'aliénés. Le souvenir oppressant de ces deux amis disparus, l'un mort l'autre vivant, me rendait insupportables les échos de la fête parisienne. Le jour où je n'eus aucun doute sur leur sort, je me fis le serment solennel de ne plus sonner de la trompe sur le toit de Lutetia.

Sans eux, jamais plus.

Dans la nuit du 31 décembre au 1er janvier, deux détenus du Cherche-Midi réussirent à s'évader par le toit du garage bordant le boulevard Raspail. Ceux-là avaient pris au mot le principe selon lequel le Cherche-Midi étant une prison d'instruction, on n'y séjournait pas longtemps. L'année commençait mieux qu'elle ne s'était achevée.

Le dimanche suivant, entre 12 heures et 14 heures, ainsi qu'ils avaient reçu l'autorisation de le faire tous les dimanches à la même heure, les détenus chantèrent. La rumeur de leur allégresse parvenait jusqu'à nos oreilles. Ils chantaient peut-être faux mais leur vibration était d'une justesse qui rendait leur chant des plus pathétiques. Les plus vaillants se tenaient en équilibre sur un escabeau de manière à pouvoir s'accrocher d'une traction des bras aux barreaux de l'imposte ; ainsi pouvaient-ils faire chœur avec les femmes incarcérées dans le bâtiment d'en face. Preuve qu'avec une chanson, on n'est ni pour ni contre, on est ailleurs. Ils aimaient bien *Le bonheur est entré dans mon cœur,* que chantait Lys Gauty dans un sombre mélo filmé, *La goualeuse.* Il me fallut peu de temps pour comprendre pourquoi *J'attendrai...*, le fameux succès de 1938 interprété par Rina Ketty, Jean Sablon, Tino Rossi, Le Chanteur Sans Nom, et tant d'autres encore, avait également leur faveur. Il suffisait d'attendre la fin du premier refrain :

J'attendrai
Le jour et la nuit, j'attendrai toujours
Ton retour...
J'attendrai
Car l'oiseau qui s'enfuit
Vient chercher l'oubli

Dans son nid…
Le temps passe et court…
En battant
Tristement
Dans mon cœur plus lourd
Et pourtant,
J'attendrai ton retour !

Et là, à la place de la suite, « Reviens bien vite, les jours sont froids… », ils intercalaient des paroles de leur cru, celles de leur propre conversation hors les murs. « Je suis à toi comme la sardine est à l'huile… » Des liaisons s'ébauchaient ainsi en public. Rarement grivoise, le plus souvent empreinte de tendresse, la causerie truffée de messages personnels rendait cette chanson inoubliable. Nombre d'entre eux attendaient une condamnation, avant d'être emmenés au stand de tir du champ de manœuvres, à Issy-les-Moulineaux, pour y être exécutés.

Ils attendaient…

Ce 1er janvier 1941 entre 14 heures et 15 heures, alors que des estafettes emportaient un gâteau d'anniversaire destiné à être présenté le soir même à Berlin à l'amiral Canaris, je grillais quelques cigarettes devant l'entrée de l'Hôtel. Je sortais juste pour voir. Le général de Gaulle avait demandé aux Français de rester chez eux afin d'exprimer leur hostilité à l'ennemi par un immense plébiscite du silence. J'avoue que quand un valet d'étage m'avait rapporté cette consigne glanée à l'écoute de la radio anglaise, j'avais cru à une blague. Ça ne m'avait pas paru très sérieux. J'étais pourtant là, dans la rue. Juste pour mesurer l'audience de la BBC et l'impact du général de Gaulle. On ne se refait pas, surtout quand on est passé par les Renseignements généraux. Même si cela ne sert plus à rien. Flic un jour, flic toujours.

La vie reprenait comme avant. Ce qui revenait à dire que la mort conservait ses droits plus qu'avant. La lecture d'un journal suisse m'apprit la disparition de M. James Joyce le 13 janvier à Zurich. Ulcère perforé du duodénum. Jamais il ne saurait que l'un de ses personnages le recherchait pour lui dire son admiration, un certain M'Intosh, l'homme à la gabardine. La noire silhouette de l'abbé Franz Stock se profilant sur le trottoir d'en face me ramenait à des réalités que j'aurais préféré oublier. Celle des exécutions. Jusqu'à leur dernier souffle, les condamnés devaient en plus affronter ce paradoxe : l'aumônier du Cherche-Midi était un Allemand. Un prêtre, mais un Allemand. Certains refusaient de se confesser à un ministre de Dieu qui appartenait au peuple de l'Occupant. Radio-couloirs bruissait de rumeurs rapportant des viols du secret de la confession. Pourtant l'abbé avait pour règle de ne jamais rien leur demander sur ce qui les avait fait échouer là, les dispensant même du moindre aveu sur leurs activités. Les témoignages louant sa bonté et son dévouement ne manquaient pas. Mais il y en aurait toujours pour refuser de vivre leurs ultimes instants en ouvrant leur cœur à un Allemand. D'autres au contraire s'en remettaient à lui. Certains étaient catholiques, tel le capitaine de corvette Honoré d'Estienne d'Orves, qui lui confierait une lettre ; d'autres ne l'étaient pas, tel le communiste Gabriel Péri, qui ne lui en remettrait pas moins son alliance destinée à sa femme.

Plusieurs épaisseurs de murs séparaient les détenus du chanoine Lancrenon, curé de Saint-Germain-des-Prés, emprisonné pour avoir fait de son presbytère un lieu de transit accueillant les évadés qui s'apprêtaient à passer la ligne de démarcation. Pour se confesser à ce Français, il eût fallu hurler. En attendant, il entretenait l'esprit chrétien de la prison en criant le *Notre Père* quand ce n'était le *Salve Regina* avec chapelet et cantiques.

Pendant ce temps, à l'hôtel Royal Monceau, le général von Barkhausen offrait un grand dîner à ses hôtes français, des technocrates et des banquiers triés sur le volet.

Une certaine agitation régnait en permanence dans les parties communes de l'Hôtel. Sans commune mesure avec celle de son âge d'or, sans son éclat ni sa diversité surtout, elle ne s'en manifestait pas moins à toute heure par un flux de militaires et un mouvement du personnel quasi ininterrompus. Uniforme contre uniforme. Même ceux qui évoluaient en civil avaient l'air d'être en uniforme. Les premiers mois, ils avaient tous des porte-documents ou des dossiers à la main. Désormais, ils étaient aussi chargés de paquets griffés au nom des couturiers, quand ils ne rapportaient pas dans de grands cartons des gravures d'après Poussin de la chalcographie du Louvre.

Un jour, je crus apercevoir de dos, à travers le panneau de verre feuilleté à l'entrée de la salle à manger, une silhouette familière de l'avant-guerre. Un effet d'optique probablement. Quelques instants après, le mirage me convoqua dans son bureau. Le nom du nouvel arrivant, le capitaine Joachim von Leutkirch, était déjà inscrit sur la porte.

« Salut, m'sieur Douarre ! »

Son éclat de rire me laissa mutique et stupéfait. Je le dévisageai, et le détaillai de pied en cap avant de pouvoir bredouiller :

« Monsieur Arnold...

— Surpris ?

— Comment ne le serait-on pas ? Ainsi vous étiez...

— Agent en mission. Et j'aime tellement votre pays qu'on m'y a renvoyé, officiellement cette fois. Je ne vous cacherais pas que je ne me suis pas fait prier. Surtout quand j'ai su que notre chef avait choisi ce cher Lutetia. Ah, quels souvenirs, déjà... Oubliez mon uniforme, je déteste ça. Pas très seyant. Et puis on a tous le même. »

Il n'avait rien perdu de sa superbe et de son élégance. Sauf que tout était faux. Que de l'esbroufe, ce déploiement de charmes ? Ses qualités demeuraient bien réelles, mais la révélation soudaine de sa duplicité les anéantissait dans l'instant. Comment avais-je pu être assez naïf pour ne pas gratter sous le vernis des apparences ? Je m'étais laissé berner comme un bleu, par pure fascination pour un personnage qui incarnait ce que je ne serais jamais : le détachement dans la légèreté. En temps de guerre comme en temps de paix. On entendit frapper à la porte derrière moi. Il fit entrer. Une femme, que je ne vis que de profil quand elle lui remit un document.

« Vous vous connaissez, naturellement. Fräulein Hanne, notre meilleure opératrice radio... M. Kiefer, la sécurité et le service de renseignement de l'Hôtel depuis des années, que dis-je, l'Abwehr privé du Lutetia ! »

Je la saluai en me levant de ma chaise, esquissai un geste pour lui serrer la main, avant d'y renoncer devant son embarras. Fräulein Hanne alias Mlle Poupinel alias Madeleine me fixa droit dans les yeux, puis baissa la tête et se retira...

« Désolé, c'est la vie ! reprit-il en remarquant ma déception. Ou plutôt : c'est la guerre. Pour la vie, on verra plus tard. Alors, Édouard, toujours le cor de chasse le mercredi là-haut ?

— La trompe de chasse, monsieur. Non, c'est fini. À jamais.

— Ah... Et les fiches ? Vous faites toujours des fiches sur les clients ?

— Je ne me permettrais pas.

— Naturellement, naturellement. Mais les autres ?

— Je ne comprends pas.

— Vos anciennes fiches sur nos amis du Comité Lutetia, les Heinrich Mann, Willi Münzenberg et toute la bande. Dieu sait que vous en avez noirci, sur eux, et pas que de la poésie !

— J'ai tout détruit.

— Ah... dommage, dommage. »

Alors qu'il évoquait avec une pointe de nostalgie l'ambiance feutrée de l'Hôtel « avant », la porte s'ouvrit pour laisser entrer une dizaine d'officiers et de sous-officiers de joyeuse humeur. Manifestement attendus sinon invités, ils prirent leurs aises tandis que des serveurs déposaient un seau à champagne et des coupes sur le grand bureau. Comme celui que j'appelais toujours par-devers moi M. Arnold les accueillait avec force acclamations, j'en profitai pour reculer à petits pas discrets vers la sortie. Il me rattrapa bientôt par le bras en me tendant une coupe pleine à ras bord :

« Allons, ça se fête !

— Un heureux événement chez vous ? bredouillai-je bêtement.

— Toujours le même sens de l'humour, monsieur Kiefer ! lança-t-il dans un éclat de rire qui fit converger tous les regards vers moi. Quoique ce soit un très heureux événement que le déclenchement de l'opération Barbarossa ! Notre grande offensive contre l'Union soviétique, enfin. Ah, que j'aurais aimé être là pour voir la tête de Staline, sa surprise face au déferlement de cent soixante-deux divisions sur son territoire ! Tenez, buvez !

— C'est que... Jamais pendant le service.

— Ne me laissez pas la main tendue, monsieur Kiefer. Vous m'offenseriez. »

Il avait quasiment placé la coupe contre ma poitrine. D'instinct je m'en saisis pour éviter tout incident, mais dans la ferme intention de la déposer sur la table.

« À la bonne heure, dit M. Arnold. Maintenant, buvons ! »

Il porta la coupe à ses lèvres tout en m'observant fixement.

« C'est que, en principe...

— Il n'y a pas de principes, il n'y a que des circonstances, votre Talleyrand a dit cela un jour. »

Son bras restait d'équerre, en suspens.

« Vous ne me ferez tout de même pas l'affront de refuser de boire avec moi, monsieur Kiefer. Des hommes d'honneur se sont battus en duel pour moins que ça. Allons, buvez avec nous à la victoire de l'opération Barbarossa. »

La glace face à laquelle nous nous tenions me renvoyait le reflet de mon embarras. Je me retournai. Chacun guettait ma réaction, y compris « Madeleine Poupinel » tapie dans un coin. Même de loin, ses yeux avaient l'air de fouiller au fond de mon être. La clameur s'était faite murmure. Quand je m'exécutai enfin, les conversations reprirent de plus belle. J'eus à peine le temps de pénétrer dans les toilettes au bout du couloir que déjà l'émail de la vasque se recouvrait de mes vomissures.

Je m'étais vraiment exécuté.

Cet épisode me hanta toute la nuit. J'en revécus le moindre instant dans la honte. De quelque côté que je l'envisageais, je n'avais guère d'excuse à m'accorder. Je cherchais une consolation : aucun membre du personnel, aucun Français, croyais-je, n'avait été témoin de mon humiliation. Pourtant, devant le grand miroir, j'avais compris que l'image de ce spectacle dégradant ne me quitterait pas de sitôt. Si, un Français m'avait vu, qui n'était autre que moi. L'insomnie m'accabla sans relâche. Des vers d'Apollinaire me revinrent alors en mémoire, qui seuls purent la vaincre. Ils possédaient la secrète vertu des chefs-d'œuvre en ce qu'ils m'expliquaient ce qui m'arrivait mieux que je n'aurais su le faire.

Un jour, je m'attendais moi-même
pour que je sache enfin celui que je suis,
et d'un lyrique pas s'avançaient ceux que j'aime
parmi lesquels je n'étais pas...

Même sur mon territoire, le périmètre circonscrit de l'Hôtel, les ambiguïtés de la France occupée réussissaient à inscrire leur pâle reflet. Dehors, les Français attendaient et, en attendant, faisaient avec. Jusqu'où un homme peut-il aller sans perdre son intégrité ? Ce dilemme me poursuivait plus que jamais. Le genre de petite phrase primaire qui contient toute la complexité du monde, et qui vous hante l'air de rien tant son énoncé est simple. Suffisamment en tout cas pour vous faire marcher ou mourir.

Félix-le-comptable m'avait ébranlé. Mais pas au point de me faire renoncer aux valeurs auxquelles j'avais toujours cru. Il en aurait fallu bien davantage. Ou alors juste un détail. On n'abdique pas ses convictions de toujours pour quelque chose de moyen.

Si je n'avais pas quitté la police, ma situation aurait été pire encore. Au début, j'aurais obéi parce que j'ai été élevé, éduqué et formé pour ça. Mais combien de temps ? Avec le grade qui était le mien, de concession en compromis, dans quoi me serais-je retrouvé ? Dans des rafles de juifs. En 1941, tout était déjà lancé. Il y avait déjà eu deux importants coups de filet à Paris en mars et en mai. Direction : les camps de Pithiviers et de Beaune-la-Rolande, dans le Loiret. Des inspecteurs d'une « section de voie publique » sévissaient au sein de la 3e section des RG chargée de la répression des israélites et des étrangers non terroristes. Ils travaillaient sous la direction de l'inspecteur principal Foin puis passèrent sous les ordres d'un type nettement plus cruel, Sadosky. Une quinzaine d'inspecteurs en tout, aux aguets dans les gares, les cafés, les hôtels et les restaurants. Parfois accompagnés de nervis de Doriot ou même d'agents allemands en civil. En juin, le SS Dannecker avait obtenu la création d'un service constitué de douze policiers détachés par la préfecture de police, sous la direction du commissaire Schweblin, un Alsacien qui n'avait pas attendu l'Occupation pour suinter la haine des juifs. Bientôt, les Brigades spéciales du commissaire David commenceraient à faire des dégâts, et pas seulement dans les rangs des communistes.

Ces hommes, j'en connaissais la plupart. D'anciens collègues, d'anciens amis. Car je n'avais plus rien à faire avec ceux en qui la promotion et l'avancement avaient épanoui un fanatisme longtemps contenu.

Les policiers étaient en majorité d'anciens soldats ou militaires. À leurs yeux, le sens de la discipline, le respect de l'ordre, l'application des consignes n'étaient pas des notions vaines. La consigne, surtout : ça n'a l'air de rien mais ça peut faire des ravages. À force de se fixer l'obéissance comme horizon moral, on en vient à abdiquer toute responsabilité. Reste à rencontrer la personne, à buter sur l'événement ou à glisser sur le grain de sable qui vous font envisager la désobéissance comme un devoir. Agir en conscience ? Soit, en admettant que le sens moral et une certaine notion du bien et du mal demeurent des points cardinaux. Encore fallait-il se dépêcher de réagir avant que la guerre ne soit finie.

La préfecture de police avait écopé d'un nouveau chef en la personne du contre-amiral Bard. Je ne sais plus quel polémiste, fabricant patenté de bons mots, disputa à quelques chroniqueurs l'invention de celui-ci : « Vichy est devenu la SPA (société protectrice des amiraux). » Et d'égrener les noms de Darlan, Platon, Bard et autres. Cela m'avait fait rire au début, moins ensuite car j'appris que Bard faisait tout pour réactiver des Brigades spéciales, dont les méthodes n'avaient rien à envier à celles de l'Occupant.

Félix-le-comptable m'avait mis le nez sur mes contradictions, cette rigueur dans le raisonnement qui se traduisait trop souvent par une certaine rigidité dans ma conduite, et une regrettable absence de légèreté dans la vie quotidienne. Au point que N***, celle qui me connaît le mieux, avait pu me dire un jour que je mourrais d'un excès de sérieux. Plus j'écoutais la radio à la recherche de chansons ou de jazz, plus les tartuffes de Vichy m'écœuraient, pour ne rien dire des journalistes chargés de donner les nouvelles du monde ; ce ton plein de morgue et de mépris du speaker de Radio-Paris annonçant : « L'écrivain juif Stefan Zweig s'est donné la mort au Brésil. » Comme s'il avait vécu sans nationalité ! Comme s'il n'avait jamais été autrichien ! Moi qui ne m'étais pas engagé jusqu'alors par principe, par souci du bien public, voilà que la médiocrité de l'époque me poussait à me connaître davantage. Il avait fallu le remplacement arbitraire de la République française par l'État français pour révéler le jacobin en moi.

Pour moi qui suis incapable de pénétrer là où je ne me sens pas admis, pour moi qui ai toujours essayé d'être à la fois dehors et dedans, une autre vérité se dessinait : être dans le dehors du dedans.

Impossible de me dire encore « au-dessus de la mêlée », comme Romain Rolland y invitait en 1914. Ma situation dans Lutetia occupé ne m'autorisait plus ce luxe. Pourtant, en relisant son recueil, je continuais à lui donner raison à la lumière des derniers événements. Le militarisme prussien était vraiment le pire ennemi de l'Occident autant que celui de l'Allemagne elle-même. Il n'était pas de plus néfaste erreur que de confondre l'Allemagne et les Allemands, ses nouveaux chefs et le peuple. Il n'empêche qu'en 1941, à Paris, il fallait faire un grand effort sur soi pour s'acharner à distinguer les nazis des Allemands.

C'étaient certes des hommes de Hitler, mais pas tous, même si dans les premières années du nazisme nombre d'aristocrates prussiens avaient eu de l'indulgence, sinon des complaisances, pour cette idéologie qu'ils exécraient désormais. En glanant des bribes de leurs conversations à table ou dans les couloirs, en observant leurs attitudes, je pouvais distinguer les nazis intégraux de ceux qui devisaient sur l'obéissance militaire dans son rapport avec la monarchie absolue. Les uns n'en avaient que pour le Führer, les autres pour l'armée. Il était le maître absolu des premiers, quand elle demeurait l'ultime refuge, la propre juridiction et le lieu de l'émigration intérieure d'un cercle chevaleresque et aristocratique, un cercle dont les membres étaient d'autant plus solidaires qu'il demeurait intime et invisible. Lutetia abritait cette lutte sourde entre l'Armée et le Parti, qui se déroulait frontalement avenue Kléber entre les deux hôtels voisins qui logeaient distinctement l'un et l'autre, Raphaël contre Majestic.

Si viscéralement hostiles qu'ils fussent à l'hitlérisme, les hommes de l'Abwehr n'en étaient pas moins les ambassadeurs. L'instrument sinon le bras armé. Le renseignement est le nerf de la guerre. C'est par eux qu'on arrêtait chaque jour des « terroristes », comme ils disaient ; c'est pour eux qu'on les faisait salement parler sous la torture avant de les leur livrer pour un interrogatoire propre. Certains des hommes que je côtoyais toute la journée étaient sincèrement opposés à la folie de cette guerre, ils considéraient l'armée comme la forme aristocratique de l'exil intérieur et ne reconnaissaient plus leur Allemagne dans celle du

IIIe Reich. On sentait encore ces hobereaux si étroitement fidèles à l'esprit de caste des junkers qu'ils en devenaient anachroniques. Leur attitude ambiguë s'illustrait par un paradoxe formulé à mots couverts, à savoir que la défaite de l'Allemagne serait une catastrophe, mais que la victoire de Hitler serait une catastrophe bien plus grande encore. N'empêche qu'ils étaient tous devenus les acteurs et les activistes d'une hécatombe que je n'aurais jamais cru devoir vivre une seconde fois.

À l'Abwehr plus qu'ailleurs, des gentlemen aux méthodes de brutes coudoyaient des brutes aux manières de gentlemen. Si les officiers du Service Lutetia avaient à juste titre la réputation de n'être pas des tortionnaires, c'est qu'ils laissaient ce sale boulot à des spécialistes qui n'avaient pas leur délicatesse. De toute façon, à Lutetia on ne disait pas « torture » mais « interrogatoire forcé », nuance que les intéressés devaient apprécier. Car les renseignements ne leur arrivaient pas par la poste ; ils étaient le plus souvent extorqués dans les pires conditions. Qu'une partie plus ou moins importante d'entre les bourreaux ait été des antinazis convaincus ne les empêchait pas de demeurer implacables dans leur traque des ennemis du Reich. On ne torturait peut-être pas dans les baignoires ou les sous-sols de Lutetia, mais il suffisait de traverser le boulevard Raspail pour entendre, à vingt mètres de là, les hurlements des martyrs. En hiver, quand les arbres étaient dépouillés de leurs feuilles, il n'y avait qu'à se pencher à l'un des balcons de l'Hôtel pour apercevoir les visages bousillés et les corps meurtris quand les tractions noires de la Gestapo et les voitures cellulaires procédaient à des transferts entre le Cherche-Midi et le 11 rue des Saussaies, le siège de la Sûreté nationale réquisitionné par la Gestapo de Paris.

Me revenaient alors en mémoire mes conversations d'autrefois au bar, avec ce journaliste berlinois trop hâtivement assimilé à un cassandre. Il aimait à me citer une forte pensée de l'un de ses amis, le polémiste Karl Kraus, selon laquelle en Allemagne un peuple de juges et de bourreaux avait succédé à un peuple de poètes et de penseurs.

La capacité de barbarie de la civilisation allemande était insoupçonnable. Mais jamais elle ne nous prit nos rêves. Ils pouvaient nous empêcher d'avoir des secrets, ils ne pouvaient pas supprimer notre patrie intérieure.

Sans doute n'a-t-on jamais autant rêvé que sous l'Occupation.

L'appétit de ses teckels annonçait toujours l'arrivée de l'amiral. C'est en voyant des cuistots mitonner activement de la nourriture pour chiens, avec les soins réservés d'ordinaire à la préparation de délices de Roscoff à la crème, que j'appris l'arrivée imminente de Canaris. Dans ces moments-là, il se trouvait toujours un adjoint zélé pour louer quelques chiens afin que leur présence mît l'amiral de bonne humeur dans les couloirs et les bureaux de l'Hôtel. Il devait y présider une importante réunion des chefs de l'Abwehr pour la France, la Suisse, l'Espagne et le Portugal. Une vaste stratégie du renseignement à l'échelon européen y serait certainement élaborée — pure supposition de ma part car aucune information n'avait filtré. Au même moment, le maréchal Pétain remaniait son gouvernement. Il s'inquiétait à la radio de ce qu'il sentait « un vent mauvais » se lever sur la France, les rapports des préfets ayant fait état de l'inquiétude et du malaise persistant de la population. Le lendemain, une ordonnance de Vichy interdisait aux juifs de posséder des postes TSF et dix jours après quatre mille d'entre eux étaient raflés dans le XIe arrondissement par mes anciens collègues pour être internés à Drancy.

Un vent mauvais... En effet.

Après l'assassinat d'un aspirant de marine allemand par un militant communiste au métro Barbès, on était allé de représaille en représaille. Une logique infernale à laquelle l'arme des otages donnait toute sa dimension dans l'horreur et dans l'absurde. Mais quand j'appris que trois hommes avaient été guillotinés à la Santé, cela me fit réfléchir. Pas seulement le sort de ces malheureux : après tout, en temps de guerre, on sait ce qu'on risque quand on se rebelle contre l'ordre établi, fût-ce modérément. L'époque ne favorisait pas la nuance. Il ne fallait rien faire qui pût justifier l'envoi derrière les barreaux. Sauf que la nouvelle politique des otages rendait désormais chacun d'entre nous responsable et coupable de tout attentat contre un représentant de l'Allemagne.

Même s'il ne s'agissait pas de trois « terroristes », comme le prétendait le *Pariser Zeitung,* mais d'un communiste, d'un droit commun et d'un juif, même s'ils avaient déjà été jugés et condamnés par des chambres correctionnelles à des peines allant de quinze mois à cinq ans de prison, même si leur décapitation imméritée était en soi un châtiment scandaleux, il y avait pire à mes yeux. Car la condamnation elle-même me révoltait moins que sa procédure.

Une obsession à agir dans les formes de la loi. Un juridisme par gros temps. Et, au bout, un authentique assassinat légal.

Ils avaient été exécutés en vertu d'une loi antidatée, une loi d'exception, une nouvelle loi promulguée pour déférer devant des « sections spéciales » des tribunaux les auteurs d'infractions pénales commises « dans une intention d'activités communistes ou anarchistes ». L'intention... Ah, le joli mot criminel dont bien malin serait celui qui en définirait le contenu sans rougir. Une loi rétroactive, qui était donc par définition une loi scélérate.

L'affaire ne revêtant aucun caractère spectaculaire, la population ne la remarquerait même pas. Malgré les affiches placardées sur le mur annonçant l'exécution de la sentence. Pourtant, à mes yeux, la France fit ce jour-là un pas de plus dans la voie du déshonneur.

Toute cette histoire s'étalait à la une de *Paris-Midi* et dans les colonnes du *Journal* et du *Petit Parisien.* Mais racontée de telle manière que nous ne devions pas être si nombreux à nous en indigner. Je lisais cela un matin en prenant mon petit déjeuner dans les cuisines, les journaux bien étalés sur la grande table. Deux cuistots en profitèrent pour lire par-dessus mon épaule. Ce genre de nouvelles avait le don de me plonger dans une profonde méditation.

« Qu'il est affreux de mourir de la main des Français..., fis-je à mi-voix.

— Quoi ?

— ... confiait le duc d'Enghien avant d'être exécuté sur ordre de Bonaparte Premier consul dans les fossés de Vincennes...

— Mais qu'est-ce que tu racontes ?

— Rien. »

Tout cela se passait entre l'été finissant et le tout début de l'automne 1941. Dans la journée, Paris semblait accablé sous la chaleur. Dans la soirée, une étrange atmosphère régnait en ville depuis que le couvre-feu vidait les rues à partir de 21 heures. Quand on voyait soudainement les gens presser le pas et se hâter, c'était signe que les neuf coups n'allaient pas tarder à sonner. Mais derrière les murs, la vie continuait plus que jamais, parfois dans une frénésie et un luxe, une vitalité et une débauche dont les échos m'écœuraient.

Son chauffeur m'apporta des nouvelles de N***. Non une lettre mais un simple mot annonçant le jour où elle prévoyait de souper à la rôtisserie de Lutetia. À mon habitude, plus prudent que méfiant, j'avais demandé au messager de m'attendre dans sa voiture quelques mètres avant l'entrée de l'Hôtel. Comme je fouillais dans ma poche pour lui donner un pourboire, mon regard fut attiré par une silhouette, sur le trottoir d'en face, dont je distinguais mal les contours. Parmi les gens qui guettaient parfois le passage des prisonniers au moment du transbordement pour la Santé, Fresnes ou le Palais de justice, un adolescent stationnait, légèrement décalé sur le trottoir. Après le passage de la voiture cellulaire, les portes de la prison se refermèrent, la foule s'éparpilla et le garçon resta seul, immobile. Puis il se décida à s'adresser au garde, qui lui fit signe de partir ; rien à faire, le petit demeurait impassible ; aussi le gamin appela-t-il un policier en civil, lequel indiqua la direction de l'Hôtel d'un coup de menton. Quelques secondes après, le jeune Maximilien, le fils de M. Roch, le plus invisible, le plus discret et le plus absent de nos clients d'avant guerre, se tenait devant moi, stoïque et muet, toujours aussi impeccablement habillé et coiffé :

« Mais qu'est-ce que tu fais là, mon petit ?

— J'attends. »

Rien n'avait changé. Il attendait son père comme avant.

« Mais sais-tu au moins où il est, ton papa ?

— Il était à la prison du Cherche-Midi. Alors j'ai attendu plusieurs fois pour le voir et pour lui parler. Maintenant il est là, à l'Hôtel, le policier me l'a dit. Je peux l'attendre dans le salon comme avant ? »

Je le fis prestement s'engouffrer dans l'entrée des fournisseurs, et traverser quelques couloirs du côté des cuisines afin de l'introduire dans mon bureau par la porte de derrière :

« Tu vas m'attendre là bien sagement. Tiens, voilà un magazine, assieds-toi, je reviens et surtout ne bouge pas. »

Non sans risque, j'allai à la pêche aux renseignements en invoquant différents prétextes. Mais à qui s'adresser sans éveiller de soupçons ? Il y avait bien ce technicien de la Funk-Abwehr, le service de radiogoniométrie qui faisait tant de ravages dans le repérage des postes clandestins, avec qui j'entretenais des relations cordiales, mais il était en permission. Je finis par me rabattre sur Hans, l'un des tireurs du laboratoire photographique, à qui j'avais déjà rendu de menus services dans ses relations avec les fournisseurs de matériel de développement ; il fouilla parmi les agrandissements les plus récents et me sortit une photo d'Hubert Roch. Juste un portrait mais qui donnait une idée de l'état de son corps. Son visage était tellement tuméfié, un œil complètement fermé, la lèvre inférieure éclatée, le cou zébré d'entailles sanguinolentes, que je n'aurais jamais réussi à l'identifier si je n'avais lu son nom, au bas de l'image, sous un numéro de matricule. Le laborantin retourna le tirage pour y déchiffrer des inscriptions mnémotechniques :

« Ça a été fait il y a quelques jours, il n'est probablement plus au Lutetia, ni en face, d'ailleurs. »

J'avais compris : 11 rue des Saussaies, la Gestapo de Paris. Là, le petit Maximilien pourrait toujours l'attendre. Son père avait une chance sur deux d'en sortir, mais dans quel état et pour aller où ? Une escale probable à la salle Cusco de l'Hôtel-Dieu, où l'on soignait les détenus malades sous bonne garde. Après, je ne pouvais plus rien pour lui : la Gestapo avait la haine de l'Abwehr, laquelle la méprisait.

« NN probablement, murmura le laborantin pour atténuer mes doutes alors qu'il ne faisait que les augmenter.

— NN ?

— *Nacht und Nebel.* »

J'ignorais ce que signifiait exactement que d'être condamné à la nuit et au brouillard, mais je n'imaginais pas qu'un tel séjour au loin fût un voyage d'agrément pour les déportés. Ni qu'on marquât leur destin du sceau du secret absolu pour les envoyer simplement travailler la terre en Poméranie. Vérification faite, c'était encore pire que ce que je croyais : cela signifiait que toute grâce serait refusée au déporté NN. Qu'on ne pouvait plus rien pour lui. Pourquoi ne l'avoir pas froidement exécuté dans ce cas ? Ils pouvaient encore en avoir besoin, pour lui arracher des informations. Une vérité inaudible pour un petit garçon. Lui faire comprendre sans le lui dire. Je n'allais tout de même pas lui conseiller de prendre sa plus belle plume sergent-major et de s'appliquer à écrire une lettre pleine de cursives et de déliés à l'attention de M. l'Officier des Sépultures de la Wehrmacht.

« Alors ? demanda-t-il, toujours aussi patient.

— Alors il n'est plus à l'Hôtel, ton papa. Il est possible que… qu'on l'ait mis dans le train pour l'envoyer travailler en Allemagne, voilà. Tu vas retourner chez toi, enfin chez vous, et quand j'aurai du neuf, je te préviendrai.

— Bon, bon. J'vais l'attendre à la maison. »

Patient et borné, le gamin. Cela l'aidait à vivre, manifestement, et j'imaginais que dans les ténèbres où il se débattait, cette idée devait aider son père à ne pas mourir. Mais de quelles circonstances pouvait-il bien être l'enfant ? Je raccompagnai Maximilien jusqu'à l'arrêt d'autobus. Comme il grimpait sur la plate-forme déjà bondée, il me cria :

« Ne me prévenez pas ! Pas la peine !

— Mais…

— Vous n'avez même pas pris mon adresse ! J'reviendrai l'attendre… »

Je le regardai s'éloigner. Sa raie sur le côté droit, sa cravate club, ses culottes courtes. Toujours aussi bien mis, comme avant. Cette tenue irréprochable incarnait peut-être sa fidélité à son père. Comme s'il se devait d'être toujours prêt à faire sa fierté à l'instant même où celui-ci réapparaîtrait et rentrerait enfin.

De mon poste d'observation, ma France m'apparaissait de plus en plus floue et incertaine. Baignée en permanence dans une lumière crépusculaire, comme si tout le pays se trouvait constamment entre chien et loup à guetter la levée du couvre-feu à 5 heures du matin. Certains avaient résolument choisi leur camp mais, d'un côté comme de l'autre, ils n'étaient qu'une poignée. J'appartenais au marais, même si demeurer à mon poste revenait à faire un choix. Il est des situations où la passivité est déjà un engagement.

Quand ils se croisaient dans les étages ou les sous-sols, les employés de l'Hôtel s'observaient parfois avec méfiance, mais le plus souvent dans un silence complice qui valait bien des confidences ; malgré les risques, chacun préférait s'imaginer qu'une sorte de solidarité nous liait à défaut de nous liguer contre les Allemands. Sans en avoir vraiment conscience, nous étions tous des membres inertes et invisibles du premier parti de France : le parti du juste milieu.

J'y songeai encore, un soir, en découvrant que ma chambre avait été visitée, certes fort discrètement. « Ils » n'avaient rien cassé ni renversé, et encore moins volé. Du travail très propre. Ces gens de l'Abwehr savaient décidément se tenir. Mes fiches d'avant guerre, celui qui les retrouverait gagnerait vraiment le gros lot, car dans le même temps il mettrait la main sur plusieurs centaines de bouteilles de grands crus millésimés.

N'empêche, désormais, je me sentais là-haut un peu comme dans un refuge, tel Luther dans sa cellule au château de la Wartburg. Encore que lui se savait sous la protection de l'électeur de Saxe, tandis que moi, j'ignorais au fond si je devais ma survie en ces lieux aux chefs de l'Abwehr plus qu'à la direction de l'Hôtel.

Quand il m'arrivait de le croiser dans l'ascenseur, le capitaine von Leutkirch redevenait M. Arnold. Il avait le don de commenter l'actualité, plutôt tragique, avec sa désinvolture coutumière :

« Ah, Édouard, vous avez vu les bombardements anglais l'autre soir sur les usines de Boulogne-Billancourt ? Terrible !

On parle de six cents morts et plus, et puis tous ces blessés…

— Les sirènes d'alerte n'ont pas fonctionné, monsieur.

— Oui, oui, on dit cela. Il paraît également que, dans le lot, le négatif original de *La règle du jeu* a été détruit. Grand film, grosse perte. Ces Anglais n'ont aucun goût… »

Un matin, je reçus une visite qui me troubla durablement. Deux hommes m'avaient demandé à la réception. Un grand et un petit, à l'allure également banale, à la personnalité sans aspérités. Sauf qu'ils arboraient comme un étendard leurs pardessus en cachemire tout neufs de parvenus de la collaboration, la livrée des nouveaux serviteurs. Ils ne devaient même pas être fascistes, et l'enjeu de la bataille contre le bolchevisme les plongeait certainement dans l'indifférence. Pas antipathiques au demeurant, assez gauches dans leurs gestes, ils n'avaient pas encore acquis l'aisance de leur nouvelle opulence, mais ces choses-là s'apprennent vite. Des trafiquants. Faut-il préciser qu'il s'agissait de Français, mais de ces Français qui pouvaient se retrouver d'un jour à l'autre de l'un ou de l'autre côté du boulevard Raspail, autant à leur place à Lutetia qu'au Cherche-Midi, deux maisons provisoirement allemandes.

Je les fis asseoir dans mon bureau. L'un se distinguait par la peau toute grêlée de son visage, stigmates d'une syphilis mal soignée qu'il essayait de dissimuler sous une barbe capricieuse. L'autre m'exaspérait par l'application qu'il mettait à faire craquer les cartilages de ses doigts selon une cadence qui relevait certainement du supplice chinois ; chose curieuse, il lui manquait un doigt à la main gauche, signe de reconnaissance bien plus inoubliable que le plus étincelant des tatouages. Ces deux-là représentaient le bas de l'échelle de la collaboration économique, au sommet de laquelle on trouvait une vingtaine d'importants banquiers et de grands patrons que le prince de Beauvau-Craon, le marquis de Castellane et l'avocat René de Chambrun réunissaient depuis peu avec autant d'Allemands pour un repas certainement exquis au dit Banquet de la Table ronde, une fois par mois, à l'hôtel Ritz. Mes deux visiteurs ne seraient jamais de ces agapes, à moins que l'Occupation ne durât vraiment longtemps. Ils ne semblaient vraiment pas à l'aise dans leur nouvelle peau. Un peu empruntés dans leurs gestes et attitudes, ils hésitaient même sur la façon de croiser les jambes. Mais après tout, c'était peut-être la première fois qu'ils mettaient les pieds dans un grand hôtel.

Au moment où j'allais refermer la porte, « Madeleine Poupinel » la repoussa. Quand elle aperçut les deux types, elle prétexta un problème administratif et me posa quelques questions, veillant à ce que notre conversation se tînt exclusivement en allemand, avant de disparaître.

« Nous avons un projet, monsieur Kiefer. Voilà. Avec leur solde et leurs bons d'achat, les soldats allemands ont beaucoup à dépenser. Parmi les articles les plus recherchés, il y a les parfums. Nous avons une filière. De quoi vous fournir à une très grosse échelle… »

Pendant une vingtaine de minutes, ils m'exposèrent par le menu les tenants et les aboutissants de leur affaire, ainsi que l'art et la manière de la faire fructifier pour la plus grande gloire de l'entente franco-allemande. Intrigué au début puis las de leur exposé, je divaguai à partir des grosses lunettes du plus petit des deux, songeant au rectificatif qu'un fameux opticien, dénoncé à tort par des plumitifs collabos, avait cru bon publier dans la presse : « Lissac n'est pas Isaac. » (Notre fou chantant national allait-il les imiter en envoyant aux journaux un « Trenet n'est pas Netter » afin de déjouer la même suspicion ?) Car on en était là, à cette vile guerre des anagrammes cherchant à disqualifier le concurrent, le rival, l'ennemi. Il fallut que le petit retire ses lunettes à fin de nettoyage pour que je les interrompe :

« Mais pourquoi moi ?

— Comment ça ? firent-ils, un peu refroidis dans leur enthousiasme.

— Oui, pourquoi vous adressez-vous à moi ? Je n'ai rien à voir avec tout ça.

— Excusez-nous de ne pas parler un traître mot de votre langue, monsieur Kiefer, mais on nous a dit…

— "On" ?

— Des amis bien placés nous ont assuré que nous trouverions le meilleur accueil auprès de vous.

— Vous les avez rencontrés où ?

— Euh… dans un bar près des Champs-Élysées.

— Le Macaron, rue du Colisée ? » demandai-je avec l'assurance un peu lasse de celui qui sait déjà la réponse tant il connaît la question.

Ils se regardèrent, interloqués, comme si j'avais révélé un grand secret ; puis l'un des deux sortit une carte de visite de sa poche. À l'endroit étaient gravées la raison sociale et l'adresse d'une société commerciale inconnue de moi. À l'envers, griffonné à la hâte : *Kieffer, hôtel Scribe.*

« Moi, c'est Kiefer avec un seul *f.* À propos, je dois vous avouer que le français est ma langue tout autant que la vôtre. Quant à l'hôtel, nous sommes ici sur la rive gauche de la Seine, voyez-vous, et... »

Au coup de coude que l'un assena à l'autre, et au mouvement de menton qui l'accompagna, il parut clair que les deux compères avaient enfin compris leur méprise ; ils se levèrent d'un bond, bredouillèrent confusément des excuses et quittèrent la pièce à reculons en se bousculant, non sans laisser dans leur sillage des effluves d'eaux de toilette, ultime échantillon de leurs personnages.

Pendant une demi-heure j'avais cru être un autre. Quelqu'un de nettement plus puissant que moi. Une telle impression, aussi troublante que préoccupante, ne se traite pas à la légère. Plus qu'un luxe, l'indifférence aurait été une imprudence. Un chef concierge à la retraite m'avait raconté qu'en août 14 une sale rumeur serpentait dans Paris selon laquelle la direction de Lutetia était allemande ; en réalité, Fichter, le sous-directeur, était alsacien, qui plus est sous les drapeaux dès le lendemain de la déclaration de guerre ! Les vérifications que je m'étais empressé de faire m'avaient fourni de quoi remplir une fiche détaillée comme je les aime : *« Kieffer, Hans Joseph. Commandant. Né le 4 décembre 1900. 1,70 m, cheveux noirs ondulés, nuque dégagée, petits yeux, regard perçant, porte parfois des lunettes. Policier professionnel. S'est spécialisé dans la détection radio. S'est installé à l'hôtel Scribe à la tête d'un commando dès le début de l'Occupation, à la demande de Heydrich, le grand patron des services de sécurité du Reich. A vite vu son champ d'action s'élargir. Dirige la sous-section IV-E du contre-espionnage. Adjoint du chef de la Gestapo de Paris. Responsable du dépôt des postes radio (écoute et détection) de l'ensemble Sipo-*

SD en France. Par son travail a déjà commis de gros dégâts dans les premiers réseaux de résistance, notamment dans l'interception des parachutés. S'occupe des agents français de la Gestapo. Bureau au 2e étage du 82 avenue Foch. »

Tel était mon homonyme. Aux informations glanées ici ou là, il ne me restait plus qu'à en ajouter une de mon cru : « *Trafique avec le marché noir.* » Sans préciser si c'était pour son propre compte ou pour celui de son organisation, comme tant de ses homologues des forces d'Occupation.

Peu après, la réponse s'imposa d'elle-même. Massive.

Six mois après la réquisition de l'Hôtel, le Bureau Otto était en place. C'est dire l'importance qu'« ils » accordaient au marché noir. Pourtant, en principe, son fonctionnement ne devait pas être essentiel aux activités d'espionnage et de contre-espionnage. En principe seulement. Car, dans les faits, il fut le nerf de cette guerre de l'ombre. Une véritable filiale de l'Abwehr.

Deux Allemands y jouaient un rôle clef : Hermann Brandl et son bras droit le capitaine Radecke.

Le premier répondait le plus souvent au surnom d'Otto, justement. Aussi séducteur que séduisant, le plus souvent vêtu en civil, très distingué dans ses manières et son langage, il jouait de son avantage avec mesure. Sa secrétaire, Mary Waldtraut Jacobson, une belle femme de trente-cinq ans, était non seulement mi-allemande mi-anglaise mais également d'origine juive (ce qui, curieusement, n'avait rien d'exceptionnel à l'Abwehr, mais là seulement). On les voyait régulièrement dans l'enceinte de Lutetia, bien qu'ils aient pris leurs quartiers dans l'hôtel réquisitionné du baron de Rothschild, avenue Foch.

Trapu, petit et corpulent, le second se distinguait par une instabilité et une nervosité qui tournaient parfois à de la brutalité, ce qui avait pour effet immédiat de faire virer son visage du rouge au cramoisi. Ses rondeurs cachaient des angles. Peu apprécié de ses collègues en raison même de son caractère désagréable, Radecke était fui mais ses hautes protections lui épargnaient bien des critiques. Non seulement il était un vieux membre du Parti national-socialiste (il y avait adhéré dès 1931), statut que quelques ambitieux lui enviaient, mais, bien avant encore, sur les bancs de l'école, il s'était fait un bon camarade, dont l'amitié ne s'était depuis jamais démentie, un certain Heinrich Himmler, chef de la Gestapo devenu ministre de l'Intérieur du Reich en 1943, et à ce titre responsable de toutes les forces de répression sur le territoire du Reich. Son spectre se superposait au visage de Radecke chaque fois qu'on s'adressait à ce dernier. Chargé des questions intérieures à l'antenne Lutetia et des relations matérielles avec l'extérieur, sa qualité de directeur de la banque berlinoise Reichskredit-Gesellschaft le destinait tout naturellement à organiser les « affaires » de l'Abwehr à Paris, tout autant qu'un bilinguisme assez exclusif dont il n'était pas peu fier : français-argot. Au vrai, il y avait peu de choses de sa personne dont il ne parût pas peu fier. Ses costumes sur mesure par exemple, quoiqu'il les fît couper chez Omer, un tailleur arménien, comme la plupart des officiers de l'Abwehr ; ou encore son portrait, qu'il se faisait tirer chez Harcourt, afin de l'offrir à ses maîtresses dans un grand élan de générosité.

Les bureaux d'achat du Service Lutetia, c'était eux.

Ils visaient un double but : financer leur travail de renseignement et accroître le nombre, la diversité et l'efficacité de leurs agents. L'un couvrait l'autre, pratique ancienne et éprouvée de camouflage d'activités de renseignement clandestines par des activités commerciales au grand jour. Dans les deux cas, il s'agissait de trafics. D'informations et de marchandises. C'était leur originalité ; dès le début de l'Occupation, quand il parut évident que la rareté des matières premières et de certains produits pousserait la population à constituer des stocks et à les dissimuler, l'Abwehr avait été la seule à se servir de ses bureaux d'achat pour faire *aussi* du contre-espionnage tandis que la Kriegsmarine, la Luftwaffe et la SS ne montaient les leurs *que* pour réaliser des profits.

L'argent coulait à flots. Mais c'était le nôtre, celui des Français. Une formule pleine de bon sens me revint en mémoire, celle-là même qu'avait prononcée à côté de moi Félix-le-caissier, lors d'un discours de la Direction dans les premiers jours de l'Occupation, pour dénoncer le pillage annoncé : « Donne-moi ta montre et je te donnerai l'heure. » C'était exactement cela, et dans les grandes largeurs. Car depuis le débarquement allié en Afrique du Nord, et la fin de la fiction d'une division de la France en une zone libre et une zone occupée, l'indemnité quotidienne d'occupation, déjà considérable, avait encore augmenté. À la fin de cette année 1942, la France en était à verser 500 millions de francs par jour aux Allemands. Par jour ! De quoi faire des provisions.

Tout y passait : des peaux provenant d'abattages clandestins, de l'huile d'olive, du savon, du café aussi bien que du tungstène, des textiles, de l'outillage, du cirage ou de la toile de bâche. En quantités phénoménales. L'intermédiaire était roi. C'est à lui que revenait le soin de repérer les stocks et de convaincre le commerçant de les lui céder. L'organisation d'Otto prit une telle ampleur que très vite quelque quatre cents personnes y travaillaient à plein temps. Autant d'Allemands que de Français. Elle prit de nouveaux bureaux et de nouveaux entrepôts dans le XVIe arrondissement. On comptait sur les indics pour découvrir, avant les services rivaux, hôtels, maisons et grands appartements abandonnés dans la précipitation par des familles israélites fortunées. Les plus beaux immeubles étant réquisitionnés, il n'y avait qu'à se servir. Tout y était blindé et placé sous haute surveillance. Les coffres et les tiroirs regorgeaient d'argent, mais si des malfrats y avaient tenté un casse, la fusillade aurait été nourrie car il s'y trouvait assez d'armes et de munitions pour soutenir un siège.

À nouveau, Lutetia redevenait aussi cosmopolite qu'à ses grandes heures de l'avant-guerre. Des Polonais y frôlaient des Grecs et des Italiens, même si les Français y restaient largement majoritaires. Mais rien que des affairistes. Tout un monde de rabatteurs, ramasseurs, maîtres chanteurs et indicateurs y côtoyaient une légion de courtiers marrons, proxénètes enrichis, entrepreneurs faillis et petits commerçants flairant l'affaire de leur vie. De très gros profits en un temps record, ainsi que l'absence de factures et de perspectives fiscales, compensaient la crainte de représailles de la Résistance. « Otto » avait la réputation d'acheter au prix fort et de ne jamais marchander. La plupart ne possédaient pas de curriculum vitae mais un casier judiciaire. Certains avaient été recrutés parmi des prisonniers de droit commun libérés tout exprès de Fresnes. Des traîtres de comédie au coude à coude avec des traîtres défroqués. Un festival de masques.

Le liftier en retrouvait son sens de l'humour. Un jour que nous étions seuls dans l'ascenseur, au moment de me déposer, il déclama avec l'éloquence d'un liftier de grand magasin chargé de faire l'article à ses passagers :

« Troisième étage, capitaine Radecke. Laissez-passer en tous genres ! Autorisations de circuler ! Bons de réquisition ! Bordereaux de transport de marchandises ! »

Mon éclat de rire, et son envie d'en rajouter, furent aussitôt réprimés par la vue de deux officiers qui descendaient l'escalier en nous jetant un regard par en dessous.

Le jour où je les vis pénétrer pour la première fois dans l'enceinte de l'Hôtel, je fus saisi d'un haut-le-cœur qui me fit reculer de trois pas. Les bas-fonds remontaient à la surface. Mon passé venait me rattraper là où je m'étais cru hors d'atteinte. Les ombres du scandale Stavisky et de « mon » affaire Prince revenaient me hanter.

Bonny et Lafont faisaient leur entrée en majesté à Lutetia.

L'ex-inspecteur Pierre Bonny, celui qui avait retrouvé les carnets à souche de l'escroc. Celui que l'on avait chargé de résoudre le mystère de la mort du conseiller Prince et que le garde des Sceaux évoquait comme « le premier policier de France ». Celui qui était capable de repasser au fer les pages d'un témoignage pour en effacer les empreintes digitales. Celui qui avait transmis à la presse mon rapport secret — sans souci de me savoir accusé de trahison. Lui, ici ! Je n'en croyais pas mes yeux. Drôle de coïncidence, à moins que ce ne fût un signe : au même moment, le

Théâtre de l'Ambigu lançait *Pirates de Paris*, une pièce que l'on disait médiocre, et dont Stavisky était l'antihéros.

Quant à l'autre, Lafont, il y a peu encore, sous son vrai nom de Henri Chamberlin, il habitait juste en face, au Cherche-Midi. Peu importait le délit, il les avait à peu près tous collectionnés.

Parmi ses séides et affidés, je ne tardai pas à retrouver de vieilles connaissances. Car, pour monter son équipe, Lafont avait obtenu de l'Abwehr qu'elle libère de Fresnes quelques-uns de ses amis. Et voilà que, soudain, il renaissait de ses cendres, faisait une entrée triomphale à Lutetia et se laissait couvrir d'éloges. Il est vrai qu'après sa sortie de prison, tel un vulgaire chasseur de primes, il avait réussi à capturer un chef de la résistance belge planqué en France, une mission impossible confiée par Radecke. C'est ainsi, par ce sale coup de maître qui fut suivi de beaucoup d'autres, de la neutralisation de réseaux de résistance au pillage de collections privées, que Henri Chamberlin devint « monsieur Henri » ou « le patron » et bien sûr « Lafont ». Il se balada à son aise sous l'uniforme de la Hilfpolizei (la police de secours), agissant sous le contrôle du chef du SD *(Sicherheitsdienst)*, le service de renseignement et de sécurité de la SS, dont la Gestapo était l'organe exécutif. En civil et même sans escorte, il se savait tout aussi protégé par ce qu'il avait en poche. Non pas un mauser HSC de calibre 7.65 mais une arme plus efficace encore qu'un automatique : la carte rouge de la Gestapo. Il n'avait pas perdu de temps. Quelques mois seulement après l'entrée des Allemands à Paris, il avait le matricule 10474 R de leur police. L'année suivante, il avait acquis leur nationalité tout en étant « promu » au grade de capitaine. Tant de précipitation dans la servilité, couronnée d'une telle réussite, forçait l'admiration.

Ah, la fine équipe, Bonny et Lafont ! Ou plutôt le contraire car Lafont était bien le patron du tandem. En temps normal, par réflexe naturel, j'aurais composé TURbigo 92 00, le numéro de la direction de la PJ, dès l'apparition de ces deux ordures dans le hall. Pour les faire coffrer. Seulement voilà, nous n'étions plus en temps normal. Ils incarnaient désormais le pouvoir, la puissance, l'argent. Ils avaient droit de vie et de mort sur beaucoup de monde. Des résistants, des juifs, des otages.

Désormais, la loi c'était eux.

Un Lafont pouvait débarquer ici au volant de sa Bentley blanche remplie de dahlias destinés à agrémenter ses « appartements » de la rue Lauriston, accompagné de son inséparable Bonny, et toucher les dividendes de leurs pillages, de leurs trafics et de leurs mises à mort sans que nul s'en émeuve, au contraire. On lui faisait fête, on mettait le champagne au frais et tout le monde en redemandait. Il faut avouer que Lafont était considéré par les Allemands comme leur meilleur agent de renseignement français. Leurs différents services se disputaient ses faveurs. On se l'arrachait. Être quelqu'un : cela avait toujours été son but, sa devise, son programme.

En une saison, il y était parvenu.

J'avais tout fait pour éviter de me retrouver à nouveau en présence de Bonny et Lafont. Jusqu'au jour où je fus accroché dans un couloir par le commandant Heinrich von Kleist, le chef du personnel et des affaires administratives, notaire dans le civil, à qui je n'aurais jamais osé demander s'il avait un lien de parenté avec l'autre. Il m'emmena d'autorité dans un salon de l'entresol afin de l'assister dans une réunion avec des Français, ainsi qu'il devait s'y résoudre chaque fois que les interprètes militaires étaient débordés.

« M. Kiefer, de l'Hôtel...

— On connaît, on connaît », sourit Bonny en me saluant.

Dès qu'il se rassit, il se pencha à l'oreille de Lafont, lequel me fixa en hochant la tête. Après qu'il eut griffonné dans son petit carnet de moleskine, la réunion commença.

Si dans la principauté du marché noir parisien, les bureaux d'achat se donnaient des caïds et des roitelets, ils ne se reconnaissaient que deux empereurs. Leur champ d'action, leur envergure et leur chiffre d'affaires les plaçaient loin devant leurs rivaux. Leur personnalité également. Ils s'appelaient Joanovici et Szkolnikoff mais eux n'avaient rien d'un tandem.

Du premier, on avait déjà du mal à écrire le nom correctement car son orthographe variait souvent. Ce qui ne surprenait personne car cet étranger, qui passait pour illettré, était plus familier des cartes que des livres. Joseph Joanovici, juif de Bessarabie, se faisait passer pour un Roumain orthodoxe. Il poussait même la mystification jusqu'à se montrer à l'office du dimanche de l'église de la rue Daru. Les Allemands l'avaient classé « WWJ », autant dire qu'ils le considéraient comme un « juif d'importance économique ». Le label était une litote dans son cas, mais il pouvait sauver une vie, deux en l'espèce, celle de monsieur Joseph et celle de son frère Mordhar dit Marcel, qui le secondait dans les affaires.

Adipeux, épais, disgracieux au possible, il n'en attirait

pas moins la sympathie par sa faconde. Ses reparties et ses bons mots tranchaient certes avec le ton habituel des salons, d'autant que son gros rire bruyant en signalait la chute. « Que voulez-vous faire contre les Allemands ? Moi, je fais fortune », disait-il souvent de son fort accent digne de la Popesco dans *Ma cousine de Varsovie.* Ou encore, toujours sur le mode de l'autojustification : « Je fais du commerce avec eux ? Mais si on les laisse faire, ils prennent tout sans payer. Alors, moi, je les fais payer ! » Il n'y a guère que dans les grands dîners du XVIe et de Neuilly, face à des trafiquants français que sa prospérité exaspérait, qu'il avait du fil à retordre. Dans l'une de ces soirées où Lafont, justement, paradait dans son uniforme allemand, le ton était monté de part et d'autre de la grande table de banquet recouverte de l'argenterie de collection volée lors d'une descente chez David-Weill ou chez Seligmann ; les convives avaient alors entendu ce trait qui fit le tour du marché noir dès le lendemain :

« Après tout, Joseph, tu n'es qu'un sale youpin !

— Ça coûte combien de ne plus l'être, Hauptsturmführer ? »

Nul n'était dupe car ils s'entendaient très bien. On en voulait pour preuves le naturel avec lequel ils s'embrassaient en société, ce qui ne se faisait guère entre hommes, et la facilité avec laquelle ils se trahissaient en privé — une pratique beaucoup plus courante.

À Lutetia, monsieur Joseph était chez lui. Il entrait dans toutes les chambres sans frapper et parlait leur langue avec les officiers. Savait-il que la plupart avaient été bercés par le vieil adage populaire « Quand un juif parle allemand, il ment » ? Ce genre de détail n'aurait pas freiné monsieur Joseph. À l'Hôtel, il prétendait connaître tout le monde ;

dans le cas contraire, en dix minutes c'était fait. Il faut dire qu'en 1939 déjà, il fournissait des devises étrangères aux agents de l'Abwehr en transit en France. Otto, qui avait pour règle de ne recevoir personne ou presque dans son bureau, l'y recevait. Le jour de la Saint-Joseph, Otto eut la délicatesse d'organiser un déjeuner fin en son honneur, avec le capitaine Radecke et le Dr Fuchs, au restaurant Chez Joseph rue Pierre-Charron. Nul n'aurait su le traiter plus royalement. Au fond, Joanovici avait moins à craindre des Allemands que des Français. Le jour où fut découverte une affaire de vol à grande échelle de mercure et d'aciers spéciaux, Otto organisa une confrontation dans le bureau du capitaine Radecke entre un certain Manuel, propriétaire d'un bureau d'achat, et le fameux Frédéric Martin alias Rudy de Mérode, tortionnaire en gros, demi-gros, détail. Les deux Français avaient « donné » monsieur Joseph aux officiers allemands, lesquels lui promettaient le peloton d'exécution car dans les affaires comme à la guerre, la trahison est impardonnable. Il y eut des apartés et des conciliabules dans le couloir, à deux puis à trois. Une enquête fut décidée. En attendant son résultat, comme dans la vraie justice, monsieur Joseph fut « relâché » contre une caution de 5 millions de francs qu'il apporta dans l'heure.

« On versera la somme à notre caisse de secours d'hiver, promit le capitaine Radecke en rangeant les liasses de billets dans son coffre.

— Je peux avoir un reçu ? s'enquit Joanovici, jamais trop prudent.

— On vous l'enverra. »

Bien entendu, il n'en vit jamais la couleur et ne récupéra pas la somme mais il était libre, ce qui n'a pas de prix, surtout à une époque où l'on disparaissait facilement sans laisser de traces. Il avait confiance en son étoile : juste après avoir passé quelque temps derrière les barreaux du Cherche-Midi pour trafic de métaux, il avait ouvert un compte à la Barclays, banque notoirement soumise à l'influence allemande.

Il vivait ainsi, toujours sur le fil, qui pouvait rompre à tout instant ; il engrangeait des sommes faramineuses. Ce qu'il pouvait perdre au poker dans l'arrière-salle enfumée du restaurant Girard avec des rabatteurs, des nickeleurs ou des affineurs de métaux lui paraissait anodin en regard. Sa réussite s'étalait sur les docks de Saint-Ouen, capitale d'un empire qui possédait déjà des filiales à Bruxelles et Madrid, son domaine exclusif depuis qu'il l'avait réquisitionné à la Compagnie des chemins de fer du Nord. Plusieurs hectares de quais, de magasins, d'entrepôts. Ça grouillait de transporteurs, de manutentionnaires, de contremaîtres et de chauffeurs, qui vérifiaient la marchandise avant de la charger sous la garde d'hommes de main bien armés. Quelque deux cents personnes s'activaient là, surtout la nuit, pour le plus grand profit de « monsieur Joseph » ou « Jo » ou encore « Janovici dit Jeannot », d'autant qu'il veillait toujours à ce qu'elles soient bien payées. De même pour sa fidèle secrétaire, Mme Schmitt, une vraie Bretonne, comme le nom de son mari ne l'indiquait pas, ou Alfred Bravo, son chauffeur, ou encore Gerda Kornstaedt, plus connue sous son nom d'actrice, Dita Parlo, la plus notoire de ses proches à profiter de ses largesses. On trouvait de tout sur ses docks, à commencer par des métaux de récupération. Mais le pouvoir de Joanovici se mesurait tout autant à sa faculté de fournir à tout instant laissez-passer et cartes d'alimentation dont il ne savait plus lui-même, en bout de course, s'ils étaient vrais ou faux. Les cartes d'identité, toutes établies aux noms d'Espagnols disparus, il les faisait fabriquer par son ami le consul d'Espagne à Saint-Étienne, et authentifier par un autre ami du commissariat de Clichy, qui avait le cachet indulgent. Il lui arrivait même de procurer ces sauf-conduits pour rien, à des gens traqués, car ce type vénal était capable de désintéressement. Il aidait les juifs en détresse, pour rien si ce n'est des ennuis supplémentaires avec les polices française et allemande. Au fond, c'était un joueur en tout et avant tout, pour qui l'argent n'était qu'un moyen ; sa serviette était en permanence gonflée de liasses de billets car tout s'achetait à tout moment, et bien peu résistaient à la vue et au toucher de l'argent. Joanovici n'en restait pas moins le ferrailleur rubicond qu'il avait toujours été. Il portait des complets bleus croisés à fines rayures coupés à ses mesures, mais toujours au Sentier.

Son alter ego était tout autre. Tiré à quatre épingles, pochette immaculée et chaussures en crocodile. Grand, blond, mince, les yeux bleus. Beaucoup de classe. Des tableaux de maître ornaient les murs de son hôtel de la rue de Presbourg, au pied de l'Arc de triomphe. Mandel Szkolnikoff, dit « monsieur Michel », un juif russe qui s'était spécialisé dans le tissu en gros, continuait à racheter des stocks de textiles jusque dans la débâcle. Aussi était-il bien placé dès les premiers temps de l'Occupation pour en fournir à la Kriegsmarine et à la SS. Il agissait sous couvert d'une fumeuse Société commerciale de l'océan Indien, sise au faubourg Poissonnière. En moins de deux ans, il avait amassé une telle fortune qu'il put effectuer des placements substantiels dans la pierre, l'hôtellerie notamment (ce qui ne l'empêcha pas d'acquérir dans la foulée des dizaines d'immeubles). D'ailleurs, quand il rendait visite aux gens de l'Abwehr, il promenait sur les murs de l'Hôtel un œil que je n'avais remarqué chez nul autre associé du Bureau Otto : un regard de propriétaire, du moins en puissance. C'est peu de dire qu'il lorgnait Lutetia. Après tout, il avait déjà investi sous différents prête-noms dans les palaces de la Côte d'Azur (Plaza, Savoy, Victoria, Ruhl, Martinez...) et de la capitale (Hôtel du Louvre, Regina...) quand il ne rachetait pas à vil prix des biens juifs « abandonnés » par leurs propriétaires partis « sans laisser d'adresse ».

Nul ne roulait pour lui, et il ne roulait pour personne. Contrairement à monsieur Joseph, qui prenait garde de toujours avoir deux fers au feu en fournissant des renseignements au réseau Turma Vengeance ou en se faisant le discret mécène du mouvement de résistance de la préfecture Honneur de la police, monsieur Michel n'était pas un adepte du double jeu. Non par franchise ni par prudence, mais parce qu'il n'aidait personne.

Joanovici et Szkolnikoff d'un côté, Herr Brandl et le capitaine Radecke de l'autre. Tout désignait les premiers comme des caricatures du peuple des persécutés, et les seconds comme l'élite du peuple des persécuteurs. Sauf qu'ils étaient là ensemble, non pas face à face mais côte à côte. Quand ils ne discutaient pas dans les chambres-bureaux de Lutetia, ils déjeunaient ou dînaient parfois au Chantilly ou à l'Auberge d'Armaillé, dans la rue du même nom, mais le plus souvent Aux Deux Cocottes, le restaurant préféré des maîtres du marché noir tenu par Eugène Mondet au 22 avenue Niel.

Ces quatre hommes œuvraient main dans la main pour leur plus grand profit. Qui aurait imaginé une telle abjection ?

C'était aussi cela, l'hôtel Lutetia en 1942. Mais à part les intéressés, qui le soupçonnait ? Les Parisiens savaient que les Allemands l'avaient réquisitionné, mais peu se doutaient de ce qui s'y trafiquait, et des tristes figures qu'on y croisait. Il me suffisait de mettre un pied dehors pour en faire l'expérience. Un matin, je prenais l'air devant l'entrée quand une femme me héla, une valise dans une main tandis qu'une petite fille lui tenait l'autre :

« Vous avez une chambre, monsieur ?

— J'en ai 335. Mais je crains que ce ne soit complet. Essayez plutôt le Lutèce, c'est presque le Lutetia... 5 rue Jules-Chaplain, à Montparnasse. Tenez, je vous l'écris sur une carte, si vous voulez.

— Dans ce cas, vous permettez qu'on entre ? c'est juste pour téléphoner.

— Je regrette, madame, mais ce n'est pas possible.

— C'est urgent, je vous en prie ! insista-t-elle, manifestement paniquée.

— Tenez, vous avez une cabine téléphonique qui vous tend les bras au carrefour, juste là...

— Ça, non, on n'a pas le droit.

— Comment ça ? fis-je interloqué.

— Vous n'avez pas lu les affiches ? Nous, on n'a pas le droit. »

Je n'avais pas compris tant j'étais à mille lieues d'imaginer que même l'usage des cabines pouvait être interdit à une partie de la population. Mais elle, ne comprenait pas que

Lutetia était le dernier endroit où elle trouverait de l'aide. Ce qui ne m'empêcha pas de m'enfoncer :

« Prenez donc le métro jusqu'à la poste de...

— À cette heure-ci, il est bondé. Et comme on n'a le droit de voyager qu'en deuxième classe et uniquement dans la dernière voiture du train, on n'a aucune chance de trouver une place.

— À la prochaine alerte aérienne, réfugiez-vous à la station Sèvres-Croix-Rouge, elle est hors service. Quand les gens s'assoient sur les rails, vous les suivez et vous vous fondez progressivement dans le noir.

— Vraiment, vous ne comprenez pas.

— Attendez, madame ! »

Alors qu'elle s'en allait déjà, j'essayai de la retenir par le bras pour l'aider à trouver une solution, mais elle s'échappa. Mon geste n'eut pour effet que de faire glisser son écharpe. Une étoile jaune apparut, qu'elle s'empressa de dissimuler à nouveau sous un pan de laine.

Une grappe de passants, un crieur de journaux et deux gamins à bicyclette s'interposèrent entre nous. Quand ce monde passa son chemin, la femme et son enfant s'étaient évaporées.

Il devait être un peu plus de 16 h 30, heure à laquelle, le service étant terminé, la rôtisserie ne recevait plus de clients. Le personnel d'entretien s'activait déjà. Félix-le-comptable m'attendait tout au fond, assis à une table, contre un mur. Un an que nous ne nous étions pas revus. Un employé de la paie m'avait prévenu qu'il était passé « de l'autre côté », sans plus de précisions.

La courtoisie n'était pas son fort. C'est à peine s'il me

salua. Fidèle à son habitude, il ne s'embarrassa pas de prologues ni de ronds de jambe :

« Tu veux nous aider ?

— Comme ça ?

— Oui, comme ça. »

Était-ce déjà l'effet de la clandestinité ? Félix-le-comptable n'avait pas seulement adopté de pied en cap le gris muraille, il avait appris à maîtriser sa violence. Sa rage de vivre était intacte mais à peu près domestiquée. Le moteur à explosion paraissait calmé. Une année d'activités clandestines lui avait accordé une maturité qu'il n'aurait pas acquise en vingt ans de paix. Vertu des époques intenses : elles cristallisent le meilleur et le pire en nous à une vitesse inouïe, et nous révèlent d'abord à nos propres yeux en accentuant notre pente naturelle. Je me souviens qu'à un type des cuisines qui s'étonnait de ce que je ne luttais jamais contre personne, je m'étais laissé aller à répondre que personne ne valait un conflit. Mourir pour quelqu'un, ce n'était plus mon genre depuis 1918, et mes efforts n'avaient ressuscité aucun de mes amis. Mais mourir pour quelque chose ?

Inutile de lui poser des questions sur ses activités, ses amis, ses réseaux. Encore plus résolu que d'ordinaire, Félix n'était pas venu là m'informer mais m'enrôler. Chacun de ses mots et de ses gestes était si sûr que rien ne semblait pouvoir entamer sa détermination. En un sens, j'admirais cette force-là. Il ne faisait guère de doute qu'il me voulait non pour mes qualités, mais pour ma situation dans l'Hôtel. Une place de choix devenue une position stratégique.

« Tu veux quoi, au juste ? lui demandai-je.

— L'annuaire. Mais pas n'importe lequel : l'annuaire

téléphonique réservé aux membres des services allemands à Paris. Il n'existe qu'en un nombre d'exemplaires limité, nominatifs et numérotés. »

Il sortit un bout de papier de sa poche, qu'il me lut avec un accent à couper au couteau, en écorchant les mots :

« Voilà, ça s'appelle *Nachrichtenkommandantur Paris. Fernsprechverzeichnis der Deutschen Dienststelle in Gross-Paris.* Les noms, les grades, les titres, les adresses, les numéros de téléphone de tous les grands Boches de Paris. Très précieux. Ça ne t'engage à rien. Tu en voles un, tu me le laisses enveloppé dans un journal, sous cette table, dans une semaine, même jour même heure.

— C'est non. Je leur ai donné ma parole.

— Aux mecs de l'Abwehr ?

— À la direction de l'Hôtel. Je leur ai juré que je ne trahirais pas la confiance qu'ils m'ont témoignée. Je ne sais rien des dossiers. Tu les prends pour qui ? Me demander d'espionner des maîtres-espions, c'est... du suicide ! Si je suis pris, non seulement j'y passe, mais d'autres avec moi. Tu ne te rends pas compte, tu ne sais pas à quoi j'ai accès dans tous ces bureaux...

— Si, justement. On a besoin de toi. En cas de refus, la Résistance perdrait un collaborateur très précieux, non, j'veux dire... »

Comme j'esquissais un geste impulsif pour lui mettre une claque, il joignit les deux mains en prière :

« Pardon, pardon. Ça m'a échappé.

— Trop risqué, trop dangereux. Toi et tes copains, vous improvisez et vous bricolez comme des foutraques sans vous soucier du sort des otages. Au fond, veux-tu que je te dise, vous avez un comportement d'amateurs.

— On reviendra te voir quand on sera passés professionnels, à la fin de la guerre. »

Il m'avait tellement exaspéré que je m'étais levé d'un bond ; puis, pour me calmer, en tirant fébrilement sur ma cigarette, j'arpentai cette arrière-salle sombre où notre table demeurait la seule sur laquelle des chaises renversées ne s'empilaient pas. Lui, continuait à parler tout seul, mais assez clairement pour que je puisse suivre ; il agitait comme un chiffon rouge mon sacré devoir d'obéissance, et la nécessité de le métamorphoser en devoir de désobéissance, comme ça, en faisant table rase de tout ce à quoi j'avais toujours été attaché, toutes ces valeurs et tous ces principes — d'ailleurs, il s'aidait du geste et débarrassait la nappe de ses miettes en l'essuyant d'un mouvement sec du coude. Il ne m'entendit pas (ou alors, s'il m'entendait, il ne m'écoutait pas) quand je lui expliquai qu'on m'avait enseigné l'obéissance à l'école, à l'armée et dans la police, mais que nul ne m'avait jamais appris à désobéir. J'avais toujours mis un point d'honneur à être en règle en toutes circonstances et en tout lieu, bien que ce genre d'obsession fût plutôt caractéristique des étrangers. C'est alors qu'il m'interpella, au mépris de toute prudence :

« Tu as vu ce qu'ils en ont fait, de ta Loi ? Les "sections spéciales" et tout le bazar. Alors tu approuves ça, toi, le jacobin du droit ? »

Le choix de ses arguments, la perversité avec laquelle il les avait amenés et le ton cassant dont il usait m'avaient poussé à bout. Mais j'avais trop le sentiment de ma dignité pour laisser passer. Cette fois, c'est moi qui me précipitai sur lui pour le saisir au collet :

« Qui te dit que j'approuve ? Hein ? Qui t'a dit ça ? Qui ?

— Calme, caaaaaalme ! répliqua-t-il, impassible, sans bouger de sa chaise. Personne n'a cafté, t'inquiète, Kiefer. Mais qui ne dit mot consent. Et ça n'a jamais été aussi vrai qu'aujourd'hui.

— Facile ! » fis-je en relâchant mon emprise.

Je ne sais ce qui me fit hésiter à me rasseoir face à lui, déjà bourrelé de remords, au lieu de quitter le restaurant. Un instinct profond bien plus qu'une intuition mûrie. Peut-être que le destin tient à cela, ce presque rien que l'on passe ensuite toute une vie à disséquer, à supposer toutefois qu'on ait su l'isoler. En creusant le souvenir, plus tard, je sus à quoi correspondait cet infime détail. À une image. Comme je réfléchissais à sa proposition, debout contre la porte d'entrée, laissant mon regard se perdre au loin à travers la vitre, je fus intrigué par un petit attroupement devant le grillage du square Boucicaut. Des agents de la voirie et du service des parcs et jardins démontaient et remontaient le panneau de l'entrée sous le regard de gamins qui s'étaient exprès arrêtés de jouer. Puis ils ramassèrent leur ballon et traversèrent le carrefour. Quand ils passèrent devant le restaurant, je sortis héler le plus âgé d'entre eux :

« Petit, qu'est-ce qu'ils fabriquent, là-bas ?

— Y changent une plaque, m'sieur.

— Je le vois bien, mais qu'est-ce qu'il y a écrit dessus ?

— Y a écrit, euh... PARC À JEUX. RÉSERVÉ AUX ENFANTS. INTERDIT AUX JUIFS. C'est tout, m'sieur ? »

Ces quelques mots avaient été soigneusement imprimés par un employé de la Ville, sur de la vulgaire bakélite, par souci d'économie, et non plus sur le bel émail républicain. Je retournai vers Félix-le-comptable l'esprit hanté par cette inscription dont je pouvais presque déchiffrer les caractères d'où je me tenais tant ils étaient gros. Des mots abjects mis bout à bout dans cet ordre-là. Juste un détail, mais si intense qu'il m'assommait. Même les enfants maintenant... Comment pouvait-on qualifier un régime qui faisait aussi la guerre à des enfants ? La mise au ban de la société de certaines catégories d'adultes était déjà révoltante, encore était-ce des adultes : ils en avaient les ressources physiques, matérielles, morales. Mais des petits ? Des Allemands bien nazis avaient réinventé cette criminelle ineptie qui consiste à faire d'une religion une race, et voilà que des Français bien français leur emboîtaient le pas. Je me laissai choir sur ma chaise.

« Qu'est-ce que tu veux savoir au juste ?

— Les autres adresses de l'Abwehr à part le Lutetia. »

Mon temps de réflexion n'excéda pas la minute. Ce fut une minute d'éternité car je savais qu'elle m'engagerait dans un engrenage dont j'aurais du mal à me sortir. Pourtant, après avoir fermé les yeux, je n'hésitai guère à me remémorer l'une de mes fiches, tandis qu'il notait à la dérobée à l'intérieur d'un paquet de cigarettes :

« Tu es prêt ? Ils ont une antenne à quelques minutes d'ici, l'hôtel Cayré à l'angle du boulevard Raspail et de la rue du Bac, ainsi que l'hôtel Édouard-VII avenue de l'Opéra, où ils pratiquent des interrogatoires. Ils ont également leurs quartiers à l'hôtel Regencia, 41 avenue Marceau, et à l'hôtel Madison, 143 boulevard Saint-Germain. Des écoles de formation des agents 134 boulevard de Courcelles, 121 rue de la Pompe, 29 rue Paul-Adam, un centre de perfectionnement au morse 77 rue de l'Assomption. Deux centres d'instruction radio pour les agents devant partir en mission 48 *bis* rue Raynouard et 72 rue de Lonchamp — attention, cette rue-là à Neuilly et non à Paris — ainsi qu'un centre d'écoutes des radios étrangères au Vésinet...

— Quelle rue ?

— Démerde-toi et ne m'interromps pas ! Un camp d'instruction au sabotage à Rocquencourt. Pour la formation radio, j'oubliais, il y a aussi à Paris le 32 rue de Varenne, le 12 rue Paul-Baudry, le 60 avenue du Bois-de-Boulogne... Voilà. »

Comme je me levais pour prendre congé, il en fit autant et me tendit une main que je me gardai bien de saisir.

« Et pour l'annuaire...

— Quel annuaire ? »

J'estimais en avoir assez fait. Pour ce jour-là et pour longtemps. J'observai sa silhouette s'éloigner sur le boulevard. Il s'arrêta un instant à la hauteur du magasin Kodak-Pathé pour ajuster son nœud de cravate dans le reflet de la vitrine, en fait pour s'assurer que personne ne le suivait. Puis il poursuivit son chemin en prenant soin de ne pas marcher dans le sens des voitures, un ramassage impromptu est si vite arrivé, un moteur à essence qui se fait entendre, une portière qui s'ouvre... De nouveaux réflexes rapidement intégrés, le métier qui rentre : Félix-le-comptable avait vraiment basculé dans un autre monde.

Une dizaine de jours après notre entretien se déroulait la grande rafle du Vel' d'Hiv. Plus de dix mille juifs parqués dans le stade du XVe arrondissement, en attendant d'être envoyés dans des camps quelque part en Europe. D'après les ex-collègues que j'ai pu interroger, il y avait bien quatre mille enfants parmi eux. La rafle portait le nom de code cynique de Vent printanier. Le Maréchal avait bien annoncé qu'un « vent mauvais » soufflerait sur la France, mais il pensait sûrement à autre chose. Au moral du pays. Mais pas plus à ces juifs qu'à ces dizaines de milliers de jeunes Alsaciens et Mosellans désormais contraints de s'engager dans la Wehrmacht. Malgré eux. En cas de refus, on les internait ou on les exécutait, quand on ne déportait pas leur famille en représailles. L'Allemagne ne nous lâcherait donc jamais ?

Je n'avais jamais eu aussi peu envie de sortir d'ici, alors que je me trouvais très exactement dans la gueule du loup. Je n'osais imaginer ce que serait devenu l'inspecteur principal Kiefer s'il était resté dans la police. Je n'imaginais pas davantage ce qu'il serait advenu de moi si j'avais été détective privé dans une agence, la mienne probablement : un décret-loi paru le 28 septembre 1942 réglementait pour la première fois la profession ; dans son article 3, il interdisait aux anciens fonctionnaires de police de faire état de cette qualité dans leur publicité, dans leur correspondance ou même dans leurs relations avec le public.

Cela me paraissait encore plus vrai qu'avant : je ne pouvais m'en sortir qu'en ne sortant jamais. Qu'est-ce que je ratais ? Des pancartes indiquant en allemand les plus beaux monuments de Paris. Je ne ratais rien. Même si le monde ne venait pas à moi comme avant, quand l'Hôtel vivait ce qui m'apparut en comparaison comme son âge d'or. Tout de même, si j'en crois le récit pathétique que m'en fit mon oncle paternel dans une longue correspondance, je regrettais d'avoir raté la lecture du message qui fut faite le 22 septembre 1942 dans nos temples en écho à la lettre envoyée par le pasteur Boegner au maréchal Pétain. « ... *la*

Loi divine n'admet pas que les familles voulues par Dieu soient brisées, des enfants séparés des mères, le droit d'asile et sa pitié méconnus, le respect de la personne humaine transgressé et des êtres sans défense livrés à un sort tragique... » Les juifs, bien sûr. On dira : solidarité de minoritaires. Et alors ? Dans sa lettre même au Maréchal, dont des copies commençaient à circuler, le plus représentatif des protestants de France évoquait en des termes d'une grande noblesse d'âme la tristesse des Églises, dénonçait l'inhumanité des déportations et pointait la responsabilité de l'État. Ce qui paraît être la moindre des choses n'en demeurait pas moins alors exceptionnel.

Dehors, les événements se précipitaient. Au lendemain de la défaite de l'Afrikakorps de Rommel à El-Alamein et du débarquement allié en Afrique du Nord, on eût dit que l'Histoire s'emballait soudain, et que tout s'éclaircissait enfin. L'Occupation allait perdre son flou, les positions se radicaliser, la situation se durcir. Allait-on pouvoir continuer à être collabo à mi-temps, résistant de temps en temps et attentiste le dimanche ?

Au début du mois de décembre 1942, l'amiral Canaris de retour d'Espagne fit une halte à Paris. D'après les bruits de couloirs et les conversations au mess, brouhaha permanent qui me donnait régulièrement la température mieux que toute indiscrétion, il avait écouté attentivement, sans dire un mot, un rapport du lieutenant-colonel Reile sur l'accroissement du réseau des agents ennemis, qui s'achevait par une évocation du sort de Paul Reynaud, de Georges Mandel et du général Weygand, tous arrêtés et internés. Le soir, il dîna avec six ou sept anciens de l'Abwehr-France dans sa suite, la 109. Tous paraissaient d'humeur enjouée, sauf Canaris et son accompagnateur, le colonel Piekenbrock, tous deux préoccupés, sombres et taciturnes. La multiplication des massacres et des crimes ordonnés par « Hitler et ses créatures » l'atterrait. Le mot « défaite » n'était pas prononcé, mais Canaris se montrait de plus en plus pessimiste dans l'intimité. Il prévoyait déjà un après-guerre atroce pour les Allemands. Ce soir-là, il s'ouvrit auprès de ses officiers les plus fidèles, d'autant que ceux-ci, si critiques et hostiles fussent-ils à l'égard du Führer, n'avaient pas des âmes de comploteurs. Leur sens du devoir l'emporterait toujours sur leurs problèmes de conscience. L'amiral, qui se referma aussitôt après, s'éclipsa au moment du dessert, les laissant à leurs commentaires.

Enfin, tout cela, c'était Radio-couloirs. Il fallait en prendre et en laisser. Mais la tonalité générale était certainement fidèle. L'esprit y était, peut-être même la lettre dans certains cas. Je n'imagine pas que des indiscrets aient pu inventer la formule que l'amiral utilisa pour dire son effroi devant une Europe de l'Est transformée en un immense abattoir.

Walther, le concierge, sortit précipitamment de sa loge quand un officier se présenta devant la porte à tambour, précédé d'un entourage aux uniformes distincts de ceux de l'Abwehr et d'un mouvement général qui annonçaient son importance. Le capitaine von Leutkirch alias M. Arnold pour moi, mais pour moi seulement, et sa secrétaire, Mlle « Madeleine » Hanne, le raccompagnaient au seuil, c'est dire la qualité du visiteur. Comme le concierge, perclus de courbettes, lui posait son manteau sur les épaules, l'officier lui murmura quelque chose d'imperceptible, à quoi il répondit en me désignant d'un mouvement de menton qui se voulait discret. L'Allemand me fixa du regard durant quelques secondes puis s'engouffra dans la porte à tambour, sa suite à ses basques. Madeleine, qui s'était rapprochée de moi tout en rangeant des papiers dans son dossier, me dit à voix basse :

« Méfie-toi de ton concierge, il t'a à l'œil.

— C'était qui, l'officier ?

— Gestapo Kieffer. »

Au début de la soirée, N*** me prévint de sa visite par un simple coup de fil bien dans sa manière : « J'arrive ! » Plusieurs mois que nous ne nous étions vus, ni même parlé. Tout en ignorant les cartes de points textiles, son élégance n'en demeurait pas moins fidèle à l'air du temps. Juste un peu moins Schiaparelli et Chanel, lesquels avaient dû cesser une partie de leurs activités. Juste un peu plus Maggy Rouff et Marcel Rochas, qui ne dételaient pas. Toute la fantaisie s'était réfugiée dans le chapeau. Mais quelque chose n'allait pas dans l'expression de son visage, dans le timbre de sa voix, dans son grain même. Son souverain détachement l'avait désertée, abandonnant le terrain à une sourde inquiétude qui ne disait pas son nom.

« Ça ne va pas, Nathalie ? »

Un sourire à peine forcé pour toute réponse, et elle s'évada vers d'autres pensées d'un geste las.

« Tu as l'air préoccupée.

— On me cherche, voilà ce qui ne va pas. Des bêtises, mais qui me pourrissent la vie.

— Toi, recherchée ?

— Je ne t'ai pas dit qu'on me *re*cherchait mais qu'on me cherchait. Des poux dans la tête. À propos de ma famille. Ma famille ! Des certificats de baptême en veux-tu en voilà, des actes de naissance, des arbres généalogiques. Comme si je n'avais que ça à faire ! Et pourquoi pas remonter jusqu'à mon cousin Cro-Magnon tant qu'ils y sont ? »

Je tombais des nues. Les siens m'étaient aussi transparents que les miens, du moins le croyais-je. Aussi vieux Lorrains que nous étions vieux Alsaciens. Mes parents étaient tous deux protestants aussi loin que l'on remontât dans l'archéologie familiale, les siens tout autant, si j'en jugeais par l'éducation qu'ils avaient donnée à leur fille, et par leur assiduité au temple. Trois verres de blanc plus tard, N*** s'abandonna un peu. De son léger délire, je retins que deux de ses grands-parents s'étaient autrefois convertis, ne se sentant depuis longtemps plus aucune attache avec la religion de leurs aïeux. Or selon les nouvelles lois de Vichy, elle était de ce fait tenue pour israélite.

« Mais tu savais, pour tes grands-parents ?

— Mais non, j'ignorais tout ! Ce n'était pas vraiment un secret de famille, mais on ne m'en avait jamais rien dit parce qu'il n'y avait rien à dire. On n'en parlait pas. Et voilà que ces connards ressortent ça maintenant.

— Mais enfin ça peut s'arranger avec un bon avocat...

— Il y a un avis du Conseil d'État, daté du... 11 décembre 1942, si tu veux tout savoir, car je commence à connaître la question maintenant, et que dit-il, cet avis ? Il se défausse ! Il s'en remet à la juridiction compétente pour apprécier chaque cas d'espèce, et patati et patata.

— Bon, mais ça se plaide, non ?

— En attendant, l'autre jour, on m'a interdit l'accès à mon coffre à la banque. Moi, la comtesse Clary ! Après autorisation spéciale, tout de même, j'ai pu m'y rendre mais accompagnée d'un officier de police judiciaire qui a dressé un procès-verbal de ce que je retirais et de ce que je déposais. Et ça, c'était une faveur ! Pareil pour mon voyage avec mon mari. Des papiers, des garanties, des cautions. Encore, à l'époque, ils étaient moins regardants. Les cafards ! Ah ! les immondes, je les hais. »

Je n'avais pas vu N*** dans un tel état depuis une sévère dispute qui l'avait opposée à son père, en ma présence, à cause d'une histoire de cheval mal dressé, autrefois. Rien ne semblait pouvoir atténuer sa colère. Toutes mes tentatives demeuraient vaines, d'autant que je ne savais rien du dossier, contrairement à elle. Comme autrefois en classe terminale du lycée de Blois, à ce que racontaient ses amies, quand N*** s'attaquait à un problème, elle l'épuisait et davantage encore quand le problème l'attaquait ; à la fin, il rendait les armes. La suspicion dont elle était l'objet avait réveillé la battante en elle. Sauf que ce monstre-là ne se laissait pas terrasser facilement et qu'en cas d'échec la sanction n'était pas une sale note mais quelque chose de nettement plus infect.

« Sais-tu au moins ce qui t'a fichue dedans ?

— Une dénonciation, bien sûr. Quoi d'autre dans notre beau pays de la douceur de vivre ? Une sale lettre anonyme comme il y en a tant, paraît-il. Ne me demande pas qui est soupçonné, je m'en tape. D'après mon mari, qui a quelques relations à l'Hôtel du Parc, l'administration est tellement submergée par le mouchardage qu'ils préparent une loi pour aggraver les peines pour dénonciations calomnieuses. Tu as vu *Le corbeau*, de Clouzot ? Non, toi tu ne vas jamais au cinéma. »

C'était vrai, bien que le Récamier fût parfaitement mitoyen de l'Hôtel, au point que régulièrement les clients de certaines chambres se plaignaient d'avoir à subir les échos tonitruants de mauvais westerns jusque dans leur lit. Je ne sortais pas plus qu'avant, c'est-à-dire jamais. Mais je savais que hors de mon périmètre privilégié la ration hebdomadaire de viande n'était plus que de cent vingt grammes ; Nathalie, elle, l'ignorait probablement quoiqu'elle circulât tout le temps en ville.

Le récit de ses démarches dans le maquis des procédures me donna l'impression qu'elle avait épuisé tous les recours, et que sa situation était sans issue malgré la fortune et l'entregent de son mari. À moins que ceux-ci n'aient déjà servi à lui éviter une arrestation. Je n'eus pas à évoquer Herr Jundt, elle le fit d'elle-même ; à mots couverts, elle me confirma ce que je craignais, leur liaison furtive en 1940, une aventure purement physique à laquelle la débâcle avait mis un terme provisoire. Depuis, l'industriel avait fait plusieurs séjours à Paris pour ses affaires. Ils s'étaient revus une ou deux fois, mais du jour où elle lui demanda une intervention du côté du Meurice ou du Raphaël, il devint subitement injoignable et elle ne le revit plus.

J'eus un mouvement de recul tandis qu'elle baissait la tête, honteuse de son récit, assise à même le sol, sur les talons, la tête enfouie entre les genoux. Pour comprendre une telle femme, il eût d'abord fallu se couler entre les replis de son âme. On eût dit qu'elle implorait un pardon que seule sa conscience, ou ce qui lui en tenait lieu, pouvait lui accorder. L'inquiétude lui plissait le front ; le fard dissimulait mal l'angoisse au fond des yeux. Elle était toujours d'une beauté peu commune, mais sa légèreté l'abandonnait. Il y avait de quoi. En 1943, les autorités tant françaises qu'allemandes s'étaient crispées ; un pas avait été franchi dans l'arbitraire. On arrêtait n'importe qui pour n'importe quoi. Les prisons, et même les commissariats, devenaient des viviers à otages. Un bourgeois tranquille et irréprochable pouvait être arrêté en rentrant du bureau, interné la nuit sans que sa famille reçoive de ses nouvelles et fusillé le lendemain à l'aube sans même avoir eu le temps de lâcher son cartable. Il ne suffisait plus d'avoir la conscience tranquille pour vivre sans angoisse.

De quel droit, mon dieu, de quel droit l'aurais-je accablée ? Si l'amitié n'accorde que ceux que l'on s'octroie au nom d'un intérêt supérieur, que dire alors de l'amitié amoureuse ? Je n'avais peut-être jamais éprouvé une telle tendresse dans la complicité depuis... Depuis nos premiers temps tout simplement. Quand un amour de jeunesse colle si durablement à la peau, on risque de s'écorcher à trop vouloir s'en défaire. Fallait-il qu'elle perde de sa superbe, que son éclat se ternisse et qu'elle soit à terre pour que je sache enfin combien je l'aimais ?

« Il ne reste plus qu'une carte à jouer, une seule, se reprit-elle en levant la tête. Mon mari s'y emploie, mais j'ai des doutes. Je me fiche d'être considérée comme "Aryenne d'honneur", une *Mischling* ou je ne sais quelle autre stupidité, mais on peut être exclu de tout ça s'il est prouvé qu'on a rendu d'immenses services à la patrie sur le plan littéraire, artistique ou scientifique. Des noms d'exemptés circulent, on parle du professeur de médecine Robert Debré, de l'économiste Jacques Rueff, du général Bloch, tu sais le frère du constructeur d'avions mais il aurait refusé, du chef d'artillerie Brisac et puis d'ingénieurs comme Mayer, Halphen et Lion je crois...

— Sans vouloir t'offenser, ceux-là ont honoré la France alors que ...

— J'oubliais Joanovici, le ferrailleur !

— Un cas à part, celui-là, c'est plus compliqué que ça, alors que toi, tu t'es contentée de te faire épouser par un aristocrate, ce qui, à la réflexion, est peut-être aussi une manière d'honorer la France...

— Bon, bon, fit-elle en fourbissant ses armes. Et que dis-tu de la comtesse d'Aramon, de la marquise de Chasseloup-Laubat et de Mme Girod de Langlade, trois amies du Maréchal, dûment exemptées, elles ? Alors pourquoi pas moi, qui ne suis même pas juive ! Cette dérogation, il me la faut. Je sais que c'est exceptionnel, que ça doit être très motivé et que ça se fait par décret du Conseil d'État. Sur proposition du commissaire général aux Questions juives. Ce type s'appelle Darquier de Pellepoix. D'après notre avocat, il émarge aussi à l'Abwehr... »

Il suffisait de vérifier. À la fin de l'organigramme des « clients » de l'Hôtel, dont j'avais négligemment conservé une copie à l'issue d'une réunion, figurait la liste de leurs agents français. Ceux qui leur rendaient le plus souvent visite. Quelques privilégiés, page 14 :

« Voyons... Il y a bien un D... sans plus mais c'est un général, ami personnel du colonel Rudolph, qui fournit des renseignements sur l'Afrique du Nord française... une certaine Élisabeth Klein...Tiens, voilà ton type, Darquier de

Pellepoix, agent de renseignement du Gruppe I service H de l'Abwehr-Paris, immatriculé dès 1940, haut fonctionnaire français… c'est bien lui, et alors ?

— Et alors ?… répéta-t-elle en me fixant à me trouer, avant de hausser légèrement les épaules, le visage à peine détourné, un léger soupir à la commissure des lèvres, une émeute de signes qui rappelait tout ce qu'elle pouvait encore mettre d'orgueil dans un soupçon de simplicité. Alors rien. Laisse tomber. Tiens, j'ai failli oublier. Souvenir de là-bas. »

Le paquet avait la forme d'une pochette de disque. Le tout dernier enregistrement de Ray Ventura et ses Collégiens, une rareté, introuvable en France sauf au marché noir. Pendant que son mari traitait ses affaires, N*** les avait suivis au cours d'une partie de leur tournée de l'été 42 en Amérique du Sud, au Casino da Urca à Rio de Janeiro tout d'abord, devant un public un peu froid, que le guitariste Henri Salvador avait réussi à dégeler définitivement en imitant Popeye ; puis au cabaret Tabaris et au Teatro Politeama, à Buenos Aires, où le succès avait été immédiat. Son récit était si ardent que je me crus avec elle, dans les nuits chaudes de l'avenue Corrientes. Cette musique-là était l'un de nos traits d'union, et elle savait qu'elle ne pouvait mieux me toucher. L'orchestre au grand complet, avec Coco Aslan, Micheline Day et toute la bande, dont bon nombre s'étaient connus sur les bancs du lycée Janson-de-Sailly, d'où leur drôle de nom, avait pu enregistrer un disque avec la firme Odéon. Ce disque que je tenais entre les mains. Une vingtaine de titres, en français, en espagnol, en anglais et même en portugais. Beaucoup de fox-trot, un peu de samba. N*** le posa elle-même sur le phono et plaça l'aiguille sur *Insensiblement,* le seul slow-fox, avant de me rejoindre pour danser sur le balcon.

Insensiblement vous vous êtes glissée dans ma vie,
Insensiblement vous vous êtes logée dans mon cœur,
Vous étiez d'abord comme une amie,
Comme une sœur,
Nous faisions de l'ironie
Sur le bonheur.
Insensiblement nous nous sommes tous deux laissé prendre...

Les premières mesures suffirent à me convaincre que les chansons, plus encore que la musique, sont de sublimes entremetteuses. Au début, sa tête reposait sur mon épaule ; à la fin, nos lèvres s'étaient naturellement trouvées. Nous échangeâmes le plus long baiser de l'histoire de Lutetia, si long qu'il épuisait à lui seul quelques décennies de désir inassouvi. L'instant d'après, nous étions enlacés sur le lit, tout habillés comme quand on était petits, si hâtifs et puissants dans l'étreinte que nous ne faisions plus qu'un — mais lequel ? Tout le disque y passa : *C'est la première fois, Premier rendez-vous, Dernière rêverie...* Les refrains ne s'adressaient qu'à nous. Entre les plages, on percevait les faibles échos d'une musique nettement plus classique venue d'en dessous ou d'à côté, aussitôt recouverts par nos chansons.

« Tu as de la chance, toi, me murmura-t-elle à l'oreille. Ta solitude...

— La solitude n'est pas l'isolement. »

Pourquoi entendais-je « égoïsme » chaque fois qu'elle prononçait « solitude », avec le timbre assourdi du reproche quand il ne se déclare pas ?

« N'empêche, elle te protège des intermittences du cœur. C'est ta force. Tu trouveras toujours en toi des consolations innombrables, alors que je ne trouverai en moi que toi. La petite Necker a écrit cela un jour à sa maman, le voussoiement en plus.

— C'est beau.

— Mais ce n'est pas de moi, hélas, pas de moi, répéta-t-elle songeuse. Je me demande ce qui en moi est encore de moi... »

N*** en voulait à ses persécuteurs, moins pour ce qu'ils étaient que pour ce à quoi ils la réduisaient. Le doute permanent qui désormais la corrodait nuit et jour. Jamais elle ne pardonnerait à ceux qui avaient fait d'elle une obligée, elle si fière. Ils la rongeaient à petit feu en brisant son rêve de toujours. N*** enrageait de se sentir rattrapée par un passé si lointain, si enfoui et si détaché d'elle qu'elle refusait de le croire sien.

Je léchai ses larmes puis soulevai ses cheveux avant de lui glisser à l'oreille :

« On ne s'est jamais quittés et, quoi qu'il advienne, on ne se quittera jamais. Le chef-d'œuvre, c'est la durée. Seule la forme est esclave des circonstances, pas ce qu'il y a à l'intérieur. N'oublie pas, la durée... »

Quand je me suis réveillé, vers 5 heures du matin, elle était partie. Le disque tournait silencieusement dans le vide. Un bout de papier plié en quatre était posé bien en évidence en son centre :

La vue des pantoufles, leur bruissement même, c'est un tue-l'amour. Je ne t'ai jamais vu en pantoufles. C'est aussi pour cela que je t'aime.

*N****

Le lendemain, je fus convoqué chez M. Arnold. Le motif n'était pas précisé. « Madeleine », que je croisai dans les couloirs, me prit discrètement à part :

« Pas bon pour toi...

— Qu'y a-t-il ?

— Je ne sais pas mais ce n'est pas bon pour toi. Il est très en colère. Enfin, tu verras, ne te mets pas en retard en plus. »

En plus de quoi ? J'imaginai le pire. Le réseau de Félix-le-comptable tombé entre leurs mains. Des aveux sous la torture. Mon nom lâché parmi d'autres. Et là, qu'est-ce que je ferais ? Enjamber la fenêtre ? Mais du deuxième étage, on risque plus de se blesser que de se tuer. Quand j'entrai, deux choses me frappèrent. D'abord le grand tableau ancien regorgeant de fous monstrueux, probablement un Bosch — cynisme des homophonies —, que des ouvriers suspendaient au mur avec mille précautions. C'était donc ça, le cadeau de Lafont, dont l'arrivée avait été annoncée la veille ; on avait même craint de devoir le faire passer par la fenêtre tant ses dimensions étaient imposantes ; certainement le produit du dernier pillage de sa bande chez le baron Maurice de Rothschild.

Une présence m'intrigua tout autant. Celle du chef du service administratif.

« Ah, vous voilà, Kiefer, dit M. Arnold en contenant mal sa nervosité par la manipulation aussi bruyante qu'exaspérante de ses clés dans sa poche. Vous connaissez l'Obersekretär Kuehn, n'est-ce pas ? Il est également chargé du service de la distribution du courrier pour toute la section parisienne de l'Abwehr... »

Après un instant d'hésitation, je m'avançai vers le bonhomme pour lui serrer la main. Mal m'en prit car non seulement il me laissa le bras tendu dans le vide, mais il ne daigna même pas se lever de sa chaise, et regarda ostensiblement le tableau comme si je n'étais même pas là. Salaud... Son visage semblait empourpré par la révélation récente du saint-émilion plutôt que par un abus chronique de schnaps ; à la réflexion, sa trogne congestionnée était saisissante en ce qu'elle aurait pu s'être échappée de la grande toile au mur. Le courrier, mon Dieu... Si quelqu'un me voulait des ennuis, il lui suffisait de m'envoyer une lettre grossièrement codée ; il n'en fallait pas davantage pour me confondre et m'envoyer au trou. Sans preuves, si ce n'est une lettre de dénonciation qui ne n'aurait pas dit son nom. Des saletés pareilles étaient alors monnaie courante, mais elles n'arrivaient qu'aux autres. Qui aurait pu commettre une telle ignominie ?

« L'Obersekretär Kuehn en a plus qu'assez, voyez-vous. Il n'avait rien dit jusqu'à présent mais, d'après lui, vous venez de passer à la vitesse supérieure, vous avez franchi les bornes, monsieur Kiefer !

— Je ne vois pas, je suis désolé...

— La musique, monsieur Kiefer ! La musique !

— Mais quelle musique ?

— Allons, ne faites pas l'innocent. Passe encore que vous lui imposiez les ritournelles de votre radio, mais hier soir, franchement, tout ce vacarme... ce n'est pas digne de vous. Vous connaissez le règlement : pas de bruit après 22 heures. »

L'Obersekretär se leva enfin et, juste avant qu'il n'ouvre la bouche, je compris que je dévisageais pour la première fois mon voisin du dessous :

« Vous écoutez de la musique interdite et vous le savez très bien, grommela-t-il sur le ton de la réprimande, les dents serrées. Des choses qui ne passent pas sur votre radio nationale. J'ai vérifié, votre Ray Ventura et son Paul Misraki et leurs soi-disant Collégiens, sont des juifs ou des enjuivés. Ils jouent de la musique juive, et vous passez ça dans la maison de l'Abwehr ? Mais vous êtes fou ! »

Il ne me restait qu'à me confondre en excuses, et à regarder le bout de mes chaussures comme un enfant pris la main dans le pot de confiture. J'avais honte de ma honte. Une fois que l'Obersekretär Kuehn eut claqué la porte dans son dos, M. Arnold éclata de rire, ce qui eut pour effet de déclencher en moi un rire nerveux, une secousse incontrôlable de tout le corps, l'expression la plus lâche du soulagement après la peur. Même feinte, la colère allait très bien à M. Arnold. Quel comédien ! Il m'offrit une cigarette.

« Allons, il est juste un peu rigoriste. Mais je le comprends, en un sens, rien ne doit gâter les lieder de Schubert. Il pouvait en écrire jusqu'à huit en une seule journée, vous vous rendez compte ! Vous goûtez Schubert ?

— Je dois vous avouer que ça me fiche un peu le cafard.

— Mais vous n'aimez pas *La jeune fille et la mort,* monsieur Kiefer ?

— Si, si.

— Et le cycle de *La belle meunière,* ce moment de grâce ?

— Tout autant.

— Alors ?

— J'attends que vous soyez tous partis pour les écouter à nouveau. Vous aimez Édith Piaf ? »

Son regard se fit ironique. La main fermement posée sur mon avant-bras, il ajouta :

« Ce genre de réflexions, cela passe devant moi parce que je suis en quelque sorte un vétéran du Lutetia, mais évitez-les devant les autres, conseil d'ami. Ils n'apprécieraient pas du tout.

— Édith Piaf ?

— Vous voyez très bien ce que je veux dire. »

Je levai la tête vers les créatures diaboliques du grand tableau ; elles me regardaient depuis tout à l'heure et hurlaient si fort qu'elles allaient tomber du cadre. Mais comment avais-je pu ? Ç'avait été plus fort que moi, il avait fallu que ça sorte et, comme toujours en pareille circonstance, j'avais pris conscience de l'énormité de mon propos au moment précis où je l'énonçais, alors qu'il n'avait pas encore chu de mes lèvres. On ne parlait pas comme ça aux Allemands. Jamais. Nul ne s'y serait cru autorisé, ni à Lutetia ni ailleurs. Mais qu'est-ce qui m'avait pris ? Peut-être avais-je été chauffé à blanc par l'aventure absurde que vivait N***. Même si ces lois infâmes étaient hélas purement françaises, il avait bien fallu l'occupation allemande pour qu'elles vissent le jour.

« Il vous plaît ? me demanda M. Arnold en désignant le tableau d'une moue. Je l'ai sauvé. Parfaitement, la France devrait me remercier. Au moins, il restera ici. Encore un que le Reichsmarschall Goering n'aura pas... »

Vivement qu'ils partent ! De l'Hôtel, de mon pays, de leur pays. Vivement la fin de cette guerre que je puisse à nouveau aimer l'Allemagne comme avant. Pas celle d'avant la guerre, celle d'avant Hitler.

« Madeleine » m'attendait dans le couloir en contenant son rire :

« Avoue que tu as eu peur, non ? Ce Kuehn est impayable dans le genre fonctionnaire coincé, et il a fallu que tu l'aies comme voisin !

— Il faut que je te parle.

— Tout de suite ? »

L'instant d'après, je la retrouvai au premier sous-sol dans un discret office entre le bureau de la multigraphe et le vestiaire Récamier. À la prudence avec laquelle je refermai la porte, et la solennité avec laquelle je lui pris les mains pour lui parler, elle comprit que je ne l'avais pas amenée là, dans cette pénombre, pour l'embrasser, du moins pas uniquement :

« Je voudrais que tu fasses quelque chose pour moi. Il faut que j'aide quelqu'un.

— Une femme ?

— Une femme.

— La comtesse ! lanca-t-elle triomphalement. J'ai tout de suite compris en la croisant dans le couloir de ta chambre, tu te rappelles, avant la guerre. Tant de petits détails trahissent une femme amoureuse, même une…

— Arrête ! lui intimai-je en pressant brusquement ses doigts. Ce n'est pas ce que tu crois, il ne s'agit pas du tout de ça mais ce n'est pas le moment de raconter ma vie, une autre fois. Si tu le fais, fais-le pour moi.

— Tu veux quoi ? soupira-t-elle.

— Une lettre officielle de l'Abwehr adressée à M. Darquier de Pellepoix, commissaire aux Questions juives, certifiant que la comtesse Clary, honorablement connue de nos services, étant chrétienne depuis plusieurs générations, se trouve être la victime malheureuse d'une tragique méprise et que l'Abwehr apprécierait vivement qu'il y soit mis un terme définitivement.

— Et tu crois qu'il y sera sensible ?

— Ce Darquier est l'un de vos obligés, il est appointé par l'Abwehr depuis 1940, tu peux vérifier.

— Demain, quand M. Arnold, comme tu l'appelles, sera sorti, je taperai une lettre sur son papier à en-tête, et je te la donnerai pour que tu l'envoies. »

Là-dessus, elle écrasa longuement ses lèvres sur les miennes puis tenta d'ouvrir la porte pour rejoindre son bureau, mais je la refermai aussitôt :

« Quoi encore ? demanda Madeleine.

— On s'est mal compris, je veux beaucoup plus que cela, écoute-moi bien et ne m'interromps pas… »

Je l'installai tant bien que mal sur une caisse en carton, m'assis sur une pile de vieux journaux et lui exposai mon plan :

« Ton patron, ce n'est rien. Il faut viser plus haut. Otto. Si, si, Hermann Brandl en personne, sinon cela n'aura aucun effet. Tu connais bien Mary Jacobson, sa secrétaire, explique-lui qu'il s'agit d'une de tes amies. En principe, pour les raisons que tu sais, elle ne devrait pas y être totalement insensible, à moins qu'elle ait rejeté totalement son passé mais cela m'étonnerait. Tu vas donc lui dicter la lettre qu'elle doit impérativement taper sur sa propre machine à écrire. Puis tu lui demanderas d'imiter la signature d'Otto, elle a l'habitude. Après quoi, tu lui demanderas de puiser dans le jeu de sceaux qu'elle garde sous clé celui qui porte l'inscription 20 803.

Comme tu le sais, c'est le numéro de Feldpost de l'Ast Leit, l'Abwehr en France. Avec ce sceau, elle tamponnera l'enveloppe, à l'emplacement du timbre. Quant à la lettre elle-même, sous la signature, elle y apposera le cachet mis à la disposition personnelle d'Otto par l'Abwehr-France : attention, pas le 03 069 DT, qui est réservé à la correspondance strictement commerciale, mais le 20 803 avec en plus trois petites croix sous l'aigle. Après, il ne restera plus qu'à mettre la lettre au courrier. Voilà... Mais il faut faire très vite.

— Tu sais bien que Mary s'occupe surtout de la comptabilité d'Otto...

— Et alors ?

— Et d'abord comment je la contacte "très vite" ? Comme ça, dans son bureau, devant les assistantes de son patron ?

— Je crois savoir que demain tout le personnel féminin de l'Abwehr-Lutetia est convoqué au salon Cariatides à 10 heures. Le lieutenant-colonel Reile doit vous réprimander gentiment, à la demande d'un ponte de Berlin qui a remarqué votre laisser-aller vestimentaire, votre maquillage, vos parfums, vos bas, bref une influence parisienne trop marquée. Mary y sera, naturellement.

— Tu es vraiment un flic, toi. Mais tu prends beaucoup de risques pour une presque juive... Je ne sais pas ce qu'il y a entre cette femme et toi, mais elle a vraiment de la chance de t'avoir. J'espère qu'elle le mérite, au moins. »

Si j'avais osé, je lui aurais avoué que, de mon point de vue, je courais un danger au moins aussi grand en lui confiant cette mission, car rien ne m'assurait contre sa trahison. L'ambiance était devenue telle qu'on se serait méfié de son ombre. Mais je préférai ne rien dire, non par excès de prudence mais parce que c'eût été trop mufle.

N*** avait réussi, elle seule, à poétiser ma vie. Une telle femme méritait qu'on prît tous les risques pour elle.

Le lendemain, par l'entrebâillement de la porte du salon Cariatides, je vis « Madeleine » s'éclipser discrètement avec Mary derrière un rideau qui menait à un débarras.

À nouveau des bombardements. Ça n'arrêtait pas. C'était devenu tellement courant que le personnel rechignait parfois à se rendre aux abris. Comme à l'extérieur de l'Hôtel. L'indiscipline ne s'arrêtait pas à nos portes. Les habitants des étages supérieurs des immeubles étaient les plus touchés. Par une belle fin d'après-midi de ce mois d'avril, alors que le fond de l'air était délicieux, les Américains avaient bombardé les usines Renault à Billancourt : 403 morts, 519 blessés. Tout cela ne pouvait que laisser des traces, même dans une population animée par la haine de l'occupant. D'autant que quelques bombes étaient tombées sur le champ de courses, les Allemands ayant eu la bonne idée d'installer des postes de DCA à Longchamp. Des morts et des blessés furent ramassés à la hâte avant le départ des chevaux.

Cette nuit-là, je fis un cauchemar. Au réveil, il ne m'en restait presque rien. Juste une image. À peine le souvenir d'un corps que l'on m'avait demandé d'identifier dans la boue du champ de courses. Le cadavre de ma mère. Mon premier geste fut de prendre son portrait sur la commode, de démonter le cadre, d'en extraire sa dernière lettre et de la relire, alors que je la connaissais par cœur.

De nouveaux supplétifs venaient de s'imposer comme exécuteurs des basses besognes de l'Abwehr. Encore plus cruels et dénués de scrupules que leurs prédécesseurs dans la place. Mais il y avait pire encore, du moins plus exotique, quoique les tandems Bonny-Lafont et Joanovici-Szkolnikoff fussent assez pittoresques dans leur genre.

Un Arabe. Ne manquait que lui au tableau. Ses employeurs ne parlaient pas de lui et de sa bande de crapules comme d'Arabes, ni même de musulmans, mais uniquement de « Nord-Africains », comme si c'était une nationalité. Il s'appelait El Maadi. Bien connu des services de police, comme on dit. Celui-là, je n'eus aucun mal à lui confectionner sa fiche : *« El Maadi, Mohamed, né à Tlemcen en 1903. Milieu d'origine : grande bourgeoisie. Agitateur politique prônant l'indépendance de l'Algérie au quartier Latin. De retour au pays prêche le* djihad *contre les colons. Puis veut mettre la guerre sainte au service du national-socialisme dans son éradication du bolchevisme.... »*

Drôle de zèbre. Politiquement difficile à suivre. Pas à une contradiction près, mais il n'était pas le seul. Avant guerre, à Paris, à la tête d'une petite troupe de nervis venus de là-bas, toujours flanqué de son adjoint Brahim, il fricotait déjà avec l'extrême droite puisqu'on le retrouvait dans la Cagoule et au début de l'Occupation dans les rangs du parti fasciste de Déat. Les Allemands, à qui il pouvait toujours servir, lui permirent de refaire paraître son journal, *Er Rachid (Le Guide)*. C'est Lafont qui eut l'idée de lui faire monter une « brigade nord-africaine » pour lutter contre le maquis, mais c'est Joanovici qui fournissait les uniformes et l'équipement aux trois cents musulmans qu'El Maadi recruta dans le milieu. Une racaille telle qu'il fallut vite chasser un quart de la troupe tant elle se révélait rétive à toute discipline militaire. Entre-temps, cette bande s'illustra comme les autres, mais surtout en province, dans les régions tenues par le maquis, par le pillage, la torture, les exécutions sommaires et les massacres de civils. Sous le haut patronage de l'Abwehr.

Quand le directeur entra dans mon bureau, je compris à son regard qu'il était ennuyé. Ceux de la classe 40-42 devaient partir pour l'Allemagne. L'avis ayant créé un peu d'affolement chez les commis, il me demandait de l'aider à intervenir auprès de nos autorités pour qu'ils puissent rester. Qu'allait-on pouvoir inventer encore ? Le pire aurait été de les prendre pour des crétins, de leur raconter n'importe quoi. Ce que j'appelais la « méthode Laval », cette habileté si française, ou plutôt franchouillarde, à ruser avec l'ennemi, à essayer de le rouler dans la farine, à l'emberlificoter comme on le faisait dans les coulisses de la Chambre du temps des magouilles gouvernementales.

M. Arnold pouvait me tirer de ce mauvais pas. Avant même que je le sollicite, il me fit appeler. Pas dans son bureau mais au bar. La forme était pour le moins inhabituelle mais j'avais résolu de ne plus m'angoisser que pour ce qui en valait vraiment la peine. Le sort des commis de cuisine me préoccupait tant que je le lui exposai dès que nous fûmes assis. Il entrouvrit le dossier, le parcourut rapidement, et le rangea dans sa serviette. Puis il rapprocha son fauteuil du mien, comme pour me mettre dans la confidence d'un grand dessein stratégique susceptible de bouleverser le cours de la guerre :

« Vous savez quoi ? Le colonel Rudolph va se marier. Avec sa secrétaire, Erika Juhl, vous voyez, la grande blonde un peu forte. On veut lui faire une belle fête, à notre grand chef. Or nous savons par nos amis en poste chez les Anglo-Saxons, pardon, les Anglo-Américains, comme on dit maintenant, je ne m'y fais pas, nous savons que Paris et sa banlieue vont à nouveau être bombardés le vendredi 3 septembre. Le chemin de fer Montparnasse-Vaugirard sera l'un de leurs objectifs. C'est tout près d'ici. Vous me suivez, Édouard ?

— Je ne vois pas trop où vous voulez en venir, dis-je, vaguement inquiet qu'il m'appelle par mon prénom, ce qui n'annonçait rien de bon.

— Une belle surprise, voilà ce que nous allons organiser pour le colonel Rudolph et ses amis. Un dîner sur le toit de l'Hôtel pendant le spectacle. Tout le monde sera aux abris mais nous, nous défierons le ciel.

— Je ne vois toujours pas. Vous ne voulez tout de même pas que je passe les plats ?

— Bien sûr que non, mon cher Édouard ! Vous, vous jouerez…

— Pardon ?

— La musique ! La trompe de chasse ! Comme chez le roi à Versailles. Ce sera ma-gni-fique, croyez-moi.

— Il n'en est pas question. Vous ne pouvez pas m'y obliger. Vous savez très bien pourquoi je m'y refuse. Nous étions quatre amis dans cette fanfare, ce serait les insulter que de jouer sans eux. Ou alors faites revenir celui que vous avez envoyé dans un oflag en Silésie et ressuscitez celui que vous avez tué à Saumur en 40.

— Ne me décevez pas, Édouard. Soyez raisonnable.

— J'ai juré de ne plus jamais jouer sans eux. Me parjurer reviendrait à violer ma conscience, et ça...

— Pensez plutôt aux gens qui vous sont chers, Édouard, je ne sais pas, moi, la comtesse Clary, au hasard bien sûr. Une dame, à n'en pas douter. Il faut l'aider, c'est sûr. Alors si chacun fait un petit effort, n'est-ce pas... »

Salaud ! Je ne cherchai même pas à savoir d'où était venue la fuite, ce chantage m'était odieux. Les Allemands le pratiquaient couramment sur les familles pour leur soutirer des renseignements en leur faisant miroiter une intervention capable de faire rentrer un proche. Mais ces choses-là n'arrivaient qu'aux autres. Salaud...

Comme je me levais, M. Arnold saisit mon avant-bras, qu'il pressa fermement, pour se faire comprendre sans que s'insinue la moindre ambiguïté :

« Et en grande tenue, cela va de soi. »

Le surlendemain, à l'heure dite, les bombardiers étaient au rendez-vous. Nous aussi. Une douzaine d'officiers accompagnés de leurs épouses ou de leurs maîtresses, parfois des deux, attendaient les nouveaux mariés. Une grande table de banquet avait été disposée sur la partie de la terrasse qui offrait le meilleur point de vue, la tour Eiffel se profilant à l'horizon. Des chandeliers à quatre bougies faisaient ressortir comme jamais la blancheur de la nappe. Un maître d'hôtel et quatre garçons montés du restaurant assuraient le service. Le tout ne manquait pas d'allure, de panache même, mais le principe même ne m'en paraissait pas moins atroce.

J'inspectai la terrasse, mon territoire, lieu privilégié de mon exil intérieur. Depuis le départ de Don José, aucun chien n'avait pissé sur son terre-plein ; quant aux fenêtres de l'historien de la rue de Sèvres, qui demeuraient éclairées tard dans la nuit avant la guerre, elles ne me semblèrent guère avoir été ouvertes depuis les débuts de l'Occupation ; sa silhouette studieuse avait disparu du paysage. En m'accroupissant, le simple toucher du gravier, et le seul fait d'en égrener les petites pierres entre mes doigts, me renvoyèrent au monde d'avant. Dire que cinq ans avant, cinq petites années qui m'avaient paru une éternité, un officier français y triomphait à l'épée de l'arrogance d'un Allemand sous mon arbitrage, et que j'avais osé y humer l'arôme d'une prochaine victoire française.

Quand la Flak commença à canarder les forteresses volantes, on fit entrer les mariés. En dépit du contexte, à moins que ce ne fût justement grâce à lui, il fut alors procédé aux rites habituels à toute célébration. Une haie d'honneur dans un garde-à-vous à l'impeccable raideur les attendait à la porte. Une salve de bouchons de champagne les accueillit dès qu'ils posèrent le pied sur la terrasse. M. Arnold, qui se tenait tout près de moi par prudence, me donna un coup de coude. Un mélange âcre de colère et de révolte, de rancœur et de peur suintait de ma bouche, à m'en paralyser le souffle. Mais non, je sonnai et le son sortit de la trompe, comme avant. La surprise fut totale, le colonel Rudolph et son épouse aux anges et la soirée une réussite.

Pour la première fois de ma vie, j'éprouvai ce qui doit être la haine de la musique tant j'avais honte de celle qui sortait de ma trompe.

Les tirs d'artillerie au loin, mêlés aux sourdes déflagrations, trouaient la stridence continue des sirènes. Nous fûmes prévenus qu'en bas l'électricité et le téléphone avaient été coupés mais ceux de là-haut n'en avaient cure ; ils se croyaient hors du monde, hors d'atteinte. Les gens de l'Abwehr se comportaient comme au spectacle alors qu'ils étaient « dans le motif », personnages animés de l'illustration la plus adéquate qui puisse se trouver pour le dernier cercle de *L'Enfer*. À croire qu'un feu d'artifice sans artifice était tiré ce soir-là pour la célébration exclusive de leur petite fête. Un incendie, à proximité, les eût comblés car les flammes eussent apporté au tableau la touche de jaune qui manquait. Cela ne tarda pas, du côté de Vaugirard. Nul n'osait espérer un lâcher de parachutistes échappés en torches de leur bombardier en détresse, c'eût été trop demander pour compléter cette évocation d'une apocalypse joyeuse.

Aveugles et bornés, les convives ne sentaient pas que leur monde crépusculaire, cet immense territoire dont ils avaient fait un charnier, s'était irrémédiablement condamné par le mal absolu qu'il ensemençait depuis le début.

« Et voici le grand orchestre de la Flak pour vous accompagner ! triompha M. Arnold en me désignant du doigt les batteries antiaériennes allemandes dont les tirs striaient le ciel. L'ordre, monsieur Kiefer. Vous y tenez, n'est-ce pas ? Moi aussi. Savez-vous ce qu'en a dit notre grand aphoriste Lichtenberg ? "L'ordre conduit à toutes les vertus, mais qu'est-ce donc qui conduit à l'ordre ?" »

Tandis que je marquais une courte pause, il m'entretint d'une scandaleuse initiative de Hitler. J'imaginais quelque horreur soigneusement dissimulée à l'opinion, mais non : il s'agissait de l'interdiction de la chasse à courre sur tout le territoire du Reich au seul motif qu'une certaine aristocratie polonaise avait réussi à maintenir intactes les traditions de la vénerie, pratique peu connue en Allemagne, sinon par des membres de la noblesse, généralement des officiers de cavalerie invités à se joindre aux curées françaises entre deux guerres. Mais je n'avais pas le cœur à l'écouter parler de cet univers qui m'était cher. Pas lui, pas ce soir ! Il n'avait pas *en plus* le droit de pénétrer dans ce territoire sacré qui était le mien : le valet de limier faisant le bois... l'équipage se portant sur une brisée où les chiens seraient découplés pour attaquer l'animal... après le rapproché viendrait le lancé ponctué de fanfares... l'hallali courant et la curée ... Ces réminiscences d'un paradis perdu remontèrent en moi par toutes les fibres de mon être tandis que ma trompe défiait les colères du ciel.

Quand ils passèrent enfin à table, on me congédia, non sans m'offrir du champagne. Cette fois, plutôt que de me retrouver à nouveau dans une situation inconfortable, je laissai mon encombrant instrument bousculer ma coupe, et je profitai de l'empressement des serveurs à en ramasser les morceaux pour me retirer discrètement.

En rentrant dans ma chambre, je fermai la fenêtre pour ne plus entendre les échos du bombardement ; sans lâcher mon instrument, je m'affalai sur mes talons, contre la porte d'entrée, en m'abandonnant de tout mon soûl à des larmes de rage. Cette nuit noire de l'Occupation, cette nuit maudite entre toutes, demeurerait à jamais dans ma mémoire comme celle de mon humiliation absolue.

Weber, le chef caviste, organisa notre second entretien dans son domaine. Félix-le-comptable avait confiance en lui. Quand il pénétra dans le sous-sol, il était si parfaitement méconnaissable avec sa casquette de livreur enfoncée au-dessus des yeux, et sa caisse de bouteilles sur l'épaule, que je mis un certain temps avant de l'identifier. Weber avait tout prévu : un recoin faiblement éclairé dans la salle de triage, une petite table avec deux chaises de part et d'autre, et sur la table un casse-croûte, un flacon sans étiquette déjà bien entamé et deux verres, juste de quoi donner l'illusion d'une pause.

Cette fois, c'est moi qui l'entrepris :

« C'est chaud, très chaud là-haut depuis la capitulation de von Paulus à Stalingrad. J'ai l'impression de marcher dans un champ de mines quand j'avance seul dans un couloir à l'étage. Tout le monde surveille tout le monde. Même le Bureau Otto met le trafic et les affaires en veilleuse pour se consacrer davantage à l'espionnage en France, mais aussi en Espagne et au Portugal.

— Tiens-toi sur tes gardes en permanence, ça suffira. Le loup cherche partout sauf dans sa gueule. Pour le reste, dis-toi bien qu'on vit une situation hors normes, Édouard. L'État, la police, la justice, c'est fini tout ça ! Oublie ce que tu as appris. »

Comment lui dire que je savais déjà tout cela ? Simplement, je le ruminais sans être encore capable de l'exprimer. La vie ne vaut d'être vécue que si elle a en elle autre chose que ce qu'elle est. Quelque chose qui la dépasse et sur laquelle on ne peut faire aucun compromis. Ça ne souffre aucune demi-mesure. Et cette chose, on ne peut rien en négocier. Rien. À moins d'y laisser sa dignité d'homme. Voilà ce que j'aurais voulu articuler si le simple énoncé de ces phrases n'avait pas nié tout ce en quoi j'avais cru jusqu'alors. L'État, la police, la justice, parfaitement.

« Tu as entendu parler du serment de Koufra ?

— C'est quoi, un truc de franc-maçon ?

— Si tu lisais autre chose que les journaux de l'Hôtel, et si tu écoutais autre chose que la radio française, tu saurais. C'est une promesse que se sont faite les gars de Leclerc dans une oasis paumée au fin fond de la Libye, après un raid victorieux contre les Boches. Ils ont juré qu'ils déposeraient les armes quand le drapeau français flotterait sur la cathédrale de Strasbourg, pas avant. C'est beau, non ?

— Ils ont juré ça, vraiment ?

— Je ne sais pas si tu as des nouvelles d'Alsace, mais imagine-toi que l'autre jour, près de deux cents jeunes ont réussi à passer en Suisse pour échapper à l'incorporation dans la Wehrmacht. En représailles, les Boches ont déporté deux mille personnes de la région d'Altkirch. Que des gens de leurs familles. Le Gauleiter Wagner a promis que la prochaine fois il ferait fusiller les réfractaires. Maintenant, il y a une bande de 3 kilomètres interdite le long de la frontière entre la France et la Suisse. »

Quand il sentit qu'il en faisait un peu trop avec l'Alsace, et qu'à gratter tout le temps la corde sensible celle-ci risquait de rompre, il changea de registre :

« Il paraît qu'ils sont particulièrement corrompus, à l'Abwehr ?

— Je n'en sais rien.

— Tu as peur de mourir, c'est ça ?

— Ce qui m'embêterait le plus, ce ne serait pas de mourir mais de ne pas participer à l'enquête sur ma mort.

— Tu dis ça... »

Je lui tendis les journaux que je tenais sous le bras en entrant dans la pièce. Dès qu'il ouvrit la grande enveloppe beige qu'ils cachaient, Félix-le-comptable écarquilla les yeux. À l'annuaire qu'il m'avait demandé, j'avais joint l'organigramme complet de l'Abwehr-Lutetia et plusieurs rapports sur le repérage des terrains d'atterrissage clandestins, dont l'un classé « Très secret ». Il feuilleta rapidement et rangea le tout.

« Je vais te faire un papier, comme une reconnaissance de dettes.

— Garde tes factures !

— Sois pas bête ! On sait jamais, pour après.

— Je n'ai pas fait ça pour après. Autre chose ? »

Il sembla pris de court, mais se ressaisit aussitôt.

« Les Français. Ça nous intéresse. Pas les officiers du 5e bureau, des spécialistes du renseignement militaire camouflés sous diverses professions. Ceux-là sont tombés, leur sort est scellé. Quant à leurs archives, d'autres que nous se chargent de les récupérer, puis de les évacuer de Nîmes vers Alger.

— Alors, quels Français ?

— Les collabos qui bossent avec l'Abwehr.

— Ceux du marché noir ?

— Non, non. Les politiques. Un, surtout. Albert Beugras, le chef du service de renseignement du PPF. Il paraît qu'il est devenu *persona* très *grata* au Lutetia. Agent immatriculé et tout. On dit qu'ils ont mis à sa disposition un appartement secret dans Paris où entreposer ses archives, rédiger ses rapports, chiffrer ses messages, émettre et réceptionner. L'Abwehr donnerait 100 000 ou 150 000 francs par mois au PPF en échange de toutes ses infos militaires et surtout de ses rapports sur l'état d'esprit des ouvriers tels que les militants les font remonter des usines en France, pareil sur celles du STO en Allemagne et dans la SNCF.

— Tu veux quoi au juste ?

— L'appartement. C'est rue de Ponthieu, dans le VIIIe. Mais elle est longue, la rue. Je veux le numéro et l'étage. »

Après un instant de réflexion, je feuilletai mon carnet de notes puis inscrivit « 29, 3e » entre deux colonnes d'articles. Il se leva, le paquet de journaux enfoui au fond d'une caisse de bouteilles vides qu'il chargea à l'épaule.

« On te doit une fière chandelle. T'as pris des risques pour nous alors que t'étais pas des nôtres. T'as fait tout ça pour quoi ?

— Je pourrais te répondre : pour libérer mon pays du joug nazi ! Par amour de la liberté ! Et ce serait vrai. Mais si j'ai fait ça, c'est pour ne plus avoir un jour à sonner de la trompe contre mon gré.

— J'comprends rien.

— Ne t'inquiète pas, moi non plus », lui avouai-je en le serrant chaleureusement contre moi.

Le vrai débiteur, c'était moi. Au plus profond de ma solitude, au cours de la nuit où j'avais pris ma décision, sa voix m'avait secouru. Elle avait confusément guidé ma conscience vers une *terra incognita* où l'on s'honore de ne plus être en règle, enfin.

Les sous-sols de l'Hôtel étaient un vrai labyrinthe. Les Allemands ne s'y aventuraient guère tant ils étaient sûrs de s'y perdre. En raccompagnant Félix, je lui indiquai le local à patates, un emplacement difficile d'accès, assez surélevé. Dans une semaine, même jour, même heure. Si j'avais quelque chose à lui transmettre, ce serait là, dans un sac en toile de jute isolé au fond à droite.

Et si Félix-le-comptable était un agent double ? Et s'il tombait entre leurs mains ? Et s'il parlait sous la torture ? La devise que mon père me serinait me revint à l'esprit, les derniers mots : « ... advienne que pourra ».

Peu après, une réunion se tint dans un petit salon de l'Hôtel entre des représentants de la LVF (la Légion des volontaires français contre le bolchevisme), de la Milice, du MSR (Mouvement social révolutionnaire) et de la Gestapo. Une réunion qui devait être d'une certaine importance car le commandant Kieffer en était. J'avais essayé d'en savoir plus, en vain. Une semaine après, quand on apprit l'exécution de Maurice Sarraut, un des fondateurs du Parti radical, homme d'influence du Sud-Ouest grâce notamment à son journal *La Dépêche de Toulouse,* je compris mais il était trop tard. Un guet-apens devant la grille de sa villa, une rafale de mitraillette et terminé. L'enquête fut prestement enterrée dès que l'assassin, membre de la LVF, et ses acolytes, tous membres de la Milice, se furent placés sous la protection de la Gestapo.

Aussitôt je cherchai à contacter Félix-le-comptable par l'entremise des messagers habituels. Pas de retour. Pourtant, le local à patates avait bien reçu sa visite. 1943 s'acheva sur le pire des présages : Darnand, le patron de la Milice, fut nommé secrétaire général au maintien de l'ordre. La police, c'était lui désormais. Une police parfaitement alignée sur les exigences allemandes. Grenoble en eut un avant-goût avec une semaine sanglante qui vit les nervis fascistes et leurs maîtres allemands tirer dans les rues de la ville sur tout ce qui pouvait ressembler de près ou de loin à un résistant. Un massacre. Grenoble, où la Gestapo assassina René Gosse, le doyen de la faculté des sciences, et son fils, tous deux résistants actifs. Grenoble, où Félix-le-comptable devait aller, d'après ce qu'il m'avait confié à mi-mots.

Un jour, je cessai aussi d'avoir des nouvelles de N***. Mes réseaux restaient muets. Pas la moindre information. Rien. Tout devenait plus difficile et plus tendu, même tout près de nous. L'imprimerie du boulevard Raspail, où étaient confectionnés un grand nombre de journaux clandestins, avait fait l'objet d'une descente de police : tout le personnel avait été arrêté.

Le commis pâtissier qui me passait d'ordinaire les messages de Félix-le-comptable avait subitement démissionné sans laisser d'adresse. Quant à M. Arnold, alors que nous nous croisions un jour dans un couloir à l'étage, il m'annonça d'un ton faussement désolé que la désinvolture avec laquelle Darquier de Pellepoix avait rejeté la requête en faveur de N*** témoignait du net recul de l'influence de l'Abwehr sur les collaborateurs français pour le plus grand profit de la SS et de la Gestapo. Il était vrai que même auprès des Allemands, l'étoile de l'Abwehr pâlissait, nombre de ses officiers de confession protestante ayant été mêlés à des complots avortés contre Hitler. À force de se retrouver sous surveillance, l'Abwehr fut finalement absorbée au sein d'un grand service unifié d'espionnage.

Le cœur voit plus loin que les yeux. N*** me disait quelque chose comme ça parfois. N'empêche. L'impuissance me clouait. Tout était imaginable, à commencer par le pire. Mais son sort m'importait tant, et ma responsabilité dans son destin m'était un tel tourment que pas un seul instant, je puis le jurer, je ne craignis qu'il n'entraînât le mien vers une issue précipitée. Cet état d'incertitude me fit rejoindre dans l'instant la colonne sans fin de ces Français qui souffraient en silence de ne pas savoir.

À défaut d'agir, je voulais juste savoir.

Un matin d'avril 1944, je montai sur la terrasse dont je n'avais pas foulé le gravier depuis ma nuit dantesque. Juste pour voir. Pour la première fois depuis l'armistice, le maréchal Pétain effectuait une visite officielle à Paris. Combien de fois en fut-il question durant les quatre années écoulées ! Messe à Notre-Dame, *Marseillaise* à l'Hôtel de Ville et bain de foule sur tout le parcours. De mon promontoire, point de vue unique, d'une précision étonnante par beau temps, je distinguais parfaitement le cortège de voitures et son escorte de policiers, tandis qu'ils sinuaient dans les principales artères noires de monde. Comme si l'homme de Montoire n'avait pas disqualifié l'homme de Verdun, et que Pétain n'avait pas discrédité le Maréchal. Aucun n'était payé pour applaudir et ce n'était pas la sortie des cinémas. À croire qu'il n'était pour rien dans tout ce qui s'était passé depuis l'armistice. Les hourras et les applaudissements le dégageaient au contraire de toute responsabilité. Vers 17 h 30, la clameur se rapprocha quand ils passèrent par le carrefour Saint-Germain-Raspail et la place de l'Odéon pour rejoindre la porte Dorée. Et partout, la même foule enthousiaste.

Si je ne l'avais pas vu, si je ne l'avais pas entendu, je ne l'aurais pas cru.

Le fond de l'air avait quelque chose d'irréel. Tous les retournements, reniements et apostasies devenaient soudainement envisageables. La lecture des journaux, dont j'étais toujours aussi friand, réservait encore bien des surprises dans l'ordre de l'extravagance. Je recopiais certaines informations sur mon petit carnet en me disant que plus tard cela m'apparaîtrait peut-être moins insensé. Ainsi cette dépêche de l'Agence télégraphique suisse en date du mercredi 3 mai 1944, reproduite telle quelle par plusieurs journaux :

« Les préparatifs techniques en vue de la création d'une flotte vaticane ont pu être très avancés, grâce à la collaboration des armateurs de Gênes. Cette flotte comprendra six ou huit bâtiments jaugeant de 7 000 à 10 000 tonnes, ainsi qu'une douzaine de vapeurs d'un tonnage réduit. Les navires porteront le blason pontifical à la proue et leurs flancs seront peints aux couleurs vaticanes. Manifestement, ils joueront un rôle analogue à ceux de la Croix-Rouge, car la Cité du Vatican n'a pas besoin pour elle de tous ces bateaux. »

Au soir du 27 mai, un samedi, une partie de la troupe du Vieux-Colombier vint souper à la rôtisserie, probablement le meilleur restaurant encore ouvert à cinq minutes à pied du théâtre. Ils fêtaient la première de *Huis clos,* la nouvelle pièce de Jean-Paul Sartre, jouée dans des conditions périlleuses. Chacun se souvenait qu'un mois avant, un *Dom Juan* avec Jean Vilar avait été interrompu à cause des bombardements au-dessus de Boulogne-Billancourt et de Charenton. Malgré les coupures de courant, l'électricité contingentée, les interruptions dues aux alertes, le dernier métro à 23 heures et le couvre-feu à minuit, la représentation fut un tel succès, et les critiques si prometteuses, que le propriétaire de la salle fut assuré de jouer à guichets fermés pendant tout l'été. En tout cas, la troupe semblait ravie.

Comme le directeur, M. Chappaz, dînait seul dans un coin et qu'il m'avait demandé de partager sa table, j'eus quelques échos de leur soirée. Juste de quoi me donner l'illusion d'avoir assisté à la pièce, comme d'habitude. Le moment qui déclencha un éclat de rire général ? Quand le garçon dit : « Nous avons l'électricité à discrétion. » La réplique qui résume tout ? « Pas besoin de gril : l'enfer, c'est les autres. » Le pivot de la scène ? Le bronze de Barbedienne au-dessus de la cheminée. Après cela, à celui qui m'aurait demandé si j'avais vu *Huis clos*, j'aurais été fondé à répondre : « Oui, mais pas personnellement. » Le plus étrange est que l'enfer puisse intégralement se déployer dans une chambre sans issue, à la fenêtre murée, mais une chambre d'hôtel, comme le rappelait le décor second Empire et le garçon d'étage avec tablier blanc et gilet rouge. L'auteur avait d'abord songé à situer l'action dans un abri avant de se raviser. Le commis de rang chargé de la table des comédiens ne manqua pas de s'en inquiéter auprès de son chef de rang :

« Dites, l'enfer dans une chambre d'hôtel, c'est mauvais pour nous, ça, non ?

— Ça ne peut pas être pire que maintenant. L'enfer, on l'a partout depuis quatre ans, non ? »

En les quittant, je retrouvai M. Arnold dans l'ascenseur. Il avait lui aussi passé la soirée au Vieux-Colombier. Manifestement la représentation ne lui avait pas déplu. Mais le son de cloche était légèrement différent. Il n'y avait vu qu'adultère, désertion, infanticide et suicide.

Dans *L'Écho de la France* et *L'Œuvre*, *Le Petit Parisien* et *Paris-Midi*, les comptes rendus, généralement élogieux, de la pièce voisinaient avec les sujets du bachot, dont les épreuves s'achevaient le 3 juin : « Classiques et romantiques » et « Rôle du gouvernement et de l'opinion dans l'histoire coloniale de la France de 1715 à 1789 », au choix avec « Une journée à la campagne avec Jean de La Fontaine » et « Lettre d'un diplomate étranger à son gouvernement sur la représentation d'un chef-d'œuvre classique français ». Une attitude oscillant selon les cas entre la bienveillance et l'indulgence avait été demandée aux examinateurs eu égard aux circonstances.

6 juin. Ce matin-là, en entendant à la BBC un communiqué dont les premiers mots étaient : « La bataille de la libération a commencé... », j'eus un doute. Propagande ? Je me branchai sur Radio-Paris ; entre un concert de musique enregistrée et l'émission « Cuisine et restrictions », je ne réussis qu'à capter l'éditorial de Philippe Henriot, de pure propagande celui-là. Idem sur Radio nationale, jusqu'à ce qu'en fin de matinée un communiqué allemand y confirme une « invasion » par la Normandie.

Les dés étaient jetés.

La Gestapo nomma le commandant Kieffer à un haut poste, où il avait la responsabilité de la Rhénanie et de la partie de l'Alsace non encore libérée.

Dans les derniers jours de juillet 1944, au lendemain du complot avorté du comte von Stauffenberg contre Hitler, une bonne partie de l'état-major de l'Abwehr-Paris se volatilisa. En mars déjà, le colonel Rudolph, affecté à Berchtesgaden, avait été remplacé par un homme qui, lui, entretenait de bons rapports avec la Gestapo, le colonel Garthe. M. Arnold disparut sans laisser de traces. L'amiral Canaris fut arrêté le 23 juillet à Berlin et cantonné au siège de la Gestapo.

Jamais les opérateurs de Lutetia n'avaient autant écouté la BBC.

Au moment où la pièce de Sartre entamait sa carrière triomphale, le huis clos de la France allait s'achever. Au Vieux-Colombier, le directeur, Anet Badel, par ailleurs industriel au bras long en temps de paix comme en temps de guerre, ne se contenta pas de produire son propre courant grâce à un groupe électrogène. Il fit enlever le toit du théâtre, ce qui permit de jouer le soir à la lumière naturelle, initiative assez gonflée pour un huis clos.

La collaboration faisait ses adieux à ses privilèges et ses illusions, à ses compromissions et ses crimes au cours d'un *Te Deum* aux funérailles nationales de Philippe Henriot, à Notre-Dame, rien de moins. Tout était joué de toute évidence mais ça continuait comme avant. Le règne de l'intimidation, de la menace, du chantage. Un ordre de l'occupant prévenait les médecins ayant soigné des maquisards que, s'ils ne les dénonçaient pas ils seraient eux-mêmes exécutés. Par recoupements entre différents journaux, j'appris avec une infinie tristesse que parmi les dix-sept résistants torturés puis fusillés le 16 juin à Saint-Didier-de-Formans, dans un champ au bord de la route, se trouvait le voisin que j'avais aperçu parfois, depuis la terrasse, « l'historien de la rue de Sèvres », dont le nom s'étalait en toutes lettres parmi d'autres martyrs promis au peloton, Marc Bloch.

Des héros pouvaient donc avoir ce métier, ce physique, cet âge-là.

Dès le 9 août, les Allemands entreprirent l'évacuation de plusieurs de leurs services. Certains paniquaient, d'autres moins. Le colonel Garthe, le nouvel homme fort de Lutetia, puisait son assurance dans la soudaine omniprésence d'un certain Émile Bender. Ce civil aux identités multiples se rendait indispensable en servant d'interprète dans les négociations entre le consul de Suède Raoul Nordling et le général von Choltitz, et en intervenant avec une étonnante efficacité pour faire libérer des détenus politiques ; c'était en fait un agent de l'Abwehr, autrefois même son bras droit.

Le 12 août, le métro recommença à rouler après une semaine d'interruption totale. La physionomie des rues en fut métamorphosée. À 18 heures, devant la porte de l'Hôtel, je fus témoin de cette conversation entre le Belge Georges Delfanne de retour de Saint-Jean-de-Luz, celui-là même qui décima les rangs de la Résistance avec une efficacité redoutable sous le nom de Masuy, et l'un de ses principaux employeurs, le capitaine Radecke.

« Je pars avec Otto car je suis le chef du commandement militaire, et nous devons rejoindre la Kommandantur de Nancy, dit l'Allemand.

— Vous avez l'air indécis.

— Ce matin, j'ai reçu un coup de téléphone d'un de mes bons amis et d'un nouveau chef de la police française, du nouveau gouvernement bien sûr. Il m'a informé que je n'avais rien à craindre, et que je pouvais rester à Paris en toute tranquillité.

— Un coup de fil ?

— Anonyme, bien sûr.

— Bien sûr... »

Sauf qu'au bout du fil il y avait Joanovici, ce bon monsieur Joseph ; j'en eus la confirmation peu après. Il avait déjà basculé dans l'autre bord. Restait à savoir si son investissement, le mécénat du mouvement Honneur de la police, allait s'avérer rentable. Je ne me faisais pas de souci pour lui. Monsieur Joseph était de ces individus que leur cynisme à la bonne franquette protégeait de toutes les intempéries politiques. Un insubmersible sous toutes les latitudes et dans tous les régimes. L'imminence de la libération de Paris annoncerait certainement une épidémie de suicides, mais pas le sien.

Dehors, rien n'était sûr. Personne ne paraissait être en mesure de maîtriser ses troupes. Quand une voiture cellulaire fut attaquée devant la porte du Cherche-Midi par un commando de la Résistance, donc pratiquement sous nos yeux, nul ne sut comment réagir en l'absence de consigne claire. Il est vrai qu'en principe cela n'arrivait jamais, eu égard au voisinage immédiat de la prison. Les riverains du boulevard Raspail qui avaient déjà pavoisé leurs balcons avec des drapeaux tricolores ne tardèrent pas à le regretter : de petits groupes de soldats de la Wehrmacht patrouillaient avec l'ordre de les leur faire retirer, au besoin en tirant une salve de semonce sur les vitres. Jusqu'au bout...

Au Meurice, les auxiliaires féminines de la Wehrmacht pliaient bagage sous bonne garde des Français afin d'éviter tout dérapage. Elles furent transportées jusqu'au Bristol ;

quelques « souris grises » furent prestement délestées de l'argenterie du Crillon que certains de leurs chefs leur avaient confiée, avant d'être évacuées.

Quand le colonel Garthe envoya un officier sur la terrasse afin de descendre leurs couleurs, je me proposai aussitôt pour monter les nôtres. Cela me paraissait, comment dire, naturel. À moi mais pas à d'autres. On me fit comprendre qu'un autre membre du personnel avait été désigné, sans plus d'explication, chose que j'interprétai comme un présage, et pas des meilleurs. En matinée, le Vieux-Colombier donnait *Les fourberies de Scapin.* C'était de saison.

Nos collègues du Majestic, que les Fritz avaient transformé en camp retranché, suffoquaient quand ils nous appelèrent : l'occupant brûlait tellement de documents à la veille de son départ que les cendres et la suie rendaient l'atmosphère irrespirable. L'âcre fumée des archives, remugle des départs précipités, est un signe qui ne trompe jamais.

Des responsables français tentaient d'empêcher les derniers convois de prisonniers de quitter la France pour l'Allemagne. De Gaulle l'avait bien dit dans son appel du 6 juin : « ... que tous ceux qui sont capables d'agir... ne se laissent pas faire prisonniers. Que tous ceux-là se dérobent d'avance à la clôture ou à la déportation ! » Ils arrivèrent trop tard pour bloquer, le 15 août, un convoi de juifs quittant Drancy. Leur dernier convoi. Au même moment, les policiers parisiens, dont beaucoup depuis deux ans avaient prêté main forte aux rafles avec plus ou moins de bonne volonté, se mettaient en grève ; ils entendaient protester contre le désarmement par les Allemands de trois commissariats de la banlieue parisienne. Le surlendemain, nous pûmes voir Rohan-Chabot, l'un des dirigeants de la Croix-Rouge française, devant les portes du Cherche-Midi verrouillées par la Gestapo, escalader le mur et revenir quelques instants plus tard pour confirmer aux négociateurs que la prison était vide et abandonnée. Mais le 18, d'autres responsables de la Croix-Rouge furent impuissants à empêcher un convoi de résistants de quitter Compiègne pour être déportés en Allemagne. Leur dernier convoi.

Jusqu'au bout, jusqu'à la dernière minute.

Le 18 août, les derniers membres de l'Abwehr s'enfuirent de Lutetia. Le lieutenant-colonel Reile, l'un des tout premiers arrivés en juin 40, fut également l'un des tout derniers à partir. Pour bien boucler la boucle, il entreprit de déboucher quelques bouteilles de champagne avec son dernier carré, ce qui ne fut pas du goût du personnel.

« Un peu secs, les employés », s'étonna-t-il, mais il était bien le seul.

Cette fois, de tous les romans, essais et recueils de poésie que la clientèle abandonnait derrière elle, je n'en conservai aucun. Pour la première fois, j'assistai à une crémation de livres.

Quelques heures après le départ du dernier Allemand de Lutetia, à l'aube du 19 août, je montai sur la terrasse pour respirer un grand bol d'air. Quand j'aperçus au loin nos couleurs flotter près du pont Saint-Michel, probablement au faîte de la préfecture de police, la première fois depuis le début de l'Occupation, je dévalai les escaliers jusqu'à mon bureau pour essayer de joindre l'un de mes ex-collègues par téléphone. Je ne sais plus lequel décrocha, mais je n'oublierai jamais le chahut en arrière-fond et surtout la clameur qui montait de la cour.

« Attends, attends ! hurlait le camarade au bout du fil. Je vais essayer d'aller jusqu'à la fenêtre... Voilà, tu entends ? Tu entends, Kiefer ? Ils sont au moins deux mille dans la cour et tu entends ce qu'ils chantent ? *La Marseillaise*, mon vieux ! *La Marseillaise !* Quatre ans que j'attends ça, merde alors, quatre ans... »

Les larmes l'étranglaient, il en bégayait mais je l'imaginais tendre le combiné vers la foule pour me permettre d'être des leurs. Ils chantaient faux, ça grésillait, des bruits divers gâtaient l'audition, mais de toutes les *Marseillaise* que j'ai pu entendre, celle-là resterait gravée en moi car elle était chargée d'une intensité et d'une émotion sans équivalent.

Deux jours durant, les 22 et 23 août, Paris retourna les armes contre l'Occupant sans attendre que les premiers éléments de la 2e DB atteignent l'Hôtel de Ville. Pour lui préparer le terrain. Des barricades avaient été érigées un peu partout. On en dénombra plus de cinq cents. Chaque fois qu'on entendait sonner les cloches, on avait l'impression que toutes les églises de Paris s'étaient donné le mot pour sonner le glas d'une nuit de quatre ans.

Ça se battait un peu partout et tout près d'ici, à Saint-Germain, à Saint-Michel, aux grilles du jardin du Luxembourg, que les Allemands avaient transformé en camp retranché. La terrasse de l'Hôtel offrait un point de vue unique sur la guerre des toits. De mon balcon, je voyais des colonnes de fumée s'élever vers le ciel. Un char allemand qui brûlait probablement, le Grand Palais incendié. Au cours des échanges de tirs nourris au coin des rues, jusque sous nos yeux, des FFI tombèrent devant la succursale de la Banque de France. Juste à ses pieds. Si un photographe avait osé la photo, je me serais interposé tant le symbole et la manipulation auraient paru obscènes.

Dès que nos collègues du Meurice nous prévinrent que l'état-major allemand de Paris avait rendu les armes et que le général von Choltitz s'était constitué prisonnier, le soulagement fut général dans nos murs. Tout était fini pour eux, tout allait recommencer pour nous.

Durant les deux mois et demi qui avaient séparé le débarquement en Normandie de la libération de la capitale, les Parisiens avaient offert un visage inédit. Nul doute qu'ils s'apprêtaient à fêter le général de Gaulle avec la même ardeur qu'ils avaient mise à célébrer le maréchal Pétain. Mais pendant cette parenthèse estivale si étrangement marquée du sceau de l'ambivalence, ils semblaient retenir leur souffle et marcher en apesanteur. Hormis une phalange de fanatiques, tous espéraient le départ de l'occupant mais tous redoutaient que les choses tournent mal. Une action désespérée, la politique de la terre brûlée, le dynamitage des grands lieux de la capitale, l'utilisation d'une arme d'anéantissement collectif... La rumeur n'était pas responsable : tout était envisageable car nous étions bien placés pour savoir Hitler capable du pire. De Gaulle lui-même, dans son appel du 6 juin à la BBC, n'avait-il pas annoncé : « L'ennemi va tout faire pour échapper à son destin. Il va s'acharner sur notre sol aussi longtemps que possible. Mais il y a beau temps déjà qu'il n'est plus qu'un fauve qui recule... »

Le fauve était parti. Il avait déserté Paris à défaut de déserter la France. Nous commencions à revivre ; pourtant les militaires étaient encore partout dans l'Hôtel. Sauf qu'ils ne portaient pas le même uniforme, ne parlaient pas la même langue et qu'ils étaient animés de tout autres intentions. Tandis que tout ce monde fraternisait au bar, deux types de la 2e DB remontèrent une cantine du premier sous-sol. Avec deux étiquettes volantes aux poignées indiquant le nom de son propriétaire, « colonel de Gaulle ». Celle qu'il avait abandonnée en juin 40 et que les Allemands avaient eux-mêmes abandonnée en août 44 dans la précipitation du départ. On l'avait retrouvée ensevelie sous des uniformes de la Wehrmacht. Avec son trésor intact à l'intérieur : non pas tant le linge de corps et les vêtements de rechange, mais le sabre de saint-cyrien du jeune de Gaulle. Un groom écarquilla les yeux comme si on venait d'ouvrir la malle aux trésors. Il caressa la lame légèrement courbe sous l'œil amusé du concierge :

« Combien ça coûte, une arme comme ça ?

— En 1938, ça valait 250 francs, trancha un capitaine.

— Et aujourd'hui ?

— Pareil. Sauf celle-là. Beaucoup plus… »

Un coup de fil fut passé aussitôt au ministère de la Guerre, rue Saint-Dominique :

« Qu'est-ce qu'on en fait ?

— Ramenez-nous ça tout de suite ! »

Le sabre et les caleçons.

Le 27 décembre 1944, à 10 h 15, Henri Chamberlin, dit Lafont, et Pierre Bonny furent fusillés au fort de Montrouge, peu après avoir été condamnés à mort par la cour de justice de Paris. Si les témoignages des vivants les avaient envoyés au poteau, les témoignages des survivants les auraient envoyés en enfer. Mais les juges étaient trop pressés pour attendre les dépositions de ceux que Bonny, Lafont et tous les autres amis français de l'Abwehr avaient expédiés au cœur des ténèbres.

III

LA VIE APRÈS

« Durée : indéterminée. » L'ordre de réquisition n'en disait pas davantage. Cela devenait une habitude, ce genre d'occupation des locaux. L'air du temps justifiait tout, même les installations à la hussarde dans des palaces avides de retrouver de vrais touristes. Mais la libération de Paris n'était pas encore celle de toute la France. La guerre continuait. Pour Lutetia aussi, donc. Le lieutenant-colonel Hendrickx le réquisitionna pour l'état-major du général Noiret à compter du 26 août 1944 à 0 heure.

Nous ne fûmes pas les seuls, il s'en faut. Le gouvernement français et les gouvernements alliés réquisitionnèrent 770 hôtels à Paris, soit 240 de plus que les Allemands... Quoique tout prît alors facilement valeur de symbole, il n'y avait aucune leçon à en tirer car l'occupant, lui, avait également investi les bâtiments officiels ; mais les professionnels de l'hôtellerie ne purent s'empêcher de remarquer cette razzia, manière bien à eux d'indiquer que la reprise d'une véritable activité touristique ne serait pas pour demain.

« Monsieur Édouard, vous êtes attendu par deux messieurs au bar. »

La standardiste avait retrouvé son grain de voix d'avant, avec cette légère pointe d'accent qui disait toute la joie de vivre de sa Provence. Le détail suffisait à témoigner de ce que le personnel avait retrouvé sa légèreté d'autrefois. Et il n'était pas indifférent qu'elle en fût le premier reflet, Alice, que sa fonction déléguait en permanence comme notre discrète ambassadrice auprès du reste du monde par la grâce, ou l'humeur maussade, avec laquelle elle prononçait son rituel « Hôtel Lutetia bonjour ».

Deux reporters du *Parisien libéré*, un pisse-copie et un photographe. Quand ils se présentèrent, je compris que mes ennuis allaient commencer, à la façon dont ils prononcèrent mon nom :

« Monsieur Kiefer ? Vous êtes bien monsieur Kiefer ?

— Cela dépend...

— Vous vous doutez certainement du motif de notre visite...

— Écoutez, je n'ai rien à voir avec ces histoires. La Gestapo, l'avenue Foch, tout ça, je n'y suis pour rien ni de près ni de loin. Et je n'admettrai pas que...

— D'accord, d'accord. Mais vous avez tout de même un rapport avec lui et il n'y a pas de quoi en avoir honte, au contraire...

— Vous parlez bien du commandant Kieffer avec deux *f* ?

— En effet, il s'agit du commandant Kieffer avec deux *f*, précisa l'autre en feuilletant son calepin à la hâte. Vous êtes bien son frère ? »

Leur visite me laissait abasourdi. À peine l'occupation de Paris achevée, sa libération me faisait replonger dans les affres de l'homonymie.

« D'abord, je n'ai pas de frère, je n'en ai jamais eu et je n'en aurai jamais. Et puis je ne veux pas qu'on me crée un frère, même commandant !

— Mais... vous savez où il se trouve actuellement, le commandant Kieffer ?

— D'après mes informations, il a été signalé à Offenburg, dans le Bade, à la tête de la Funkabwehr, un service spécialisé dans l'interception et le déchiffrement des messages radio et le repérage des postes.

— Vous êtes sûr ? »

Je me levai et quelques instant après, je revins avec un dossier de tirages photographiques abandonné dans la précipitation par nos anciens « touristes ». Une fois n'est pas coutume, je n'avais voulu récupérer aucun livre laissé par ces clients-là, mais j'avais conservé les photos, tant par prudence que par curiosité.

« Là, vous voyez, toutes ces huiles boches en grand uniforme dans la “cour des Saussaies” ? Au premier rang, juste au centre, le petit un peu replet, aux lèvres pincées, à côté de son chef Boemelburg, c'est lui le commandant Kieffer. Maintenant, vous allez me dire ce qu'a encore fait ce type, pour que j'aie une idée de ce qu'on me collera sur le dos. »

Ils se regardèrent, mi-médusés mi-amusés.

« Pour le Débarquement, vous êtes au courant tout de même ?

— Tout de même.

— Les seuls Français qui ont fait partie de la première vague d'assaut, c'étaient 177 fusiliers marins de la France libre, un commando de bérets verts incorporés à une division britannique, et jetés près de Ouistreham. Ils ont pris plusieurs ponts sur l'Orne. Des héros, ces gars-là. À leur tête, il y avait le lieutenant de vaisseau Philippe Kieffer, le commandant Kieffer... »

Moi d'ordinaire si maître de mes pulsions et de mes émotions, je ne pus m'empêcher de partir dans un éclat de rire, si puissant et si long qu'il fit fuir mes interlocuteurs, probablement persuadés d'avoir affaire à un type un peu simple.

L'attente, toujours ce spectre angoissant qui nous fait perdre le sens des proportions. Nous n'avions pas fini d'attendre. Tant que la guerre ne serait pas totalement achevée, du moins en France, nous savions que les grands hôtels de la capitale ne retrouveraient pas leurs couleurs d'antan. La réquisition empêchait les clients de revenir, et les propriétaires de Lutetia de procéder à un grand nettoyage historique qui le laverait de son imprégnation allemande.

Les clients et les employés avaient toujours été les vrais propriétaires de Lutetia.

Henri Frenay avait installé les bureaux de son commissariat aux Prisonniers, Déportés et Réfugiés dans les murs de la Gestapo de l'avenue Foch. Il avait deux millions et demi de personnes sur les bras. Des prisonniers de guerre, des requis du STO, des réfugiés, des Alsaciens-Lorrains. Les déportés étaient les moins nombreux, et pour cause. Mais dans son esprit, du moins au début, tous les rapatriés devaient recevoir un traitement égal : accueil, primes... Au fond, vu d'Alger puis de Paris fraîchement libéré, un déporté n'était jamais qu'un prisonnier de guerre un peu plus fatigué que les autres.

1944 allait s'achever et bien que la guerre se poursuivît sur plusieurs fronts, avant même l'après-guerre il convenait de préparer le « retour ». Dans les conversations, il n'était pas nécessaire d'en dire davantage, tout le monde comprenait. Ce retour, nous n'avions cessé, à l'Hôtel, d'y penser depuis quatre ans : de cette époque datait la caisse d'entraide en faveur des prisonniers de guerre, constituée par les allocations de la Direction et les dons volontaires des employés. Cela nous permit de remettre 3 500 francs à chacun de nos exilés dès le jour de son retour parmi le personnel. De quoi faire oublier aux prisonniers de 1940 que même après un glorieux combat, le général de Gaulle n'en considérait pas moins leur captivité comme « un honteux malheur ». Autrement dit pas de quoi être fier, rien qui justifiât qu'on la ramène.

Plusieurs endroits furent choisis pour être transformés en centres d'accueil : leur surface et leur capacité les désignaient naturellement. On ne demanda l'avis de personne : ordre du gouvernement ! Pour la gare d'Orsay et la caserne de Reuilly, cela allait de soi, un peu moins pour la piscine Molitor et le Vélodrome d'hiver, qui avaient hâte de renouer avec leur vraie vocation, et beaucoup moins pour les cinémas Gaumont-Palace et Rex.

Les autorités avaient vu grand, mais elles n'avaient pas vu loin. Quand elles comprirent que nombre de rapatriés ne seraient pas en état de rentrer chez eux au bout d'une demi-journée, à supposer que « rentrer chez soi » eût encore un sens pour eux, elles décidèrent qu'un grand hôtel serait plus à même de les accueillir. Car dans bien des cas, il n'était pas imaginable de passer directement du camp de concentration à chez soi.

Il se murmurait que trois personnalités de la Résistance, André Weil, Maxime Blocq-Mascart et Marie-Hélène Lefaucheux, reçues tout exprès en audience par le général de Gaulle, lui avaient soufflé l'idée de réquisitionner Lutetia. Toujours est-il qu'avant la fin de l'année un ordre venu d'en haut contraignit les officiers alliés à dégager pour laisser la place aux « rapatriés », comme nous disions encore sous l'influence du jargon administratif.

D'une réquisition l'autre ? Pas tout à fait. Il ne s'agissait plus de militaires d'une armée régulière, mais de spectres d'une armée des ombres. On eût dit que la métamorphose de l'Hôtel en centre d'accueil devait le laver de la tache noire de l'Occupation. Cette rédemption, offerte sans que nul la sollicite, fut la chance historique de Lutetia. Tous les grands hôtels de Paris avaient collaboré, contraints et forcés, et les plus fameux palaces de la rive droite beaucoup plus que nous, certains même avec une ardeur et un enthousiasme vite oubliés. Lutetia fut le seul qui se rédima d'une réquisition indigne par la plus digne des réquisitions. Pour une fois, je m'accordais avec la rumeur de l'Hôtel : ces inconnus, que nous guettions dans l'espoir et la fébrilité, allaient par leur seul présence purifier Lutetia de son passé le moins glorieux.

Le personnel resta en place, comme à l'été 40. La Direction également. Mais elle fut coiffée par un triumvirat nommé depuis « là-haut ». Trois femmes qui s'étaient connues dans la Résistance : Élisabeth Bidault, « Agnès » dans la clandestinité, du Comité des œuvres sociales des organisations de résistance, et qui aurait toujours la possibilité de faire intervenir son frère Georges, le ministre des Affaires étrangères, pour dénouer les situations inextricables ; Denise Mantoux, trente-deux ans, « Dorine » dans la Résistance, devenue chef du service social de l'Association des internés et déportés politiques ; et Sabine « Yanka » Zlatin, trente-huit ans, originaire de Varsovie, infirmière militaire à la Croix-Rouge et pendant la guerre responsable avec son mari d'une colonie d'enfants juifs cachés, isolée dans un hameau près de la commune d'Izieu (Ain). La première se chargea de l'hôtellerie proprement dite, la deuxième de l'accueil, la troisième du restaurant et des cuisines.

Trois discrètes héroïnes promues hôtelières en chef.

Leur arrivée parmi nous, et la révélation de leur personnalité, me poussèrent tout naturellement à reprendre ma coupable activité d'autrefois, la confection de fiches détaillées. Elles iraient rejoindre les précédentes. Car la Libération avait été aussi celle des grands crus millésimés et par la même occasion celle de mes bristols d'avant guerre. Je ne les exhumai pas sans nostalgie. Grands flacons et petits cartons s'étaient pareillement bonifiés avec l'âge.

Médecins, infirmières, aides soignants, étudiants en médecine, tous étaient des professionnels de ce genre de choses, Perramon et Pereire, Detchebare et Clementi, Hatoux et Etchevenard, Goldschmid et Bouguen et tous les permanents du bloc médical. Pas nous, qui étions en quelque sorte réquisitionnés pour la cause, et qui nous serions de toute façon portés volontaires le cas échéant. Aux assistantes sociales revenait la responsabilité d'accueillir les déportés, de les diriger dans le grand paquebot, de les aider à remplir les formalités administratives et à contacter leurs familles.

Des volontaires se joignirent à ces équipes en place. Des infirmières, qu'on passait prendre à la sortie de leur travail à l'hôpital dans l'une des cinq voitures avec chauffeur mises à leur disposition par de Gaulle, des scouts placés sous l'autorité des Afat (auxiliaires féminines de l'armée de terre), des bénévoles qui se présentaient spontanément, qui en faisaient trop, parfois, dans la manifestation de la pitié et de la charité ; parmi ceux-ci, on trouvait aussi bien des étudiants anonymes que M. Vanier, l'ambassadeur du Canada, et sa femme, auxquels on demanda du lait, du riz et des confitures et qui en firent venir de leur pays en grosses quantités quelques jours après.

Dès qu'on les creusait un peu, à la faveur de conversations au cours d'une veillée, les motivations des volontaires surgissaient dans toute leur diversité. Certains agissaient dans le cadre d'une organisation, d'autres s'étaient spontanément présentés à Lutetia, tel le jeune Nourissier. Qu'ils fussent scouts catholiques ou protestants, ou simples bénévoles, la déportation n'évoquait rien pour la plupart d'entre eux. Le spectacle de la débâcle vu de leur province, les paysans qui vendaient 1 franc un verre d'eau, les soldats qui s'enfuyaient à vélo avec leur bandes molletières avaient frappé leurs jeunes esprits plus que tout autre événement. Jusqu'à ce que les premières silhouettes à rayures franchissent le seuil de l'Hôtel. Ils voulaient tous aider leur prochain, cela allait de soi. Il suffisait de voir les scouts porter les bagages des déportés à la gare pour le comprendre. Comme un reporter interrogeait l'un d'entre eux sur les raisons profondes de son dévouement, il s'entendit répondre : « Ce que je fais pour eux, d'autres le feront pour mon père, quand il reviendra... »

Ce lycéen de dix-sept ans, par exemple, dont le nom m'avait frappé : Jean-Pierre Cosnard des Closets. Il habitait à deux pas, rue de la Planche ; en se rendant à ses cours, il avait croisé un bus bondé de silhouettes émaciées en pyjama rayé. Les regards qu'il avait échangés avec ceux qui se tenaient sur la plate-forme furent décisifs : il en oublia la préparation du bachot et se présenta à Lutetia, où on l'affecta au standard téléphonique, à enfoncer des fiches dans des trous. Il s'était engagé moins par devoir que par curiosité. Et parce que pour la première fois de sa vie de jeune adulte, « on » lui faisait confiance.

La charge du service d'ordre à l'intérieur et sur le parvis de l'Hôtel m'incomba naturellement. On m'avait délégué une petite équipe composée de deux responsables et de trois estafettes. L'entrée serait en principe interdite à toute personne à l'exception du personnel médical, militaire et hôtelier ainsi qu'aux accrédités du ministère. Quant aux parents, proches et amis de nos « clients », qui formeraient certainement le gros des visiteurs, la consigne était de leur faire justifier leurs liens, de vérifier leur identité, d'envoyer une estafette auprès du déporté pour lui demander s'il était en état de recevoir quiconque et, le cas échéant, d'accompagner le visiteur jusqu'à lui.

Tout en me demandant de reprendre en main la sécurité de l'Hôtel malgré la forte présence militaire (surtout à cause d'elle, dirais-je, étant donné la conscience de ses prérogatives qui caractérise toute armée, plus encore si elle est victorieuse), le directeur me prévint :

« Soyez partout, Kiefer. Il va falloir s'adapter à des situations que nous n'aurions peut-être jamais imaginées, jamais... »

Pressentait-il ce qui nous attendait ? M. Chappaz ne s'en ouvrit pas, en tout cas pas auprès de moi. Il n'en savait guère plus que nous, puisque nous lisions tous les mêmes journaux. Deux camps avaient déjà été libérés : Majdanek le 24 juillet 1944, et Auschwitz le 27 janvier 1945. Les reportages évoquaient une horreur sans nom, mais les premières photos de camps ne furent publiées qu'à partir du mois de mai, après que le général Eisenhower, à l'issue d'une visite à Ohrdruf, eut encouragé la presse à montrer enfin les charniers.

Encore n'était-ce que du papier. L'esprit étant naturellement porté à l'analogie, nous n'avions en mémoire que la boucherie des tranchées de la Somme pour prendre la mesure. Comparer, mais à quoi ? L'usage de l'ypérite et du gaz moutarde nous avait alors paru être le comble de l'ignominie ; une vingtaine d'années après, l'ennemi remettait ça en torturant à mort des résistants, en exécutant des civils au hasard, en massacrant des villages entiers sur son passage. Une horreur sans nom dans le registre pourtant bien fourni de la barbarie, mais qui était encore peu de chose dans l'ordre de l'inhumain.

Pour nous préparer, il nous manquait de sentir le souffle ténu des revenants, de percevoir le vacillement de leur voix, de croiser leur regard au risque d'avoir à baisser les yeux aussitôt. Nous attendions sans imaginer ce qui nous attendait.

On nous avait annoncé une huile du ministère, ou du gouvernement, je ne sais plus, j'ai même oublié son nom.

Mais pas ses mots. Tout dans son discours reflétait la solennité du moment. On le sentait porté par le vent de l'Histoire. Son lyrisme me parut dans l'instant légèrement exagéré ; il en faisait trop dans l'emphase mais les circonstances l'imposaient. Ce haut fonctionnaire « issu-de-la-résistance », nouveau label magique et sésame indispensable, n'en était pas moins doté d'un calme impressionnant.

« Plus de quinze millions d'étrangers vont être rapatriés d'Allemagne. C'est la plus grande entreprise de déplacement d'humains jamais conçue. Les juifs revenant de captivité de Babylone n'étaient que cinquante mille, la première croisade ne comptait que deux cent mille pèlerins, le peuplement des États-Unis à la fin du XIXe siècle s'est effectué à la cadence d'un million par an, le rapatriement des prisonniers en 1871 ne portait que sur cinq cent mille hommes. Chaque fois, il y eut des menaces d'épidémies. Mais cette fois, il est hors de question d'envisager des mesures coercitives à l'encontre des rapatriés. Il faut les accueillir avec sollicitude… »

De la discussion qui s'ensuivit, je n'avais retenu qu'un échange. Quand l'un d'entre nous se fit reprendre :

« Ne dites pas "déporté" mais "rapatrié". C'est le terme que nous avons adopté dans nos rapports, lettres et circulaires. Alors, dites "rapatrié" vous aussi, sinon vous ne vous comprendrez pas. »

Il serait intéressant de savoir combien de semaines furent nécessaires pour que l'on passât insensiblement de l'un à l'autre terme. L'Administration les qualifiait en fonction de leur retour, en les mêlant indistinctement aux prisonniers, réfugiés et autres nomades de guerre ; tandis qu'en les nommant « déportés », non seulement nous les désignions en fonction de leur départ mais nous les distinguions du lot des transhumants de 1945. Peut-être pressentions-nous la singularité de ce qu'ils avaient vécu ? Quand ils avaient dit « camp », certains croyaient avoir tout dit alors qu'ils n'avaient encore rien dit. Comment pouvait-on décemment nous demander de les considérer tous d'un même regard alors que de toute évidence une catégorie de rapatriés serait accueillie en vaincue, et l'autre en victime ?

Le docteur Valette lui succéda. Après les grandes idées, leur vaste mouvement des âmes et des cœurs, on allait enfin tailler dans la chair. Que faire de tous ces corps ? Le médecin eut la finesse de ne pas nous accabler d'un exposé magistral de doctrine sanitaire, mais de nous proposer un véritable échange, propice aux questions les plus naïves ; il les encouragea même, avant tout soucieux de rendre son humanité à une tâche immense, et sa sensibilité à une entreprise qui risquait fort de s'engluer dans les préoccupations administratives et techniques.

« Le rapatrié se déshabillera, mettra tout dans des sacs qui seront désinfectés. Il conservera ses objets de valeur dans une enveloppe imperméable autour du cou. Quand il sortira de la salle de déshabillage, il ira dans la salle des douches. Une douche longue, chaude, discontinue…

— Comment va-t-on les épouiller ? osa une infirmière.

— L'idéal, ce serait de les tondre…, dit-il en baissant d'un ton, ce qui n'en provoqua pas moins des mouvements divers dans l'auditoire. Je sais, je sais ! l'effet moral serait déplorable. Alors savonnage et rinçage soignés. Puis séchage. Là un médecin auxiliaire dépistera les galeux et les fera badigeonner avec une mixture à base de benzoate de benzyle. Puis toise, bascule, vaccin contre la variole, examen complet. On insistera sur les maladies contagieuses et les maladies vénériennes. À part ça, attendez-vous à beaucoup de cas de tuberculose sous forme de broncho-pneumonie sauvage. Vous aurez probablement affaire à des organismes ruinés. Poids moyen estimé autour de 48 kilos. Question ?

— Y aura-t-il des médecins spécialistes ?

— Trois spécialités seront représentées : médecine générale, dermato-vénérologie et phtisiologie. Mais nul besoin d'être spécialiste pour savoir qu'on ne passe pas de la sous-alimentation à la réalimentation brutalement. Autre chose ?

— Et l'examen gynécologique ? demanda une jeune interne.

— Proposé, pas imposé. Mais *fermement* proposé. »

La réunion paraissait terminée, elle se poursuivait en multiples conciliabules dans les couloirs, quand le docteur Valette nous fit tous revenir à l'entrée de la salle :

« Si j'en juge déjà par les échos, il y a un point sur lequel je n'ai pas assez insisté, et qui me paraît fondamental : le DDT. Attention avec le DDT ! Je ne le répéterai jamais assez : faites gaffe avec ça ! DDT, cela veut dire : dichloro-diphényl-trichloréthane. Il contient 10 % de substance active pour 90 % de véhicule. C'est un produit d'origine américaine. Pour être couramment utilisée en prophylaxie contre le typhus, cette poudre n'en est pas moins toxique par inhalation. N'oubliez pas qu'on peut tuer des gens avec le DDT ! Aussi, je vous en supplie, n'achevez pas un de ces rescapés par inexpérience ou par désinvolture, cela ne vous sera pas pardonné. »

Cette fois, il nous avait vraiment effrayés. Une main se leva parmi nous :

« On l'insuffle comment, cette poudre, au juste ?

— Avec des appareils spéciaux. Le sujet doit être complètement dévêtu. L'action de la poudre se fait sentir pendant quatorze à vingt jours ; elle tue les poux immédiatement et les jeunes poux au fur et à mesure de l'éclosion des lentes.

— Mais quand le sujet reste habillé, pratiquement, insista un cadre de la Croix-Rouge, on fait comment ?

— Deux insufflations dans les cheveux, deux dans les manches, six dans le cou, quatre à la ceinture, quatre entre les vêtements et les manteaux. »

De loin, dans la foule qui s'ébrouait, la silhouette immobile de Léon m'intrigua. Il semblait songeur, le regard perdu dans le vide. Nos conversations m'avaient toujours été profitables depuis qu'il avait été nommé à la tête de l'économat. Même éducation protestante, même âge, même expérience de la première guerre. Juste assez pour ébaucher un début de complicité. Je m'approchai de lui :

« À quoi tu penses, Léon ?

— La même chose que toi, pardi ! De grands bidons accrochés dans le dos, reliés à de longs tubes pour projeter le machin, ça me rappelle nos lance-flammes. Tu t'rends compte d'un truc ! »

Comme le docteur Valette avait pris quelques médecins à part, ma curiosité me poussa à interroger le seul que je connaissais un peu :

« Sans indiscrétion...

— Oh ! cela n'a rien de très secret. Il nous a juste conseillé de porter des gants de caoutchouc et de les passer dans une solution d'oxycyanure de mercure entre chaque... comment dire ? consultant... »

Tout le monde marchait sur des œufs. Chacun redoutait un mauvais usage des mots.

En ramassant les papiers qui traînaient dans la salle que nous venions d'abandonner, un rapport sur l'organisation du secteur médical attira mon regard ; il datait de janvier 1945. Un vrai rapport, avec parties, sous-parties et conclusions. Les rapatriés n'y étaient même plus des rapatriés mais des « R ». Tout de leur séjour à Lutetia y était minuté, leurs réactions anticipées. Ceux que nous nous apprêtions à recevoir y étaient désignés comme « des hommes plus ou moins fatigués par le voyage, plus ou moins dociles après leurs épreuves, et désireux d'être rapidement libres de rejoindre un foyer ». C'est idiot mais, après avoir lu ces lignes, je ne me suis plus jamais dit « fatigué » et si cela m'a échappé, la pensée de cette fatigue-là m'a aussitôt dissuadé de me plaindre.

Je n'aurais jamais cru en arriver là. Mais si on m'avait dit au tout début de l'Occupation que quatre ans après, en ce mois de février 1945, l'Alsace serait libérée tandis que Dresde serait détruite par les bombes, je ne l'aurais pas cru davantage. L'état d'exception que ces années de guerre avaient inscrit dans nos esprits rendait possibles tant de choses qui nous paraissaient de l'ordre de l'inimaginable.

Il était écrit que cette attente interminable serait scandée par des réunions, et balisée par des rapports. Le dernier en date, concocté par la Mission de rapatriement, avait été soigneusement extrait de son *Manuel* ; trois pages à peine, dont l'intitulé laissait craindre le pire : « Psychologie du rapatrié ». On nous enjoignait enfin de distinguer entre prisonniers, travailleurs civils et déportés politiques, mais aussi entre l'« évacué » et le « bombardé ». Là encore, on crut bon de nous réunir pour une explication de texte. Outre les lieux communs et lapalissades qu'il nous fallut subir sur les différences d'expérience entre « eux et nous », le rôle essentiel de la famille dans la réadaptation, deux choses me frappèrent : le seuil critique de captivité fixé à dix-huit mois (pourquoi ? en fonction de quels critères ? nul ne put me dire en quoi les problèmes psychologiques devenaient infiniment plus graves et complexes au-delà de cette limite), et la crainte de dépressions. Mais là, nous obtînmes des explications d'un médecin, bien que les maladies mentales ne fussent pas de son ressort :

« Tristesse, amertume, impuissance : vous verrez tout cela se manifester d'une manière générale en même temps que des symptômes plus précis : l'anxiété relative à l'accueil des familles, la méditation indéfinie sur la mort des camarades, l'autoconfession et l'auto-accusation. Assez souvent, cet état émotionnel aboutit à l'alcoolisme, à des délits apparemment inexplicables, plus rarement à des tentatives de suicide. »

Plus il expliquait, plus il suscitait de questions. Comme si la situation morale et psychique des déportés nous était *a priori* un plus grand mystère que leur état physiologique. Il est vrai que le rapatriement, ce grand voyage tant attendu, ne pouvait qu'exaspérer simultanément leur anxiété et leur excitation. Comment ne seraient-ils pas envahis par la désillusion quand la réalité qu'ils risquaient de découvrir ne correspondait pas au réel qu'ils avaient tant rêvé ? Le médecin nous mit en garde contre l'agoraphobie des sujets, leur irritabilité, leur résistance à l'autorité, leur cynisme, leur irresponsabilité, voire leur malhonnêteté. Puis il nous donna quatre consignes qui se voulaient pratiques ; d'ailleurs, il nous enjoignit de les écrire au fur et à mesure sur nos carnets, même si le tout devait nous être distribué, ce qui acheva de nous infantiliser :

« 1) Cherchez à imaginer la psychologie des rapatriés avec lesquels vous êtes en contact. N'adoptez pas d'idées toutes faites à ce sujet. Révisez vos souvenirs, si vous avez été prisonnier ou déporté, et dites-vous bien que depuis votre retour, vous avez perdu le contact.

2) Donnez le plus possible aux rapatriés le sentiment qu'ils sont comme les autres.

3) Comprenez qu'ils ont besoin d'isolement, qu'ils ont des raisons pour être de mauvaise humeur. Prévoyez les réactions correspondantes. Mais ne montrez pas de pitié à des gens qui n'en veulent pas.

4) Laissez-les combler eux-mêmes les lacunes de leur expérience. Ne prétendez pas les endoctriner, apportez-leur des faits précis. Ils tiennent à conclure eux-mêmes. »

Conclure, disait-il. Mais n'allait-il pas leur falloir toute une vie pour conclure ? Je n'imaginais pas qu'un seul d'entre eux allait conclure quoi que ce soit en quittant Lutetia. Ce 9 avril, j'en vis un seul qui eut à « conclure » lorsqu'il se dirigea vers la potence du camp de Flossenburg pour y être pendu après qu'une cour martiale composée de SS l'eut condamné à mort : l'amiral Canaris.

Les autorités semblaient avoir tout prévu dans le moindre travail de cette grande transhumance dont ils ne cessaient pourtant de nous dire qu'elle était sans précédent dans l'Histoire. On aurait cru qu'elles mettaient un point d'honneur à ne rien laisser au hasard, moins pour parer à toute éventualité que pour se rassurer. Comme si cela pouvait conjurer la révélation de l'inouï, cette échéance qui les effrayait au fur et à mesure qu'elle se rapprochait. En planifiant le « retour » depuis Alger, les bureaucrates militaires de la France libre avaient prévu que nous ne devrions pas consacrer plus d'une heure et dix minutes en moyenne à chaque rapatrié. Dans ce laps de temps, nous devions donc vérifier son identité, contrôler sa situation militaire, effectuer une visite médicale, procéder à l'épouillage, le faire passer sous la douche, enfin lui remettre des tickets de ravitaillement et des bons de transport. Les bureaucrates prévoyaient toujours tout ; ils voyaient bien, surtout de loin. Leur plan souffrait juste d'un petit défaut : l'oubli du facteur humain. Le type qui ne parle pas. Qui fond en larmes à chaque question. Qui ne se souvient plus. Qui articule difficilement. Qui a peur. Qui ne supporte pas les interrogatoires. Qui se méfie. Qui se croit encore là-bas. Qui ne peut pas croire que le cauchemar est fini. Qui ne peut pas.

Nous non plus, nous n'avions encore rien vu. Mais ce que nous savions de la réalité des camps nous permettait d'imaginer que rien ne se passerait exactement comme prévu.

Tout hôtel réquisitionné avait pour consigne d'être pourvu d'un stock permanent de produits alimentaires, au même titre que d'un stock de savon ou de produits pharmaceutiques. Un stock pour trois jours minimum. Nous avions priorité sur le reste de la population. Les chambres froides n'avaient pas vu depuis longtemps de telles pièces de viande et autant de langoustes. Des moutons entiers, des demi-veaux et des demi-bœufs, alors qu'en temps normal nous ne recevions que des morceaux. On comprend que la chambre froide se soit un beau jour écroulée sous le poids de la viande. Jamais de manque pour nous. En cas de besoin, il suffisait de composer PASsy 63-97 et de demander M. Ader, du ministère, et l'affaire était réglée. De toute façon, notre triumvirat de direction se servait dès que nécessaire dans les dépôts-séquestres du marché noir : une escorte de cars de police et une lettre de réquisition dûment paraphée au plus haut niveau triomphaient sans peine des moindres réticences. Nous devions être en mesure de procurer chaque jour à chaque déporté 125 grammes de viande, 15 de beurre, 200 de pain, 10 de sel, 5 de tilleul, 200 de carottes, 30 de café, autant de sucre, 60 de confiture, 150 de pâtes, 70 de fromage, 100 de lait, 100 de pain d'épices sans oublier 1 kilo de pommes de terre, un œuf et une savonnette.

Les fourneaux à quatre foyers s'apprêtaient à fonctionner vingt-quatre heures sur vingt-quatre avec du charbon de qualité inférieure. On nous demandait d'assurer mille deux cents repas par jour en moyenne. Mais jamais le chef ne se serait douté que ses cuisines iraient parfois servir jusqu'à cinq mille repas par jour.

Un matin, avec ma petite équipe, nous avions récupéré sur le boulevard Raspail tous les panneaux électoraux qui se présentaient à nous. Ceux qui vantaient les mérites et les programmes des candidats aux municipales qui devaient se dérouler à la fin du mois. Ils firent les frais de notre razzia. C'était d'autant plus regrettable que pour la première fois les femmes votaient. Mais, de notre point de vue, il y avait d'autres urgences que l'exaltation démagogique des slogans. Aux photos des candidats nous voulions permettre aux familles de substituer celles de leurs disparus, et aux programmes des avis de recherche. Deux douzaines de panneaux furent disposés sur le boulevard, et le même nombre à l'intérieur de l'Hôtel, tout au long de la grande galerie.

Bien que les Soviétiques aient libéré Auschwitz en janvier, nous ne vîmes pas ses rescapés avant les autres : la plupart des trente mille survivants avaient été évacués plusieurs jours avant l'arrivée de l'Armée rouge vers les camps de Bergen-Belsen et Buchenwald, où ils furent internés à nouveau, du moins les survivants de cette « marche de la mort », les autres ayant été abattus sur place d'une balle dans la nuque quand l'asthénie ou l'hypoglycémie les avaient fait chuter.

L'État-major supérieur allié avait la haute main sur le calendrier du rapatriement de la zone des combats. Pourquoi plaçait-il les prisonniers de guerre en tête, suivis par les civils et enfin par les déportés quand l'urgence des soins aurait imaginé une priorité inverse ? La question ne fut pas posée.

Neuengamme fut libéré le 6 avril 1945, Buchenwald le 11 et Bergen-Belsen le 15. Quand leurs rescapés arrivèrent à Paris, la singularité absolue des déportés par rapport à tous les autres revenants devint aveuglante. Même pour le ministère.

Au début, tous les rapatriés, qu'ils soient arrivés en chemin de fer ou par avion, étaient d'abord dirigés vers la gare d'Orsay. Mais très vite il fut décidé que les déportés seraient envoyés directement à Lutetia et les grands malades dans des hôpitaux.

Le premier jour du retour coïncida avec le premier tour des élections municipales. C'était un 29 avril. L'entrée de l'Hôtel changea de physionomie. Les barrières que nous avions placées de part et d'autre de la porte contenaient une foule de plus en plus compacte. Ce qui aurait pu être une haie d'honneur se transforma vite en fourches caudines. Car tous brûlaient de savoir, sauf ceux qui voulaient juste voir.

À peine débarqués de la plate-forme de l'autobus qui les ramenait de la gare du Nord, de la gare de l'Est ou de l'aéroport du Bourget, les déportés étaient assaillis par ces gens qui brandissaient des photos et leur hurlaient des noms. Les très jeunes et les très vieux étaient plutôt rares. Les plus robustes se dégageaient brutalement de l'emprise de ceux qui tentaient de les retenir par la manche, les plus frêles répondaient par une moue désolée. Trop de monde, toujours trop de monde à leurs yeux, au camp comme à l'Hôtel ; ils avaient quitté une foule pour en retrouver une autre. Encore hagards du voyage, ultime étape de l'interminable pérégrination commencée le jour de leur arrestation, le teint terreux et le visage osseux, ils se retrouvaient projetés dans cette ambiance oppressante, bombardés de questions alors qu'ils avaient parfois du mal à articuler leur propre nom, quand ils n'étaient pas trop essoufflés pour y parvenir. Ils flottaient dans leurs vêtements, lesquels flottaient dans l'espace, et ils flottaient dans la foule, si affaiblis qu'ils se laissaient envelopper et porter par la vague. Ils rentraient d'une autre planète dans un pays méconnaissable.

On eût dit une foule saisie à son insu par l'état d'apesanteur, empruntée dans ses gestes et ses attitudes, hésitant entre de violentes caresses et des explosions de douceur.

Ceux qui avaient la force et la faiblesse de s'arrêter pour répondre aux questions (à *la* question en fait : « L'avez-vous connu ? »), ceux-là commençaient à donner de vagues détails, mais finissaient par simplement remuer la tête de haut en bas ou de droite à gauche, dans un mutisme qui s'avérait parfois plus accablant que tous les discours. Ils pouvaient se taire, mais ils ne pouvaient pas empêcher leurs yeux de parler pour eux. Ce que ces regards racontaient était irracontable.

Les premiers jours, avec mon équipe, je ne décollai pas de ce poste avancé dans la foule compacte. De loin, on eût dit de fervents supporters encourageant des marathoniens épuisés à achever leur parcours. De plus près, une séance de cotation à la corbeille de la Bourse. De très près, un défilé de spectres. Je crus être témoin de tout ce qui peut advenir entre humains dans l'ordre de l'espoir et du désarroi, du bonheur relatif et du chagrin absolu, de l'envie la plus sourde et du ressentiment le plus noir. Les uns allaient apprendre leur malheur dans le bonheur des autres. Toute la comédie humaine et toute la tragédie humaine concentrées sur quelques mètres de bitume, derrière de dérisoires barrières qui retenaient leurs élans à défaut de contenir leurs paroles. Une fois même, je fus interpellé, comme l'étaient les déportés, par un vieux monsieur qui brandissait une photo :

« Kiefer ! Kiefer ! Vous vous souvenez, mon fils, votre collègue à la préfecture ! Vous ne sauriez pas si… J'adorais mon fils, vous savez. »

Il en parlait déjà au passé.

Les gens faisaient la queue, comme on est capable de la faire en France — serait-ce une spécialité nationale ? Une queue où l'on se pousse et l'on s'écrase, avec des resquilleurs et des donneurs de leçons, des adeptes du système D et des gardiens de l'ordre, des hystériques infatigables et des humiliés silencieux. Même là, il y en avait pour chiper la place aux autres. Des badauds parfois, et autant de rouspéteurs. Parmi eux, il y en avait certainement pour se plaindre déjà que les revenants étaient privilégiés ; Paris souffrait alors d'une grave pénurie de lits de clinique chirurgicaux ; ceux que l'Assistance publique n'avait pas réquisitionnés, les militaires les accaparaient, l'armée de l'air par exemple, qui avait fait main basse sur la clinique Hartmann ; déportés ou soldats, tous prioritaires sur les civils.

On en vit qui harcelaient un déporté exsangue sur un brancard parce qu'il avait eu le malheur d'écarquiller grand des yeux déjà exorbités, de se lever un peu et de hocher la tête en voyant une photo. Des fakirs faisaient commerce de tout. Le trafic de rumeurs prospérait comme nulle part ailleurs à Paris. Sur un indice concédé du bout des lèvres, les plus riches et les mieux introduits pouvaient prendre l'avion ou le train pour « là-bas » dans la folle illusion d'y retrouver leur père ou leur fils bloqués derrière un cordon sanitaire. Que n'ai-je vu alors...

Deux femmes, face à face, la légitime et l'illégitime, attendant le même homme chacune derrière une barrière. Ou encore ces déportés qui acceptaient de regarder des photos, s'arrêtaient sur l'une d'entre elles, et la rendaient aussitôt sans un mot, exactement comme ces diseuses de bonne aventure qui vous referment la main en détournant le regard pour ne pas avoir à vous dire ce qui les a effrayées dans vos lignes de vie. Que n'ai-je entendu alors...

Ce couple âgé, très digne, accompagné d'une jeune fille élégante, des gens de catégorie certainement :

« Avez-vous rencontré la comtesse Gine de.... »

Il s'agissait d'une aristocrate qui portait ce curieux prénom. Ils posaient la question à toutes les femmes qui rentraient de là-bas. Jusqu'à ce qu'une d'entre elles s'arrête, qui se présenta à eux, Gisèle Guillemot.

« Oui, oui... je l'ai bien connue.

— Nous n'avons plus de nouvelles depuis si longtemps...

— Nous avons passé ensemble plus de huit mois en prison à Cottbus dans le même atelier. Elle est morte trois semaines après notre arrivée à Ravensbrück. »

À cet instant, celle qui devait être sa mère s'effondra tandis que celui qui devait être son père, tremblant de tout son être, difficilement appuyé sur sa canne, dévisageait la rescapée comme si c'était elle qui l'avait tuée. Son regard était un reproche vivant à la survivante.

« Maman, maman ! Elle se trompe, ce ne peut pas être Gine ! » cria la jeune fille qui les accompagnait.

Alors seulement la revenante comprit la violence de son attitude. Son absence de compassion. Sa froideur. Sa dureté. Son détachement. Les gens lui tendaient des photos mais elle y était hermétique, comme étrangère à leur douleur tant la sienne l'avait accaparée. Elle préférait ne plus regarder ces portraits des jours heureux car elle se sentait incapable de faire mentir son regard ; la vérité qu'il exprimait était nette, crue et tranchante. Sans appel.

Et pourtant, à côté d'autres, elle y mettait les formes. Beaucoup n'avaient pas encore retrouvé le sens des civilités. En voyant s'avancer cette jeune fille vers un garçon robuste d'une vingtaine d'années, je sentis qu'elle allait à la catastrophe :

« Vous auriez connu des fois mon frère, Michel Diamant ?

— Oui.

— Où il est ?

— Comme les autres restés là-bas, il est crevé. »

Parfois, un geste malheureux blessait encore plus qu'un mot malheureux. J'avais remarqué qu'un gamin de quatorze ans, Hubert Heilbronn, était déjà venu deux ou trois fois avec son père. Ils attendaient ses grands-parents Ernest et Claire Heilbronn, arrêtés le 6 février 1944 à Uriage, internés à Drancy et déportés le 7 mars à Auschwitz par le soixante-neuvième convoi. Tout était écrit sur le document. Quand le père d'Hubert repéra parmi la foule des revenants l'un de ses vieux amis de chasse que ses activités dans la Résistance avaient fait échouer dans un camp, il l'interpella :

« Herpin ! Hé, Herpin ! Et pour mes parents, qu'est-ce que tu crois ? »

Le déporté leva les bras en émettant un petit cri de désespoir, et d'un mouvement las des mains, il désigna le ciel. De ce jour, on ne revit plus les Heilbronn à l'entrée de Lutetia.

Parmi celles et ceux que nous apprîmes à connaître car ils revenaient tous les jours, certains eurent plus de chance que d'autres. Peut-être y croyaient-ils davantage. Mme Charpak se disait sûre et certaine du retour de son fils Grisha dit

Georges, qu'elle seule appelait encore Herchelé. Elle le décrivait comme un athlète de vingt et un ans, grand, mince, les yeux très bleus, le nez droit ; quelqu'un de brillant et doué. Elle disait que dès qu'elle le reverrait, elle lui annoncerait son admission à l'École des mines, mais qu'elle l'encouragerait à intégrer plutôt une classe de maths-spé afin qu'il tente Polytechnique, bien qu'il n'en eût guère exprimé le goût, mais enfin on n'en était pas encore là. Membre des FTP de Lyon, arrêté par la police française, emprisonné deux ans à Eysses pour activités antinationales, il avait été déporté le 18 juin 1944. À Dachau, il servait d'interprète. Et depuis... Dès qu'il réapparut au saut du bus, malgré sa tenue rayée, ses cheveux ras et sa maigreur, le fils et la mère se reconnurent. Dans l'instant. En les regardant partir avec envie, les autres répétaient qu'elle était venue tous les jours et qu'elle n'avait jamais douté de son retour, comme si sa force de caractère pouvait leur servir d'exemple ou de modèle.

Dans le même temps, le petit Robert Abrami, dix ans, qui vint tous les jours pendant un mois avec sa mère attendre dix-huit personnes de sa famille, n'en retrouva aucune. Pour son père, il refusa d'y croire. On lui dit qu'il s'était peut-être installé là-bas, qu'il s'était remarié et ne voulait pas revenir. Mais quand son nom fut rayé des listes, il comprit.

Flic et bilingue : il n'en fallut pas davantage aux responsables pour me juger indispensable. Je dus prêter main-forte aux interrogatoires. Il est vrai que ceux-ci n'étaient pas seulement destinés à rendre leur identité aux déportés, parfois même à simplement la ressusciter ; les officiers de la Sécurité militaire, de la DGER et du 2e Bureau, auprès desquels je travaillais, m'avaient prévenu : il s'agissait aussi de débusquer ... les faux déportés.

« Des faux déportés ?

— Parfaitement. Nous avons des informations comme quoi un certain nombre d'individus recherchés se cachent parmi les déportés. De tout : des collabos en fuite, des kapos honteux, des miliciens promis au poteau, des Waffen SS en déroute, des déserteurs de la LVF, des prostituées à la veille d'une nouvelle vie, des droits-communs libérés dans la folie. Ils ne se sont pas contentés de se mettre à la diète et de voler sa tenue rayée à un mort, ou d'en racheter une à un rescapé ; certains se sont même fait tatouer un faux numéro à l'avant-bras... »

L'expérience de quelques déportés employés au tatouage à Auschwitz-Birkenau et dans les camps annexes qui dépendaient de son administration (les seuls où se pratiquait ce marquage) nous fut très précieuse. Ils avaient acquis une véritable expertise de leur technique. Le bras gauche placé à plat à l'intérieur d'une machine aux allures de dateur, un levier utilisé comme une presse, une mollette pour choisir les numéros, des trous pratiqués dans la peau au moyen d'aiguilles dans un système de plaques, un saignement à chaque point, l'encre appliquée avec un pinceau... Certains matricules étaient tatoués à l'intérieur de l'avant-bras, d'autres à l'extérieur. Au camp, il y en eut pour exiger de leurs camarades qu'ils refassent deux chiffres afin que ce soit bien lisible et qu'ils n'encourent aucun reproche. Car la vie pouvait tenir à ça, un chiffre un peu flou.

Qui irait spontanément chercher les bourreaux parmi les victimes ? Tous les soirs, une voiture cellulaire ramassait à l'Hôtel les faux déportés démasqués. En tout cas de sérieux suspects. On les regardait se faire embarquer par la police, et la trahison, la veulerie, la haine et le crime s'inscrivaient alors naturellement sur leur visage. Mais avant, qu'y lisait-on ? Au fond, ni la maigreur ni la tenue ne faisaient le déporté. Il eût fallu fouiller au fond du regard de chacun, en écoutant son grain de voix et ses silences, pour distinguer les vrais des faux.

Un arsenal de questions nous avait été préparé par un « spécialiste ». Quand avez-vous été arrêté ? Quel itinéraire avez-vous suivi jusqu'au camp ? Quelle sorte de travail deviez-vous effectuer ? Dans quel kommando ? Qui étaient vos camarades de chambrée ? Qui avez-vous vu mourir ? Avez-vous été condamné(e) à mort ? Par quel tribunal ? Avez-vous été torturé(e) ? Avez-vous été violée ? Dans quelles circonstances ? etc. L'entretien se déroulait toujours de la même manière, que l'on voulût aider le déporté à récupérer son état civil, à recouvrer son identité aux yeux de la loi en quelque sorte, ou qu'on tentât de l'acculer dans ses contradictions. Le plus souvent, la séance nous fournissait des éléments significatifs pour reconstituer leur destin collectif :

« Allons-y, M. Slobodenski Anatole, vingt-quatre ans, nationalité française, déporté par Drancy le 20 janvier 1944, numéro de tatouage 172 742, tout ceci est exact ?

— Parfaitement exact. J'ai passé en tout un an à Monowitz, dit-il d'une voix si chevrotante qu'il se reprit aussitôt, comme si un raclement de gorge pouvait chasser la faiblesse de son état général.

— Soyez précis sur les dates, je vous prie !

— Du 23 janvier 1944 au 18 janvier 1945. On travaillait à l'usine Buna.

— Un four crématoire à Monowitz ?

— Non, mais tous les mois, après le tri, il y en a qui partaient pour Birkenau, où il y avait un four, et on ne les revoyait plus. De tout parmi eux : des forts et des faibles.

— Vos kapos étaient-ils juifs ?

— Quelques juifs polonais. Mais la majorité était des criminels allemands.

— Quand vous avez été évacué sur Buchenwald, avez-vous assisté à des mitraillages ?

— Pas personnellement.

— Les raciaux étaient bien dans le grand camp, et les politiques dans le petit ?

— Attendez voir... Non, c'était exactement le contraire.

— Avez-vous participé à des transports de kommandos à Holzen ?

— En effet.

— C'est près de quelle grande ville ?

— Hanovre.

— Avez-vous entendu parler du nageur olympique Nakache ?

— On a été déportés ensemble ! »

Notre exigence d'exactitude avait quelque chose d'obscène car pour la plupart, ils végétaient encore dans un *no man's land* de la pensée. D'autant que certains d'entre nous n'y mettaient vraiment pas les formes. Nous réclamions des noms, des dates, des lieux. De la précision alors qu'ils étaient dans le flou. Des noms ? Pas de noms. Des numéros plutôt, alors qu'ici les numéros étaient sur les portes. Parfois des prénoms, voire des surnoms ou des diminutifs. Pas davantage. Il fallait comprendre : quand on vient tout juste de perdre son matricule, on goûte à peine à la volupté d'être à nouveau soumis à la loi d'airain du nom. Ceux d'entre nous qui perdaient patience provoquaient inévitablement des réactions de frayeur. Les bras soudain repliés au-dessus de la tête pour la protéger des coups. Un regard d'animal traqué. La peur.

Certains revenaient alors sur leurs déclarations :

« Ça ne veut rien dire, ce que je vous ai raconté. Rien du tout. Pas de mots pour ça. »

Il fallait calmer les esprits et tout reprendre de zéro. Car on ne pouvait décemment renvoyer chez lui un déporté, fût-il vaillant, sans s'être assuré que sa maison n'avait pas été détruite par un bombardement et que sa famille n'avait pas été décimée. Certains, il aurait fallu les enfermer dans leur chambre pour nous laisser le temps d'effectuer les ultimes vérifications. D'autres au contraire ne voulaient pas partir parce qu'ils savaient que rien ni personne ne les attendait.

La durée des interrogatoires exaspérait ceux dont la déportation n'avait pas anéanti le caractère. Ils voulaient retrouver leurs gosses et sans la ferme insistance des scouts chargés de les en empêcher, certains seraient partis sans papiers ni pécule, lâchés dans Paris, libres enfin. Mais sans carte de déporté. Un lieutenant avait même eu un mot inoubliable : « Attention, sans cette carte, vous ne pouvez pas sortir. Sans la carte, vous n'êtes pas déporté ! » Tellement énorme que nul n'avait relevé. Ils rechignaient, pestaient contre l'Administration, quand ils ne se plaignaient pas d'être traités comme des gamins, voire talqués à la poudre DDT comme des bébés, maternés par des infirmières dévouées ; mais ils se rangeaient finalement aux arguments des scouts, d'autant que ceux-ci étaient chargés de réquisitionner d'office les automobilistes circulant sur le boulevard Raspail pour les forcer à raccompagner les déportés chez eux.

Là-bas, ils ne songeaient qu'à rentrer. Depuis qu'ils étaient rentrés, ils ne pensaient plus qu'à partir.

« Et si on s'évadait ?

— Encore ! »

Certains d'entre eux, nous manquions d'arguments pour les retenir. À vrai dire, on n'essayait pas vraiment tant on les comprenait. D'autant que tous ne gardaient pas un très bon souvenir de leur escale à Lutetia. Charles Chaimowicz par exemple, un juif polonais raflé à l'âge de seize ans à l'école, le jour du Vel' d'Hiv. Il avait connu dix camps. Sa famille aussi. Quand le sien fut libéré, il traîna un mois en Allemagne pour repousser l'instant de son retour. À quoi bon rentrer ? Il savait que son père, sa mère et sa sœur n'avaient pas survécu. Quant à son frère, il était mort du typhus, dans ses bras, à Auschwitz. Depuis, pas un jour ne s'était écoulé sans qu'il pensât à lui. Dès son arrivée à l'Hôtel, il voulut repartir puisque personne ne viendrait le chercher. Au repas du soir avec ses camarades, l'atmosphère ne l'aidait pas à se défaire d'un goût de cendres dans la bouche ; il était trop anéanti pour réagir quand, dans leur dos, le garçon qui les servait lâcha : « Encore des juifs ! Il en sort de partout comme avant ! » Lui qui se plaignait du manque de compassion de ses contemporains, il eut de quoi être écœuré. Fallait-il que tout change pour que rien ne change ? Quand il comprit qu'il n'aurait décidément personne à qui parler, Charles Chaimowicz s'en alla. Il avait passé un jour et une nuit à Lutetia.

Il n'était pas le seul à vouloir s'enfuir. Un petit groupe de déportés, qui ne faisaient que bavarder avec des étudiantes sur les bancs du square Boucicaut, déclenchèrent une bagarre générale à laquelle la police militaire dut mettre bon ordre, après que des jeunes eurent crié : « Méfiez-vous, ces gars-là sont pleins de poux ! » Parmi eux, il y avait Jean Bizien, un résistant breton du réseau Jade-Fitzroy, déporté à Neuengamme, près de Hambourg. Face à la menace des formalités administratives, il haussa le ton et commença même à se battre avec les préposés, avant de prendre son sac et de héler un taxi : « Gare Montparnasse ! »

Des jeunes filles, mûres comme des femmes aguerries, avaient déjà repris forme humaine en arrivant ; les différentes étapes de leur voyage de retour leur avaient permis de grossir un peu et de s'habiller convenablement ; celles-là remettaient à leur place l'adjudant-chef Le Goert ou l'adjudant Lafaurie, quand ils leur hurlaient :

« À la douche ! »

— Du calme ! On n'est pas des bêtes ! »

En 1942 ou 1943, elles avaient jeté des tracts du balcon d'un cinéma sur les fauteuils d'orchestre avant de repartir les mains dans les poches, et deux mois après elles s'étaient retrouvées nues pendant des heures à subir l'appel dans la cour glacée d'un camp de la mort-lente.

Une seule fois, une seule, j'ai vu un déporté s'emporter contre un médecin. Sans méchanceté ni brutalité, et avec une détermination peu commune chez ces survivants exténués. C'était un petit menuisier du faubourg Saint-Antoine, un dénommé Zerbib.

« Toussez... encore... tournez-vous... Ça vous fait mal ?... non, bon... Vous avez eu des maladies pendant votre séjour en Allemagne ?... Tenez, rhabillez-vous... et surtout ne mangez pas trop vite... »

De toute évidence, le médecin l'avait bâclé, comme il avait bâclé toutes ses visites de la matinée. Alors ce revenant, de Therensienstadt je crois, s'était levé calmement, il avait posé ses mains sur le bureau et s'était penché vers le médecin assis, encore occupé à tamponner allégrement des papiers :

« Docteur, si ça ne vous plaît pas de faire ce travail, ne le faites pas. Mais si vous le faites, faites-le bien. Vous me demandez si j'ai attrapé des maladies, mais vous n'avez rien vu rien écouté. Je suis à moi seul un catalogue de maladies, comme chacun de mes camarades. Même des maladies dont vous n'avez jamais entendu parler. Et vous m'avez liquidé. Vous voyez mes mains ? Eh bien, avec ces grosses mains d'artisan, j'ai fabriqué des chaises et des tables au camp, parce que les nazis me l'ont ordonné. Mes meubles, ils étaient irréprochables. Du beau boulot. Parce que si on accepte, alors le travail doit être bien fait. Là-bas comme ici. Vous comprenez, docteur ? Alors, on recommence la visite ou je vais en voir un autre ? »

Sans un mot, le médecin l'invita à se rasseoir d'un geste de la main. Il est vrai que tout le monde guettait sa réaction.

À la fin de telles journées, nous étions tous épuisés. Sauf que la journée n'était jamais vraiment finie. Ces clients-là nous requéraient sans trêve. Peu avant minuit, quand je faisais mon tour pour m'assurer de la sécurité du bâtiment, je l'achevais rituellement en bas en saluant le concierge de nuit. Une silhouette déambulait, toujours la même, celle d'un ancien responsable régional de la Résistance ; il avait été si atrocement torturé par la Gestapo à Paris que sa déportation lui avait paru douce en regard. Le jour, il regardait à travers les fenêtres les murs de la prison du Cherche-Midi, son dernier toit en France ; il s'abîmait dans une étrange nostalgie, du moins c'est ce que je croyais, jusqu'à ce qu'il me confie : « J'attends que sorte un type enfermé là, celui qui a dénoncé mon réseau... » La nuit, il ne se couchait jamais et refusait nos chambres. S'allonger dans l'un de ces lits était au-dessus de ses forces. Plutôt faire les cent pas toute la nuit que de dormir là-haut, fût-ce sur la descente de lit. Quand j'osai lui demander pourquoi, j'en fus pour mes frais :

« L'idée que cette chambre a été occupée avant moi par un officier de l'Abwehr, je ne supporte pas. Surtout la salle de bains, quand je vois la baignoire... j'imagine ce qu'on a pu faire avec, non, ce n'est pas possible... »

Depuis peu, je me laissais porter par mes pas dans la grande galerie éclairée de simples veilleuses. On eût dit un cabinet d'amateur dont des panneaux électoraux eussent figuré les œuvres marquantes. De jour, la foule agglutinée m'empêchait de les voir. La nuit, un silence mortifère enveloppait le corridor des absents. Combien réussiraient à s'échapper de cet obituaire en suspens pour se raccrocher de leurs dernières forces à la marche du temps ?

La pénombre rendait les noms illisibles. Seules les photos surgissaient des murs. Des portraits des jours heureux, des sourires de fêtes et des rires de vacances d'autrefois. Quelques visages évoquaient plutôt des champs de bataille. Des centaines de regards me fixaient. Certains me poursuivraient longtemps après. Parmi ceux qui m'aimantèrent, l'un m'intrigua particulièrement ; ses traits ne m'étaient pas inconnus, je les avais déjà remarqués sur une autre photo, dans un bureau, mais lequel ? En balayant du faisceau de ma lampe de poche, je pus déchiffrer, entre celles de Théo Reiss et d'Arnold Hirsch, une fiche reproduisant sa photo en pied, où il était écrit : *« Nom : Zlatin. Prénom : Miron. Adresse de la famille : Mme Yanka Zlatin. Centre Lutetia. Camp en France : arrêté le 6/4/44. Camp en Allemagne : ? Lituanie. »* Tout en bas, en face de la ligne *« Dernières nouvelles le... »*, il y avait un blanc. Lui, le propre mari de notre hôtelière en chef ! Elle n'en parlait jamais, elle qui faisait tout pour adoucir l'intolérable attente des autres. J'avais d'ailleurs entendu la femme d'un déporté la plaindre : « À force de nous donner du courage, il ne va plus vous en rester pour vous... » Mme Zlatin était la plus exposée à son poste, réceptacle des lamentations et bureau des plaintes. Les récits qu'elle devait affronter étaient parfois insupportables. Pourtant on ne la voyait jamais pleurer. Comme l'une de ses jeunes collaboratrices, bouleversée par un témoignage, s'en étonnait, je l'entendis lui répondre : « Si tu pleures, personne ne pleurera avec toi. Si tu ris, tout le monde rira avec toi. Voilà ce qu'on disait autrefois en Pologne, dans ma famille. Alors je ne pleure pas. »

Elle donnait le change pour donner l'exemple. Car parmi tous ceux qui travaillaient alors à ses côtés, il y en avait qui, comme elle, attendaient aussi quelqu'un en silence et en secret. Françoise Braun par exemple, une bénévole de dix-sept ans, « Monique » quand elle transportait les tracts de *Combat* à Toulouse. La photo et le nom de sa sœur figuraient sur les panneaux : Colette Braun, vingt-huit ans, pseudonyme Violette Boyer, déportée à Ravensbrück. Des rescapés lui avaient raconté : « Ta sœur, c'était une des plus battues du camp. Comme elle parlait l'allemand, elle défendait les autres. Une fille formidable. » Puis plus rien, plus de nouvelles, même pas mauvaises.

Ces visages ne hurlaient pas tous mais la détresse qu'ils exprimaient n'en était pas moins poignante. Eux avaient droit à l'amnésie, pas nous. Dans un murmure, que la nuit transformait en une longue plainte, des absents demandaient juste qu'on ne les oublie pas. Durant tout le temps que dura cette traversée des ombres, une phrase d'une déportée ne me lâcha pas : « La pensée d'être attendue, vous n'imaginez pas comme ça m'a aidée à tenir. » Elle s'était promis devant moi, à voix haute, qu'un jour elle reviendrait à Lutetia marier sa fille.

Sait-on jamais... Trois petits mots, trois mots anodins. Mais ils suffisaient à donner l'énergie pour tenter de retrouver son disparu, errant dans les ruines de la défunte Allemagne, perdu dans un hôpital en Pologne ou retenu dans un camp en Russie. Ou pour l'identifier dans un charnier. Tout était imaginable depuis que les rares récits des rescapés nous avaient confrontés à l'inimaginable. Comment Dieu avait-il pu tolérer ça ?

Un jour, nous aurions à annoncer aux familles groupées dehors que ceux qui n'étaient pas rentrés ne rentreraient plus. Qui oserait fixer ce jour maudit où on les considérerait comme *définitivement* disparus ?

En attendant, dans mes rêves éveillés, un groom parcourait l'Hôtel en permanence, son écriteau à la main ; on pouvait y lire des centaines de noms, qu'il lançait à haute voix à travers les salons comme un appel funèbre dans une cour battue par les vents, tandis que l'écho d'une petite sonnette retentissait pendant des heures.

N*** ne quittait pas mes pensées. Mais je m'interdisais de l'imaginer à Lutetia parmi nous. Parmi *eux* surtout. Je me le défendais depuis des semaines sinon des mois car je me refusais à croire qu'elle ait pu être arrêtée, internée, déportée. Son silence devait s'expliquer par son exil. Buenos Aires peut-être, ou encore Caracas, enfin l'une de ces capitales exotiques où son mari possédait des intérêts. Les Clary avaient dû faire le nécessaire pour la soustraire in extremis à la rage exterminatrice des nazis. Cette famille était si bien alliancée, le comte jouissait d'un tel entregent dans les milieux d'affaires qu'il ne pouvait en être autrement. Au vrai, je m'attendais à voir surgir son chauffeur à tout moment, chargé d'une lettre, comme autrefois. Et puis on ne déportait pas une comtesse Clary au motif que des fonctionnaires patentés de la haine antisémite épluchaient ses quartiers de chrétienté. Du moins je le croyais, jusqu'à ce qu'une infirmière bénévole, issue de ce monde-là, évoque dans la conversation le sort des filles du comte Louis Cahen d'Anvers, un grand financier israélite : l'une, Colette de Dampierre, serait morte si elle n'avait pas eu l'audace de sauter du train en marche ; l'autre, Élisabeth de Forceville, qui s'était remariée avec un Denfert-Rochereau, déportée quoique convertie au catholicisme un demi-siècle auparavant, avait rendu l'âme dans un wagon bondé quelque part entre Drancy et Auschwitz.

Il avait fallu que N*** s'éloigne pour que je me rapproche d'elle davantage encore. Plus sa disparition se creusait, plus je la sentais près. Je regardais autour de moi ces femmes en tenue rayée, et je repoussais l'idée que N*** ait pu être là-bas l'une des leurs. D'ailleurs, je ne leur demandais même pas si elles l'avaient connue, et je n'épinglais pas le moindre avis de recherche sur les panneaux. Pas moi, pas elle. Surtout depuis qu'une déportée m'avait dit : « Au camp, on ne nous faisait pas mourir, on nous faisait crever. » Le moment précis où elle avait prononcé ces mots était resté d'ailleurs gravé dans ma mémoire car il coïncidait avec une rencontre qui m'avait terrassé, moi qui croyais avoir déjà tout vu et tout entendu.

Cela se passait dans les premiers jours de mai, en tout cas après la libération du camp de Dachau, puisque c'était là désormais mes repères dans le temps. Ma nouvelle horloge et mon propre calendrier. Nul doute que cela me passerait quand ils seraient tous partis ; en attendant, je vivais au jour le jour en empathie avec leur délivrance. Je sortais donc d'une séance d'interrogatoire quand j'aperçus une silhouette assez singulière traverser la galerie. Un homme grand et haut, vêtu d'une veste rayée et d'un pantalon de toile de jute grise, mal chaussé ; toute son originalité s'était réfugiée dans son allure extraordinaire, son panache quand il s'exprimait, sa classe jusque dans l'usage de ses mains et, chose extraordinaire eu égard à son accoutrement, son élégance. Elle tenait au maintien mais aussi à un détail, un accessoire qui conférait à sa démarche un air de victoire : une pochette d'un rouge éclatant, placée à l'endroit idoine de la veste côté cœur. Il allait et venait, d'un pas allègre et déterminé, tandis que je le suivais du regard. Quand il m'aperçut de loin, il me fixa à travers la pagaille qui régnait encore dans le hall, et s'écria :

« Édouard ! Ce sacré Édouard ! »

Je n'en crus pas mes yeux. Le vicomte Guillaume de Montaut de Brassac appartenait au paysage de mon enfance. Fils d'un ami du marquis de Vibraye, voisin de Cheverny, il avait été de toutes ses chasses. Notre différence d'âge n'était plus considérable, puisqu'il est connu que ces choses-là s'amenuisent avec le temps, contrairement à notre différence de statut social, laquelle s'était plutôt creusée. Sa réussite dans l'industrie du bois, autant que son mariage avec une altesse royale américaine (la fille d'un magnat du chemin de fer) lui avaient valu régulièrement des échos flatteurs dans les gazettes admises sur les guéridons des châteaux. Il me serra dans ses bras sans façon avant de m'interroger sur ce que devenait mon père, car je demeurais à ses yeux le fils du régisseur, ainsi que sur les autres personnages du petit monde de Cheverny, dont il était sans nouvelles depuis longtemps.

« Et la petite Nathalie ?

— Vous voulez dire la comtesse Clary ?

— Je sais bien, mais pour moi, que veux-tu, il y aura toujours "ce sacré Édouard" et "la petite Nathalie". Alors, que devient-elle, et où vit-elle, à propos ? »

Comme je baissais les yeux, il eut la délicatesse de ne pas insister, même si j'eus, moi, l'indélicatesse de l'interroger sur son séjour au camp. Il parla d'abondance, de son accent fleurant la meilleure éducation mais dénué de tout snobisme, livrant des détails passionnants sur l'attitude de ses camarades ; son récit savait être pudique ou lyrique quand il le fallait. Le vicomte demeurait égal à lui-même en dépit de ce qu'il avait vécu. Ni l'horreur ni la souffrance ne semblaient avoir eu prise sur lui. Rien n'avait entamé sa personnalité. Il s'estimait heureux d'être rentré comme il était parti : à l'aller le train de l'angoisse, au retour le train de l'espérance, ainsi la boucle était bouclée, sans quoi il n'aurait jamais pu voyager à nouveau par le chemin de fer. J'admirais sa maîtrise, son assurance dénuée de l'arrogance qui lui fait souvent cortège, son enthousiasme assez détonnant en ces lieux et cette capacité unique à ne rien laisser paraître de la douleur qui avait dû être la sienne. Car de lui comme de ses camarades, on pouvait dire qu'une part d'eux-mêmes était restée là-bas à jamais. Leur seul point commun à tous. Son ardeur contrastait avec l'état moyen des autres déportés : alentour, tout n'était qu'asthénie, mauvaise humeur, délire, lassitude, perte de la mémoire, détresse sans fin. Seul l'esprit critique demeurait à vif.

Un déporté s'avança vers nous qu'il me présenta aussitôt. *A priori* tout les séparait, manières, éducation, milieu. Il était fruste, bonasse et primaire, tout le contraire du vicomte. Son meilleur ami de captivité. Tondus avec la même tondeuse. Ils ne s'étaient pas quittés pendant dix mois, et ne semblaient pas près de se séparer. J'eus même l'impression qu'ils s'étaient connus avant le camp, pour avoir appartenu au même mouvement de Résistance dans la clandestinité. Nul doute que quand le moment viendrait de reprendre la vie d'avant, ces deux-là échangeraient leurs adresses comme on le fait à la fin des vacances. L'un et l'autre avaient conservé leur tenue de déporté. Comme je m'en étonnais, il me fut répondu d'une voix douce :

« Pour nous qui la portons depuis près de deux ans, parfois davantage, c'est comme une seconde peau. Ne nous l'enlevez pas trop vite car ce serait nous arracher la peau... »

Il devait être 19 h 30 quand le vicomte de Montaut de Brassac claqua dans ses mains :

« À table ! Messieurs, si vous permettez, nous allons fêter ces retrouvailles historiques. Permettez-moi de vous inviter dans la salle de restaurant privée du Lutetia. »

Juste avant d'y pénétrer, il me prit par le bras et me murmura à l'oreille :

« Petit problème. Je ne peux décemment pas dîner ici sans cravate, vous comprenez certainement. Auriez-vous l'obligeance de m'en trouver une, unie s'il vous plaît, sinon cela jurerait avec les rayures et je ne me pardonnerais pas une telle faute de goût. »

Le petit problème fut aussitôt réglé. Le vicomte, à qui il était arrivé de séjourner à Lutetia par le passé, plongea machinalement la main dans sa poche à la recherche de quelques pièces pour le groom, en vain car il n'avait pas encore reçu les mille francs de la prime de rapatriement ; encore plus gêné que lui, le groom s'effaça à reculons. Notre entrée dans la salle à manger fut impériale. Il accrochait les regards comme on dit des acteurs de cinéma qu'ils prennent la lumière. À table, il se révéla un conteur éblouissant ; tant et si bien que deux jeunes femmes demandèrent l'autorisation de joindre leurs chaises aux nôtres. Il se leva pour les accueillir. Tour à tour drôle et émouvant, tout en restant mesuré, il nous passionnait. Il ne lut pas la carte tendue par le maître d'hôtel, il la dévora des yeux ; je sus alors très précisément à quoi faisait allusion le *Manuel de psychologie du rapatrié*, au chapitre sur la psychose de la faim, quand il y était question de l'« hystérie des menus », cette manière qu'avaient eue les déportés d'élaborer au camp des repas sophistiqués en prévision de leur retour à la vie. Était-ce le cadre du grand Hôtel ? toujours est-il que ses manières d'avant semblaient ne l'avoir jamais déserté. Après un court instant d'hésitation, il fut le seul d'entre nous à n'utiliser que sa fourchette, à l'exclusion du couteau. Et comme il s'était aperçu que je l'avais remarqué, il se justifia :

« Je sais, c'est bête, mais on ne se refait pas. Si j'avais renoncé à tout ça, pour moi, cela aurait été le signe qu'ils avaient gagné. La frontière entre l'homme et l'animal est ténue. Il n'y pas que l'âme, l'éducation aussi… »

Il m'avait appris incidemment son appartenance à l'une des rares confréries vineuses dite les Chevaliers de la Chantepleure. Aussi, avant le fromage, je demandai discrètement à Weber, le sommelier, de nous sortir à titre exceptionnel un grand cru de sa fameuse cave préservée, de préférence un vin du Loir-et-Cher, pays du vicomte. Quelques instants après, quand il présenta non pas une mais deux bouteilles de vouvray, un blanc sec de 1939 et un blanc moelleux de 1918 de chez Poniatowski, la verve de notre hôte en fut stimulée. Il adopta un ton de récitant :

« "L'inconvénient du vin de Vouvray, monsieur, est de ne pouvoir se servir ni comme vin ordinaire, ni comme vin d'entremets ; il est trop généreux, trop fort ; aussi vous le vend-on à Paris pour vin de Madère en le teignant d'eau-de-vie. Mais ce que vous buvez en ce moment est… [hésitations] un vin de roi, la tête de Vouvray…" Balzac ! *L'illustre Gaudissart !* magnifique ! J'ai bien failli ne pas y arriver, la mémoire… »

On le servit, il le respira longtemps, profita pleinement de chaque seconde, car il avait dû rêver de cet instant, là-bas ; puis il siphonna une gorgée, qu'il garda en bouche avant de la dévorer et de l'engloutir ; après quoi il observa la couleur dans la transparence du verre et le reposa en nous épargnant tout commentaire sur la pourriture noble ou l'arôme de tilleul. Alors son assurance commença à le lâcher sous nos yeux. Il sembla avoir soudainement perdu toute sa superbe, chercha ses mots avec difficulté, hésita puis :

« Ce bouquet, c'est... mon pays, c'est vraiment mon pays, enfin... »

À lui non plus, la terre ne mentait pas. La sienne surtout. L'arôme de ses vignes avait suffi à faire surgir les couleurs de son enfance, ses êtres chers et la beauté de ses paysages. Tout ce qu'il avait passionnément chéri durant sa captivité sans parvenir à en ressusciter le goût, et pour cause. Il essaya de prononcer quelques mots, mais une boule dans la gorge l'en empêcha. Des larmes discrètes commencèrent à couler sur ses joues. Il voulut amener le verre à ses lèvres mais sa main tremblait trop. Alors il éclata en sanglots et se réfugia aussitôt dans ses bras posés sur la table pour dissimuler sa honte. Son corps était secoué par un hoquet que rien ne semblait pouvoir réprimer. Nous nous regardions tous pareillement pétrifiés, incapables de trouver le geste, honteux de sa honte. En quelques secondes, le restaurant se vida de ses derniers clients. Notre table fut aussitôt désertée. Même les garçons préférèrent s'éclipser. Je restai seul à côté de lui, ma main posée sur la sienne. Il crocheta ses doigts aux miens et ne les lâcha plus. Je ne pensais pas qu'un homme pût pleurer si fort et si longtemps. Chez nous, ça ne se faisait pas, surtout en public.

Depuis combien de temps se retenait-il, lui à qui son éducation avait toujours imposé de se tenir ? Il m'avait fallu atteindre cet âge où l'on croit avoir fait le tour des choses de la vie, pour assister à l'effondrement d'un homme debout.

Un matin, nous reçûmes la visite du docteur Bourgeois, un officier de première classe qui dirigeait le service de santé, d'assistance et de rapatriement au ministère. Il voulait remettre un peu d'ordre dans une organisation qui commençait à montrer des signes de relâchement. Avec son escorte, il mit son nez partout, à tous les étages, où étaient postés en permanence un médecin et une infirmière, dans des pièces aménagées tout exprès, avec pharmacie et salle de pansement. Quand il réprimanda un bénévole qui oubliait de faire ouvrir les bagages pour les poudrer au DDT, on eut une petite idée de ce qui nous attendait. Après quoi il improvisa une réunion de crise dans un salon de l'entresol :

« Ça ne va pas. Pas du tout. Vous savez à quoi me fait penser votre établissement ? À la gare d'Orsay. Et dans ma bouche, ce n'est pas un compliment. D'abord, il y a trop de monde, trop de va-et-vient. Le public entre ici comme dans un moulin, ou presque. Ensuite, les formalités sont trop longues pour ces gens exténués. Ils veulent s'allonger sur un vrai lit, et non pas faire la queue pendant des heures pour répondre à des questions. Alors n'hésitez pas à vous rendre dans les chambres avec une équipe mobile chaque fois que nécessaire. Enfin, vous n'êtes pas assez prudents.

Je vous rappelle que deux membres du personnel sont morts par *votre* et par *leur* négligence : une femme de chambre et un scout. S'ils avaient été vaccinés, ils seraient toujours là. Vaccinés et poudrés non pas une fois pour toutes mais tous les huit jours ! Et puis les examens médicaux sont devenus aussi rapides et légers ici que là-bas. Je suis étonné d'avoir à vous rappeler que tout déporté doit être douché et épouillé.

— Mais c'est le cas, docteur !

— Non, vous le savez bien ! explosa-t-il. Cela m'a été maintes fois signalé. J'ai des rapports plein ma serviette, dit-il en la désignant du doigt et en menaçant de l'ouvrir. Je l'ai moi-même constaté. Dans la précipitation, certains passent au travers. Je n'ignore pas que la contrainte est une chose très pénible en la circonstance mais vous devez les obliger.

— Nous avons du mal à faire le premier tri, releva un médecin.

— Vous devez séparer les "très fatigués" des "normaux" ou "quasi-normaux". J'entends que les séjours prolongés au Lutetia soient réservés aux fatigués. L'Hôtel doit fonctionner comme une infirmerie ou un hébergement sanitaire. Vous savez ce que cela veut dire ?

— Qu'il doit avoir à sa tête un médecin directeur ! lança un toubib qui n'avait jamais accepté la tutelle de notre triumvirat, féminin de surcroît.

— En effet, et qu'il doit être équipé d'une installation médicale sérieuse, reprit le docteur Bourgeois en comptant sur ses doigts : un labo de radiologie pour la recherche et le dépistage soigné de la tuberculose pulmonaire, et un labo de biologie pour la recherche de maladies par carence (avitaminose, troubles digestifs liés à la dénutrition, etc.).

— Et que ferons-nous alors des cas médicaux graves ?

— À l'hôpital, le vrai ! Les médicaux à Bichat, les chirurgicaux à Manin. Dans la quasi-totalité des cas, les déportés devraient quitter le Lutetia reposés et en état d'achever leur voyage de rapatriement. Dans de telles conditions, la durée vraisemblable du séjour serait de l'ordre de trois à cinq jours. »

En se levant, il leva la séance. Mais comme il était le premier à franchir le seuil de la porte, il se retourna et ajouta à notre intention, en ayant certainement calculé son effet car les rivalités et les inimitiés au sein du personnel de rapatriement ne lui avaient pas échappé :

« À propos, pour le poste de médecin directeur de l'hôtel, je propose le docteur Gallet. Il possède, si je puis dire, un atout sur les autres : il rentre de Buchenwald. »

Ce qui eut effectivement pour conséquence de dissiper tout commentaire. Car dans cette enceinte-là, ce diplôme les valait tous, ce certificat les supplantait tous, mieux que n'importe quelle médaille, mieux que n'importe quelle recommandation. Aux yeux des soignants, comme à ceux des militaires et bien sûr des rescapés, il y aurait toujours deux catégories d'individus dans ce périmètre hors du monde : ceux qui en revenaient, et les autres.

Le docteur Gallet s'était mis à la disposition du service de santé le jour même de son retour à Paris.

Henri Frenay, ministre des Prisonniers, Déportés et Réfugiés, appelait son maroquin le « ministère de la souffrance ». Mais dès les premiers retours, lui et son entourage durent bien convenir que la souffrance de tous les rapatriés ne formait pas un bloc. Les médecins qui les avaient examinés en témoignaient déjà. Les prisonniers de guerre et les requis du travail obligatoire étaient des individus en bonne santé. Les déportés, des morts-vivants. Les premiers étaient des hommes. Les seconds des hommes, des femmes, des enfants. Pour ne rien dire de l'autre souffrance, celle qui ne frappe pas nécessairement les regards, celle qui ne provoque pas la gêne ni la honte, celle devant laquelle on ne baisse pas les yeux, la souffrance psychique. Cette pensée me paralysa un matin que j'empruntais l'escalier entre le quatrième et le troisième étage ; comme il faisait chaud, j'ouvris le vasistas et j'aperçus au loin, assis sur un banc du square, un rayé que des enfants essayaient de sortir de sa torpeur en lui parlant. En vain…

À en juger par les tampons apposés au bas des papiers, deux catégories de déportés se distinguèrent assez nettement : les « DP » (déportés politiques) et les « DR » (déportés raciaux), alors que les actualités cinématographiques, paraît-il, les amalgamaient. Les uns auréolés du prestige de la Résistance, les autres marqués du sceau de la souffrance. Des combattants et des victimes. Manifestement, on n'avait pas pensé à graver un tampon pour les déportés dotés de la double qualité de juifs et de résistants. Cette bizarrerie parut éclatante le jour où un lieutenant nous annonça que désormais il viendrait tous les jeudis procéder à un appel d'un genre un peu spécial :

« Je suis chargé de donner chaque samedi au ministre une liste de cinquante déportés politiques ayant des titres de résistants, et que le général de Gaulle désire convoquer chez lui.

— Et les autres ?

— Les autres ? Pas d'instruction à ce sujet.... Henri Jacotot, chambre 215... Rose Klein... tenez, regardez, Pierre Plouvier, résistance dans l'Ain... Jean Genot, chambre 420, membre de l'Armée secrète, de même que sa femme... Pierre Salot, chef de Vox à Nice... Que des résistants, vous dis-je !

— Mais j'ai des choses à lui dire, moi, à de Gaulle ! s'emporta l'un de ceux qui se savaient exclus.

— Vous avez des titres de résistant ?

— Pas besoin de ça. J'ai fait quatre camps.

— Vous savez bien qu'il y avait de tout là-bas, des droits-communs, des trafiquants de marché noir...

— Non mais !

— Désolé. Que les politiques, c'est écrit, là... »

Un attroupement se fit autour du lieutenant. C'était bien écrit, là. Souligné pour les mal-entendants. Avec tampon et signature.

Le cas n'était pas isolé. Françoise, la jeune bénévole, avait été témoin de quelque chose comme ça. Un jour de la mi-mai, à 18 heures, devant elle, sa responsable Élisabeth Bidault refusa l'entrée de l'Hôtel à des républicains espagnols intégrés à l'armée française, pris en 1940 sur la ligne Maginot et déportés à Mauthausen. « Des prisonniers de guerre ? Au Vel' d'Hiv ! » On les envoya là-bas, où ils furent ainsi accueillis : « Des déportés ? Au Lutetia ! » À 23 heures, ils étaient donc de retour boulevard Raspail. En l'absence de sa responsable, la jeune bénévole leur fit des nouilles et des cartes de déportés. Quand elle l'apprit le lendemain, Élisabeth Bidault laissa éclater sa colère et sanctionna la jeune fille. Privée de cantine.

Il ne s'écoulait guère de jour sans qu'un imposteur en cavale fût démasqué parmi les authentiques déportés. C'était plus rapide avec les collabos qu'avec les nazis. Mon passage dans la police m'avait doté d'une certaine expérience avec les simulateurs, mais la plus marquante, je l'avais reçue pendant la Première Guerre : ceux que la perspective du combat ou les traumatismes déjà subis au feu rendaient fous étaient souvent expédiés dans un centre de neurologie où on leur appliquait une méthode d'électrothérapie dite « torpillage ». Mais que cette guerre-là était loin, plus d'un quart de siècle déjà...

À Lutetia, quand nous tenions un suspect, nous commencions par l'isoler dans une petite pièce de l'entresol. À l'officier de la sécurité militaire qui l'interrogeait, et à moi qui devais éventuellement traduire, voire intervenir, on adjoignait un déporté de confiance qui était passé par le camp concerné. Nous avions constitué ainsi une petite réserve de conseillers spéciaux dont la particularité était de jouir de capacités mnésiques phénoménales. Mémoire des noms, des dates et surtout des chiffres comme on en trouvait chez certains polytechniciens et quelques comptables qui disaient avoir conservé leur esprit intact en apprenant par cœur des listes entières. Des séries plein la tête. Les registres d'immatriculation avaient été leurs livres de chevet. Il suffisait par exemple de les lancer sur le convoi n° 57 du 18 juillet 1943 de Drancy pour connaître la suite : 552 hommes au départ et 369 à l'arrivée, sélectionnés avec les matricules 130466 à 130834, plus que 43 survivants, les autres… Eux seuls pouvaient se souvenir qu'au second semestre de 1943, les juifs avaient été tatoués sur la face interne du bras gauche, pour les hommes, avec des numéros de série compris entre 155 000 et 160 000. Même les bébés… Quand les nouveau-nés n'étaient pas tués, on les tatouait à la cuisse car l'avant-bras était trop petit. Leur numéro grandissait avec eux. Plus il grandissait, plus il devenait illisible.

Mais nos experts devenaient soudainement muets quand on leur demandait : « A-t-il souffert ? » Comme si la vie au camp avait gommé en eux toute joie et toute souffrance.

Ce jour là, on fit asseoir notre conseiller Goldfarb sur une petite chaise dans un coin, enveloppé par la pénombre. Nous avions des doutes sur un type curieux. Il se prétendait infirmier, raflé à Paris en juillet 1942. En apparence, il avait tout du vrai, mais le doute subsistait. Jugement purement subjectif, nul d'entre nous n'en disconvenait. Mais nous devions aller au bout de notre logique de vérification. Une entreprise d'autant plus délicate que souvent les vrais pataugeaient dans la confusion, tandis que les faux se révélaient nets et précis. Il était d'autant plus difficile de reconstituer leurs itinéraires de retour que certains avait été transbahutés d'un camp à l'autre en fonction d'un raisonnement dément, que d'autres s'étaient échappés en cours d'évacuation, au risque de se perdre et de revenir sur leurs pas. L'officier questionnait, le type répondait et nous tournions discrètement nos regards vers Goldfarb en quête d'une moue du visage, d'un haussement d'épaules, d'un signe de la main.

« On reprend. Combien de temps, votre voyage de Pithiviers à Birkenau ?

— Trois jours et deux nuits.

— La maison de gazage à Birkenau, elle…

— Je vous l'ai déjà dit, elle n'était pas à Birkenau mais à 100 mètres de là, à Brzezinka.

— Où regroupait-on les gens pour les envoyer au gaz ?

— Bloc 7.

— Le nom du kapo ?

— Getzel, un juif. Il étranglait des condamnés de ses mains. Celui-là, si je le retrouve, je le tue lentement.

— Vous qui avez travaillé à l'hôpital, dites-nous, en fonction de quel critère on sélectionnait les enfants envoyés au gaz ?

— La taille. »

Goldfarb n'avait pas cillé. Rien à contester. Pourtant l'officier n'y croyait pas. Il revint à la charge :

« Comment les anciens qui portaient des petits numéros surnommaient ceux qui avaient un numéro supérieur à 100 000 ?

— Les millionnaires ! Ça suffit, je peux partir maintenant ?

— Non ! Restez assis ! À partir du début 44, les juifs avaient parfois quelque chose en plus tatoué sous le matricule. C'était quoi ?

— Parfois une étoile, parfois un petit triangle, avec la base vers le haut et la pointe en bas. C'est bon ? »

J'étais d'avis de le relâcher. De mauvaise grâce, on se rangea à mes arguments. Car si nous nous trompions, je ne me serais jamais pardonné d'avoir envoyé en prison, fût-ce quelque temps, un rescapé à qui on n'avait rien d'autre à reprocher que son regard torve.

Des interrogatoires normaux se poursuivirent toute la

journée, « mixtes » parfois, quand un jeune sous-lieutenant se joignait à nous chaque fois que le cas l'imposait. C'est peu dire qu'il était dénué de délicatesse. À l'écouter et même à l'observer, on comprenait vite qu'un tel personnage ne laisserait pas de trace dans l'histoire du cœur. Ses manières me déplaisaient. Son arrogance. Ses gestes. Son impatience. Sa voix gorgée de mépris. Il n'aurait pas fallu beaucoup le pousser pour qu'il leur balance quelque chose comme « Après tout, vous l'avez bien cherché ! », manière de dire « À chacun son dû » comme on pouvait le lire à l'entrée de Buchenwald *(« Jedem das sein »)*. Tout en lui trahissait l'envie profonde d'être ailleurs que là où il était. On l'aurait dit commis d'office, encore que dans une telle situation, nombre d'avocats mettaient du cœur à l'ouvrage. Soumis à la question, les déportés étaient vite désemparés quand c'était lui qui interrogeait. La plupart ne cachaient pas leur indignation, mais ils étaient trop exténués pour la manifester autrement que par des expressions de honte, d'humiliation ou de colère rentrée. Jusqu'à ce qu'il fasse pleurer une femme d'une pâleur tragique, accablée par son cynisme. Je tenais la fiche d'Éliane Lenoir entre les mains : *« 24 ans, 1,73 m, 40 kilos / « Christian » dans son réseau, « Chounette » en prison / six mois à Fresnes, six mois en prison en Silésie, six mois à Ravensbrück et Mauthausen / Déportée NN.* » Avoir survécu à tout ça pour affronter ça ? Encore pleurait-elle doucement, sans ostentation, avec un souci de discrétion qui l'honorait car elle ne voulait pas non plus mettre celui qui l'interrogeait dans une situation embarrassante, ni attirer l'attention sur son cas. Elle avait été déjà tant humiliée depuis son arrestation qu'elle n'osait pas répondre. Un bref échange avait suffi :

« Vous rentrez d'où ?

— Ravensbrück.

— Pourtant, vous avez meilleure mine que moi ! »

Cette fois, je n'y tins plus. En plein accord avec le médecin, je suspendis la séance et fis signe au jeune sous-lieutenant de me rejoindre dans le petit office attenant à la salle. Là, à l'abri des regards, en le saisissant par les revers de sa veste de manière à coincer mon coude sous sa carotide, je le punaisai au mur comme une carte postale de cauchemar, et je laissai éclater ma fureur quasiment nez à nez :

« Écoute-moi bien, petit con. Ces gens que tu traites comme du bétail sont des miraculés. Leur vie ne tient encore qu'à un souffle. Ils ont vécu le pire du pire. Certains d'entre eux ont pris tous les risques pour qu'on soit libres aujourd'hui. Alors tu vas changer de ton très vite, et tu vas apprendre à les respecter, à les honorer même. Compris ?

— Ouais…

— Plus fort ! hurlai-je.

— Compris ! Ouais, compris !

— Maintenant on va retourner dans la pièce, tu vas tendre un mouchoir blanc tout propre à la dame que tu as fait pleurer car imagine-toi qu'une déportée, ça reste une dame. Et puis tu vas lui demander pardon. »

Ce qu'il fit aussitôt, avec mauvaise grâce.

Une heure plus tard, une déportée plus âgée, qui avait assisté à la scène, vint s'asseoir près de moi. On eût dit une momie à qui on venait juste de retirer ses bandelettes. Elle secoua la tête en signe d'incrédulité :

« Il ne faut pas en vouloir aux gens qui travaillent ici, vous savez. La plupart d'entre eux sont admirables. Ça ne doit pas être facile pour eux. Et puis il est jeune. Vous avez des enfants, monsieur ? »

Je répondis d'un signe de tête.

« Ah, vous avez tort. Les enfants, c'est le capital. Et les petits-enfants, les intérêts du capital. »

Elle répéta ça, le regard perdu dans le vague, alors qu'elle avait survécu à tous les siens. Depuis deux jours, nos services recherchaient vainement celui ou celle, un parent éloigné, qui pourrait la prendre. De cette femme émanait une sagesse inouïe. Plus je l'écoutais, plus je me pénétrais du calme impressionnant avec lequel elle prenait les aléas de la vie. Elle me raconta la sienne sans s'apitoyer, avec des mots dénués de lyrisme comme de pathos. Elle se demandait à voix haute pourquoi elle s'en était sortie, et pas les autres. Parfois, la honte la submergeait tant elle s'en voulait d'avoir survécu en laissant les siens là-bas :

« La chance, je ne vois que ça, la chance », répétait-elle songeuse.

Je l'aurais volontiers embrassée tant sa plénitude me parut exemplaire, quasiment inhumaine, après tout ce qu'elle avait enduré. Son accent me faisait l'effet d'une caresse. Mais un dernier mot, qui ne se voulait surtout pas un mot de pitié ni de compassion, fit jaillir en elle une giclée de violence qui me laissa abasourdi :

« Tout de même, lui dis-je, comment peut-on ne pas vous plaindre après tout cela...

— Oh, monsieur, cela aurait pu être pire...

— Pire qu'Auschwitz ?

— Vous imaginez si nous avions été gardés par des Polonais et non par des Allemands ? Imaginez un seul instant... Moi, monsieur, jamais je ne serrerais la main d'un Polonais. Mon ami Sam dit que c'est la dix-huitième race après le crapaud. Je peux serrer la main d'un Allemand, pas celle d'un Polonais. Auschwitz est une de leurs anciennes casernes. Si des Polonais avaient été les gardiens du camp, pas un juif n'en serait revenu. Croyez-moi, pas un seul. Nous avons échappé au pire... »

Et elle s'en alla. Puis elle revint pour ajouter :

« Vous savez, monsieur, entre le moment de mon arrestation chez moi à Neuilly et celui de mon arrivée à Auschwitz, je n'ai pas vu un seul Allemand... »

Cette fois elle se retira pour de bon. Mais du début à la fin de notre conversation, malgré ses manifestations de haine pure, compacte, irréductible, elle n'avait rien perdu de sa dignité. C'est tout ce qu'on peut dire.

Les moments que nous vivions à l'Hôtel étaient si intenses et si exceptionnels qu'ils balayaient d'un revers nos moindres maux, ces ordinaires bobos de l'âme qui nous faisaient si facilement glisser autrefois dans une douce paranoïa. La violence de la situation rendait soudain tout très relatif, et les récits que nous écoutions à longueur de journée, à longueur de soirée parfois, nous faisaient prendre la mesure de toutes choses à notre courte honte. Aussi, le jour où l'on me chargea tout naturellement d'enquêter sur une affaire intérieure, je la liquidai sans vraiment chercher le coupable tant cela me parut déplacé : un déporté s'était fait voler ses affaires... À l'Hôtel comme au camp. Je n'eus aucun mal à lui en procurer d'identiques. Puisque je n'aurais pas voulu retrouver le coupable, autant me dispenser de le chercher.

Au sein de mon équipe, tout le monde ne comprenait

pas toujours mes réactions. L'inexplicable les gouvernait plus souvent que la logique, et la réminiscence bien plus que la raison. Un chasseur resta perplexe lorsque je fis entrer l'une des femmes enceintes qui attendaient derrière les barrières pour la faire asseoir tout près de la porte à tambour, alors que j'avais fait strictement appliquer la consigne leur interdisant l'accès de l'Hôtel à cause du typhus. À quoi bon lui expliquer qu'une image était revenue me hanter à l'instant précis où le ton était monté entre eux : l'image de cette femme accompagnée de sa petite fille, qui cherchait une chambre, puis le téléphone, et dont le désarroi m'avait été incompréhensible jusqu'à ce qu'une étoile jaune apparût cachée sous son écharpe — mais trop tard, elle s'était déjà évanouie dans le brouillard de l'Occupation… Quand on obéit à des pulsions secrètes qui défient le sens commun, il faut juste agir, se taire et faire le dos rond.

Ce que je fis après que le directeur, inquiet de voir circuler des rumeurs et des photos compromettantes me concernant, m'eut convoqué pour me suggérer de m'éloigner quelque temps de l'Hôtel. En vain.

J'allais regagner ma chambre quand il m'interpella devant le kiosque à journaux :

« Ah, Édouard, j'avais oublié. Vous vous rappelez certainement Félix-le-comptable ? Nous ne le reverrons plus. Fusillé par les Allemands quelques semaines avant la Libération, au Mont-Valérien je crois. Je suis désolé. »

Savait-il ? Il m'avait étreint le bras en signe de compassion, et parlé comme si j'étais de la famille. Pauvre Félix, c'est lui qui avait eu raison, du tout début à la toute fin.

Au moment même où j'allais emprunter l'ascenseur,

j'entendis des bruits de pas précipités dans mon dos, un souffle atroce, une voix d'outre-tombe. Et une main sans ongles sur mon épaule. Une main à laquelle il manquait un doigt. L'homme était effrayant de maigreur, et son état épouvantable. Pourtant, la concurrence était rude alentour. Un coup de vent entre deux portes l'aurait projeté contre le mur. Les médecins avaient hésité à diagnostiquer une gale surinfectée qui l'aurait expédié à l'hôpital pour huit jours. Sa voix était très faible, à peine un filet entre ses joues creusées à la serpe. Il économisait ses mots pour ne pas gaspiller ses forces.

« Faut que vous m'aidiez, Kiefer. Souvenez pas de moi ? » Il me mit sa main gauche dépouillée de l'auriculaire sous les yeux. « La filière des parfums ! Avec mon pote, on vous avait pris pour l'autre ! L'hôtel aussi ! Gourrés complètement. Souvenez ? »

Je l'emmenai au bar, juste pour le mettre à l'aise et décrisper un peu une situation qui s'annonçait bien tendue.

« D'où êtes-vous ?

— Flossenburg.

— Non, je veux dire : avant...

— Strasbourg. Serait pas un peu pays tous les deux ? »

Son histoire me parut abracadabrante. Il se disait recherché par des membres de son réseau de résistance, lesquels l'accusaient de les avoir tous vendus à la Milice. Sa déportation ne le couvrait pas car le motif n'avait rien de glorieux : marché noir. D'après lui, deux d'entre eux revenaient lui faire la peau, délégués par l'Organisation ou ce qu'il en restait. Il les voyait partout, à commencer par l'entrée de l'Hôtel, convaincu que le danger se rapprochait.

Un vrai délire de paranoïaque. Après quelques paroles de réconfort, et l'assurance que je les neutraliserais le cas échéant, il accepta de traîner son squelette jusqu'à son lit. S'il était coupable, il avait déjà payé.

Le lendemain matin, en recueillant les doléances de la foule massée derrière les barrières, je repérai deux types qui correspondaient exactement à sa description. Pas des têtes de tueurs mais des regards d'exécuteurs. Ceux-là étaient les seuls à n'exprimer aucune demande. Manifestement, ils cherchaient un moyen d'entrer dans le sillage d'une famille de déportés.

Deux heures après, mon type fut transporté d'urgence à la Salpêtrière. Officiellement, la surinfection du galeux s'était, comment dire, étrangement accélérée dans la nuit...

En fait, malgré l'intensité des émotions qui se dégageaient de ce va-et-vient incessant, le concentré d'expériences dans lequel nous baignions, ce frôlement de l'humain et de l'inhumain dans les regards, les corps et les récits, nous nous abandonnions rarement à la méditation alors que tout nous y appelait. Il fallait agir, prendre des initiatives, appliquer des décisions, improviser au besoin, mais de toute façon, agir et réagir à toute heure du jour et de la nuit.

« Kiefer, viens voir... »

L'officier du 2e Bureau m'avait retrouvé au salon de lecture, où je soufflais un peu. Il avait un cas embarrassant sur les bras. Un juif allemand qui ne lui paraissait pas très casher. Nous ne serions pas trop de quatre pour l'acculer dans ses contradictions ou pour lui présenter nos excuses, l'officier, un sous-lieutenant interprète, moi et l'un de nos « experts ». Non pas Goldfarb, qui n'avait pas connu le camp de notre suspect, mais un autre, un dénommé Fleischmann, qui nous avait déjà aidés à démasquer un imposteur en confrontant deux déportés qui avaient le même numéro de matricule.

Quand je parvins derrière les cloisons isolant tant bien que mal les interrogatoires, ils étaient déjà tous là. Chacun à sa place. Le déporté était âgé d'une trentaine d'années. Pas très épais mais solidement charpenté. Il disait avoir travaillé à l'administration du camp. Un bon sourire malgré les épreuves, mais le sourire las de celui qui a déjà répondu plusieurs fois aux mêmes questions. On reprit tout de zéro. Il ne s'exprimait qu'en allemand, se promettant d'apprendre le français quand ses cousins de Lyon l'accueilleraient, si toutefois on les retrouvait. Curieusement, au bout d'une heure, ceux qui le soupçonnaient de n'être pas franc du collier s'avouèrent rassurés tandis que moi qui le découvrais, je demeurais dans le doute.

« Répondez vite, sans réfléchir. ZW ?

— *Zwillinge* [1].

— Z ?

— *Zigeuner* [2].

— EH ?

— *Erziehungshäftlinge* [3]. »

Ses réponses coïncidaient, un peu trop bien peut-être, dans sa dénonciation des kapos. Mais quelque chose ne collait pas dans le choix de son vocabulaire, dans son

1. Jumeaux destinés aux expériences.
2. Tziganes.
3. Prisonniers à rééduquer.

accent. Un je-ne-sais-quoi que je ressentais confusément tout en étant incapable de le définir.

« Ça ne va pas, ça ne va pas, croyez-moi... »

Un conciliabule nous réunit à l'écart, à l'issue duquel j'obtins qu'on retardât encore d'une demi-heure l'apposition du fameux tampon qui lui permettrait d'obtenir des papiers, un état civil, une identité. Un permis d'exister, sans lequel il serait hors la loi. Nous étions à court de questions ; un silence pesant s'installa. Les regards convergèrent vers moi puisque j'étais désormais le seul frein. Deux personnes se joignirent spontanément à notre équipe pour nous aider à sortir de cette situation, un déporté expert du même camp, ainsi qu'un interrogateur qui n'était autre que le jeune sous-lieutenant que j'avais rabroué et saisi au col peu avant. C'est peu de dire qu'il m'en gardait rancune. Aux regards qu'il me lançait, je devinais qu'il attendait son heure. Elle ne tarda pas :

« C'est vrai que les Allemands, vous les connaissez bien, vous, monsieur Kiefer. D'après ce qu'on nous a raconté hier, le kapo, c'était celui qui parlait parfaitement l'allemand et qui avait le bâton. Au fond, pour être le kapo du Lutetia, il ne vous a manqué que le bâton.

— Que voulez-vous dire au juste ?

— Moi ? Oh rien, je suis intrigué par les photos qui circulent, comme tout le monde, et j'en déduis que votre familiarité avec ces gens-là...

— N'insinuez pas ! Accusez-moi si vous voulez et je vous remettrai à votre place, mais n'insinuez pas ! »

Un médecin s'interposa aussitôt entre nous, sentant un vent mauvais se lever sur notre petite assemblée.

« Allons, messieurs ! Un peu de dignité, que diable ! Pas de pugilat, nous ne sommes pas là pour ça. »

Puis, se tournant vers moi, à voix basse :

« Qu'est-ce que c'est que cette histoire de photos ? »

J'aurais pu lui répondre que les choses sont toujours plus compliquées qu'elles n'y paraissent, mais cela aurait annoncé une forme d'aveu, j'aurais dû l'inviter à replacer ces histoires dans le contexte de l'Occupation et de la réquisition de l'Hôtel, mais à quoi bon... Notre nouvel expert se dévoua pour briser la glace :

« Je peux voir ton tatouage à l'avant-bras ? » demanda-t-il au déporté qui remontait déjà sa manche de chemise.

Il voulait moins le voir que le toucher. Le caresser pour mieux le sentir. Nul doute qu'il avait dû être commis à ce genre de besogne au camp. Marquer ses camarades dans leur chair comme des bêtes. Quand il regagna sa place, debout contre le mur, nous nous tournâmes tous vers lui. Pas un mot ne sortit de sa bouche. Il se contenta de hocher doucement la tête en esquissant une moue d'approbation. Tous les regards se braquèrent alors vers ma chaise ; je sentis le cercle des épées se resserrer autour de moi et non plus autour du type interrogé. Ma ténacité passait pour de l'acharnement. La suspicion avait changé de camp. On allait me sommer de justifier mon attitude, un comble. D'accusateur, je devenais accusé. Allaient-ils remonter aux origines de mon roman familial pour m'attribuer des ancêtres teutons, ce qui expliquerait tout, n'est-ce pas ? C'en serait trop pour mon orgueil, cette qualité d'Alsacien qui demeurait la part irréductible de ma fierté.

« Laissez-moi seul avec lui. Cinq minutes, pas plus ! »

Refusé. On touchait au but, mais je ne pouvais décemment pas le bousculer devant les autres. On peut tout faire dès lors que l'on garde son sang-froid en public. Je ne sais pas ce qui me prit alors, peut-être fut-ce la vision de son tatouage, mais je me levai de ma chaise et l'interpellai vivement :

« Déshabillez-vous ! »

Et comme il ne réagissait pas je réitérai mon injonction :

« Ausziehen ! »

Interloqué et apeuré, il n'eut même pas à me répondre. Les autres s'en chargèrent, tant les médecins que les militaires, pendant que Fleischmann me retenait par le bras :

« Vous perdez la raison, Kiefer ! »

Il est vrai que j'étais dans un état d'excitation pour le moins inhabituel :

« Qu'il se déshabille, tout de suite !

— Mais arrêtez, enfin ! Est-ce que vous vous rendez compte de l'humiliation que vous faites à nouveau subir à un homme à qui les polices, les milices et les gardiens ont déjà fait baisser son pantalon pour vérifier que... C'est ignoble, ce que vous faites. »

Je bouillais intérieurement. Je faisais les cent pas en me cognant aux murs pour n'avoir pas à cogner les hommes.

« Mais qui vous parle de son pantalon ! Je me fiche de sa bite ! La circoncision, ça ne veut rien dire. Des protestants sont circoncis, et d'autres encore par hygiène. Je veux qu'il retire sa chemise. Vous comprenez, sa chemise !

— Sa chemise ? » répéta le médecin, incrédule.

Je me retournai vers le déporté, terré dans un coin, par terre, les bras en croix au-dessus de la tête dès que je m'adressais à lui, mais cela ne me calma pas pour autant :

« Hemd ausziehen ! Hemd runter ! »

Je saisis sa chemise et la lui arrachai de force. Son opposition fut telle que nous nous renversâmes tous les deux sur des piles de dossiers qui s'étalèrent. On m'aurait probablement vidé *manu militari* s'il ne s'était pas si obstinément accroché à sa chemise — apparaître torse nu n'a rien de déshonorant. Deux paires de mains m'empoignèrent par-derrière, tandis qu'une troisième me maintint sur ma chaise, écumant, tout froissé, en sueur. Mais le plus haut gradé de notre cénacle explosif semblait désormais ébranlé, tant par ma force de conviction que par l'étrange refus du déporté. Il fit appeler deux soldats. Je me vis en taule.

« Enlevez-lui sa chemise ! leur ordonna-t-il.

— Lequel ? »

On ne pouvait mieux traduire la confusion dans laquelle nous étions.

L'homme se dénonça en se précipitant vers la sortie pour s'échapper ; un jeune médecin, qui devait être familier des terrains de rugby, le plaqua aux jambes in extremis, ce qui eut pour effet de le faire s'écrouler dans un grand fracas de chaises, de lampes et de tables. Ils ne furent pas trop de deux pour en venir à bout. Le type était enfin torse nu, toujours à terre.

« Et maintenant, qu'est-ce qu'on fait ? » me demanda l'officier.

Je m'arrachai brusquement des mains qui me clouaient à mon siège et attrapai le bras droit du déporté pour le lui lever ; à l'issue d'une brève épreuve de force, son aisselle finit par se découvrir. Ils se rapprochèrent comme un seul homme pour y lire comme moi, à la hauteur du biceps, l'inscription *SS A +*. Un tatouage dont l'authenticité ne faisait guère de doute, contrairement au matricule qu'il arborait sur l'avant-bras. Ce signe d'identification permettait aux seuls membres de la SS de jouir d'une priorité absolue en cas de transfusion sanguine et d'un accès privilégié aux soins dans tous les hôpitaux sur les territoires du Reich. C'est alors que, profitant de l'effet de surprise, le suspect me fit une clé de bras tout en arrachant de sa gaine le poignard d'un soldat. En un instant, la situation s'était renversée. Je me retrouvai le bras tordu dans le dos, la pointe d'une lame appuyée sur la carotide. Son souffle se faisait de plus en plus haletant dans mon oreille ; je le sentis m'entraîner doucement à reculons vers la porte. Le silence plombait l'atmosphère. Nul ne bougeait, nul ne parlait. Un arrêt sur image qui pouvait signifier un arrêt de mort. En soutenant le regard déterminé que m'adressa l'officier, je compris que mon sort dépendrait de lui. Calmement, il sortit son revolver de l'étui, tendit le bras et posa le canon contre le front de l'Allemand, le doigt sur la détente. Ils étaient très exactement face à face. Il mit la paume de sa main sous ses yeux en écartant bien les doigts pour signifier le chiffre 5, puis retourna la main et, lentement :

« Eins... zwei... drei... »

Avant d'arriver à quatre, la crise se dénoua. Tous baissèrent les yeux tandis que les soldats emmenaient l'Allemand décomposé.

De ce jour, je n'entendis plus jamais parler de mon histoire de photos.

Du plus profond de mon sommeil, isolé là-haut dans mon donjon, j'entendais encore le souffle des cachectiques, des regards hallucinés se croisaient devant moi, la bousculade des fantômes se poursuivait en une ronde infernale. Lutetia était le seul palace parisien où l'on pouvait voir marcher des cadavres. Les planificateurs des services de santé du ministère avaient prévu qu'ils pèseraient 48 kilos en moyenne. Ils s'étaient juste trompés de dix kilos. À la visite, il n'était pas de test plus scientifique que de leur passer le tranchant de la main entre les cuisses.

Une situation qu'Émile le liftier résumait à sa façon : « De la clientèle de toutes sortes, j'avais vu, mais des comme ça j'avais jamais vu ! »

On en faisait peut-être trop avec eux, en toutes choses : on les gavait autant de nourriture que de marques d'affection ; c'est aussi qu'on avait un tel besoin de faire... Certainement pour se déculpabiliser, mais de quoi ? De ne pas avoir été déportés ? De ne pas avoir souffert autant qu'eux ? De ne pas être capables d'imaginer ce qu'ils avaient vécu ?

Dans certaines familles, on vous apprend à affronter le malheur, à côtoyer le tragique, parfois même à dépasser le chagrin. Mais ça... Quel déporté pouvait dire qu'il était prêt à vivre avec ça — et qu'il savait comment y survivre ?

Un jour, une femme du nom de Denise Lorach, qui rentrait de Bergen-Belsen, fut interrogée ; son fils Jean-Serge, six ans, assis à côté d'elle. À Lutetia comme là-bas, ils ne s'étaient jamais quittés. Partis ensemble, rentrés ensemble. La question que je brûlais de lui poser, un officier s'en chargea :

« Votre petit, il avait quatre ans et demi en arrivant au camp : comment a-t-il tenu le coup ?

— Son mauvais caractère le protège. Quand il était tout jeune, il était tellement méchant que sa nurse le laissait brailler pendant des heures, seul et nu au balcon, en plein hiver. Ça l'a endurci. Et comme elle était suisse alémanique, grâce à elle il comprend l'allemand, même s'il refuse de le parler.

— Mais il a des souvenirs de là-bas ?

— Des visions fugitives plutôt. Il me parle d'horizons barrés de barbelés. De baraques et de no man's land. Ç'aura été le paysage de son enfance. Jamais en couleurs, toujours en noir et blanc.

— On peut l'interroger ?

— Essayez toujours… »

Ils essayèrent. L'enfant, renfrogné et volontaire, leur concéda un mot. En réalité deux mots fondus en un, le seul qu'ils parvinrent à lui arracher :

« Pétainputain !

— Mais est-ce que…

— Pétainputain ! »

Parmi les réclamations dont j'étais le réceptacle naturel, il en est une que je m'étais empressé de satisfaire tant elle me paraissait relever de la liberté de conscience ; et puis n'avais-je pas tendance à en faire trop, moi aussi ? Un déporté de je ne sais où, que le bloc médical venait à peine de ressusciter, avait laissé échapper devant moi cette réflexion désabusée :

« C'est tout de même incroyable qu'on n'ait rien prévu ici pour les musulmans… »

Force est de constater qu'il avait raison. Le lendemain, après l'avoir retrouvé à la salle à manger, je me fis un devoir de l'emmener dans une pièce inoccupée du premier étage ; j'avais demandé qu'on l'astique avant d'y installer des tapis pour la prière, tous tournés vers l'est, en direction de La Mecque, non sans m'être renseigné du côté des cuisines auprès de Bouziane, le plongeur. À la seule vue du matériel, il éclata de rire comme je n'imaginais pas qu'un déporté pût rire, avant de se figer à nouveau dans son masque :

« On voit que vous y étiez pas, vous. Pouvez pas comprendre. Mais, mon bon monsieur, les musulmans, c'est pas des Arabes ! Au camp, les musulmans, c'est comme ça qu'on appelait les morts-vivants, tous ceux qui étaient tellement crevés qu'on se demandait comment ils arrivaient encore à marcher. Pouvaient pas travailler, pouvaient rien faire ! Juste errer comme ça jusqu'à ce qu'ils tombent, et y avait personne pour les ramasser parce qu'on savait que c'était fini pour eux. »

Comme pour dissiper ma maladresse, j'essayai d'en savoir plus :

« Mais pourquoi "musulmans" ?

— C'que j'sais, moi ! »

Je dus en interroger d'autres pour savoir. Les musulmans, c'était ceux qui n'arrivaient pas à s'adapter à la loi du camp, qui n'avaient plus la force de lutter, ces damnés qui se laissaient aller à leur perte. Rien à voir avec la religion ou l'origine. Alors « musulmans » parce qu'ils avaient l'air soumis, et courbés comme on peut l'être en Orient lorsqu'on est en prière ? Je ne saurais pas davantage pourquoi, à Auschwitz, les blocs où les détenus triaient jour et nuit les bagages des nouveaux arrivants s'appelaient « le Canada ».

Une nuit, après que je me fus réveillé en sueur, j'essayai de tuer l'insomnie en moi en grillant une cigarette dans les couloirs. Il n'était pas nécessaire de prêter l'oreille pour percevoir des gémissements, des plaintes, des cris, des délires à travers les portes. Souvent les vomissements de ceux qui avaient trop mangé trop vite. Certains craignaient encore d'être convoqués à l'appel dans la cour pieds nus sous la neige. D'autres hurlaient leur numéro de matricule dans leur sommeil. Les plus insatisfaits et les plus intransigeants se plaignaient de nuit comme de jour. Il y en avait un qui errait en prétendant chercher le prénom de Dieu, le même qui, à plusieurs reprises, m'avait demandé si la nouvelle du suicide de Hitler avait bien été confirmée depuis son annonce par la radio allemande le 31 avril. Je dus en soutenir un autre, qui titubait après être entré par erreur dans la teinturerie : il avait été pris de malaise tant l'odeur faisait remonter en lui les plus noires réminiscences. Celui-là mettrait peut-être un certain temps avant de pouvoir suivre à nouveau l'enterrement d'un proche, mais il assurait que *jamais* il ne pourrait assister à une incinération.

Une cour des miracles dans un labyrinthe de luxe.

Deux infirmières patrouillaient à pas de loup à l'étage des enfants. Au moindre appel, elles faisaient halte. J'ignore ce qu'elles leur racontaient, mais je sais que lorsqu'elles les quittaient ils n'avaient plus peur du noir.

Par une porte entrouverte, je découvris un reporter-photographe que nous avions déjà chassé. Cette fois, je n'eus pas le cœur à le mettre dehors ; au contraire, j'avais envie que sa photo soit faite, qu'elle soit publiée et diffusée partout où les gens avaient encore des yeux pour voir. Elle dirait peut-être ce que tant d'articles étaient impuissants à transmettre : si l'épuisement physique d'un déporté nous est intelligible, l'énergie nerveuse qu'il a mobilisée pour tenir jusqu'au bout nous demeure incompréhensible.

Accroupi sur le sol, il prenait un cliché de deux squelettes, deux hommes d'un certain âge, en caleçon, effondrés plutôt qu'assis sur le lit, si préoccupés d'essayer de se nourrir qu'ils en étaient indifférents à l'objectif, et même aux éclairs du flash. La tête de l'un, trop lourde à porter, reposait sur l'épaule de l'autre. Le ticket de consigne de leurs bagages était leur bien le plus précieux. Tout doucement, sans les brusquer, il leur demanda de décliner leur identité pour qu'il puisse rédiger la légende de la photo. Le plus vaillant des deux se dévoua, dans un murmure :

« André Khan, de Samaran, dans le Gers, déporté à quinze ans... Charles Zelty de Montblanc, dans l'Hérault, dix-huit ans... On vient d'Auschwitz par Bergen-Belsen. »

Le léger grincement de gonds que je provoquai en refermant la porte de la chambre fit se retourner le photographe. Ses yeux étaient brouillés de larmes, et le magnésium de sa lumière artificielle n'y était pour rien.

Abandonné à mon errance dans les couloirs, je croisai une autre somnambule. L'une de ces ombres qui ne devaient leur légèreté qu'à leur émaciation. À plusieurs reprises, elle s'était déjà assise à côté de moi dans le salon de lecture mais sans jamais m'adresser la parole. Pas même l'ébauche de ce qui aurait annoncé un sourire. Pas la moindre expression. Teint hâlé, lèvres blêmes, bouche à demi édentée. Une femme sans âge, pour ne pas dire une vieillarde de trente-cinq ans. Quand je parvins à sa hauteur, elle s'arrêta net et me regarda intensément de son regard glaçant, d'une si terrifiante fixité qu'il m'obligea à baisser les yeux :

« C'est bien vous, monsieur Kiefer ?

— Oui, madame.

— Parlez-moi en allemand… s’il vous plaît… Posez-moi des questions en allemand… »

Passé l’instant de stupeur, je m’exécutai tandis qu’elle se retournait, le nez collé au mur, pour ne pas me voir. Je l’interrogeai sur son passé, ses relations, que sais-je encore, de toute façon les questions de mes interrogatoires de la journée me revenaient naturellement en bouche.

« Ça suffit, dit-elle doucement en se retournant. Ce n’est pas vous.

— Pas moi ?

— Le Kieffer qui m’a interrogée. Il n’avait pas ce timbre de voix.

— Vous l’avez connu ?

— À la Gestapo du 84 avenue Foch. Il avait son bureau au quatrième étage, et sa chambre au fond du couloir. Les cellules étaient au cinquième. La mienne juste au-dessus de sa chambre. Je n’avais plus face humaine tellement on m’avait bourrée de coups ; je n’y voyais plus mais j’entendais bien encore. Le commandant Kieffer passait les *Suites pour violoncelle* toute la nuit, il adorait ça. Pendant les interrogatoires, quand mes tortionnaires faisaient la pause, il me parlait de son enregistrement de Pablo Casals, dont il était très fier, du grain de l’archet sur la corde et de choses comme ça ; je me souviens qu’il évoquait des noms que je ne connaissais pas : Maréchal et Wenzinger, ça m’est resté en mémoire, curieusement. Moi, je ne pourrai plus jamais écouter cette musique de ma vie. Bach, c’est ma souffrance. »

Elle s’éloigna dans le couloir, non sans s’être excusée de m’avoir confondu avec l’autre, la silhouette raide, le regard vide et profond à la fois, toute perdue dans le vague. On eût dit que le temps l'avait pétrifiée ; le temps concentrationnaire lui avait donné sa forme. Alors, mais alors seulement, je remarquai que des paires de chaussures sans grâce et d'un autre âge, particulièrement abîmées et épaisses, avaient été disposées devant les portes de certaines chambres. Comme dans un grand hôtel. Moches mais précieuses, car la pénurie touchait plus encore les chaussures que les vêtements. Elles succédaient, avec beaucoup de naturel et de spontanéité, aux Oxford noires et aux Brogues brunes d'avant guerre, et aux bottes de cavalerie de l'Occupation.

Il était dit que l'histoire d'un hôtel pouvait s'écrire à la simple vision de ses souliers, et à l'évocation de ses fantômes.

Lutetia ne s'appartenait plus. Si les salles à manger servaient toujours de salles à manger, et les chambres de chambres, tout le reste, salons de réception et de banquets, pâtisserie, salon de thé, relevait d'un hôpital de campagne où l'on aurait élevé des cloisons en quinconce à la hâte. Dès lors, je fus entraîné dans le tourbillon des paroles de déportés. Pas des témoignages mais des éclats de témoignage. En mettant leurs bribes bout à bout, j'avais de quoi écrire leurs mémoires d'outre-tombe, à condition toutefois de ne jamais lever les yeux au ciel, vers l'exquise magnificence des lustres de Lalique, ni de les baisser au sol, vers les parquets de chêne avec frises posées au point de Hongrie, ou les parquets en bois exotique à damier. Le contraste avec la misère ambiante brouillait la vue.

Tout l'Hôtel, mais le hall en particulier, était le théâtre d'événements proprement inouïs. Dans cette enceinte et dans l'absolu. Des situations que je n'avais jamais vues et que je ne reverrais jamais. Des visages et des silhouettes y circulaient qui ne correspondaient plus à leur état civil. Ce n'est pas qu'ils ne faisaient pas leur âge : ils étaient sans âge. Peut-être pour cela que tout en eux reflétait non seulement leur vie mais d'autres vies aussi.

Chaque homme est une foule.

À nouveau, je redevenais l'observateur que ma fonction dans l'Hôtel m'avait imposé d'être avant guerre. Sauf que je ne noircissais plus de fiches que mentalement.

Là, deux camarades de captivité qui n'acceptaient de repartir qu'ensemble et dans les mêmes vêtements qu'à leur arrivée.

À côté d'eux, cet ancien républicain espagnol réfugié en France, intégré à l'armée française et arrêté par les Allemands ; quand l'ascenseur était bondé ou en panne, il refusait obstinément de monter dans sa chambre par l'escalier : pour s'être défoncé les mains et cassé le dos à la construction de celui de Mauthausen, il avait la phobie des marches.

Plus loin, près des cabines et du standard, un bonhomme hébété qui faisait des efforts considérables pour se rappeler son numéro de téléphone : le seul qui lui venait aux lèvres était celui de son matricule. Son voisin de cabine, plus jeune, eut plus de chance. Pierre Francès-Rousseau composa le bon numéro du premier coup. Une demi-heure plus tard, sa sœur était là. Elle le reconnut aussitôt, preuve que l'avitaminose et la malnutrition l'avaient laissé apparemment tel qu'en lui-même. Après une longue étreinte, elle l'emmena en le tenant par le bras :

« Je suis si contente que tu sois revenu. Je vais enfin pouvoir parler à quelqu'un de mes malheurs... » Et aussitôt après le récit de sa liaison amoureuse perturbée : « Maintenant nous allons rentrer, puisque les formalités sont accomplies. Plus tard tu me raconteras, plus tard. C'est trop affreux... »

Il n'y aurait pas de plus tard. Sa fêlure, il la garderait pour lui. Ce que c'est que de paraître intact aux yeux du monde.

Même moment, même endroit. Les cabines téléphoniques, lieu géométrique de toutes les émotions. Louise Alcan, trente-quatre ans, matricule 75125 à Auschwitz, avait du mal à joindre sa famille, si toutefois elle en avait encore une. La fébrilité commençait à la gagner. Enfin, quelqu'un au bout du fil. Quand elle eut terminé, on osa timidement :

« Alors ?

— Tous vivants... »

L'instant d'après, un certain Stéphane, qu'elle avait connu là-bas, l'interpella :

« Ta sœur te cherche partout ! »

On la vit alors courir en tous sens et tomber finalement dans les bras d'une jeune femme par hasard à l'angle de deux couloirs. À 6 heures, une voiture vint les chercher. Elle se demandait si, à la maison, son chien la reconnaîtrait.

Là, cet homme d'un certain âge, qui n'était pas un vieux jeune homme, au regard très doux dissimulé derrière des verres épais cerclés de fines moutures de métal toutes neuves. On venait de les lui procurer. Depuis près de trois ans qu'il était dans le flou, il avait hâte de revoir la vie à nouveau. Pourtant, il refusait les distractions proposées par les assistantes sociales, au cinéma Récamier ou ailleurs. Jusqu'à ce qu'il ose enfin me confier timidement :

« Le théâtre, c'est tout ce que j'aime. Le Vieux-Colombier, ce n'est pas loin d'ici, non ?

— Juste au bout de la rue. On y donne encore *Huis clos*, de Sartre. Depuis un an ! Ça se joue souvent à guichets fermés mais je peux vous avoir des places jusqu'au 10 juin, après ce sera trop tard. Ça vous dit ?

— Un huis clos ? Pas trop.

— Mais ça se passe en enfer...

— Justement, j'en viens. »

Je n'eus pas le cœur à lui proposer d'attendre le changement d'affiche et *Meurtre dans la cathédrale*, il avait hâte de retrouver ses cousins Delarue à Bricquebec, dans la Manche.

Là, cette femme qui ne pouvait pas rentrer chez elle parce qu'en son absence son appartement avait été loué à d'autres, qui ne voulaient rien entendre. Plus loin ce cadavre ambulant qui marchait en permanence, et harcelait doucement la jeune téléphoniste : « Vous êtes sûre, mademoiselle ? Ça ne répond pas ou il n'y a personne ? Une semaine qu'on appelle, tout de même... Impossible qu'ils soient tous morts, essayez encore ! »

Plus loin, un homme d'une trentaine d'années qui n'arrêtait pas de noircir du papier : ce qu'il écrivait, il y aurait toujours quelqu'un pour le lire plus tard, alors que ce qu'il avait à dire, il n'y avait personne pour l'écouter. Ainsi se justifiait-il.

« J'peux lire ton truc ? » lui demanda un camarade assis à ses côtés en lui arrachant ses feuillets. Mais l'homme les reprit brutalement, et continua à écrire en enfermant ses précieux papiers entre ses bras, tel un élève refusant d'être copié. « Allez ! Laisse-moi lire ! T'as de la chance, toi, tu sais raconter...

— Tu n'y connais rien. On raconte pas ça, même pas avec des... des métaphores.

— Des quoi ?

— Des gens que tu connais pas. »

L'« écrivain » se tourna vers moi et, sur le ton de la justification alors que je ne lui en demandais pas tant :

« Il peut pas comprendre. Lui, c'est un politique. Pas pareil que moi. En fait, il y aura toujours deux catégories : ceux dont les parents sont partis en fumée, et les autres. Mais quand je le lui dis, il se vexe et s'énerve. Alors plutôt que parler, je préfère écrire. On verra bien... »

Plus loin encore la femme du journaliste chrétien Louis Martin-Chauffier, déporté à Neuengamme puis Bergen-Belsen, qui venait tous les jours et à qui on put annoncer la bonne nouvelle :

« Madame, il y a un vieux monsieur qui vous demande !

— Mon mari ? Mais il a cinquante ans !

— Je ne sais pas, un vieil homme... »

C'était bien lui, un an après son départ.

Un reporter allait frénétiquement de groupe en groupe. Au début, il cherchait du spectaculaire. Puis il changea de tactique après qu'une déportée lui eut opposé, outre son mutisme, un regard qui le glaça. Il grappillait moins des informations inédites que des choses vues. Plutôt des parcelles de souvenirs ici ou là. Jusqu'à ce qu'il s'incruste dans un petit rassemblement de communistes de Mauthausen, des hommes jeunes à bout de forces, affalés dans les fauteuils. Les civils qui allaient et venaient, s'agitaient sans motif, pleuraient sans réserve ou riaient sans mesure, leur paraissaient hystériques. Les questions du journaliste les achevèrent :

« Comment se fait-il que vous ne soyez pas plus maigres ? Pourquoi ne portez-vous pas de pyjama rayé ? » etc.

À quoi ils répondirent par leurs propres questions :

« Le général Franco est-il encore au pouvoir en Espagne ? Et chez nous, c'est vrai qu'il n'y a que deux ministres communistes au gouvernement ? Deux, c'est tout ? »

Parmi eux, Pierre Daix, qui allait tout juste fêter ses vingt-trois ans, avide de nouvelles, ne cachait pas sa déception à la lecture des journaux. Ils ne racontaient rien, censure oblige.

Dans un autre groupe de rescapés du même camp, Pineau piaffait d'impatience. Pineau Christian, quarante et un ans, matricule 38148 à Buchenwald, résistant de la première heure, fondateur de Libération-Nord et de deux réseaux de renseignement. Lui et ses camarades en avaient assez. Après tous ceux qu'ils avaient déjà subis sur le chemin du retour, ces contrôles leur étaient insupportables ; ils n'avaient guère d'indulgence pour l'agitation des infirmières et le côté dame secourable de certaines bénévoles restées très femmes du monde. Ils songeaient vraiment à s'enfuir. En attendant, ils manifestaient leur exaspération :

« Vos papiers ?

— On s'est torché le cul avec.

— Tout à l'heure, il y aura la visite médicale…

— On reviendra demain, si vous voulez !

— Non, non, vous n'y pensez pas, le médecin-chef sera là dans l'après-midi. »

Pour Christian Pineau, la délivrance se présenta providentiellement sous la forme d'un jeune officier :

« Il y a un Pineau Christian ici ? C'est vous... Le cabinet du général de Gaulle vient de téléphoner pour demander si vous vous trouviez dans le convoi. Le général vous envoie une voiture. Il veut vous voir tout de suite.

— D'accord. Vous permettez que j'emmène mon beau-père avec moi ?

— Je ne sais pas si...

— On ne s'est pas quittés pendant deux ans, ce n'est pas aujourd'hui qu'on va commencer !

— Dans ce cas... »

Quelques jours après, en découvrant par hasard son nom et sa photo dans le journal, on apprit sa nomination au poste de ministre du Ravitaillement.

Parfois, il y avait de fausses alertes. Des listes de déportés, dont l'arrivée était annoncée depuis la gare ou l'aéroport, se révélaient inexactes. Or nous, nous avions déjà dépêché un scout au domicile du revenant quand celui-ci habitait Paris et que sa famille était joignable ; le scout, à la fois chasseur et groom du grand-hôtel-des-camps, ramenait les parents afin qu'ils puissent l'accueillir. Ainsi un matin, nous fîmes venir la famille d'un certain Georges Wellers, quarante ans. Mais quand les déportés retour d'Auschwitz via Buchenwald descendirent du bus, nous crûmes encore à une erreur, au regard désappointé de sa femme et de son fils aîné. Seul son cadet âgé de neuf ans le reconnut sous sa cape beige et son bonnet rayé. Tout au bonheur de leurs retrouvailles, ils voulurent l'emmener tout de suite, ce qui était impossible, mais comment faire comprendre dans de telles circonstances que les formalités sont indispensables ? M. Wellers sauva la situation en se présentant aussitôt devant la commission médicale :

« J'ai été assistant au service du professeur Dujarric de Larivière à l'Institut Pasteur, au laboratoire spécialisé dans l'étude des groupes sanguins, puis en physiologie à la faculté de médecine, et je serais toujours chercheur au CNRS si on ne m'avait pas arrêté lors de la rafle du 12 décembre 1941 à 6 heures du matin. Cela pour vous dire que je suis sûr d'être examiné et soigné dès demain par mes collègues médecins, je vous le promets... »

Les membres de la commission se regardèrent et le libérèrent d'un signe de tête, confirmé toutefois par l'indispensable coup de tampon. Quelques instants après, la famille Wellers s'engouffrait dans la bouche de métro Sèvres-Babylone.

Il y eut aussi ce « rayé » qui faisait la queue pour passer à l'interrogatoire en regardant machinalement les panneaux électoraux de la grande galerie ; et qui soudain, en découvrant son propre portrait, s'approcha et lut ce message de sa mère qui y était accroché : « Si vous le connaissez, appelez-nous vite ! »

Des liens se nouaient avec des « piliers » de l'attente. J'appris à connaître Susie Rousset dite Sue, car elle venait tous les jours pour essayer d'obtenir des nouvelles de son mari, un protestant de Roanne, prof de français, trotskiste déporté à Buchenwald pour faits de résistance. Elle se demandait comment il allait s'en sortir et dans quel état, lui qui avait passé sa jeune vie dans le Livre et dans les livres ;

elle avait pu reconstituer son itinéraire de Buchenwald à Porta Westfalica, puis Neuengamme et les mines de sel de Helmstedt, où il avait contracté le typhus et une congestion pulmonaire. Un matin, elle exultait : il lui avait téléphoné de la gare du Nord. Elle s'était rendue à l'Hôtel en courant. Mais on avait eu beau chercher dans nos registres, pas de David Rousset. Avait-elle rêvé ? Sue n'arrivait pas à décrocher. Elle fit le tour de l'Hôtel, revint et repartit enfin chez elle, d'où elle nous appela :

« Il s'est impatienté. Trop de formalités administratives à la gare. Il s'est éclipsé par une porte de derrière et il est rentré à pied chez lui. Enfin, chez nous. Il a sonné, j'ai ouvert… »

Elle ajouta qu'il avait perdu la mémoire mais qu'en reprenant du poids il la retrouverait certainement : 95 kilos en 1943, 52 en 1945. Ce jour-là, David Rousset, trente-trois ans, se présentait au seuil de sa maison en vieil enfant ridé. Sa femme nous téléphonait pour nous prévenir. Comme si nous étions de la famille.

Tous les déportés n'étaient pas pressés de tourner la page. Certains savaient que lorsque leurs camarades les quitteraient pour rejoindre leur foyer, ils n'auraient plus personne. Pour d'autres, le choc du retour à la vie était trop fort. Ainsi Marcel Bercau, ce déporté que je vis revenir parmi nous dès le lendemain de sa libération :

« Tiens, vous êtes là ?

— Je suis retourné chez nous. La concierge m'a aussitôt remis le courrier et les clés de l'appartement inoccupé. Rien n'avait bougé depuis mon arrestation : ma mère avait mis la table pour le dîner, c'était un vendredi… Je n'ai pas supporté. »

Les seuls autres déportés que j'avais vus revenir à Lutetia dès le lendemain de leur départ se dirigeaient tout droit vers Françoise, la bénévole du service des papiers : avec leur prime, ils lui avaient acheté des colifichets, des petits bracelets pour exprimer leur reconnaissance. Cette jeune fille, que la maigreur des rescapés traumatisait, était de celles qui n'hésitaient pas à les porter dans leurs bras quand ils menaçaient de s'effondrer.

En quelques mois, j'eus le sentiment de connaître tout ce qu'on pouvait vivre du meilleur et du pire de nos grandioses et misérables existences sur cette terre. Tant de choses que l'on croyait insurmontables et qu'on finissait par surmonter. Je me crus cuirassé d'insensibilité jusqu'à ce que je croise une famille comme animée d'une sorte d'intense piété laïque, réunie dans un coin du salon de correspondance autour d'un déporté qu'elle réchauffait de paroles. L'homme était tellement affaibli, et son regard si absent, que seul son sourire révélait qu'il avait triomphé du destin. Quand sa petite fille s'avança pour lui prendre la main, celle-ci était inerte : depuis quelques minutes, ils parlaient à un mort et ne le savaient pas.

Dans les derniers jours de mai, peu après la nomination du commandant Galbois à la tête du centre d'accueil Lutetia, quand je vis s'avancer vers moi la silhouette familière du vieux docteur Stern, je crus que mes jambes allaient se dérober. Lequel des deux fit le geste le premier ? Nous nous jetâmes dans les bras l'un de l'autre et notre étreinte dura comme une étreinte ne durait probablement pas entre un père et un fils. Fidèle à lui-même, son costume trois pièces un peu fatigué, sa grosse serviette de cuir noir à la main gauche, une cigarette déjà allumée aux lèvres.

« Ah, ça, j'avais arrêté, je vous le promets, Édouard ! Mais je m'étais juré que si je revoyais Paris, eh bien... »

Puis il me détailla des pieds à la tête comme pour s'assurer que mes attributs éternels, costume sombre, cravate noire, chemise blanche, m'avaient conservé tel qu'en moi-même :

« Le grand Neutre, toujours ! »

Il avait passé quatre ans à exercer à Woodside Park, dans la banlieue nord de Londres. Et quelques jours après son retour, ayant appris que notre fier paquebot transatlantique s'était provisoirement transformé en navire-hôpital, il se mettait à notre disposition. Je l'observais, son stéthoscope autour du cou, les manches relevées ; avec une humilité bouleversante, l'éminent généraliste du boulevard Raspail, plus de quarante ans d'expérience, offrait ses services aux jeunes médecins militaires, qui le bousculaient un peu quand le diagnostic se faisait attendre. Il s'en fichait, ce bon vieux Stern, il voulait aider. Mais il déployait une telle ardeur et témoignait d'un si intense dévouement qu'il semblait chercher une rédemption parmi ces hommes, ces femmes et ces enfants oubliés de Dieu. Comme s'il avait honte d'avoir réussi à sauver sa peau. Son efficacité était d'autant plus redoutable qu'elle demeurait discrète. Il fut le premier à signaler que les aiguilles hypodermiques se pliaient ou se brisaient avec une fréquence anormale ; le premier encore à prévenir qu'on manquerait bientôt de pierre à huile pour aiguiser les aiguilles à prise de sang. Combien de personnes avait-il déjà sauvées d'un simple geste brusque, au moment où un bénévole inexpérimenté s'apprêtait à les asphyxier en les aspergeant de DDT dans les manches !

À la fin d'une journée éprouvante, nous nous retrouvâmes au bar pour avaler quelque chose de fort. À côté de nous, des consommateurs un peu partis inventaient des bons mots dont l'humour noir ferait certainement le tour de Paris :

« Ce soir, je dîne au Lutetia !

— Tenue rayée de rigueur ? »

Le docteur Stern eut alors l'un de ces éclairs de jugement qui m'avaient toujours enchanté :

« C'est étrange. Il y en a qui ont hâte de se retrouver, d'autres qui désespèrent de jamais se retrouver. Et puis il y a ceux auxquels on ne pense guère, les invisibles. Observez les familles, la tête de certaines quand elles viennent chercher le mari ou la fille. Vous avez lu *Le colonel Chabert*, Édouard ? Oui bien sûr : appeler de ses vœux la réapparition d'un disparu tout en la craignant. Eh bien, je vois naître ici un syndrome de Chabert : certains déportés, on espère leur retour mais on redoute leur arrivée. »

Cela m'avait paru évident le jour où j'avais dû aider une femme désemparée à résoudre un problème pour moi inédit, situation qui m'obligea, la première fois depuis longtemps, à puiser dans mes souvenirs d'étudiant. Je la revois encore avec son dossier sous le bras, cette dame de caractère, s'adressant à moi comme si j'étais le notaire de sa famille depuis deux générations :

« Dites-moi, cher monsieur, qu'advient-il des droits actifs et des droits passifs qui composent habituellement un patrimoine quand leur titulaire est considéré comme définitivement absent ?

— Eh bien, en principe, commençai-je, un peu pris de court, l'ouverture d'une succession…

— … est précédée d'un constat de décès, fort bien, mais *quid* dudit constat si le corps n'est pas là ? Vous y avez pensé ? »

En fait, une législation d'exception, suscitée par les disparitions de la Première Guerre, permettait aux familles de raccourcir considérablement la procédure, jusqu'à la rendre expéditive, afin de ne pas attendre quatre ans, ou même dix ans s'il n'y avait pas de mandataire. Mais ce que les juristes appellent l'« envoi en possession définitif » pouvait être révoqué en cas de réapparition de l'absent. Cette dame le savait déjà, comme elle savait tout des nouveaux textes de lois, des ordonnances les plus récentes, et des dispositions toutes neuves aux décrets de 1939. Elle connaissait son dossier bien mieux que moi, tant et si bien qu'après l'avoir écoutée pendant vingt bonnes minutes, je ne résistai pas à l'envie de lui demander de rester parmi nous en qualité d'assistante juridique bénévole, ce qui m'autorisa à me replonger dans *Le colonel Chabert.*

Le docteur Stern était vraiment un homme de qualité. J'entends par là qu'il était doté de ce supplément d'âme qui, dans les situations les plus délicates, le rendait sensible à une détresse humaine inaccessible aux traitements de la médecine classique. Rien à voir avec ses idées, ses opinions ou même ses convictions. Là n'était pas la question. Où, alors ? Dans son sens de l'absolu, la seule chose importante qui nous différenciât au fond les uns des autres. Il n'y avait qu'à l'observer dans l'interrogatoire des rescapés. Jamais la tonalité de ses questions ne culpabiliserait un tuberculeux qui aurait eu la chance de séjourner dans l'un des remarquables sanatoriums de la région du lac de Constance. Tout le contraire de ce médecin arrogant qui, une fesse posée sur un coin de table, un cigare vissé au coin de la bouche, demanda : « Toussez-vous ? Non, très bien » à une Gisèle Guillemot trop épuisée pour le remettre à sa place, mais assez indignée pour me confier :

« Celui-là, il me rappelle le médecin de Mauthausen. Il nous manie avec dégoût, comme des petits animaux répugnants. Et puis cette façon de poser des questions ! C'est tout juste s'il ne me demande pas pourquoi je n'ai pas été fusillée... »

Et elle s'éloigna dans son manteau trop large marqué d'une croix à la peinture blanche, d'un triangle rouge, de la lettre F et de son numéro de matricule. Elle qui n'avait jamais porté la tenue rayée, elle tenait à conserver ce vêtement, seule chose qui la rattachât à ses amies mortes ou laissées pour mortes là-bas. Le conserver encore et encore, le plus longtemps possible, juste pour retarder l'instant de les quitter définitivement. On lui avait pourtant proposé de nouveaux vêtements, comme à tous les déportés, malgré les difficultés d'approvisionnement ; ils pouvaient tous se fournir gratuitement au Bon Marché. Mais elle s'y refusait systématiquement. Gisèle Guillemot, de Colombelles dans le Calvados, « Annick » dans la Résistance, est de celles que je n'oublierais pas, je l'ai su dès son arrivée. Emprisonnée à Lübeck et Cottbus, déportée NN à Ravensbrück et Mauthausen, c'était quelqu'un. Pas seulement pour ce qu'elle représentait mais pour sa personnalité. Tandis que je la regardais se fondre dans la masse des rescapés, entreprise par des civils qui lui voulaient du bien, les mots si sensibles qu'elle m'avait dits peu après son arrivée me revinrent en mémoire : « Parfois des gens nous glissent un billet de banque dans la main. On n'ose pas refuser, mais on ne peut pas dire merci. »

Parmi les abonnés de la « haie d'honneur » à l'entrée de l'Hôtel, la présence du petit Maximilien se fit de plus en plus manifeste. Au début, je l'avais à peine remarqué, sans doute à cause de sa petite taille. Mais quand je m'attardais dehors en fin de journée, à l'heure où l'on rangeait les barrières de sécurité, il était encore là, sa tenue toujours aussi irréprochable. Il attendait. Sous la raie parfaitement tracée, le regard s'était assombri, et les traits anormalement durcis pour un adolescent qui devait avoir une douzaine d'années. Il arrivait le matin avec un casse-croûte enroulé de papier dans une poche, et un album de bandes dessinées sous le bras. Pour mieux attendre son père, Hubert Roch, déporté NN, dont nul n'avait plus jamais entendu parler. Quand je m'adressais à lui, il ne me répondait que par des signes de tête, enfermé dans un mutisme que seule cette insupportable absence pouvait expliquer. De quoi vivait-il depuis l'arrestation de son père ? Où habitait-il ? Impossible de lui soutirer le moindre indice. Jusqu'à ce qu'un matin je lui propose d'entrer et de s'asseoir parmi nous à l'intérieur. « Le fils d'un de nos fidèles clients », arguai-je pour justifier sa présence, ce qui n'était d'ailleurs pas faux. Je n'avais pas choisi le jour au hasard : nous attendions un convoi d'enfants de Buchenwald et, de cette rencontre, j'espérais un choc salutaire qui lui délierait la langue.

Comme il était installé dans un fauteuil près du bloc médical, absorbé dans la lecture du dernier album de Tintin, *Le trésor de Rackham le Rouge*, je m'échouai un moment près de lui pour une pause. C'est là qu'en regardant d'un œil distrait par-dessus son épaule, je fus saisi d'une sorte d'hallucination, tandis que mon corps était parcouru d'un étrange frisson. Mon enfance me remontait à la gorge, ses odeurs, ses bruits et sa couleur, par la seule vision de quelques cases reproduisant une salle d'armes, de longs corridors, un grand escalier et surtout, barrant à l'horizontale toute une page en son milieu, un dessin de Tintin, du capitaine Haddock et de Milou pénétrant d'un pas décidé dans le domaine dit de Moulinsart. Je n'en crus pas mes yeux et arrachai l'album des mains du petit, pour y regarder de plus près. Cette propriété n'était autre que celle du marquis de Vibraye :

« Mais c'est Cheverny ! Le château de Cheverny ! C'est chez moi, mon petit, chez moi… »

Une parfaite réplique de l'original amputé de ses deux ailes. Maximilien me dévisagea dans toute mon étrangeté. Il ne pouvait pas comprendre, personne ne pouvait comprendre, ce sentiment inouï qu'une part du paysage le plus intime de mon enfance m'avait été volée par le dessinateur qui la faisait partager à des dizaines de milliers de gamins.

Mon Cheverny, leur Moulinsart, notre imaginaire.

Il fallut l'annonce de l'arrivée des petits déportés pour me sortir de mon rêve éveillé. Dès leur entrée dans l'Hôtel, Maximilien posa son album et ne les quitta plus des yeux. Ils déambulaient parmi nous, assez turbulents. Comme des enfants.

Tous des étrangers, tous des orphelins, tous des rescapés. Différents ministères avaient dû négocier avec les autorités militaires américaines pour les laisser entrer et séjourner en France, quitte à les autoriser ensuite à repartir pour la Palestine. Avant, ils vivaient en Pologne, en Hongrie et en Tchécoslovaquie. Depuis, ils survivaient par miracle. On en dénombra 535 ; la majorité fut confiée à l'Ose (Œuvre de secours aux enfants) puis dirigée vers un home à Écouis dans l'Eure, tandis qu'une centaine d'entre eux se retrouva à Lutetia avant qu'une autre organisation, le Cosor, qui dépendait du ministère des Prisonniers et Déportés, les prenne en charge.

Quand j'appris qu'une violente discussion avait déjà opposé les délégués de ces deux mouvements sur le quai de la gare de l'Est, un malaise s'insinua en moi. Mais quand je compris que cela recommençait dans l'enceinte même de l'Hôtel, l'écœurement me submergea. Ceux du ministère, dont certains responsables du Service de la protection de l'enfance se voulaient « des Français absolument intacts », reprochaient au docteur Joseph Weil et à son entourage d'animer un mouvement confessionnel et politique, de forcer les enfants à émigrer aux États-Unis ou en Palestine et même, « de ne pas jouir d'une réputation de bon Français ». L'esprit de Vichy n'était pas tout à fait mort. Mais il aurait peut-être reculé s'ils avaient entendu comme moi le capitaine Zlatin, l'une des hôtelières en chef du triumvirat de direction, raconter comment les dizaines d'enfants de sa colonie de l'Ain avaient chanté *La Marseillaise* quand les SS les avaient embarqués dans des camions : « Il y avait de tout parmi eux : des petits Français, des petits Polonais, des petits étrangers. J'en avais fait des Français. »

Je cédai à l'accablement quand, pour accéder à la demande des belligérants, on me demanda de guider un observateur impartial dans l'inspection des chambres des enfants afin de vérifier s'ils étaient correctement traités. On se les arrachait désormais, les petits parias. Leurs mères se seraient retournées dans leurs tombes si elles en avaient eu.

Une centaine... Une larme dans l'océan quand on songeait que près d'un million et demi d'enfants étaient passés par les camps allemands et que la plupart avaient été assassinés. À peine une larme dans l'océan.

Tous parlaient le yiddish et l'allemand, quelques-uns l'anglais, aucun ne comprenait le français. Certains avaient l'âge de Maximilien, il aurait pu être l'un d'entre eux s'il avait été juif — on n'avait pas déporté d'enfants qui ne fussent pas coupables de ce crime-là. Arrachés au ghetto de Varsovie, nombre d'entre eux avaient été internés successivement à Majdanek, Treblinka, Auschwitz, Bergen-Belsen et enfin Buchenwald. Mme Zlatin rapportait l'affection qu'ils ne cessaient d'exprimer pour l'homme qui s'était occupé d'eux à leur libération, l'aumônier militaire américain Marcus.

Squelettiques pour la plupart, ils souffraient également de déviations de la colonne vertébrale dues à la sous-alimentation. Ils étaient affaiblis sans que leurs visages portent les stigmates de leurs maux. À force d'être immergé parmi les gens du bloc médical, je commençais à faire la part des choses, et à m'inquiéter moins de la fonte des tissus graisseux que de celle des muscles. Leur état mental inquiétait plus encore. Comment sort-on d'un tel enfer à un tel âge ? Leur odyssée était à mes yeux sans précédent : pour une fois, la Première Guerre ne faisait pas jurisprudence. Le docteur Joseph Weil, qui les avait examinés, vint à la rencontre du petit groupe dont j'étais, ainsi que quelques membres du personnel médical et des volontaires, car il avait remarqué notre effarement :

« Grande instabilité et manque de confiance à l'endroit des adultes, voilà ce qu'on peut dire pour l'instant. Le fait que leurs parents se soient avérés incapables de les protéger a produit un traumatisme psychique que cette méfiance exprime. Quand on leur parle de leurs parents, ils font un geste d'impuissance et leur visage s'assombrit. »

Trop ému pour continuer, il baissa les yeux, et se tut un instant, jusqu'à ce que l'un d'entre nous prenne l'initiative de briser ce silence si pesant :

« Mais quand vous leur posez une question…

— Quand vous leur posez une question ils commencent par vous répondre : "Pourquoi vous me demandez ça ?" Pour la plupart, ces enfants sont d'une grande maturité pratique, ils ont énormément d'expérience et peu de savoir théorique. Ils témoignent beaucoup d'intérêt pour la chose politique ; ils ont voulu être informés de la situation actuelle de la France, un pays qui leur est inconnu. Ils ont l'esprit d'équipe et le sens de la solidarité. Quand l'un d'entre eux se fait mal, tous sont alarmés.

— Comment dorment-ils ? demanda l'un d'entre nous.

— Comme des enfants. Beaucoup et profondément.

— Il semble qu'ils préfèrent dormir dehors, sur les pelouses… enfin…, tenta un infirmier, assez gêné comme s'il découvrait le caractère insinuant de sa question à l'instant même de la poser.

— Ils sont très propres, si c'est ce que vous voulez savoir, assura d'emblée le docteur Weil. Pas besoin de les contraindre à l'hygiène. »

Depuis un an ou deux, ils n'avaient couché que sur des paillasses, des châlits, par terre. On en aurait oublié qu'il s'agissait d'enfants. Ils avaient tous les âges de l'enfance et de l'adolescence. À travers le récit du médecin, on pouvait essayer d'imaginer ce que leurs yeux avaient vu, et de quoi étaient faits leurs rêves et leurs cauchemars. Mais pas leur avenir. Quelle sorte d'homme ou de femme devient-on quand on a survécu à tout cela ?

Quand je revins m'asseoir auprès de Maximilien, il avait disparu. Je le retrouvai facilement à la salle à manger : il faisait tache. Ses vêtements, son visage, ses mains surtout, si fines et si soignées quand celles des autres adolescents n'étaient plus que des battoirs abîmés. Eux vivaient déjà dans l'espoir tandis que lui vivait encore dans l'angoisse. Eux savaient qu'ils ne reverraient jamais leurs parents, lui se rongeait de ne pas savoir.

Un délicieux fumet s'évadait par les monte-charge des cuisines. Veau tendre, purée de pommes de terre finement passée, fromage de choix. Et pour les adultes, vin et café. Il en était tous les jours ainsi, alors qu'à l'extérieur ces denrées étaient aussi rares que chères. Seuls les déportés vaillants y avaient droit à table ; les autres, qui apprenaient tout doucement à se réalimenter, se voyaient servir des repas millimétrés dans leur chambre. On mangea bien à Lutetia même dans ces moments-là, car rien n'était trop bon pour les miraculés.

Ça se savait depuis qu'un reporter s'était dit ému aux larmes par cet accueil. Je me souvenais avoir lu sous sa plume : « Pour la première fois de ma vie, j'ai vu dans une administration publique quelque chose qui ressemblait à de l'amour. » Il était étonné que des cuisiniers en toque, tablier blanc et pantalon de coutil mitonnent des petits plats qui seraient ensuite servis dans de la belle vaisselle aux armes de Lutetia. Tant de bienveillance le sidérait.

Même ceux qui conservaient un souvenir amer de leur accueil à Lutetia ne tarissaient pas d'éloges sur sa cuisine. D'ailleurs le lieutenant-colonel Bourgeois ne résista pas au plaisir de me lire la lettre de réclamation d'un certain Léon Barroyer, déporté politique hospitalisé à Tenon ; il se plaignait de la qualité de la nourriture auprès du ministre (« Impossible de se reconstituer avec ce qu'on nous donne ! ») ; il exigeait qu'on lui explique comment les repas de Lutetia pouvaient être si copieux et si nourrissants, et ceux de Tenon si médiocres, alors que l'Hôtel et l'hôpital recevaient la même subvention. « Quand un Français se plaint, c'est que la vie reprend ! » conclut Bourgeois.

Dès que j'entrai dans cette salle qui avait connu des fêtes si brillantes, je fus frappé par l'attitude inhabituelle d'un garçon du restaurant : dans un coin, le front contre le mur, son plateau sous le bras, sa serviette blanche dans la main. Je crus à un malaise, mais c'était de la peine, une immense peine, brutale, irrépressible. Quand il porta la serviette à ses yeux, le corps secoué par les sanglots, je posai une main sur son épaule :

« Ça ne va pas ?

— Je ne sais pas ce qui m'a pris.

— Vous voulez vous reposer un peu ?

— C'est bête, je sais, dit-il dans un hoquet, mais quand je leur ai proposé des pêches, ils ont hésité parce qu'ils voyaient des fruits pour la première fois de leur vie et moi, ça, je ne peux pas le supporter, leur regard, cette méfiance, une petite main qui se tend et recule aussitôt... »

Un étrange silence régnait dans la salle à manger pourtant bondée. Grands ou petits, les déportés ne parlaient presque pas, même entre eux. Parler leur était un effort. Ils se ménageaient et attendaient de nous qu'on les ménageât. On percevait bien un murmure de fond, mais pas de conversation. Tout en les regardant, j'essayais de les imaginer ensemble à table, quelques mois avant, au camp, si tant est qu'ils passaient à table pour manger. Une image se superposait alors à toutes les autres et les balayait. Celle de ce juif qui m'avait raconté avoir refusé de boire et de manger durant vingt-quatre heures à l'occasion du jeûne de Kippour 1943, lui qui la veille et le lendemain était prêt à se battre pour laper de quoi survivre : « Vous n'imaginez pas la force et l'énergie que j'en ai tiré ! » me disait-il, convaincu qu'il devait son salut à cet acte que son corps devait juger insensé quand son esprit lui donnait tout son sens.

À la grande table, Maximilien trônait au milieu d'une dizaine d'enfants, tous également captivés. Parmi eux, j'identifiai deux des plus âgés, deux Autrichiens de seize et dix-huit ans, qui n'avaient connu de vie que dans un camp, depuis 1935, ne parlaient pas un mot de français et avaient perdu toute leur famille ; comme si cela ne suffisait pas, ils étaient rejetés de partout parce qu'ils venaient d'un pays de l'Axe. Tout en avalant leur repas de midi, les enfants écoutaient Maximilien dans une quiétude monacale lire à voix haute *Le trésor de Rackham le Rouge*.

En allemand.

« C'est *sa* maison, *son* château, chez lui ! » dit-il de Moulinsart tout en me pointant du doigt sous le regard admiratif et envieux des enfants.

J'ignorais qu'il était si parfaitement bilingue au point d'assurer sans faute, avec juste un très léger accent français et de rares hésitations dans le débit, la traduction simultanée de l'album d'Hergé. Quand je pense que neuf mois avant ces mêmes voûtes résonnaient de ces intonations, et que neuf mois après cela continuait au même endroit. Les traqués avaient succédé aux traqueurs. Mais dans la même langue. De l'entendre articulée dans la bouche de cet enfant-là et d'en mesurer l'effet immédiat dans le regard de ces enfants-là me donnait le frisson. Rarement la langue allemande m'avait paru aussi remarquablement appropriée à ce qu'elle exprimait. Ce qu'il peut y avoir de raideur en elle avait disparu au profit de sa sensibilité.

Les nazis avaient contaminé l'allemand, mais ils n'avaient pas réussi à m'expulser de cette langue qui était aussi la mienne. Douze ans de leur censure et de leurs autodafés n'avaient pas permis aux juges et aux bourreaux d'imposer leurs mots aux poètes et aux penseurs. La part du rêve, nourrie de poèmes et de romans d'avant, avait certainement permis aux exilés de l'intérieur, aux émigrés de l'extérieur comme aux déportés de nulle part de résister, de tenir et de se tenir. Combien d'entre eux devaient leur vie à la langue ? Elle leur fut une aide et une compagne, des feux dans la nuit, une bouée à laquelle se raccrocher, de quoi ne pas désespérer de la part d'humain dans l'homme. Certains racontaient qu'ils auraient été tués net s'ils n'avaient pas compris dans l'instant l'ordre qu'un garde SS ivre de rage leur hurlait d'exécuter.

En les écoutant se raconter, du moins ceux qui en éprouvaient l'impérieuse obligation et qui en avaient la force, je compris que certains mettraient un point d'honneur à ne plus *jamais* parler cet allemand qui était éventuellement leur langue maternelle. Ça ne sortirait pas de leur bouche parce que c'était volontairement relégué dans les ténèbres de l'esprit. Sans aller jusque-là, d'autres auraient toujours du mal à prononcer certains mots à nouveau : *Stück* par exemple, « morceau » en français, qui désignait un homme dans le jargon concentrationnaire quand on voulait exprimer le mépris. Mais avant d'en arriver à cette oblitération volontaire de la mémoire, nous en connûmes qui mirent un certain temps à désapprendre cette langue qui n'était pas la leur. Ainsi cet homme égaré dans les étages, qui demandait à une femme de chambre éberluée :

« Où est le *Revier* ? Vous pouvez me dire où se trouve le *Revier* ici ? »

Combien de temps lui faudrait-il pour tuer en lui le réflexe qui lui faisait dire *Revier, Lager* ou *Sonderkommando,* au lieu de « infirmerie », « camp », ou « équipe spéciale » naturellement, comme avant ? Combien de temps pour oublier que pendant des mois, son nom n'avait pas été fait de lettres mais de chiffres ? si toutefois on y parvient jamais... Certains se débrouillaient mieux que d'autres, à l'Hôtel comme au camp. Quand on leur demandait comment ils s'étaient procuré telle ou telle rareté, ils répondaient dans un sourire malicieux d'un mot qui sonnait pareillement dans les deux langues et dans les deux mondes : « Organisation. » Ce qui voulait tout dire à condition de n'être pas explicité.

Mais il n'y avait pas que les termes allemands. Quand des infirmières réclamaient des potences, beaucoup pensaient à celle qui les avait menacés jour et nuit dans la cour du camp, quelques-uns à celles des poèmes de François Villon, mais bien peu aux instruments de perfusion. Dans cette confusion, je ne fus pas en reste avec les « musulmans »...

Ils venaient tous d'un monde où tout était interdit. Il leur fallait renouer avec l'ordinaire de la vie dans la familiarité des gestes d'avant. Se servir de couverts pour manger. Croiser les jambes en fumant une cigarette assis dans un fauteuil. Sentir à nouveau la caresse du vent dans les arbres. Presque rien, mais c'était tout un monde pour des gens que l'on retrouvait parfois le matin endormis sur leur descente de lit à même le sol plutôt que couchés dans les draps frais. De même que les dysentériques préféraient prudemment des nouilles et du riz aux plats mitonnés par les cuistots, certains ne pouvaient passer sans transition du châlit du camp au lit du palace.

Ils disaient que de là-bas on ne revient pas. Et eux alors ? Une illusion. En 1945, il y eut des gens pour dire la vérité de cette guerre, mais y avait-il des gens pour l'entendre ? Pour la plupart, ils refusaient de raconter. Ils répétaient à mi-voix : « On ne vous dira jamais la vérité parce qu'elle est invraisemblable. » C'était trop tôt, du moins c'est ce qu'on pensait face à leur mutisme, sans avoir la moindre idée du nombre d'années ou de décennies qu'il leur faudrait pour raconter ça. Ils allaient en répétant : il n'y a pas de mots pour ça... Pourtant leurs lèvres laissaient parfois échapper des éclats de souvenirs. On percevait alors des bribes bouleversantes qui donnaient une petite idée de leurs sentiments.

Marceline eut quinze ans à Birkenau. Elle aimait tellement son père qu'elle se disait heureuse, oui, heureuse, d'avoir été déportée avec lui : elle avait éprouvé un certain bonheur à partager son adversité. À la descente de l'autobus, Marceline avait obstinément refusé de passer la porte de Lutetia. Elle venait de comprendre que son père n'y serait pas. Qu'il ne reviendrait pas, de même que le reste de sa famille. Alors plutôt que de pénétrer là où ils ne seraient pas, elle préféra se réfugier là où ils avaient été, dans la maison de son enfance, à Épinal.

Un autre refusa sous mes yeux de franchir le seuil de Lutetia, mais pas pour les mêmes raisons. L'un de ces hommes sans âge sauvé par son sourire. Il était encore sur la plate-forme de l'autobus quand sa famille l'interpella :

« Jean ! Jean ! C'est lui, est-ce possible… C'est nous ! »

Il sauta à terre et, au lieu de les étreindre, s'agenouilla sur le trottoir et éclata en sanglots. Le plus extraordinaire est que ses parents et son jeune frère en firent autant. Et nous, nous les regardions, amusés puis gênés, d'autant qu'ils se tenaient par les épaules tête contre tête comme des sportifs à l'issue d'une victoire inespérée. Quand ils se relevèrent enfin, et qu'ils s'éloignèrent vers le square, personne ne songea à rattraper Jean pour lui demander de se plier aux formalités obligatoires. Du moins, si quelques-uns y pensèrent, nul n'osa.

L'obstination des familles forçait l'admiration. Certains revenaient jour après jour. Les premiers à l'aube, les derniers à partir le soir, ils ne s'absentaient que dans la journée pour travailler. Les horaires des chemins de fer n'avaient plus de secret pour eux ; les retards, les convois spéciaux, les trains supplémentaires, ils les apprenaient parfois avant nous.

Daniel, treize ans, avait réussi à se faufiler hors des barrières, jusque dans la grande galerie. Là où les murs parlaient, là où tant de noms s'épelaient « d.i.s.p.a.r.u. ». Quand on lui demandait pourquoi ce corridor l'impressionnait tant, il répondait : « Ça sent encore le Boche ici. »

La photo de ses parents ne quittait pas sa main gauche ; ils avaient été déportés par le même convoi du 29 juillet 1942 car ils ne voulaient pas se quitter. L'adolescent déambulait entre les listes en demandant à chacun s'il les avait connus : « Anna et Charles Zajdman... "soyeux", en allemand... ça ne vous dit rien ? » La dernière fois qu'il avait vu son père, c'était chez eux, à Bagnolet. Le jour de la rafle, il était malade ; il pensait que les policiers n'emmèneraient jamais un père de famille dans cet état. Son père était parti sur un brancard. Pourtant, Daniel espérait ; il avait reçu deux cartes postales en trois ans : une de Drancy, une de là-bas : « Chers enfants, tout va bien. » Ça suffisait pour maintenir une flamme ou, à défaut, une lueur. L'espoir demeurait, tragique. Autour de lui, des gens entraient et sortaient. Partout des listes de noms, classés par ordre alphabétique et par camps. Des hurlements de joie s'entrechoquaient avec des cris de douleur. Des femmes s'évanouissaient, les nerfs des hommes lâchaient. Le petit Daniel les regardait, hébété, en se disant qu'à eux au moins il arrivait quelque chose. Chaque fois qu'on apportait une nouvelle liste, ça se bousculait. Il entendait les conversations des adultes dans les couloirs. Il était question de problèmes de certificats de décès. Les gens sont morts là où on les a vus pour la dernière fois. Alors Drancy ou Auschwitz ? Voilà de quoi ils discutaient. Un jour, il y eut de moins en moins de listes, et sur les listes de moins en moins de noms. Quand il comprit que bientôt les murs ne parleraient presque plus, Daniel cessa de venir.

Une jeune femme du nom de Françoise Gourdji, qui venait tous les jours guetter l'arrivée de sa sœur aînée, nous raconta que celle-ci avait pour habitude de rapporter des souvenirs de ses voyages, des babioles comme autant de témoignages d'affection ; si d'aventure elle en réchappait, elle dérogerait forcément à sa règle, ce qui ajouterait encore au caractère exceptionnel de son retour. Elle demandait à toutes les rescapées : « Ça ne vous dit rien, Djenane dite Douce ? Elle animait un réseau de résistance dans la région R6, en Auvergne... Arrêtée en novembre 1943 à Clermont-Ferrand... La Milice avait fait sauter sa maison... Elle aurait fait deux camps, le dernier étant Flossenburg... » Elle attendait, elle attendait. Un jour, croyant apercevoir sa sœur à la descente de l'autobus, elle bondit hors de l'enclos des barrières pour se diriger vers une forme dont les 40 kilos flottaient dans sa robe rayée, le crâne rasé, le teint hâlé :

« Douce ? C'est toi, Douce ? »

La femme la repoussa d'un geste, fouilla dans sa gibecière et en sortit un cendrier en cristal façonné de manière artisanale. Et, avant de la prendre dans ses bras, elle le brandit en l'air triomphalement avec un grand sourire :

« Souvenir de Ravensbrück ! »

Comment oublier de tels mots, de tels gestes ? Il y en eut d'autres. Les plus rares resteront gravés dans ma mémoire. Nous avions souvent vu le résistant Jacques Dennery guetter l'apparition de sa femme, retour de ce même camp ; aussi nous avait-il rapporté ses tout premiers mots, quand il la ramena chez eux, et qu'elle pénétra dans le salon de leur appartement au troisième étage d'un immeuble de l'avenue Kléber : « Est-ce que je peux m'asseoir ? » La peur la tenait encore.

En quelques mois, j'eus l'impression d'en apprendre plus sur la vie qu'au cours des vingt années écoulées. Une seule fois, une seule, je me suis permis de demander à l'un d'entre eux comment il avait fait là-bas pour tenir, simplement tenir. Il eut un sourire, puis :

« Vous savez, quand on n'a plus rien, on n'a plus rien à perdre non plus. »

Il ne m'en fallut pas davantage pour comprendre qu'à jamais, même si les Français continuaient à se diviser en différents camps, il y en aurait toujours qui n'appartiendraient qu'au camp de concentration. Certains de ceux-là nous faisaient leurs adieux personnels au moment de quitter l'Hôtel, car de véritables liens affectifs s'étaient créés. Un matin, l'un d'eux me déposa un poème manuscrit dans ma case :

Quand ils sont venus chercher les communistes,
je n'ai rien dit, je n'étais pas communiste.
Quand ils sont venus chercher les syndicalistes,
je n'ai rien dit, je n'étais pas syndicaliste.
Quand ils sont venus chercher les juifs,
je n'ai rien dit je n'étais pas juif.
Quand ils sont venus chercher les catholiques,
je n'ai rien dit je n'étais pas catholique.
Puis ils sont venus me chercher,
et il ne restait plus personne pour dire quoi que ce soit.

C'était attribué au pasteur Martin Niemöller et daté « Dachau, 1942 ». Mais l'envoi était anonyme. Personne à remercier quand ma gratitude était infinie.

Au début de l'été 45, à Lutetia, on ne voyait qu'eux à cause de leurs rayures et de leur tonsure. Mais après, ils redeviendraient des invisibles, comme là-bas, dans leur vallée de cendres.

Le 1er juin la France fêta le retour de son millionième prisonnier. À Lutetia, des ouvriers spécialisés avaient entrepris la désinfection des chambres au formol, et leur désinsectisation par poudrage au DDT. À l'arrivée des convois, les équipes de scouts en étaient encore à poudrer à la main, sous la surveillance de pharmaciens, en attendant que l'invention du capitaine Fernand Gauchard, un projet révolutionnaire d'aérolisation des bagages, se concrétisa. C'est à peu près à ce moment-là que, pour la première fois, je vis Mme Zlatin défaillir, et l'émanation de vapeurs de bromure de méthyle n'y était pour rien. Elle chancelait, elle toujours si disponible et si dévouée, tout à la maîtrise de ses émotions, n'en laissant rien paraître pour ne pas ajouter son trouble à celui des autres, les déportés sans famille et les familles sans déporté, deux mondes qui se croisaient sans se voir. Au cœur de ce lieu unique, ils n'en constituaient pas moins une mosaïque des solitudes. Dans la grande galerie, entre les rangées de panneaux, un homme vêtu d'une capote russe qui avait dû être marron, un certain Schmelk, s'approcha d'elle en désignant les trois photos qu'elle avait punaisées :

« Je les connaissais. Nous étions dans la même forteresse. Nous avons travaillé ensemble. Un jour, les Allemands leur ont dit de ne pas se rendre à l'usine, mais d'aller couper du bois. On ne les a plus revus. Fusillés. Ça s'est passé le 31 juillet 1944 à Reval, en Estonie. »

Le lendemain, les photos de Miron Zlatin et des deux jeunes de la colonie d'Izieu avaient disparu du panneau, et leurs noms des listes.

Françoise, la jeune bénévole qui était encore Monique pour ceux de la Résistance, eut plus de chance ; elle aussi attendait quelqu'un mais taisait son angoisse pour mieux soulager celle des autres. Généralement assise derrière une table dans un grand salon, elle était chargée de donner leurs premiers papiers aux revenants, leur carte de déporté. Elle s'en était absentée ce jour-là quand le lieutenant Louis Bloch la retrouva dans les couloirs :

« Ta sœur est dans la salle des papiers. »

Des cheveux ras, guère plus de 35 kilos à la balance, une expression d'horreur dans les yeux. Elle eut du mal à reconnaître en elle l'aînée adulée, la brillante journaliste issue de l'école des sciences politiques. Surtout quand, passé l'instant des retrouvailles, elle la vit ramasser des croûtons de pain rassis qui traînaient :

« Mais arrête ! On va te nourrir ! »

Là-bas, elle avait fait tous les métiers. Fossoyeur surtout, un privilège à ses yeux : entre les tombes, on trouvait toujours de quoi manger, des feuilles et de l'herbe.

Les jours passaient, jamais semblables malgré la répétition des situations et des gestes. Des rituels s'étaient installés : les gens massés à l'entrée dès l'aube, nos interrogatoires, les visites médicales, les repas. La chronique des événements courants n'était pourtant jamais répétitive.

Une bouffée de nostalgie montait en moi quand, dans le flot ininterrompu d'individus qui passaient et repassaient le seuil de l'Hôtel de l'aube à la tombée de la nuit, il m'arrivait de reconnaître des clients du temps d'avant ; l'émotion était encore plus forte quand il s'agissait d'enfants que leur nom identifiait forcément mieux que leur visage ou leur allure. Quand Bertrand, un gamin de seize ans, lycéen à Louis-le-Grand et scout de Saint-Sulpice, se présenta à moi en culottes courtes, foulard vieux rose noué autour du cou et béret vissé sur la tête, j'avoue que je ne le remis pas tout de suite :

« Les Poirot-Delpech, vous vous souvenez ? Je venais régulièrement avec ma grand-mère rendre visite à ma vieille tante, elle habitait le Lutetia à l'année, Mme Élisabeth Herzog…

— En effet, en effet…, dis-je en me remémorant nos fameux "sédentaires". Et maintenant ?

— Maintenant, goy-scout ! » lanca-t-il un rien moqueur.

Nul doute qu'il était animé par l'esprit de la B.A. D'autant plus toujours-prêt qu'il habitait tout près, rue du Regard. Trois semaines durant, il assura très sérieusement sa permanence de 22 heures à 5 heures, ce qui fut d'autant plus apprécié que les bénévoles se faisaient rares, la nuit. Parfois même, sans attendre que le bus nous les amène, il allait attendre les déportés sur les quais de la gare de l'Est. Au début, il vomit après avoir porté dans ses bras l'ombre d'un homme du wagon à l'autobus. Après, quand il transportait leurs valises de carton bouilli mal ficelées avec une couverture pliée tout le long, la nausée ne le lâchait pas ; une odeur d'agonie mêlée de sueur le poursuivait. Lui aussi, comme d'autres volontaires, il espérait secrètement et personnellement le retour d'un être cher. Lui, c'était Youra Riskine, subitement disparu de sa classe en juin 1943. Il demandait de ses nouvelles à tout le monde. En attendant, comme tous les scouts de Lutetia, il était factotum. Un jour, un déporté lui demanda d'aller chercher sa femme chez eux : il n'osait pas y aller lui-même. Bertrand se rendit donc rue Lecourbe, au domicile du couple, et dut insister pour qu'elle acceptât de le suivre. Elle avait peur qu'il ne la reconnût pas : « J'ai tellement maigri depuis trois ans ! » confia-t-elle au jeune homme en toute naïveté. Bertrand la ramena, accompagnée de ses deux enfants. L'Hôtel lui apparut comme une antichambre de l'enfer. Rien ne la terrorisait comme l'idée de ne pas identifier son mari, mais lui craignait tout autant de passer à côté d'elle sans la voir. Ils ne s'étaient pas revus depuis la fin de l'année 1941. Ils avaient tous deux entre trente-cinq et quarante ans, sauf que lui en paraissait désormais deux fois plus.

« Dites, c'est celui-là ? Ou celui-là peut-être... »

Quand ils se retrouvèrent enfin, leur étreinte fut exclusive de toute autre préoccupation. Une étreinte douloureuse. Il n'avait plus de dents. Pour qu'ils se reconnaissent, il avait fallu que le scout les présente l'un à l'autre, comme de futurs mariés.

Les reporters de *L'Aube,* et ceux de *Ce Soir* notamment, nous rendaient souvent visite. Quand leurs articles paraissaient, nous les lisions en compagnie des déportés auxquels il fallait parfois les traduire, mais avec la même curiosité qu'eux, juste pour vérifier si notre vision d'une réalité dont nous étions les principaux acteurs correspondait à celle des journaux.

Une feuille plus confidentielle traînait souvent sur les tables : le *Bulletin du Service central des déportés israélites.* Ce que je découvris dans sa livraison du 15 juillet 1945 me laissa pantois. D'abord ce chiffre de cinq millions de juifs exterminés, que je n'avais pas lu ou remarqué ailleurs. Ensuite le nombre de cent vingt mille juifs toujours retenus dans des camps (Dachau, Bergen-Belsen, Buchenwald,

Diepholz, Kaunitz...), tous situés dans des zones américaine et britannique d'Allemagne. Des femmes et des enfants parmi eux. Enfin le refus du ministère français de l'Intérieur de délivrer désormais des papiers aux déportés étrangers arrivés en France sans autorisation. Les contrevenants seraient recherchés, internés dans des camps spéciaux dits de rassemblement, dans la Nièvre et la Dordogne, avant d'être rapatriés dans leur pays d'origine, quoi qu'aient pu dire les juifs polonais des persécutions dont ils étaient toujours l'objet dans leur pays. L'article ne s'intitulait pas « D'un camp l'autre », mais « De Charybde en Scylla ».

Ça ne finirait donc jamais ?

En abandonnant la lecture décidément trop déprimante de ce bulletin, j'eus le sentiment d'avoir enfin compris ce qu'était un juif aux yeux du monde. Celui qui n'est pas d'ici. Celui qui vient d'ailleurs. En somme, quelqu'un qui n'est jamais là où il devrait être.

En levant les yeux, je m'aperçus que le petit Maximilien était assis en face de moi depuis un moment. Il attendait. Son attente m'attristait au-delà du raisonnable. Car à force de retourner dans tous les sens les annonces de convois, d'interroger les rescapés des camps où il avait échoué et de recouper les informations, j'avais acquis la conviction que son père ne reviendrait pas. Une conviction à défaut d'une certitude. Qui d'autre que moi pourrait mettre un terme à son angoisse ?

« Ce n'est plus la peine d'attendre, Maximilien, dis-je en lui prenant la main pour la première fois. Ton père..., ton père... Écris-moi ton adresse sur ce carnet, et je te promets que je t'appellerai dès qu'on aura des nouvelles... si on en

a. Mais ça ne sert à rien d'attendre ici. Il faut que tu rentres chez toi. As-tu quelqu'un qui ?... »

Il s'était déjà levé et, tout en me regardant, se dirigea silencieusement vers la sortie.

« M'sieur 'douard, on vous demande à l'entrée. Pas une prisonnière. Une dame de dehors. »

C'était plus fort que moi, quand Émile-le-liftier m'annonçait quelque chose, visite impromptue, incendie aux cuisines, tremblement de terre, j'avais du mal à le prendre au sérieux : son accent alsacien était si prononcé qu'il discréditait tout ce qu'il énonçait.

« Une dame ! Bigre ! Et de quelle origine ?

— Chais pas.

— Elle soupire ?

— J'crois bien.

— Alors, c'est une mère juive. Allez, t'inquiète pas, petit lift de mon pays, dis-lui que j'arrive. »

Une dame âgée attendait effectivement, sagement assise, une petite valise sur les genoux. Habillée de neutre, vêtue de neutre, enrobée de neutre. N'importe où dehors, dans la rue, dans un magasin ou dans le métro, sa présence se fondait sûrement dans le paysage. Alors qu'ici, sa singularité grise se détachait sur le ballet des uniformes, tant ceux des médecins et des infirmières que ceux des militaires et des déportés. Au fur et à mesure que je me rapprochai d'elle, je découvris une silhouette menue et un visage aux traits nobles et paisibles, traversé de belles rides, une peau qui avait été insensible aux mensonges du fard ; tout en elle annonçait qu'elle avait été solidaire de tous ses âges. Quand je parvins à sa hauteur, comme elle semblait incapable de se lever, clouée au fauteuil en osier par une force invisible, je lui tendis le bras :

« Madame, que puis-je pour vous ? »

Tandis qu'elle s'y agrippait, son visage s'éclaira d'un beau sourire, timide puis épanoui. Bien qu'elle m'arrivât à la poitrine, elle me fixa un long moment, puis écrasa sa joue sur ma cravate en m'étreignant. Mon embarras dut être manifeste car plusieurs personnes se retournèrent sur le drôle de couple que nous formions ; les employés de l'Hôtel surtout car s'ils en avaient vu d'autres depuis quelques semaines, ils ne m'avaient encore jamais vu dans une telle situation, et pour cause. Les bras ballants, puis écartés de la taille, je m'enfonçai dans ma gêne :

« Madame, madame... Je vous en prie... Qu'est-ce que... »

Quand elle se déprit enfin, j'aperçus ses larmes discrètes. Par pur réflexe, je sortis ma pochette blanche pour les essuyer, mais elle arrêta mon bras et d'une voix tremblante :

« Édouard, c'est maman... »

Tout ce qui s'est passé après entre elle et moi demeurera dans mon souvenir à jamais nimbé d'un halo étrange, d'où émerge une émeute de signes, un vrac de paroles et de sensations, des rires aussi, mais plus de larmes. À croire que je vivais pour la première fois cette expérience éprouvante que certains appelleraient en d'autres circonstances la confusion des sentiments. Nous nous assîmes face à face, ses mains dans les miennes, mes mains dans les siennes, et nous restâmes silencieux pendant de longues minutes. Seule s'exprima la puissance muette du regard. Ce moment hors du temps, que j'avais rêvé comme un instant de grâce, j'y pensais depuis des années ; je ne l'avais pourtant pas préparé. Je l'espérais tout en le redoutant.

À mon insu, maman était peut-être devenue mon colonel Chabert.

« Tu sais…

— Chuuut ! fis-je en posant un doigt sur ses lèvres. On a le temps, non ?

— Tu as dû t'en poser, des questions. Une aussi longue absence… »

J'aurais voulu préserver la circonstance dans un enclos sacré, la placer hors d'atteinte des futilités de la conversation, mais nous brûlions de parler, de raconter, d'expliquer. Tout pour justifier l'injustifiable. Tant d'images m'assaillirent soudainement, ces années de solitude corrodées par le doute, que je me renfrognai :

« Pourquoi nous as-tu abandonnés ? »

Il fallait que ça sorte sinon j'aurais étouffé. Un bloc de chagrin brut de décoffrage. Elle baissa ses yeux aussitôt embués, et demeura silencieuse un long moment. Autour de nous, l'agitation des uniformes, des hommes en blanc et des rayés s'intensifiait dans notre plus totale indifférence. Nous nous étions absentés du monde. Il n'y avait plus qu'elle et moi dans le nôtre. Deux personnages figés dans le marbre de leurs souvenirs au centre d'un tourbillon de vies ressuscitées.

« Abandonnés ? »

Combien de temps parla-t-elle alors ? Une heure, peut-être davantage, je ne sais plus. Je l'écoutai me raconter sans le moindre ressentiment les heures et les jours de son exil intérieur. Elle avait si fermement banni tout écho de ses révoltes passées et de ses anciennes indignations que le récit de son odyssée en devenait harmonieux. Un cauchemar, pourtant.

Mon père l'avait fait interner d'office, très longtemps auparavant, dans un hôpital psychiatrique, où elle avait vécu plusieurs années. Quand on la jugea guérie, elle chercha à se réadapter, en ville, mais la solitude lui pesa tant qu'au bout de quelques années elle retrouva à nouveau le chemin de l'hôpital, seul lieu qui l'apaisât vraiment. Plus tard, quand mon père apprit qu'elle le menaçait d'un retour, il la fit interner à Brumath, dans le Bas-Rhin. En 1943, la Wehrmacht ayant besoin de lits pour ses blessés qui refluaient du front de l'Est, nombre de malades mentaux furent envoyés dans un centre pour y être euthanasiés. Ma mère n'y échappa que grâce à sa parfaite connaissance de l'allemand. Ainsi, sans le savoir, nous étions au même moment et dans des circonstances similaires, les porte-voix de gens dont nous haïssions la présence tout en en admirant la civilisation. Bon sang ne saurait mentir : c'est à elle et à elle seule que je devais ce tropisme envahissant. Les médecins ayant déconseillé tout contact avec sa vie d'avant, elle n'eut pas l'autorisation d'écrire de lettres. À la Libération, son hôpital fut à nouveau réquisitionné : les malades présumés « sans danger », dont elle faisait partie, durent céder la place, et leur lit, à de nouveaux cas jugés autrement plus graves, les traumatisés de la guerre, notamment des résistants torturés et des rescapés de villes bombardées. C'est ainsi qu'elle se retrouva dans un hospice de la région parisienne, dont elle s'échappa au bout de quelques jours. Elle aurait voulu retrouver Cheverny, mais Cheverny avait disparu de sa mémoire. Trop lointain, trop enfoui. Ne lui restait à l'esprit que l'Alsace des origines, si distante, et le Paris de Lutetia, si proche.

« Mais, Édouard, que croyais-tu ? »

Jamais je ne lui aurais dit ce que mon père m'avait fait croire. « Elle nous a quittés pour un autre homme... », ses mots précis, surtout ce « nous » qui m'associait cruellement à lui dans la défaite. Je ne m'étais donné aucun moyen de vérifier quoi que ce soit qui concernât ma propre famille, moi qui avais passé ma vie à fouiller dans le misérable tas de secrets des autres.

« Rien. Ne sachant rien, je ne croyais rien. Je t'attendais... »

L'atmosphère devenant oppressante, nous montâmes. Quand elle pénétra dans mon réduit, elle commença par détailler silencieusement chaque recoin sans prendre le temps de se défaire, sans même poser son sac sur le fauteuil. Du regard ou du revers de la main, elle caressa tous les objets de mon univers, dissimulant à peine sa surprise en retrouvant mes fétiches. Jusqu'à ce qu'elle bute sur son portrait :

« Ah, tu l'as gardé... Depuis le temps...

— Tu vois, on ne s'est jamais vraiment quittés. »

Ma mère se dirigea spontanément vers le balcon, remit un peu d'ordre dans mes plantes et glana des bribes de paysage :

« Tu n'aperçois pas la tour Eiffel, comme c'est dommage ! J'aurais tant voulu... »

L'instant d'après, je lui fis les honneurs de la terrasse. C'est peu dire qu'elle en demeura éblouie, et le soleil n'y était pour rien. Le spectacle lui coupa le souffle. Puis elle ferma les yeux, rejeta la tête en arrière et respira fort. Nous restâmes ainsi sur mon toit du monde une vingtaine de minutes sans prononcer un mot. Puis nous rejoignîmes mes appartements, je déposai rituellement la clef de la terrasse dans le cendrier en bakélite sur la commode et je laissai ma mère allongée sur mon lit :

« Veux-tu que je te fasse monter quelque chose ?

— Rien, mon chéri. Je suis si bien ici. Je vais dormir un peu car le voyage a été éprouvant. Va à ton travail, ils t'attendent tous en bas.

— Ce soir, nous dînerons au restaurant de l'Hôtel. Tu verras...

— Ce soir... »

Elle ferma les yeux, manifestement épuisée. Je m'assis sur le rebord du lit et lui caressai le visage, comme autrefois. Ses traits enfin apaisés ne trahissaient rien de ce qu'elle avait dû subir. Avant de me retirer, j'effleurai à peine son front de mes lèvres, et il n'en fallut pas davantage pour qu'un sourire s'esquisse sur son visage. J'y lus un certain bonheur. Et le reflet d'une grande paix intérieure, enfin.

En bas, c'était encore la foule des grands jours. Une procession chaotique de gens de toutes sortes. Un flot erratique que rien ne semblait pouvoir endiguer. Je me trouvais dans ce qui avait été la pâtisserie de l'Hôtel, à l'angle du boulevard Raspail et de la rue de Sèvres, quand je mis enfin la main sur le dossier que j'avais égaré la veille. Il se trouvait sous la fesse d'un déporté qui attendait son tour de visite, assis à l'ancien emplacement de la caisse. Un déporté politique.

« Oh ! pardon, fit-il. Je suis vraiment désolé, j'espère que je ne vous l'ai pas froissé.

— Je vous en prie, ça arrive. »

Le bref regard que nous échangeâmes alors m'intrigua. Troublant comme le regard d'une personne qu'on ne connaît pas mais qui ne nous est pas inconnue. Celui-ci me rappelait à la fois quelqu'un d'autre et un visage que j'aurais aperçu sur une photo. Je m'installai à côté de lui.

« Pas trop long, les formalités ?

— Faut bien. »

Pas sec ni lapidaire, contrairement à ce qu'annonçait une telle économie de mots. Timide plutôt, et assez ému de se retrouver là.

« J'ai connu le Lutetia avant, finit-il par me confier. Il y a... combien... Disons avant la guerre. D'ailleurs je vous reconnais, vous travailliez déjà là. Mais vous ne me reconnaissez pas, c'est normal.

— Désolé, monsieur... ?

— Roch. Hubert Roch. »

J'en eus le souffle coupé. Sans rien lui dire, je me précipitai à l'entrée, et confiai à un chasseur la mission de me ramener Maximilien au plus vite, dussé-je réquisitionner une voiture. Deux heures après, il revint, seul. Le petit demeurait introuvable. J'eus alors recours à une mesure d'exception. L'un de ces passe-droits dont j'avais horreur. Un coup de fil à un ancien collègue de la préfecture. Peu après, deux flics se présentaient avec Maximilien.

Leur étreinte muette dura un long moment. Le garçon avait eu assez de tact et de sang-froid pour dissimuler son trouble en découvrant le corps et le visage décharnés de son père. Ils se mirent dans un coin du hall et se racontèrent pendant une heure ou deux, jusqu'à ce que le déporté obtienne des papiers. Tout en se parlant, ils ne cessaient de se toucher, les mains et le visage. Comme si ce frôlement les confirmait dans la réalité de ce qu'ils vivaient. Puis ils s'éloignèrent, la main gauche de M. Roch s'appuyant sur l'épaule de Maximilien, et sa main droite tenant fermement *Le trésor de Rackham le Rouge* sous son bras. Pour la première fois de ma vie, moi qui ne m'étais jamais donné que la peine d'être un fils, je regrettai de n'être pas devenu un père.

« M'sieur Douard ! Faut... faut... »

Le liftier débarqua parmi nous en haletant comme jamais, le front en sueur, le rouge aux joues, le bob de travers, tandis qu'une clameur d'effroi nous parvenait de l'extérieur.

« Du calme, mon petit Émile. Tu ne conduis pas un ascenseur à pédales, que je sache !

— Faut venir tout de suite. Quèque chose est arrivé.

— Une panne, encore ?

— C'est la dame de dehors. Votre mère, m'sieur Douard. »

Je ne me mis pas à courir sans réfléchir. Je ne fendis pas la foule en bousculant tout sur mon passage. Je ne grimpai pas les escaliers quatre à quatre jusqu'au septième étage. Un homme qui s'abandonne à la panique dès la première émotion est un homme fichu.

La porte de ma chambre était entrouverte. Tout était en ordre, chaque objet à sa place, à un détail près : sa photographie avait été retournée contre le mur. Sur la commode, une lettre pliée en deux, écrite de sa belle écriture ronde et régulière, cette graphie de professeur si soucieuse d'être un modèle pour ses élèves :

« Mon chéri,

Voilà, c'est fini. Il le fallait. Je ne me voyais pas promener ma souffrance pendant des années encore. Qu'on ne recolle pas mes morceaux, qu'on ne me répare pas. Juste une incinération anonyme. Ne viens pas, ni toi ni personne. Pas de cérémonie religieuse. Envoie l'urne à mon frère à Stosswihr, qu'il éparpille mes cendres dans la vallée de Munster. Pardon de ce long silence.

Ta maman qui t'aime

Le balcon était fermé. Mais une clé manquait dans le cendrier en bakélite. Je la retrouvai sur la porte de la terrasse. L'endroit était vide. Une sourde rumeur montait du boulevard, chahutée par des sirènes de police. Je n'eus pas la force de me pencher. Juste celle de redescendre en ascenseur, seul avec Émile, qui m'avait attendu à l'étage.

Au bas des escaliers, je dus sembler étrangement calme. Le hall grouillait de monde. Plusieurs membres du personnel de l'Hôtel se précipitèrent à ma rencontre pour me saisir, qui par le bras qui par l'épaule, et m'empêcher d'aller sur le boulevard. Ce que j'aperçus par les vitres de l'entrée me suffit : un attroupement qui ne cessait de grossir, une flaque de sang serpentant entre les pieds des badauds, une main qui jetait une couverture sur un cadavre. En tournoyant, la porte à tambour m'offrit une vision syncopée de la mort de ma mère, à la manière des films muets d'autrefois. Son corps s'était écrasé dans le no man's land séparant les barrières métalliques. Il était tombé là où les déportés posaient le premier pied dans l'espoir de retrouver les leurs. En se tuant, elle avait pris garde de ne tuer personne.

Je n'ai jamais essayé de savoir si elle m'avait dit vrai sur les raisons de sa longue absence ; je n'ai pas davantage interrogé mon père, décédé peu après, d'un arrêt du cœur. Peut-être avait-il inventé cette histoire d'adultère et d'abandon pour me protéger d'une vérité bien plus intolérable, la folie à l'œuvre dans l'âme de celle dont j'étais sorti. Je ne saurais jamais la nature profonde des mensonges de mes parents, mais cela ne me désole plus. Fallait-il que chacun s'éteignît en emportant le secret de son secret dans les cendres et dans la terre pour que je renaisse de leur mort ?

Cette nuit-là, pour m'endormir sans l'aide de la chimie, j'entrepris de me débarrasser de tout ce qui me hantait. Depuis des années, je m'en accommodais. Plus difficilement ces derniers mois. Visions, odeurs, sensations, bruits, ça se bousculait dans mon cerveau en chantier. Un véritable chaos, que je ne savais comment maîtriser. L'image d'une déportée dont j'avais fait la connaissance le matin même supplanta provisoirement toutes les autres. Son regard surtout, si clair, si énergique, si optimiste malgré tout. Je me souvins qu'elle s'appelait Corinne Saltiel et qu'elle était issue d'une famille de la bourgeoisie francophone de Salonique. À dix-huit ans, elle s'était retrouvée à Birkenau ; par trois fois, elle avait quitté la file devant l'entrée de la chambre à gaz. Tant qu'à mourir, autant risquer le tout pour le tout. À Brigiki, un camp de travail mixte, elle était tombée amoureuse d'un Polonais arrivé en France à trois ans, Wolf Bekas dit Adolf. Ils faisaient l'amour avec les yeux. Jusqu'au jour où on emmena Wolf — pour l'exécuter, pensa-t-elle. À la libération du camp, elle refusa de rentrer en Grèce, où elle n'avait plus personne. Son français étant parfait (l'enseignement des sœurs de Saint-Vincent-de-Paul avait porté ses fruits), elle se débrouilla pour se faire rapatrier vers la France. Jusqu'à ce qu'elle croise son amoureux de Birkenau ici même, dans le hall de l'Hôtel et qu'ils décident de se marier...

Deux coups brefs frappés à la porte me tirèrent de ma léthargie. À 7 heures du matin, déjà. Ils n'attendaient donc jamais ? Mais nous avions tous fait vœu de disponibilité, moi plus que d'autres. Le temps d'enfiler un pantalon et une chemise :

« J'arrive ! Qu'est-ce que c'est ? »

Une erreur probablement. Ce n'était pas la première fois. J'ouvris la porte encore tout chiffonné de sommeil, l'esprit gourd et le réflexe pataud. La silhouette d'un déporté se découpa dans l'encadrement, j'en jugeai par son faible encombrement et par ses vêtements de travail trop grands. La lumière de l'aube pénétrant par le vasistas du couloir me la fit apparaître en un contre-jour aveuglant. Une femme probablement, frêle et décharnée, le crâne rasé. La main placée en auvent au-dessus des yeux, je tâchai de distinguer ma visiteuse en clignant les yeux.

« Qu'est-ce que c'est...

— *Room service.* »

La silhouette s'appuya alors sur le chambranle, baissa la tête et s'écroula dans mes bras. Je n'avais encore jamais transporté une voix dans un lit. Car ce jour-là, elle n'était plus que cela, Nathalie. Une voix d'avant. Le reste demeurait encore flou. Je ne sais plus ce qui l'emporta alors en moi, de l'effroi de sa déportation ou du bonheur de son retour. La concomitance de ces deux nouvelles, associant la mort et la vie dans le même instant, devait être assez rare. Quand elle revint à elle, je la serrai dans mes bras avec une délicatesse semblable à celle que déploient les manutentionnaires des musées pour déplacer les porcelaines chinoises. Le moindre faux mouvement pouvait la briser. Je la fis boire et manger aussi modérément que je l'avais vu faire par des mains expertes depuis des semaines.

Les mots se bousculaient dans ma bouche, qu'elle approuvait d'un mouvement de paupières. Elle semblait à bout de forces et moi, je parlais pour deux. Mais il lui suffit d'entrouvrir les lèvres pour me faire taire et prêter l'oreille. Car les sons qu'elle émit étaient à peine audibles. Là seulement je vis naître sur son visage la pure émotion du temps. Plusieurs mondes coexistaient dans son regard, seule étincelle de vie dans sa carcasse ; derrière les yeux de notre enfance, je découvris ce qu'il charriait désormais, un paysage de cendres sous un ciel de suie.

« Édouard, j'y suis arrivée... je suis là... fatiguée, si fatiguée...

— Ne fais pas d'effort, repose-toi, dors. Je vais te trouver des vêtements, t'apporter de quoi te nourrir.

— Un jour, je te raconterai. Un jour... »

Elle laissa sa tête de bagnard retomber sur l'édredon et s'endormit. Je me retirai sur la pointe des pieds non sans avoir allumé la radio sur le programme musical du petit matin.

Son arrivée la veille au soir m'avait échappé. Il en débarquait des centaines chaque jour, je ne les voyais pas tous, loin s'en faut ; et puis, je ne l'attendais pas, vraiment pas.

Son dossier consignait les détails d'un état de santé des plus précaires ; il retraçait aussi son odyssée depuis le départ de Drancy. Chaque étape fut un clou enfoncé dans ma poitrine : on l'avait trimbalée d'un camp à l'autre au fur et à mesure de l'avance alliée, et le nom de chacun d'eux me rappela à mon échec, à ma responsabilité dans le sort qui lui avait été fait puisque j'avais été incapable de l'y soustraire. Au fond, j'avais eu tout faux pour m'être menti, la pire chose qu'on puisse se faire.

Trois heures ne s'étaient pas écoulées que déjà je remontais précipitamment.

« Réveille-toi, réveille-toi… »

Mes caresses sur son visage eurent plutôt pour effet de la conforter dans sa douce léthargie. J'ouvris grand les fenêtres, projetant soudainement son visage sous les rais du soleil, mais rien n'y fit. Quand je la découvris d'un geste sec, comme un amant l'eût fait naturellement pour arracher une belle endormie à son sommeil, le spectacle de son corps décharné m'effraya, mais pas au point de me freiner.

« Réveille-toi, je t'en prie… Ils sont là, ils sont arrivés. Ton mari et tes enfants sont en bas, ils te cherchent partout. Il faut y aller… »

Encore se cacher, toujours dissimuler, aujourd'hui comme avant, malgré tout ce qui était advenu entre-temps. Fallait-il que d'anciens réflexes de prudence fussent bien ancrés en elle pour qu'elle sortît aussitôt du lit. Une brève halte devant le miroir de l'entrée, la main passée dans les cheveux qu'elle avait ras, le col de sa vareuse remis à l'endroit. Tout revenait petit à petit. La vie l'attendait à nouveau dans le hall.

À peine étions-nous sortis de l'ascenseur que ses enfants couraient vers elle, puis le comte Clary tenant ses fiches d'état civil à la main, et deux personnes que j'identifiai comme des domestiques auxquels elle devait être très attachée. Le groupe se referma sur elle, l'enveloppa de larmes et d'effusions et l'emmena dans un tel tourbillon de gestes qu'elle sembla être portée au-dessus des tapis. Mais à l'instant de passer la porte à tambour, elle se retourna, me chercha du regard, et, quand elle me trouva, articula un « À bientôt » avec insistance afin que je puisse le lire sur ses lèvres, qui s'acheva dans un sourire éclatant.

Son sourire d'avant.

Épilogue. Paris, été 1945

La vie fut la plus forte. Elle reprit son cours. Nous connûmes un vrai mois d'août, presque comme avant. Des jours immobiles où le temps semble suspendu. Un dimanche, alors que je me faisais chauffer par le soleil sur mon balcon en écoutant la radio en sourdine, j'aperçus une jeune femme qui m'observait, accoudée à sa fenêtre, au sixième, juste en face. Son regard était franc, son sourire plein, son bonheur généreux. Elle m'interpella d'une mimique malicieuse :

« C'est chez vous, la musique ? »

Comme j'opinais en silence, elle me demanda d'un geste de la main d'augmenter le volume. La voix de Rina Ketty nous envahit dans l'instant, mais le visage de cette femme était si rayonnant qu'il dissipait par avance toute mélancolie :

Reviens bien vite
Les jours sont froids
Et sans limite
Les nuits sans toi...

Quand on se quitte
On oublie tout
Mais revenir est si doux.
Si ma tristesse
Peut t'émouvoir,
Avec tendresse
Reviens un soir.
Et dans tes bras
Tout renaîtra…

À la fin du couplet, les bras nus d'un homme vinrent l'entourer par la taille, et des lèvres se posèrent sur son cou. Elle ferma les yeux et se retourna en l'enlaçant. Quand ils dansèrent sur le refrain, je découvris le pantalon rayé de son amoureux.

J'attendrai,
Le jour et la nuit,
J'attendrai toujours
Ton retour…
J'attendrai
Car l'oiseau qui s'enfuit
Vient chercher l'oubli
Dans son nid…
Le temps passe et court…
En battant
Tristement
Dans mon cœur plus lourd…
Et pourtant,
J'attendrai ton retour !

Un matin, quand j'entrevis à nouveau une silhouette familière traverser le hall, je sus que l'Hôtel allait retrouver sa respiration ; le peintre Albert Birn, tout encombré de son chevalet et de son petit matériel, retrouvait le point de vue unique du balcon de la 611 pour achever son grand tableau. Tout était resté en place là où il avait rangé les pinceaux cinq ans avant. Ils semblaient accrochés au motif en attendant que l'artiste posât à nouveau son regard sur eux pour les rendre *visibles*, le square Boucicaut et sa ceinture de platanes, la façade du Bon Marché et le carrefour Sèvres-Babylone.

Nombre de déportés croyaient avoir été reçus par Paris tout entier tant l'accueil à Lutetia avait été chaleureux. Ils étaient repartis pour une nouvelle vie, sans se douter qu'après ce qu'ils avaient vécu toute une autre vie ne suffit pas pour se reconstruire. Le monde qui les attendait n'était pas celui qu'ils avaient quitté. Le maréchal Pétain affrontait ses juges au moment où deux bombes atomiques américaines larguées sur Hiroshima et Nagasaki tuaient quatre-vingt-dix-huit mille Japonais et en blessaient presque autant.

Au début d'août, nous recevions encore une cinquantaine de demandes par jour, certaines accompagnées d'une photo, d'autres pas. Le flot des lettres, demandes d'enquête, réclamations et recherches se tarissait mais il en arrivait encore. À la fin du mois, ce fut fini. De toute évidence, il n'y avait plus rien à espérer. Des semaines auparavant, un déporté avait résumé la situation en trois mots que les familles ne voulaient pas entendre : « Il n'en reviendra plus. »

Pendant cinq mois, des milliers de lettres avaient été tapées par des dactylos et envoyées dans toute l'Europe dans la folle illusion de retrouver encore des personnes, des indices et des traces. Un noyau dur de parents, de proches ou d'amis continuait à venir tous les jours, matin, midi et soir, à l'entrée de Lutetia. Parmi ces irréductibles, José Corti, le libraire-éditeur de la rue de Médicis, était un des plus bouleversants par sa détresse ; avec sa femme, soutenue par Alain Bombard, l'ami d'enfance de leur fils adoré, il ne se lassait pas de guetter l'apparition de Dominique, déporté dans l'un des derniers trains pour l'Allemagne, et qui ne revint jamais. Des photos au bout des doigts, des noms au bout des lèvres, des larmes au bout des yeux. La rumeur les faisait tenir, eux comme les autres ; il était question de camps de transit en Russie, et même d'un camp pour amnésiques en Autriche.

Bientôt, ils auraient la nausée des marches. Pas de l'intérieur de l'Hôtel, juste de ses marches. Beaucoup ne retiendraient que cela. L'attente et l'entrée. Certains feraient toujours un détour pour n'avoir plus jamais à passer devant Lutetia.

Les panneaux furent déménagés pour être réinstallés dans les locaux de la Fédération nationale des déportés et internés de la Résistance, rue Leroux. Le jour où l'on enleva les barrières, dérisoire matériel de l'attente et de l'espoir, on tua quelque chose en eux. Comme si nous avions nous-mêmes signé l'avis de décès. À leurs demandes, nous n'avions plus qu'à opposer un de ces silences effrayants qui vous jettent dans la plus cruelle des incertitudes. La formule officielle du ministère, dans toute sa sécheresse administrative, les révolta avant de les anéantir à jamais : « On peut désormais considérer le rapatriement comme terminé. » Encore n'avaient-ils pas lu le titre de l'article de *Ce Soir*, paru dans l'édition du

13 septembre : « Le Lutetia cesse d'être l'hôtel des morts-vivants. »

Certains ne cesseraient jamais secrètement d'attendre. Quant à ceux qui étaient revenus, ils n'en reviendraient jamais tout à fait. Quelque chose était mort chez les survivants.

Le dernier jour, comme je fumais une cigarette sur le boulevard devant l'Hôtel, un rescapé vint me rejoindre. Il avait repris figure humaine. Même sa minceur ne trahissait plus son passé. Il était arrivé tard parmi nous, nous avions eu bien de la peine à retrouver sa famille. L'homme était peut-être le dernier déporté à quitter Lutetia. Nous fîmes quelques pas ensemble, puis nous nous assîmes sur un banc du square Boucicaut, le seul qui fût baigné d'une douce lumière.

Pendant un moment, côte à côte, nous évitâmes d'abîmer le silence. Je cherchais mes mots pour lui faire mes adieux. Mon embarras le gênait.

« Ne dites... rien.

— J'aimerais... je ne...

— Vous savez ce que m'a dit le commandant du camp le jour de notre évacuation ? »

Une inflexion des sourcils, une moue des lèvres et un regard dubitatif pour toute réponse.

« Il était à l'entrée. Les mains sur les hanches, il nous regardait partir pour une marche de la mort. Quand la colonne a brusquement ralenti, je me suis retrouvé nez à nez avec lui. C'est là qu'il m'a dit, avec des accents de sincérité qui me stupéfient encore... »

Il fit une pause, baissa les yeux, incrédule, en secouant la tête :

« “… J’espère que vous ne garderez pas un trop mauvais souvenir de votre séjour parmi nous.” »

Un matin, des chaussures lustrées surgirent à nouveau sur les paliers à tous les étages de Lutetia.

Le 17 septembre, l’architecte Roger Boileau vint dresser un état des lieux pour le compte du ministère des Prisonniers : « Peinture : tachée, dégradée, sale. Dalles : cassées. Serrures : ne fonctionnent plus. Glaces : cassées. Portes : manquent béquilles et ferrures. Parquets : tachés, lames décollées. Lustres et lampes : en bon état. Pâtisserie : mosaïque des marches descellée, nez des marches en cuivre écrasés. Murs sur paliers : épaufrés en arête par de nombreux chocs. Chambres : moquette tachée, papier abîmé et arraché, boiseries peintes à lessiver. »

L’inventaire de la cave par M. Weber fut beaucoup plus avantageux. C’était probablement la partie de l’Hôtel qui avait le mieux résisté à la guerre.

Une fois la fermeture du centre Lutetia officialisée, deux de nos hôtelières en chef, le capitaine Zlatin et le lieutenant Mantoux, donnèrent des conférences à travers la France, la Suisse et l’Angleterre. Puis Mme Zlatin fit apposer une plaque sur la maison d’Izieu afin que nul n’oublie le massacre des enfants de la colonie et de leurs éducateurs. On put y lire AUSSCHWITZ, avec deux *s* comme dans SS car, en 1946, le nom du camp n’était pas familier.

À la prison du Cherche-Midi, des collabos et des trafiquants côtoyaient des criminels de guerre allemands.

Les bals succédant aux banquets, nos salons de réception ne désemplissaient pas. Bernard Bogouslasky dit Bernard-Bernard, le violoniste qui avait fait les beaux jours de la mezzanine du hall à l'heure du thé, fut nommé imprésario des orchestres de Lutetia. M. Chappaz resta directeur de l'Hôtel jusqu'à sa retraite, et Roger Harrault chef-concierge. Le tableau *Le square Sèvres-Babylone* est toujours accroché dans une collection privée.

Je n'aurais jamais croisé autant de destins qu'au cours de ces mois inouïs de 1945, et jamais noirci aussi peu de fiches. À peine quelques bristols sur les dirigeants du Centre. Le reste, ces centaines de biographies en morceaux, je n'aurais même pas songé à les emprisonner dans un misérable bout de carton blanc uni. Ces vies-là étaient irréductibles à cette discipline-là. Tant de gens ne racontaient pas par crainte de passer pour des affabulateurs.

Si les murs pouvaient parler... Ils suintent, murmurent, hurlent parfois mais ne parlent pas. À Lutetia, la musique de fond est faite de chuchotements, ceux de leur colloque ininterrompu depuis un demi-siècle. Car si tout grand hôtel est un lieu hanté, celui-ci l'est plus que d'autres.

Peut-être me suis-je trompé du tout au tout, peut-être avais-je eu tout faux du début à la fin. La distance me manque pour juger des valeurs, les miennes comme celles des autres. Mais je sais déjà les ravages que l'orgueil peut causer sur les esprits les mieux armés.

Et si j'étais passé à côté de ma vraie vie ?

Tout notre séjour sur terre peut se dérouler à vivre par procuration des vies qui ne sont pas les nôtres. Mon aventure ici-bas eut pour théâtre des lieux qui n'étaient pas les miens, entre des murs et sous des toits où je n'aurais jamais dû grandir puis vieillir, entouré de gens issus d'un monde dont je n'étais pas. Un château et un palace auront été mes seules maisons.

Mes années Lutetia furent malgré tout mes plus belles années. Pardonnez-moi si ma voix est teintée de mélancolie mais, outre que cela s'accorde naturellement avec mon tempérament crépusculaire, je suis plus près de la fin de cette histoire que du début. Sans être vieux, je me sens d'un âge où l'on a plus de souvenirs que d'avenir.

Un matin, on glissa une lettre d'Italie sous ma porte. Elle contenait une carte postale du lac de Garde. La vue respirait la paix, la sérénité, le bonheur. Je la retournai :

Je te la dédie, mais dédie-t-on une photo à qui on voudrait dédier sa vie ? À bientôt, mon cœur.

Nathalie

Nul n'a plus jamais sonné de la trompe de chasse sur le toit, si ce n'est le jour où une messe fut dite en Bretagne à la mémoire de l'un des nôtres, mort à Saumur en juin 40. Une seule fois, mentalement, une sonnerie aux morts.

L'un des premiers mariages fêtés à Lutetia comme autrefois me laissa un souvenir puissant. La noria des invités s'ébrouait dans le sillage du mari, lequel attendait à l'entrée en scrutant nerveusement sa montre. Attirés par cette joyeuse agitation, des touristes américains et de vieux clients formèrent spontanément une haie d'honneur. À travers les fenêtres, je distinguai une limousine et une nuée blanche qui en descendait. On aurait dit cette journée comme touchée par la grâce. Au moment précis où la mariée pénétra dans l'Hôtel, sa longue guimpe de tulle rejetée en arrière se coinça entre les panneaux vitrés en croix de la porte à tambour. Brutalement freinée dans sa course, elle s'immobilisa en tendant les bras et éclata de rire sous les applaudissements des clients et les flashes des photographes. Tout m'entraînait vers ce moment de bonheur saisi au vol ; pourtant, comme souvent dans ce genre de situation, quelque chose en moi m'exclut de ce merveilleux instant. Une sorte d'inquiétude me rattrape et m'enserre toujours au moment où la vie m'adjure de m'abandonner un peu. Le poison de la mélancolie. Quand on en a une conscience trop aiguë, la présence des morts paralyse. Il faut croire que l'excès de mémoire tyrannise. La mémoire n'est pas le souvenir. Tout le monde a des souvenirs, mais bien peu sont asservis aux spectres du passé. Au fond, ma quête du graal aura été une quête de la légèreté ; et dire que j'aurais mis toute une vie à ne pas la trouver...

Tandis que la procession des invités s'ébranlait dans un joyeux vacarme vers le salon Cariatides, je crus reconnaître une ancienne cliente en la mère de la mariée. Elle me sourit de loin ; quand elle se rapprocha et me tendit la main, un numéro tatoué apparut discrètement sur son avant-bras.

« Je m'étais promis de revenir ici marier ma fille, vous vous rappelez, monsieur Kiefer ? Juste pour me venger du destin. Car c'est ici que son père n'est pas revenu... »

On parle souvent du génie des lieux. J'ignore encore où il se cache après une dizaine d'années passées à écouter leur respiration. Mais à force d'être dans la chair de l'Hôtel, j'en connais peut-être l'âme. Même s'il y a une certaine folie à être ainsi habité par l'endroit où l'on vit.

Un jour, je me retirerai quelque part en France. Il paraît qu'on se provincialise au fur et à mesure que l'on avance en âge. Qu'importe après tout puisque quand on s'éloigne du monde, on croit aller là où il fait bon vivre alors qu'on se rend là où il fait bon mourir. Heureux ceux qui trouvent le pays pour finir et pour commencer ! Ceux qui mourront pas très loin de là où ils sont nés. Je ne laisserai rien à personne, si ce n'est une trace dans la mémoire de N***, et d'autres plus éphémères, perceptibles aux seuls yeux qui auront su les voir.

J'irai vivre dans ma vallée peut-être, au confluent de la petite et de la grande Fecht, à l'hôtel.

Paris, 1971-2004

RECONNAISSANCE DE DETTES

Dans ce roman, œuvre de fiction inspirée par l'Histoire, des gens bien réels apparaissant sous leurs vrais noms prononcent leurs propres paroles, ainsi qu'ils les ont rapportées dans des livres et des articles, des archives inédites ou dans les témoignages qu'ils m'ont confiés.

Qu'ils en soient tous vivement remerciés,

AARON, Soazig, *Le non de Klara*, Maurice Nadeau, 2002 ; ABRAMS, Alan, *Special Treatment. The Untold Story of the Survival of Thousand Jews in Hitler's Third Reich*, Lyle Stuart, Secaucus, N.J., 1985 ; AGAMBEN, Giorgio, *Ce qui reste d'Auschwitz*, Rivages, 1999 ; ALCAN, Louise, *Le temps écartelé*, à compte d'auteur, 1980 ; BÉON, Yves, *Retour à la vie*, Tirésias-Aeri, 2003 ; BIZIEN, Jean, *Sous l'habit rayé. À chacun son destin*, Éditions de la Cité, Brest, 1987 ; BLOCH, Étienne, *Marc Bloch (1886-1944) : une biographie impossible*, Culture et Patrimoine en Limousin, Limoges, 1997 ; CHADEAU, Emmanuel, *Saint-Exupéry*, Plon, 1994 ; CHARPAK, Georges et SAUDINOS, Dominique, *La vie à fil tendu*, Odile Jacob, 1993 ; CLÉMENT, Catherine, *Cherche-Midi*, Stock, 2000 ; COHEN, Gilles, *Les matricules tatoués des camps d'Auschwitz-Birkenau*, Éditions Fils et Filles de déportés juifs de France, 1992 ; COPFERMANN, Émile, *David Rousset, une vie dans le siècle*, Plon, 1991 ; CZECH, Danuta, *Kalendarium der Ereignisse im Konzentrationslager Auschwitz-Birkenau 1939-1945*, Rowohlt, Hambourg, 1989 ; DAIX, Pierre, *J'ai cru au matin*, Robert Laffont, 1976 ; DELARUE, Jacques, *Trafics et crimes sous l'Occupation*, Fayard, 1968,

Les cellules de la Gestapo de Paris 1942-1944, SIRP, 2003 ; DESSAUX PRINCE, Gisèle, *Ils ont tué mon père*, Plon, 1995 ; ELLMANN, Richard, *James Joyce*, Gallimard, 1964 ; FRANCÈS-ROUSSEAU, Pierre, *Intact aux yeux du monde*, Hachette, 1987 ; FRENAY, Henri, *La nuit finira*, Robert Laffont, 1973 ; FREUND, Gisèle, *Trois jours avec Joyce*, Plon, 1990 ; GARBAZ, Mosche, *Un survivant*, Plon, 1984 ; GUÉRIN, Raymond, *L'apprenti*, Gallimard, 1946 ; JANKOWSKI, Paul, *Cette vilaine affaire Stavisky*, Fayard, 2000 ; JASPER, Willi, *Hôtel Lutetia. Un exil allemand à Paris*, Michalon, 1995 ; JEANNENEY, Jean-Noël, *Le duel. Une passion française 1789-1914*, Seuil, 2004 ; JOLAS, Eugene, *Sur Joyce*, Plon, 1990 ; JOLAS, Maria (sous la dir. de), *A James Joyce Yearbook*, Transition Press, Paris, 1949 ; « Joyce », numéro spécial de *Europe*, n° 657-658, janvier-février 1984 ; JOYCE, Stanislaus, *Le gardien de mon frère*, Gallimard, 1966 ; LACOUR-GAYET, Michel, *Un déporté comme un autre*, SPID, 1946 ; LACROIX-RIZ, Annie, *Industriels et banquiers sous l'Occupation. La collaboration économique avec le Reich et Vichy*, Armand Colin, 1999 ; LOEB SHLOSS, Carol, *Lucia Joyce : To Dance in the Wake*, Blomsbury, Londres, 2004 ; MANN, Thomas, *Les confessions du chevalier d'industrie Félix Krull*, Albin Michel, 1956, *La mort à Venise*, traduction de Philippe Jaccottet, La Bibliothèque des Arts, 1994 ; MARTIN DU GARD, Roger, *Correspondance générale*, tomes VII et VIII, Gallimard, 1997, *Journal*, tome III, Gallimard, 1993 ; MATISSE, Henri, *Écrits et propos sur l'art*, Hermann, 1972 ; MATISSE, Pierre, *Matisse, père et fils*, La Martinière, 1999 ; MAYOUX, Jean-Jacques, *Joyce*, La Bibliothèque idéale, Gallimard, 1965 ; MICHEL, Henri, *Paris allemand*, Albin Michel, 1981 ; POWER, Arthur, *Entretiens avec James Joyce*, Belfond, 1979 ; REILE, Oscar, *L'Abwehr, le contre-espionnage allemand en France*, France-Empire, 1970 ; ROUSSET, David, *Le pitre ne rit pas*, Bourgois, 1979 ; SAINT-EXUPÉRY, Consuelo de, *Mémoires de la rose*, Plon, 2000 ; SANDERS, Paul, *Histoire du marché noir 1940-1946*, Perrin, 2002 ; SANDOZ, Gérard, *Ces Allemands qui ont défié Hitler 1933-1945*, Pygmalion, 1995 ; STERN, Anne-Lise, *Le savoir-déporté*, Seuil, 2004 ; VALBERT, Gérard, *Albert Cohen, le seigneur*, Grasset, 1990 ; VEILLON, Dominique, *La mode sous l'Occupation*, Payot, 1990 ; VILLERÉ, Hervé, *L'affaire de la Section spéciale*, Fayard, 1973 ; WELLERS, Georges, *Un Juif sous Vichy*, Tirésias-Michel Reynaud, 1991 ; WIEWORKA, Annette, *Déportation et génocide. Entre la mémoire et l'oubli*, Plon,

1992 ; WORMSER-MIGOT, Olga, *Le retour des déportés. Quand les Alliés ouvrirent les portes,* Complexe, Bruxelles, 1985 ; ZLATIN, Sabine, *Mémoires de la dame d'Izieu,* Gallimard, 1992

ainsi que

BENSLAMA, Fethi, « La représentation et l'impossible » in *L'art et la mémoire des camps. Représenter exterminer,* Le Genre humain, 2001 ; BOULANGER, Alain, « Ray Ventura et ses Collégiens. L'aventure sud-américaine 1942-1944 », Frémeaux et associés, 2001 ; CREVEL, René, « Voici la *Revue juive* et son directeur Albert Cohen » in *Les Nouvelles littéraires,* n° 119, 24 janvier 1925 ; DELARUE, Jacques, « La bande Bonny-Lafont » in *L'Histoire,* n° 80, juillet-août 1985, « Apprendre à désobéir » in *L'Histoire,* n° 64, février 1984, « La police sous l'Occupation » in *L'Histoire,* n° 29, décembre 1980 ; DENNERY, Jacques « En mission au ministère chargé des rapatriés » in *Le Patriote résistant,* avril 2004 ; GILLET, J., « L'enfer du Cherche-Midi » in *Rive gauche Saint-Sulpice,* avril 1965 ; GUILLEMOT, Gisèle, « La grande page blanche de ma troisième vie... » in *Le Patriote résistant,* n° 727, mai 2000 ; HERRING, Philip, « Joyce et le fantôme à la gabardine » in *Europe, spécial Joyce,* n° 657-658, janvier-février 1984 ; JOLAS, Maria, « James Joyce en 1939-1940 » in *Mercure de France,* 1950 ; KERN, Henri-Paul, « L'Hôtel Lutetia : 70 ans d'histoire » in *Le Figaro,* 22 avril 1981 ; LAFFITTE, Dr Henri, « Le retour des déportés » in *Le Déporté,* n° 402, juin-juillet 1985, n° 403, août-septembre 1985, n° 404, octobre 1985 ; LANCRENON, chanoine, interview, s.l.n.d. ; LESTOC, Jean, « Au Lutetia, l'accueil des déportés » in *Le Patriote résistant,* avril 1985 ; LÉVY, Claude, « La prison du Cherche-Midi sous l'Occupation » in *MSH informations, bulletin de la Fondation Maison des sciences de l'homme,* n° 39, janvier 1982 ; VEYSSIÈRE, Anne, « La réinsertion des déportés en camps de concentration nazis. Les stratégies de *coping* mobilisées par les déportés à leur retour », mémoire de maîtrise de psychopathologie, Paris-V, 2000-2001 ; WELLERS, Georges, « Le retour des déportés » in *Yod,* n° 21, 1985 ; WIEWORKA, Annette, « Rendez-vous à l'hôtel Lutetia », in *L'Histoire,* n° 179, juillet-août 1994 ; WIRIATH, Marcel, « Dans la prison du Cherche-Midi », in *La Revue de Paris,* décembre 1968 ; collections du *Bulletin du service central des déportés israélites et du service d'évacuation et de regroupement* (n° 7 du 15 mai 1945, n° 9 du 15 juillet 1945, n° 11 du 25 septembre 1945), de *L'Histoire*, du *Patriote résistant*, du *Déporté*

sans oublier

Cartier-Bresson, Henri, *Le retour*, 1945, Ina ; Magontier, Pascal, *Auschwitz-Lutetia*, 8 mai 2000, France 3, Ina (témoignage de Marcel Bercau)

et tout particulièrement

Robert Abrami, Corinne (Saltiel) Bekas, Béatrice Belehradek, Charles Chaimowicz, René Clavel, Jean-Pierre Cosnard des Closets, Daniel Darès, Jacques Delarue, Jacques Desjeunes, Denise Epstein, Addy Fuchs, Sam Gbymisz, Hubert Heilbronn, J. Ivanoff, Philippe Lebœuf, Jean-Serge Lorach, Monique Montès (Françoise Braun), François Nourissier, Bertrand Poirot-Delpech, Jean Taittinger, Anne-Claire Taittinger

et Angela, Meryl et Kate Assoulines... naturellement !

Enfin tous ceux qui m'ont permis d'avoir accès aux différentes archives suivantes :

Archives privées de l'hôtel Lutetia ; dossiers du procès Joanovici, séries Z6 843 à 848, Archives nationales ; commission d'enquête sur l'industrie hôtelière (28 juillet 1937) F60 929, F60 932, F60 330, Archives nationales ; réquisitions d'hôtels (octobre 1940-août 1942), F60 1544, Archives nationales ; réquisitions d'hôtels, n° 434 et 435, Archives de Paris ; ministère des Prisonniers, Déportés et Réfugiés, F9 3095 à 3414, F9 3246, F9 3310, F9 3292, F9 3196, F9 3197, F9 3232, F9 3237 à 3241, F9 3246, F9 5565 à 5599, Archives nationales ; restaurants sous l'Occupation, AJ 40 785, Archives nationales ; prison du Cherche-Midi, dossier de la Maison des sciences de l'Homme, Paris.

Puisse cet hommage permettre aux lecteurs qui en sont soucieux de mieux situer la frontière entre les faits historiques et l'imagination romanesque.

Achevé d'imprimer
sur Roto-Page
par l'Imprimerie Floch
à Mayenne, le 3 janvier 2005.
Dépôt légal : janvier 2005.
Numéro d'imprimeur : 61630.

ISBN 2-07-077146-6 / Imprimé en France.

1802